企业内部控制实操指南

目标+风险点+控制措施+实施案例

计东亚　邵永为◎著

中国铁道出版社有限公司
CHINA RAILWAY PUBLISHING HOUSE CO., LTD.

北　京

图书在版编目（CIP）数据

企业内部控制实操指南:目标+风险点+控制措施+实施案例/计东亚,邵永为著.—北京:中国铁道出版社有限公司，2025.4
ISBN 978-7-113-30868-1

Ⅰ.①企⋯　Ⅱ.①计⋯　②邵⋯　Ⅲ.①企业内部管理-指南　Ⅳ.①F272.3-62

中国国家版本馆CIP数据核字(2024)第091513号

书　　名：企业内部控制实操指南——目标+风险点+控制措施+实施案例
　　　　　QIYE NEIBU KONGZHI SHICAO ZHINAN:MUBIAO+FENGXIANDIAN+KONGZHI CUOSHI+SHISHI ANLI
作　　者：计东亚　邵永为

责任编辑：王　宏　　编辑部电话：（010）51873038　　电子邮箱：17037112@qq.com
封面设计：宿　萌
责任校对：安海燕
责任印制：赵星辰

出版发行：中国铁道出版社有限公司（100054，北京市西城区右安门西街8号）
网　　址：https://www.tdpress.com
印　　刷：河北宝昌佳彩印刷有限公司
版　　次：2025年4月第1版　2025年4月第1次印刷
开　　本：787 mm×1 092 mm　1/16　印张：24.75　字数：600 千
书　　号：ISBN 978-7-113-30868-1
定　　价：108.00 元

版权所有　侵权必究

凡购买铁道版图书，如有印制质量问题，请与本社读者服务部联系调换。电话：（010）51873174
打击盗版举报电话：（010）63549461

前言

在当今复杂的商业环境中,企业面临越来越多的风险因素,包括市场与运营日趋全球化、企业的发展高度依赖新技术的使用、法律规则及标准变得更具复杂性等。企业面临的竞争更加激烈,监管要求更加严格,来自企业内外的风险时刻都在威胁企业的发展,如何进行风险管理已经成为企业管理者高度关注的焦点。正是由于这些风险的存在,才使作为防范风险的企业内部控制被提到了空前的管理高度。

我国企业已经意识到内部控制对于企业持续健康发展的重要性,内部控制水平也有了一定程度的提高,但是具体在实际操作运营中仍然存在诸多问题,如内部控制体系不完善、风险评估体系不健全等。本书着重介绍内部控制理论及实际案例操作,旨在为企业完善自身的内部控制提供一些思路,为想要深入了解内部控制的读者提供更加系统全面的内容。

本书采用理论和案例相结合的方式,深入全面介绍内部控制不同环节的理论内容和实际操作。全书共有24章,第1章介绍内部控制整体的基础理论。第2章至第23章主要阐述组织架构方面的内部控制、人力资源方面的内部控制、企业文化建设方面的内部控制、社会责任方面的内部控制、发展战略方面的内部控制、资金活动业务的内部控制、担保业务的内部控制、采购业务的内部控制、生产经营方面的内部控制等。每一章节着重描述内部控制的目标及风险点、进行内部控制的主要方法、内部控制的具体措施。此外,每章最后都会根据本章内容剖析实践中的具体案例,将此前介绍的理论内容运用到实务操作中,以更加便于读者的理解。第24章主要是对内部控制的评价进行了简要的介绍,内部控制评价作为内部控制体系中重要的一环也是不可忽视的,本书着重介绍内部控制的综合评价和个别评价,本章同样在最后介绍了内部控制评价的案例,帮助读者更好地理解内部控制评价的实际操作。

通过阅读本书,读者既可以全面了解内部控制知识,也能够深入体会内部控制在实务中的应用和操作。对于想深入了解内部控制的非专业读者来说,不仅可以通过阅读本书知悉全面细致的内部控制理论知识，还可以知晓这些理论知识是如何运用到实际操作中的，达到"知行合一"的理解层次。对于各大院校的专业学生来说，通过阅读本书一方面可以加深对内部控制理论知识的理解，另一方面通过案例的阅读可以了解专业的内部控制在企业中是如何操作的，为以后的工作打下一定的基础。对于已经从事内部控制工作的读者来说，通过阅读本书可以为实际工作提供一些新的思路和方法，以更好地指导实际工作。对于其他读者来说，本书理论知识丰富，实务案例翔实，适合作为了解内部控制的参考资料。

在编写本书过程中，编者得到多位企业财务人员的热情支持，在此一并表示感谢。由于水平有限，书中疏漏在所难免，恳请广大读者不吝指正。

编　者

目录

第1章 内部控制理论

1.1 内部控制概述 1
1.1.1 内部控制的定义 1
1.1.2 内部控制的发展阶段 1
1.1.3 内部控制的原则 2
1.1.4 内部控制的种类 3
1.1.5 内部控制的作用 3
1.2 内部控制目标、方法及要素 4
1.2.1 内部控制的目标 4
1.2.2 内部控制的方法 9
1.2.3 内部控制的要素 10
1.3 内部控制设计的原则与方法 16
1.3.1 内部控制设计的主要原则 16
1.3.2 内部控制设计的主要方法 18
1.4 内部控制设计流程及层次内容 24
1.4.1 内部控制设计的主要流程 24
1.4.2 内部控制设计的层次内容 26

第2章 组织架构方面的内部控制

2.1 组织架构内部控制的目标及风险点 29
2.1.1 组织架构内部控制的主要目标 29
2.1.2 组织架构内部控制的主要风险点 30
2.2 组织架构内部控制的主要方法 31
2.2.1 职责分工控制 31
2.2.2 授权控制 31
2.2.3 内部报告控制 31
2.3 组织架构方面的主要内控措施 31
2.3.1 组织架构方面内部控制的注意事项 31
2.3.2 组织架构内部控制的设计流程 35
2.3.3 组织架构内部控制的调整流程 38
2.4 组织架构方面内部控制案例详解 40

第3章 发展战略方面的内部控制

3.1 发展战略概述 44
3.1.1 发展战略的概念与内容 44
3.1.2 制定和实施发展战略的意义 44
3.2 发展战略内部控制的目标及风险点 ... 45
3.2.1 发展战略内部控制的主要目标 45
3.2.2 发展战略内部控制的主要风险点 ... 46
3.3 发展战略方面的主要内控措施 46
3.3.1 制定发展战略的风险控制 46
3.3.2 实施发展战略的风险控制 47
3.3.3 发展战略的优化调整和转型 49
3.4 发展战略方面内部控制案例详解 50
3.4.1 案例1：小米手机"口碑为王"的互联网思维 50
3.4.2 案例2：A集团公司发展战略内部控制 50
3.4.3 案例3：三九医药的债务危机 51

第4章 人力资源方面的内部控制

4.1 人力资源的概念及内容 53
4.1.1 人力资源的概念 53
4.1.2 人力资源的内容 53

4.2 人力资源方面内部控制的目标及风险点 54
 4.2.1 人力资源方面内部控制的主要目标 54
 4.2.2 人力资源方面内部控制的主要风险点 54
4.3 人力资源方面的主要内控措施 55
 4.3.1 人力资源引进与开发的风险控制 55
 4.3.2 人力资源使用与退出的风险控制 57
4.4 人力资源方面内部控制案例详解 58
 4.4.1 案例1：海底捞的人事管理 58
 4.4.2 案例2：许继集团"量化动态的人事管理" 58

第 5 章 企业文化建设方面的内部控制

5.1 企业文化建设方面内部控制的目标及风险点 60
 5.1.1 企业文化建设方面内部控制的主要目标 60
 5.1.2 企业文化建设方面内部控制的主要风险点 60
5.2 企业文化建设方面内部控制的主要方法 60
 5.2.1 组织规划控制 61
 5.2.2 人力资源控制 61
 5.2.3 风险防范控制 61
 5.2.4 内部审计控制 62
5.3 企业文化建设方面的主要内部控制措施 62
 5.3.1 塑造企业核心价值观 63
 5.3.2 打造以主业为核心的品牌 64
 5.3.3 充分体现以人为本的理念 64
 5.3.4 强化企业文化建设的领导责任 64
 5.3.5 将企业文化融入生产经营全过程 65
 5.3.6 注重文化整合 65
 5.3.7 加强企业文化评估 65
5.4 企业文化建设方面内部控制案例详解 66

 5.4.1 案例1：全盛公司企业文化方面内部控制 66
 5.4.2 案例2：联想并购IBM 70

第 6 章 社会责任方面的内部控制

6.1 社会责任方面内部控制的目标及风险点 72
 6.1.1 社会责任方面内部控制的主要目标 72
 6.1.2 社会责任方面内部控制的主要风险点 72
6.2 社会责任方面内部控制的主要方法 74
 6.2.1 组织规划控制 74
 6.2.2 人力资源控制 74
 6.2.3 风险防范控制 74
 6.2.4 内部审计控制 74
6.3 社会责任方面的主要内部控制措施 75
 6.3.1 企业战略层面的社会责任风险控制 75
 6.3.2 企业生产经营和日常管理中的社会责任风险控制 75
 6.3.3 企业社会责任活动具体作业中的风险控制 75
6.4 社会责任方面内部控制案例详解 79
 6.4.1 案例1：长生生物造假案 79
 6.4.2 案例2：三鹿奶粉的兴亡 81

第 7 章 资金活动业务的内部控制

7.1 资金活动内部控制概述 83
 7.1.1 资金活动内部控制的定义 83
 7.1.2 资金活动内部控制的总体要求 83
 7.1.3 资金活动的业务流程 84
7.2 筹资业务的内部控制 85
 7.2.1 筹资业务内部控制的定义 85
 7.2.2 筹资活动的业务流程 86
 7.2.3 筹资活动的关键风险点及其控制措施 87
7.3 投资业务的内部控制 89

7.3.1 投资活动的定义...................89
7.3.2 投资活动的业务流程............89
7.3.3 投资活动的关键风险点及控制措施...90
7.4 资金营运活动的内部控制.............92
7.4.1 资金营运的定义...................92
7.4.2 资金营运活动的业务流程............92
7.4.3 资金营运内部控制的主要风险点及内部控制措施............93
7.5 资金活动业务内部控制案例详解......93

第 8 章 担保业务内部控制

8.1 担保业务内部控制的目标..............95
8.2 担保业务内部控制的总体要求.........96
8.2.1 完善担保业务管理制度............96
8.2.2 规范各环节工作流程............96
8.2.3 总体设计流程.....................96
8.2.4 担保业务内部控制评价内容......97
8.2.5 担保业务内部控制评价程序......99
8.3 担保业务流程..............................100
8.4 担保业务的主要风险点及内控措施...101
8.4.1 受理申请...........................101
8.4.2 调查评估...........................102
8.4.3 审批................................103
8.4.4 签订担保合同..................103
8.4.5 日常管理...........................104
8.4.6 会计系统控制..................104
8.4.7 反担保财产管理................104
8.4.8 责任追究...........................105
8.4.9 代为清偿和权利追索............105
8.5 担保业务内部控制注意事项............105
8.5.1 事前控制...........................105
8.5.2 事中控制...........................106
8.5.3 事后控制...........................106
8.6 担保业务内部控制案例详解...........107

第 9 章 采购业务内部控制

9.1 采购业务内部控制的目标、流程及风险点.................................109

9.1.1 采购业务内部控制的主要目标................................109
9.1.2 采购业务流程....................111
9.1.3 采购业务内部控制的主要风险点................................112
9.2 采购业务内部控制的主要方法........114
9.2.1 采购需求计划的控制............114
9.2.2 采购方式和价格的控制.........114
9.2.3 采购合同的控制..................114
9.2.4 供应商管理的控制...............115
9.2.5 采购验收入库的控制............115
9.2.6 采购付款的控制..................115
9.2.7 采购业务过程中职务分离的控制................................115
9.3 采购业务的主要内部控制措施........116
9.3.1 采购合同风险的对策............116
9.3.2 采购成本风险的对策............116
9.4 采购业务内部控制案例详解...........118
9.4.1 案例 1：国际酒店的丑闻与声誉危机................................118
9.4.2 案例 2：亚伦集团贪腐案......120

第 10 章 生产经营方面的内部控制

10.1 生产经营方面内部控制的目标及风险点.................................123
10.1.1 生产经营方面内部控制的主要目标............................123
10.1.2 生产经营方面内部控制的主要风险点............................131
10.2 生产经营方面内部控制的主要方法....................................132
10.2.1 不相容职务分离控制..........132
10.2.2 授权审批控制..................132
10.2.3 会计系统控制..................132
10.2.4 内部审查控制..................132
10.3 生产经营方面的主要内部控制措施....................................133
10.3.1 控制环境........................133

10.3.2 控制程序 133
10.3.3 会计系统控制 134
10.4 生产经营方面内部控制案例详解 134

第 11 章 研究与开发方面的内部控制

11.1 研究与开发方面内部控制的目标及风险点 136
　11.1.1 研究与开发方面内部控制的主要目标 136
　11.1.2 研究与开发方面内部控制的主要风险点 137
11.2 研究与开发方面内部控制的主要方法 138
11.3 研究与开发方面的主要内部控制措施 140
　11.3.1 研发提案审核 140
　11.3.2 研发规划 140
　11.3.3 样品生产 140
　11.3.4 研发、验证与检查 141
　11.3.5 研发审查试制产品 141
　11.3.6 文件发行与保管 141
　11.3.7 研发活动控制总结 142
11.4 研究与开发方面内部控制案例详解 142

第 12 章 业务外包方面的内部控制

12.1 业务外包内部控制概述 144
　12.1.1 业务外包方面内部控制的主要目标 144
　12.1.2 业务外包方面内部控制的主要风险点 146
12.2 业务外包方面内部控制的主要方法 147
　12.2.1 不相容岗位分离 148
　12.2.2 授权审批 148
　12.2.3 优选承包方 149
　12.2.4 建立有效的沟通机制 149

12.2.5 加强业务外包过程监控 150
12.2.6 业务外包方面的主要内部控制措施 150
12.3 业务外包方面内部控制案例详解 153

第 13 章 销售业务内部控制

13.1 销售业务内部控制的目标及风险点 157
　13.1.1 销售业务内部控制的主要目标 157
　13.1.2 销售业务内部控制的主要风险点 159
13.2 销售业务内部控制的主要方法 161
　13.2.1 不相容职务分离控制 162
　13.2.2 授权审批控制 162
　13.2.3 会计系统控制 162
　13.2.4 内部审查控制 162
13.3 销售业务的主要内部控制措施 163
　13.3.1 销售计划管理环节的内部控制措施 163
　13.3.2 客户开发与信用管理环节的内部控制措施 164
　13.3.3 销售定价环节的内部控制措施 164
　13.3.4 订立销售合同环节的内部控制措施 166
　13.3.5 发货环节的内部控制措施 166
　13.3.6 收款环节的内部控制措施 167
　13.3.7 客户服务环节的内部控制措施 169
　13.3.8 会计系统控制环节的内部控制措施 169
13.4 销售业务方面内部控制案例详解 169

第 14 章 资产管理方面的内部控制

14.1 资产管理方面内部控制概述 172
　14.1.1 资产范围的界定 172

14.1.2 企业资产管理应当重点关注的风险 172
14.1.3 资产管理控制的意义 172
14.1.4 资产管理的总体要求 173
14.2 存货的内部控制 173
  14.2.1 存货内部控制的概述 173
  14.2.2 存货管理的业务流程 174
  14.2.3 存货内部控制的关键风险点及控制措施 174
  14.2.4 存货内部控制相关案例分析——合信木制品公司存货内控失效 176
14.3 固定资产的内部控制 177
  14.3.1 固定资产内部控制的概述 177
  14.3.2 固定资产管理的业务流程 178
  14.3.3 固定资产内部控制的关键风险点及控制措施 178
  14.3.4 固定资产计价方面的控制 182
  14.3.5 固定资产内部控制相关案例分析——某员工利用内部控制漏洞骗取国有财产 183
14.4 无形资产的内部控制 184
  14.4.1 无形资产管理的业务流程 185
  14.4.2 加强无形资产内部控制的意义 185
  14.4.3 无形资产内部控制的目标 185
  14.4.4 无形资产管理的关键风险点及控制措施 186
  14.4.5 无形资产内部控制相关案例分析——XYZ商场无形资产内部控制 187

第15章 负债方面的内部控制

15.1 应付账款内部控制 189
  15.1.1 应付账款控制制度 189
  15.1.2 货款支付控制 190
  15.1.3 应付账款财务方面的内部控制 190
15.2 筹资内部控制 191
  15.2.1 授权审核控制 192

15.2.2 债券发行过程控制 192
15.2.3 银行借款业务过程控制 192
15.2.4 债券保管控制 193
15.2.5 还款安排控制 193
15.2.6 筹资会计记录控制 194
15.2.7 筹资财务方面的内部控制 195
15.3 担保内部控制 197
  15.3.1 职责分离控制 197
  15.3.2 授权审批控制 197
  15.3.3 担保合同履行控制 198
  15.3.4 垫付款项及其催收 198
  15.3.5 内部稽查控制 199
  15.3.6 担保财务方面的内部控制 199

第16章 所有者权益方面的内部控制

16.1 所有者权益方面内部控制概述 205
  16.1.1 所有者权益控制的主要目标 205
  16.1.2 所有者权益控制的特点 206
  16.1.3 所有者权益控制的原则 207
  16.1.4 所有者权益组织控制方法 207
16.2 经营者的所有者权益内部控制 209
  16.2.1 实收资本（或股本）的控制 209
  16.2.2 资本公积的控制 210
  16.2.3 盈余公积的控制 212
  16.2.4 未分配利润的控制 213
16.3 出资人的所有者权益内部控制 213
  16.3.1 出资人对资本运作的控制 213
  16.3.2 出资人对经营者的控制 214
  16.3.3 出资人对盈余管理行为的控制 215
16.4 所有者权益方面内部控制案例详解 218

第17章 收入方面的内部控制

17.1 收入方面内部控制概述 221
  17.1.1 收入流程内涵 221
  17.1.2 收入内部控制的目标 222
  17.1.3 收入内部控制的风险点 223
17.2 收入方面的主要内部控制措施 224

17.2.1 收入内部控制制度要点................ 224
17.2.2 收入内部控制制度流程................ 224
17.3 收入方面内部控制案例详解.........226

第 18 章 成本费用方面的内部控制

18.1 成本费用方面内部控制概述 231
18.1.1 成本费用控制的内涵.................. 231
18.1.2 成本费用控制的目标.................. 232
18.1.3 成本费用控制的原则.................. 232
18.2 成本费用方面的主要内部控制措施......................................233
18.2.1 岗位分工及授权批准（不相容岗位分离制度）.............. 233
18.2.2 成本费用预算控制...................... 235
18.2.3 成本费用的执行控制.................. 236
18.2.4 成本费用核算控制...................... 236
18.2.5 监督检查（成本费用的分析与考核）................................ 237
18.3 成本费用方面内部控制案例详解... 239

第 19 章 利润方面的内部控制

19.1 利润方面内部控制概述................. 247
19.1.1 利润控制的内容........................ 247
19.1.2 利润控制的特点........................ 248
19.1.3 利润控制的目标........................ 249
19.1.4 利润控制的原则........................ 250
19.2 利润方面的主要内控措施.............251
19.2.1 目标利润控制法........................ 251
19.2.2 比率分析控制法........................ 252
19.2.3 利润增长比率控制法................. 253
19.2.4 本量利分析控制法................. 253
19.2.5 比例控制法............................. 255
19.2.6 利润分配控制法........................ 256
19.3 利润方面内部控制案例详解 261

第 20 章 财务报告方面的内部控制

20.1 财务报告方面内部控制概述 265
20.1.1 财务报告内部控制的目标........... 265

20.1.2 财务报告应关注的风险................ 265
20.1.3 财务报告内部控制的总体要求................................ 266
20.1.4 财务报告的编制流程................. 266
20.2 财务报告方面的主要风险与内部控制措施................................ 267
20.2.1 财务报告编制阶段的主要风险及内部控制措施................ 267
20.2.2 财务报告对外提供阶段的主要风险及内部控制措施............... 269
20.2.3 财务报告分析利用阶段的主要风险及内部控制措施............... 270
20.3 财务报告方面内部控制案例详解 ...271
20.3.1 案例 1：B 公司财务报告内部控制制度................. 271
20.3.2 案例 2：M 公司财务报告编制内部控制流程................. 273
20.3.3 案例 3：H 市公司退市，源于财务造假................ 291

第 21 章 内部信息传递方面的内部控制

21.1 内部信息传递方面内部控制概述 292
21.1.1 内部信息传递应关注的风险........ 292
21.1.2 内部信息传递的总体要求........... 292
21.1.3 内部信息传递的流程................. 293
21.2 内部信息传递方面的主要风险点与内部控制措施................ 293
21.2.1 建立内部报告指标体系................ 293
21.2.2 收集外部信息........................ 294
21.2.3 编制及审核内部报告................. 294
21.2.4 构建内部报告流转体系及渠道.... 295
21.2.5 内部报告有效使用及保密要求.... 295
21.2.6 内部报告的保管........................ 296
21.2.7 内部报告评估........................ 296
21.3 建立反舞弊机制........................ 297
21.3.1 舞弊存在的领域........................ 297
21.3.2 反舞弊的主要风险与内部控制措施................................ 297

21.4 内部信息传递方面内部控制案例
　　　详解......298
　　21.4.1 案例1：A公司内部信息传递
　　　　　　管理制度......298
　　21.4.2 案例2：R股份有限公司及其下属公司
　　　　　　内部信息沟通流程......300
　　21.4.3 案例3：HB Gary Federal公司
　　　　　　信息失窃......308

第22章 信息系统方面的内部控制

22.1 信息系统方面内部控制概述......309
　　22.1.1 信息系统与内部控制......309
　　22.1.2 公司层面的信息系统控制......313
22.2 信息系统方面的主要内部控制
　　　措施......318
　　22.2.1 信息技术一般控制测试......321
　　22.2.2 信息技术应用控制测试......325
　　22.2.3 信息系统应用控制类型......327
　　22.2.4 信息技术应用控制与信息技术
　　　　　　一般控制之间的关系......329
22.3 信息系统方面内部控制案例详解...329

第23章 全面预算管理方面的内部控制

23.1 全面预算管理方面内部控制概述....334
　　23.1.1 全面预算管理与内部控制的
　　　　　　关系......338
　　23.1.2 全面预算管理对内部控制的
　　　　　　作用......339
　　23.1.3 企业全面预算管理与内部控制
　　　　　　策略......339

23.2 全面预算管理方面的主要内部控制
　　　措施......340
　　23.2.1 岗位分工与授权批准......340
　　23.2.2 预算编制控制......341
　　23.2.3 预算执行控制......344
　　23.2.4 预算调整控制......346
　　23.2.5 预算分析与考核控制......347
　　23.2.6 评估与披露......348
23.3 全面预算管理方面内部控制案例
　　　详解......348

第24章 内部控制评价

24.1 内部控制评价概述......352
　　24.1.1 内部控制评价主体......352
　　24.1.2 内部控制评价内容......353
　　24.1.3 内部控制评价原则......353
　　24.1.4 内部控制评价的作用......354
　　24.1.5 内部控制审计与内部控制
　　　　　　评价......354
　　24.1.6 内部控制评价程序......356
24.2 内部控制测试......357
　　24.2.1 内部控制测试概述......357
　　24.2.2 测试的实施......360
　　24.2.3 测试报告......369
24.3 内部控制评价方法......370
24.4 内部控制缺陷......371
　　24.4.1 内部控制缺陷认定标准......371
　　24.4.2 内部控制缺陷报告与整改......373
24.5 内部控制评价报告......373
24.6 内部控制评价方面案例详解......374

第1章
内部控制理论

1.1 内部控制概述

1.1.1 内部控制的定义

内部控制是指一个单位为了实现经营目标，保护资产的安全完整，保证会计信息资料的正确可靠，确保经营方针的贯彻执行，保证经营活动的经济性、效率性和效果性而在单位内部采取的自我调整、约束、规划、评价和控制的一系列方法、手段与措施的总称。

我国《企业内部控制规范——基本规范》第四条中定义内部控制的概念："……内部控制，是指由企业董事会（或者由企业章程规定的经理、厂长办公会等类似的决策、治理机构，以下简称'董事会'）、管理层和全体员工共同实施的、旨在合理保证实现以下基本目标的一系列控制活动……"

1.1.2 内部控制的发展阶段

内部控制是社会经济发展的必然产物，它是随着外部竞争的加剧和内部强化管理的需要而不断丰富和发展的。纵观内部控制理论的发展历程，大致经历了以下六个阶段。

1. 内部牵制阶段

内部牵制就是指一个人不能完全支配账户，另一个人也不能独立地加以控制的制度，某位职员的业务与另一位职员的业务必须是相互弥补、相互牵制的关系，即必须进行组织上的责任分工和业务的交叉检查或交叉控制，以便相互牵制，防止错误或弊端，这就是内部控制的雏形。《柯氏会计词典》给它的定义是：为提供有效的组织和经营，并防止错误和其他非法业务发生而制定的业务流程，其主要特点是以任何个人或部门不能单独控制任何一次或一部分业务权利的方式进行组织上的责任分工，每项业务通过正常发挥其他个人或部门的功能进行交叉检查或交叉控制。

2. 内部控制制度阶段

1936年，美国颁布了《独立公共会计师对财务报表的审查》，首次定义了"内部控制"这一专业术语。它指出内部稽核与控制制度是指为保证公司现金和其他资产的安全，检查账簿记录的准确性而采取的各种措施和方法。此后，美国审计程序委员会又经过了多次修改。1973年在美国审计程序公告55号中，对内部控制制度的定义作了如下解释——内部控制制度有两类：内部会计控制制度和内部管理控制制度，内部管理控制制度包括且不限于组织结构的计划，以及关于管理部门对事项核准的决策步骤上的程序与记录。会计控制制度包括组织机构的设计以及与财产保护和财务会计记录可靠性有直接关系的各种措施。

3. 会计控制管理控制阶段

会计控制管理控制阶段主要包括内部会计控制和内部管理控制两个主要的阶段。

4. 内部控制结构阶段

1988年5月，美国注册会计师协会（AICPA）发布了《审计准则公告第55号》（SAS55），首次以"内部控制结构"取代了"内部控制制度"的概念。在内部控制结构阶段，内部控制由二分法向三分法发展，这意味着原本的内部会计控制和内部管理控制的区分界限被重新界定，形成了一个更加综合的内部控制体系。内部控制结构作为一个整体概念被提出，并指出内部控制结构由三个要素组成：控制环境、会计系统和控制程序。

5. 内部控制整合框架阶段

1992年9月，美国反虚假财务报告委员会（COSO）提出了报告《内部控制——整体框架》，该框架指出"内部控制是受企业董事会、管理层和其他人员影响，为经营的效率效果、财务报告的可靠性、相关法规的遵循性等目标的实现而提供合理保证的过程。"1996年底美国审计委员会认可了COSO的研究成果，并修改相应的审计公告内容。

6. 风险管理框架阶段

2004年，COSO委员会发布《企业风险管理——整合框架》，该框架认为"企业风险管理是一个过程，它由一个主体的董事会、管理当局和其他人员实施，应用于战略制定并贯穿于企业之中，旨在识别可能会影响主体的潜在事项，管理风险以使其在该主体的风险容量之内，并为主体目标的实现提供合理保证。"该框架拓展了内部控制，其更有力、更广泛地关注企业风险管理这一更加宽泛的领域。风险管理框架包括八大要素：内部环境、目标设定、事项识别、风险评估、风险应对、控制活动、信息与沟通、监控。

1.1.3 内部控制的原则

以下是内部控制的七项原则：

1. 合法性原则

合法性原则是指企业必须以国家的法律法规为准绳，在国家的法律法规范围内，制定本企业切实可行的财务内部控制制度。

2. 整体性原则

整体性原则是指企业的财务内部控制制度必须充分涉及企业财务会计工作各个方面的控制，它既要符合企业的长期规划，又要注重企业的短期目标，还要与企业的其他内部控制制度相互协调。

3. 针对性原则

针对性原则是指内部控制制度的建立要根据企业的实际情况，针对企业财务会计工作中的薄弱环节制定企业切实有效的内部控制制度，将各个环节和细节加以有效控制，以提高企业的财务会计水平。

4. 一贯性原则

一贯性原则是指企业的财务内部控制制度必须具有连续性和一致性。

5. 适应性原则

适应性原则是指企业财务内部控制制度应根据企业变化的情况、财务会计专业的发展、社会发展状况及时补充企业的财务内部控制制度。

6. 经济性原则

经济性原则是指企业财务内部控制制度的建立要考虑成本效益原则，也就是说企业财务控制制度的操作性要强，要切实可行。

7. 发展性原则

发展性原则是指制定企业财务内部控制制度要充分考虑宏观政策和企业的发展，密切洞察竞争者的动向，制定具有发展性或未来着眼点的规章制度。

1.1.4 内部控制的种类

内部控制制度的重点是严格会计管理，设计合理有效的组织机构和职务分工，实施岗位责任分明的标准化业务处理程序，按其作用范围大体可以分为以下两个方面：

1. 内部会计控制

内部会计控制的范围直接涉及会计事项各方面的业务，主要是指财会部门为了防止侵吞财物和其他违法行为的发生，以及保护企业财产的安全所制定的各种会计处理程序和控制措施。例如，由无权经管现金和签发支票的第三者每月编制银行存款调节表，就是一种内部会计控制，通过这种控制，可提高现金交易的会计业务、会计记录和会计报表的可靠性。

2. 内部管理控制

内部管理控制的范围涉及企业生产、技术、经营、管理的各部门、各层次、各环节，其目的是提高企业管理水平，确保企业经营目标和有关方针、政策的贯彻执行。例如，企业单位的内部人事管理、技术管理等，就属于内部管理控制。

1.1.5 内部控制的作用

内部控制主要是指内部会计控制和内部管理控制，内部控制系统有助于企业达到自身规定的经营目标。随着社会主义市场经济体制的建立，内部控制的作用会不断扩展。目前，它在经济管理和监督中主要有以下作用：

1. 提高会计信息资料的正确性和可靠性

企业决策层要想在瞬息万变的市场竞争中有效地管理经营企业，就必须及时掌握各种信息，以确保决策的正确性，并可以通过控制手段尽量提高所获信息的准确性和真实性。因此，建立内部控制系统可以提高会计信息的正确性和可靠性。

2. 保证生产和经营活动顺利进行

内部控制系统通过确定职责分工，严格各种手续、制度、工艺流程、审批程序、检查监督手段等，可以有效地控制本单位生产和经营活动顺利进行，防止出现偏差，纠正失误和弊端，保证实现单位的经营目标。

3. 保护企业财产的安全完整

财产物资是企业从事生产经营活动的物质基础。内部控制可以通过适当的方法对货币资金的收入、支出、结余,以及各项财产物资的采购、验收、保管、领用、销售等活动进行控制,防止贪污、盗窃、滥用、毁坏等不法行为,保证财产物资的安全完整。

4. 保证企业既定方针的贯彻执行

企业决策层不但要制定管理经营方针、政策、制度,而且要狠抓贯彻执行。内部控制则可以通过制定办法、审核批准、监督检查等手段促使全体职工贯彻和执行既定的方针、政策和制度;同时,可以促使企业领导和有关人员执行国家的方针、政策,在遵守国家法规纪律的前提下认真贯彻企业的既定方针。

5. 为审计工作提供良好基础

审计监督必须以真实可靠的会计信息为依据,检查错误、揭露弊端、评价经济责任和经济效益,而只有具备了完备的内部控制制度,才能保证信息的准确、资料的真实,并为审计工作提供良好的基础。总之,良好的内部控制系统可以有效地防止各项资源的浪费和错弊的发生,提高生产、经营和管理效率,降低企业成本费用,提高企业经济效益。

1.2 内部控制目标、方法及要素

1.2.1 内部控制的目标

1. 内部控制目标的具体含义

内部控制目标是指要求内部控制完成的任务或达到的标准,它用来促进企业组织的有效营运,以确保各部门均能发挥应有的功能。它包括:①建立和完善符合现代管理要求的内部组织结构,形成科学的决策机制、执行机制和监督机制,确保单位经营管理目标的实现。②建立行之有效的风险控制系统,强化风险管理,确保单位各项业务活动的健康运行。③堵塞、消除隐患,防止并及时发现和纠正各种欺诈、舞弊行为,保护单位财产的安全完整。④规范单位会计行为,保证会计资料真实、完整,提高会计信息质量。⑤确保国家有关法律法规和单位内部规章制度的贯彻执行。

从内部控制理论的发展过程来看,现代组织中的内部控制目标已不是传统意义上的查错和除弊,而是涉及组织管理的方方面面,呈现多元化、纵深化的趋势,主要包括以下方面:

①确保组织目标的有效实现。任何组织都有其特定的目标,要有效实现组织的目标,就必须及时对那些构成组织的资源(财产、人力、知识、信息等)进行合理的组织、整合与利用,这就意味着这些资源要处于控制之下或在一定的控制之中运营。如果一个组织未能实现其目标,那么该组织在从事自身活动时,一定是忽视了资源的整合作用,忽视了经济性和效率性的重要性。一家医院有优秀的医生、能干的工作人员和先进的设备,但如果这些条件没有充分用于医疗,这家医院是没有效率的。例如,如果病人因为医院不良的饮食而不能痊愈,这家医院就没有实现其目标。因为内部控制系统的目标就是直接促进组织目标的实现,所以,所有的组织活动和控制行为必须以促进实现组织的最高目标为依据。

②服从政策、程序、规则和法律法规。一方面,为了协调组织的资源和行为以实现组织的目标,管理者将制定政策、计划和程序,并以此来监督运行并适时作出必要的调整。另一

方面，组织还必须服从由社会通过政府制定的法律法规、职业道德规则，以及利益集团之间的竞争因素等所施加的外部控制。内部控制如果不能充分考虑这些外部限制因素，就会威胁组织的生存，因此，内部控制系统必须保证遵循各项相关的法律法规和规则。

③经济且有效地利用组织资源。因为所有的组织都是在一个资源有限的环境中运作，一个组织实现其目标的能力取决于其能否充分地利用现有的资源，组织制定和设计内部控制必须根据能否保证以最低廉的成本取得高质量的资源（经济性）和防止不必要的多余的工作及浪费（效率）。例如，一个组织能够经济地取得人力资源，但可能因缺乏必要的训练和不合适的生产计划而使得工作效率很低。管理者必须建立政策和程序来提高运作的经济性和效率，并建立运作标准来对行动进行监督。

④确保信息的质量。除了建立组织的目标并沟通政策、计划和方法外，管理者还需利用相关、可靠和及时的信息来控制组织的行为。事实上，控制和信息是密不可分的，决策导向的信息受制于内部控制，没有完备的内部控制便不能保证信息的质量。也就是说，管理者需要利用信息来监督和控制组织行为，同时，决策信息系统特别是会计信息系统也依赖内部控制系统来确保为之提供相关、可靠和及时的信息，否则，管理者的决策就有可能给组织造成不可弥补的损失。因此，内部控制系统必须与确保数据收集、处理和报告的正确性的控制相联系。

⑤有效保护组织的资源。资源的稀缺性客观上要求组织通过有效的内部控制系统确保其安全和完整。如果资源不可靠、损坏或丢失，组织实现其目标的能力就会受到影响。组织应努力保护各种有形与无形的资源，一是确保这些资源不被损害和流失，二是要求确保对资产的合理使用和必要的维护。

在现代社会，信息作为一种特殊的资源，其遗失、损坏和失窃也会影响组织的竞争力和运作能力，因此，一个组织的数据库必须防止非授权的接触和使用。

人力资源是组织获得竞争力的根本性财富，高素质的员工队伍是一个组织行动能力的"放大器"。一个组织的员工队伍代表组织在培训、技能和知识上的大量投资，其作用是难以替代的，因此，工作环境，尤其是内部控制环境，不仅要有助于他们的身心健康，而且还要培养其对组织的忠诚。

2. 内部控制目标的实现途径

影响内部控制目标实现的制约因素错综复杂，但通过系统研究和归纳，我们可得出有效实现内部控制目标的途径。

①适应外部控制环境，改善内部控制环境。控制环境包括控制组织的外部环境和内部环境，为实现组织的最高目标，内部控制必须谨慎设计以适应环境。

就外部控制环境而言，正如前面所讨论的，组织必须服从社会通过法律和法规、职业道德规则、不同利益集团之间的竞争等表现出的一系列要求，尽管管理者不能轻易地对外部环境施加影响，但为使内部控制能有效运行，管理者一定要建立一个内部控制系统来确认和满足组织的外部环境要求。例如，顾客的需求便是一个越来越重要的外部要求。人们正在寻求通过管理技术，全面质量管理不断改善整个运行过程这一原理，明确要求内部控制要包括严格的质量保证和监督方法，以满足组织外部要求。

组织的内部控制环境是指可由管理者自身主观努力而设计和决定的影响因素。如组织形式、组织结构、组织形象、员工行为、资源规模与结构等，这众多的因素又影响和决定着组织的组织文化。组织文化涉及员工对组织运行方式的集体感受，对组织如何处事的共识，因为组织文化既反映又影响员工的态度与行为，如果组织文化是有益的，那么控制一定要有利于这种文化。在一个组织中，如果其文化氛围是墨守成规的，员工就倾向于遵循教条式的行为方式；相反，在以顾客为导向的文化中，"什么事都有可能发生"的理念便会盛行。以顾客需求定位的组织文化鼓励创造和革新，而前者对此是否定的。由于建立科学的内部控制目标与方法对培养主动性和革新文化又不失机械的限制，所以，组织文化对内部控制具有重要意义。

②员工的积极性是决定内部控制运行的行为因素。了解控制对人的行为的影响，对内部控制的有效运行至关重要。为实现控制目标，我们必须认识人们的正常需求，并尽可能减少不正常的行为发生，具体而言，就是在充分重视和尊重员工在内部控制中的作用的同时，强调员工的积极性。

与早期的等级结构相比，现代组织更富有弹性，并鼓励员工更多地参与管理。即使在最简单的组织中，相互作用的组织结构也要求组织成员有共同的目标和指导，以通过战略、战术决策和操作控制过程来实现这些目标。尽管控制的目的是调节组织行为以实现组织目标，但这不只是简单地减少那些阻碍实现目标的行为。为了防止和解决问题，内部控制系统一定要激励那些对实现组织目标有积极作用的行为，因为内部控制本来就具备"激励那些对实现组织目标有积极作用的活动，防止那些威胁组织目标实现的行为"的双重功能。

尽管"控制"一词通常与限制行动联系在一起，但是，如果要保持竞争力，现代组织一定不能僵死和缺乏弹性。面对放松管制、不断增长的竞争，生机勃勃的金融市场，飞速发展的技术创新及流动的、充满希望的劳动力，现代组织需要比以往更加敏锐和富有活力。尽管政策和程序是维持可靠的系统和保证前后一致的行动所必需的，但如果这些程序和制度过于压抑和拘束人，一旦出现问题，员工便无力解决，因此，组织应当努力培育一种奖励员工、鼓励创新、正直可靠的控制环境。

当然，控制也会因员工的不理解、马虎、疲劳而丧失效率，同时，控制也可能因员工的不理解或不认同而产生敌意并采取消极的态度，这些不测事件和行为都会对组织目标构成威胁，所以，一个健康的内部控制系统应当既能推动对实现组织目标有贡献的积极行为，同时也能防止危害行为和事件的发生。

③控制成本是衡量控制效益的关键因素。控制只有在经济上可行或出于有关健康、安全等类似观念的考虑时才能得以实施。任何控制行为均会产生成本，控制成本包括控制自身的有形成本、由于实施控制而造成的机会和时间的丧失，以及员工对控制的反感和不满所造成的损失等。在内部控制的设计和运行中，组织一定要将这些成本与不实施控制而产生的不测事件、错误、低效率和舞弊使组织受到损失的风险联系在一起进行权衡。一般来说，潜在的损失是单一事件的价值、事件发生次数及事件所造成风险的函数。潜在损失将明显随着其价值或在组织中的重要性而增加：一种似乎是微不足道的错误或低效率会因为频繁出现而变得严重；某些资产（如现金）的性质使其较其他资产更容易受舞弊、滥用和破坏的损害。

一个组织需要清楚地判断潜在损失的风险，并予以量化，以便设计和实施成本效益控制程序。以控制为目的的风险评价，直接集中于风险的性质和可靠性，以及采用相应控制的可行性和成本。风险评价可以采用结构风险分析模式评价组织的整体风险或某项业务的单独风险。

遵循成本效益原则的另一个重要方面，就是将内部控制不留痕迹地融入组织管理的每个方面。我们应尽力避免将内部控制视为一种独立的、辅助的部分，其理由是将控制融入组织的整个管理体系之中，能明显地降低控制成本，并产生良好的控制效益。

3. 内部控制目标的威胁因素

内部控制目标的威胁因素是指那些普遍存在的、可能妨碍内部控制目标实现的消极现象。即使一个设计科学的内部控制系统，也可能因忽视内部控制运行的威胁因素而使其难以发挥作用，因此，我们必须充分认识并正视这些威胁因素。

①管理者不够正直。内部控制主要是为了使诚实的人能保持诚实，并不能有效防范管理者的道德风险。在一个组织中，管理层如果不能很好地遵守道德规范将会严重干扰控制系统的有效运行。

②合谋。对不相容的岗位和职务，即使采取职责分开的控制手段，如果员工们企图串通和欺诈，那么控制所防范的风险和不测事件仍会发生。

③利益冲突。对组织而言，利益冲突，特别是高级管理人员与组织利益的冲突，会对控制系统构成显著的威胁。

④环境变化。一个良好的内部控制系统可能会因其运行环境发生变化而削弱。管理者一定要密切注意环境的变迁和组织运行方式的变化，这种变化要求不失时机地调整和改进内部控制系统。

⑤管理部门的忽视。对任何控制系统的严重威胁是管理部门的不重视。一个设计良好的内部控制系统，如果管理者把它搁置一边，便等于没有内部控制。同时，管理部门对内部控制的忽视，为组织内的员工开了一个危险的先例，长此以往，这种风气便会盛行，在激烈的竞争中，这无疑置组织于危险的境地。

4. 内部控制目标的拓展

会计信息真实、完整既是企业内部控制的基本目标，又是企业内部控制基本的、非常重要的手段，会计正是通过真实、完整的会计资料的记录、汇总、报告等手段实现其对企业经管责任的落实、对企业财产及经济业务活动进行监督管理职能的。在现代企业制度和公司治理结构尚未健全，会计信息失真尚未得到根治的情况下，把企业信息的真实、完整作为企业内部控制的基本目标是符合我国企业现状的。

但是随着市场经济的不断完善，企业的竞争除技术因素外，还有管理因素，也可以说管理水平的高低将成为企业能否继续生存的关键。在这种情形下，把会计信息的真实、完整作为企业内部控制的基本目标是不够的，会计信息的使用者希望通过提供决策有用的会计信息进行各种决策，因此，我们应该把内部控制看成是一个动态的系统工程。内部控制的目标应随着企业外部环境的变化而调整，内部控制的内容也应不断丰富和发展。比如电子商务的发展出现了无纸化、无场所化的新兴产业，由此产生了一系列内部控制问题；虚拟企业的出现使控制的主体和客体认定困难，等等。这些新形势下出现的新问题要求现有内部控制的目标不断进行扩展和重心转移。为适应环境的变化，企业内部控制的目标需要向下列方面扩展。

（1）内部环境控制

在内部控制中，环境控制有两个最基本的构成要素，一个是人，一个是组织。人是控制环境的重要因素，其既是内部控制的主体，也是内部控制的客体，这里的"人"主要指两大群体，即企业的员工和管理层。内部控制目标最终要分解落实到企业员工，员工素质对控制的实施有较大的影响，内部控制的作用在于激发员工实现控制目标的积极性。管理层是内部控制的实施者，在控制过程中，管理者处于主导地位，控制的程度和效果与管理者的素质也有极大的关系。市场竞争使经营者人力资本得以流动和优化配置；优胜劣汰的市场法则形成强大的约束力，不称职的经营者应被市场淘汰出局。也就是说，经营者的选拔和退出都是靠市场机制的作用，只有这样，人力资源才能合理配置，内部控制目标才能有效落实，企业经营效率才能显著提高。

除此之外，组织也是环境控制的一个因素。新形势下的组织是配置资源和发挥能力的结构形式，它是企业综合能力的整合机制，是通过调配有限资源而获得最佳配置效率的过程。对组织的控制主要是激发合作能力和创新能力，能够保持这种能力的最好形式是学习型组织，组织的活力来自不断的知识更新，只有这样，组织在环境中的控制作用才能有效发挥。

（2）风险防范控制

风险是指事件本身的不确定性，它具有客观性。企业在市场经济环境中难免会遇到各种风险，为了能规避风险，企业应建立风险评估机制。风险有外部风险和内部风险：外部风险主要包括政治、经济、社会、文化与自然等方面；内部风险主要来自决策失误、执行不力、生产故障等。风险防范控制应包括建立企业风险评估机构、防范规避风险措施、风险信息反馈、防范风险的奖惩制度等。风险的存在与一定的客观环境有关，当这些条件发生变化时，风险的大小性质也将发生变化，并有可能在一定的时空范围内降低或被消除。

风险评估的内容很多，几乎在企业生产经营的各个环节都存在风险评估问题。在众多的风险控制种类中，信用风险评估和合同风险评估是新经济形势下企业的一项基础性和经常性的工作。信用风险评估是指企业应收账款回收过程中遭受损失的可能性。企业应制定客户信用评估指标体系，确定信用授予标准，规定客户信用审批程序，进行信用实施中的实时跟踪。合同风险评估是指企业在合同签订和履行过程中，对发生法律纠纷导致企业被诉、败诉的可能性进行预测。为防范合同风险，企业应建立合同起草、审批、签订、履行监督和违约时采取应对措施的控制程序。风险评估一般须经过辨别、分析、管理、控制等过程，确定和分析风险的过程是一个持续的过程，是内部有效控制的一个关键因素，也是为用户提供决策有用会计信息的保证措施。

（3）政策适用性控制

企业经营管理活动中的政策通常有以下两类：

①为完成经营管理目标而制定的方针政策，这些方针政策必须符合国家的法律法规。近二十年来，我国法制建设的进程加快，各种法律法规的建设逐渐向国际惯例靠拢，新的法律法规不断出台，对新的法律法规的理解和运用成为各类企业尤其是企业管理活动的重要

内容。由于我国法制建设时间不长，企业内部控制制度与国家法律法规相抵触的情况时有发生，这些违法现象（比如违反《中华人民共和国劳动法》在社会上造成了不良影响。

②会计政策的选择。在委托代理关系中，经营者往往利用信息的不对称，通过选择有利的会计政策进行盈余管理。由于经济业务的灵活性和多变性，会计核算方法、程序存在一定的可选择性，选择的目标是为了更好地反映企业的财务状况和经营成果，选择的唯一条件应是决策有用性，但是在实际管理过程中，经营者利用内部人控制的优势选择不符合实际情况的会计政策，这种选择在一定程度上影响了会计信息的质量。为了避免这种现象的发生，企业有必要通过内部控制制度对企业管理中的各项政策实施监控，通过对比分析，使选用的政策符合法律法规的要求、符合企业经营目标的要求。

1.2.2 内部控制的方法

内部控制的一般方法通常包括职责分工控制、授权控制、审核批准控制、预算控制、财产保护控制、会计系统控制、内部报告控制、经济活动分析控制、绩效考评控制、信息技术控制等。

1. 职责分工控制

要求根据企业目标和职能任务，按照科学、精简、高效的原则，合理设置职能部门和工作岗位，明确各部门、各岗位的职责权限，形成各司其职、各负其责、便于考核、相互制约的工作机制。

企业在确定职责分工过程中，应当充分考虑不兼容岗位相互分离的制衡要求。不兼容岗位通常包括：授权批准、业务经办、会计记录、财产保管、稽核检查等。

2. 授权控制

要求企业根据职责分工，明确各部门、各岗位办理经济业务与事项的权限范围、审批程序和相应责任等内容。企业内部各级管理人员必须在授权范围内行使职权和承担责任，业务经办人员必须在授权范围内办理业务。

3. 审核批准控制

要求企业各部门、各岗位按照规定的授权和程序，对相关经济业务和事项的真实性、合规性、合理性及有关资料的完整性进行复核与审查，通过签署意见并签字或者盖章，作出批准、不予批准或者其他处理的决定。

4. 预算控制

要求企业加强预算编制、执行、分析、考核等各环节的管理，明确预算项目，建立预算标准，规范预算的编制、审定、下达和执行程序，及时分析和控制预算差异，采取改进措施，确保预算的执行。

5. 财产保护控制

要求企业限制未经授权的人员对财产的直接接触和处置，采取财产记录、实物保管、定期盘点、账实核对、财产保险等措施，确保财产的安全完整。

6. 会计系统控制

要求企业根据《中华人民共和国会计法》《企业会计准则——基本准则》和国家统一的

会计制度，制定适合本企业的会计制度，明确会计凭证、会计账簿和财务会计报告以及相关信息披露的处理程序，规范会计政策的选用标准和审批程序，建立、完善会计档案保管和会计工作交接办法，实行会计人员岗位责任制，充分发挥会计的监督职能，确保企业财务会计报告的真实、准确、完整。

7. 内部报告控制

要求企业建立和完善内部报告制度，明确相关信息的收集、分析、报告和处理程序，及时提供业务活动中的重要信息，全面反映经济活动情况，增强内部管理的时效性和针对性。内部报告方式通常包括：例行报告、实时报告、专题报告、综合报告等。

8. 经济活动分析控制

要求企业综合运用生产、购销、投资、财务等方面的信息，利用因素分析、对比分析、趋势分析等方法，定期对企业经营管理活动进行分析，发现存在的问题，查找原因，并提出改进意见和应对措施。

9. 绩效考评控制

要求企业科学设置业绩考核指标体系，对照预算指标、盈利水平、投资回报率、安全生产目标等业绩指标，对各部门和员工当期业绩进行考核和评价，兑现奖惩，强化对各部门和员工的激励与约束。

10. 信息技术控制

要求企业结合实际情况和计算机信息技术应用程度，建立与本企业经营管理业务相适应的信息化控制流程，提高业务处理效率，减少和消除人为操纵因素，同时加强对计算机信息系统开发与维护、访问与变更、数据输入与输出、文件储存与保管、网络安全等方面的控制，保证信息系统安全、有效运行。

11. 与财务报告相关的内部控制

内部控制被定义为一个流程，该流程由公司的首席执行官和财务总监或类似人员设计并监督其运行，并由公司董事会、管理层和其他相关人员实行，从而对财务报告的可靠性，以及对外披露的财务报告的编制是否符合公认会计准则提供合理保证，这一流程包括如下政策和程序：

①公司的相关记录在合理的程度上正确和公允地反映了公司对交易的记录和对资产的处置；

②公司对相关交易的记录能够为公司按照公认会计准则准备财务报告提供合理的保证，以及公司的收入和支出都经过了公司管理层和董事的授权批准；

③能够防止和及时发现对财务报告产生重大影响的非法行为，这种行为包括对公司资产不合法的占有、利用和处置。

1.2.3 内部控制的要素

我国《企业内部控制基本规范》根据 COSO 框架将内部控制的要素归纳为内部环境、风险评估、控制活动、信息与沟通、内部监督五大方面。

1. 内部环境

（1）治理结构

企业治理结构指的是内部治理结构，又称法人治理结构，是企业根据权力机构、决策机构、执行机构和监督机构相互独立、权责明确、相互制衡的原则实现对企业的治理。

治理结构是由股东大会、董事会、监事会和管理层组成的，决定企业内部决策过程和利益相关者参与企业治理的办法，主要作用在于协调企业内部不同产权主体之间的经济利益矛盾，减少代理成本。

（2）机构设置与权责分配

公司制企业中股东大会（权力机构）、董事会（决策机构）、监事会（监督机构）、总经理层（日常管理机构）这四个法定刚性机构为内部控制机构的建立、职责分工与制约提供了基本的组织框架，但并不能满足内部控制对企业组织结构的要求，内部控制机制的运作还必须在这一组织框架下设立满足企业生产经营所需要的职能机构。企业所采用的组织结构应当有利于提升管理效能，并保证信息通畅流动。

（3）内部审计机制

内部审计是内部控制的一种特殊形式。根据中国内部审计协会的解释，内部审计是指组织内部的一种独立客观的监督和评价活动，它通过审查和评价经营活动及内部控制的适当性、合法性和有效性来促进组织目标的实现。

内部审计的范围主要包括财务会计、管理会计和内部控制检查。内部审计机制的设立包括内审计机构设置、人员配备、工作开展及其独立性的保证等。

（4）人力资源政策

人力资源政策是影响企业内部环境的关键因素，它所包括的雇用、培训、评价、考核、晋升、奖惩等业务，向员工传达着有关诚信、道德行为和胜任能力的期望水平方面的信息，这些业务都与企业员工密切相关，而员工正是企业中执行内部控制的主体。一个良好的人力资源政策，能够有效地促进内部控制在企业中的顺利实施，并保证其实施的质量。

（5）企业文化

企业文化体现为人本管理理论的最高层次。企业文化重视人的因素，强调精神文化的力量，希望用一种无形的文化力量形成一种行为准则、价值观念和道德规范，凝聚企业员工的归属感、积极性和创造性，引导企业员工为企业和社会的发展而努力，并通过各种渠道对社会文化的大环境产生作用。

2. 风险评估

风险评估是企业及时识别、科学分析经营活动中与实现控制目标相关的风险，合理确定风险应对策略，是实施内部控制的重要环节。风险评估主要包括目标设定、风险识别、风险分析和风险应对。

（1）目标设定

风险是指一个潜在事项的发生对目标实现产生的影响。风险与可能被影响的控制目标相关联。企业必须制定与生产、销售、财务等业务相关的目标，设立可辨认、分析和管理相关风险的机制，以了解企业所面临的来自内部和外部的各种不同风险。

企业开展风险评估，应当准确识别与实现控制目标相关的内部风险与外部风险，确定相应的风险承受度。风险承受度是企业能够承担的风险限度，包括整体风险承受能力和业务层面的可接受风险水平。

（2）风险识别

风险识别实际上是收集有关损失原因、危险因素及损失暴露等方面信息的过程。风险识别作为风险评估过程的重要环节，主要回答的问题是：存在哪些风险，哪些风险应予以考虑，引起风险的主要因素是什么，这些风险所引起的后果及严重程度如何，风险识别的方法有哪些等。企业在风险评估过程中，更应当关注引起风险的主要因素，应当准确识别与实现控制目标有关的内部风险和外部风险。

（3）风险分析

风险分析是在风险识别的基础上对风险发生的可能性、影响程度等进行描述、分析、判断，并确定风险重要性水平的过程。企业应当在充分识别各种潜在风险因素的基础上，对固有风险，即不采取任何防范措施可能造成的损失程度进行分析，同时，重点分析剩余风险，即采取了相应应对措施之后仍可能造成的损失程度。企业应当采用定性与定量相结合的方法，按照风险发生的可能性及其影响程度等，对识别的风险进行分析和排序，确定关注重点和优先控制的风险。

（4）风险应对

企业应当在分析相关风险的可能性和影响程度基础上，结合风险承受度，权衡风险与收益，确定风险应对策略。企业应合理分析，准确掌握董事、经理及其他高级管理人员、关键岗位员工的风险偏好，采取适当的控制措施，避免因个人风险偏好给企业经营带来重大损失。

企业管理层在评估了相关风险的可能性和后果，以及成本效益之后要选择一系列策略使剩余风险处于期望的风险容限以内。常用的风险应对策略有：

①风险规避

风险规避，即改变或回避相关业务，不承担相应风险，是企业对超出风险承受度的风险，通过放弃或者停止与该风险相关的业务活动以避免和减轻损失的策略。例如：由于雨雪天气，航空公司取消某次航班；企业拒绝与不守信用的厂商有业务来往；新产品在试制阶段发现问题而果断停止研发。

②风险承受

风险承受，即比较风险与收益后，愿意无条件承担全部风险，是企业在权衡成本效益之后，对风险承受度之内的风险，不准备采取控制措施降低风险或者减轻损失的策略。例如：企业设有一个小型仓库，平时就存放一些待处理的设备（市场价值很小），如果为了防止这些设备被偷盗而专门雇佣一个保管员，那么这时支付保管员的费用要远高于设备的价值，显然不符合成本效益原则，因此对于这种存在的失窃风险，企业就应该采用风险承受策略。

③风险降低

风险降低，即采取一切措施降低发生不利后果的可能性，是企业在权衡成本效益之后，准备采取适当的控制措施降低风险或者减轻损失，将风险控制在风险承受度之内的策略，包括两类措施——风险预防和风险抑制。

④风险分担

风险分担，即通过购买保险、外包业务等方式来分担一部分风险，是企业准备借助他人力量，采取业务分包、购买保险等方式和适当的控制措施，将风险控制在风险承受度之内的策略，常见的措施有业务分包、购买保险等。例如：大学里学生宿舍的管理外包给物业公司负责，这是由于大学本身不具有物业管理的能力，通过外包的方式转移了与物业相关的风险；公司给某些关键设备购买财产保险来转移风险。

风险应对策略往往是结合运用的。企业应当结合不同发展阶段和业务拓展情况，持续收集与风险变化相关的信息，进行风险识别和风险分析，及时调整风险应对策略。

3. 控制活动

控制活动是指企业根据风险应对策略，采用相应的控制措施，将风险控制在可承受度之内，是实施内部控制的具体方式。常见的控制措施有：不相容职务分离控制、授权审批控制、会计系统控制、财产保护控制、预算控制、运营分析控制和绩效考评控制等。企业应当结合风险评估结果，通过手工控制与自动控制、预防性控制与检查性控制相结合的方法，运用相应的控制措施，将风险控制在可承受度之内。

（1）不相容职务分离控制

所谓不相容职务，是指那些如果由一个人担任既可能发生错误和舞弊行为，又可能掩盖其错误和舞弊行为的职务。

（2）授权审批控制

授权批准是指企业在办理各项经济业务时，必须经过规定程序的授权批准。授权审批控制要求企业根据常规授权和特别授权的规定，明确各岗位办理业务和事项的权限范围、审批程序和相应责任。

（3）会计系统控制

会计作为一个信息系统，对内能够向管理层提供经营管理的诸多信息，对外可以向投资者、债权人等提供用于投资等决策的信息。会计系统控制主要是通过对会计主体所发生的各项能用货币计量的经济业务进行记录、归集、分类、编报等进行的控制。

（4）财产保护控制

财产保护控制是指为了确保企业财产物资安全、完整所采用的各种方法和措施。财产是企业资金、财物及民事权利义务的总和，按是否具有实物形态，分为有形财产（如资金、财物）和无形财产（如著作权、发明权）；按民事权利义务，分为积极财产（如金钱、财物及各种权益）和消极财产（如债务）。财产是企业开展各项生产经营活动的物质基础，企业应采取有效措施，加强对企业财产物资的保护。

（5）预算控制

预算是企业未来一定时期内经营、资本、财务等各方面的收入、支出、现金流的总体计划。预算控制是内部控制中使用得较为广泛的一种控制措施。通过预算控制，使得企业的经营目标转化为各部门、各岗位以至个人的具体行为目标，作为各责任企业的约束条件，能够从根本上保证企业经营目标的实现。

(6) 运营分析控制

运营活动分析，曾被称为经营活动分析，但实际上运营活动是比经营活动范畴更广，更能够全面涵盖企业活动的提法。运营分析是对企业内部各项业务、各类机构的运行情况进行独立分析或综合分析，从而掌握企业运营的效率和效果，为持续的优化调整奠定基础。

企业运营活动分析的方法包括定性分析法和定量分析法。定性分析法可以有专家建议法、专家会议法、主观概率法和特尔菲法（通过函询的方式收集专家意见，对未来进行直观预测的一种定性方法）。定量分析法可以有对比分析法、趋势分析法、因素分析法和比率分析法。

运营分析控制要求企业建立运营情况分析制度，综合运用生产、购销、投资、筹资、财务等方面的信息，通过因素分析、对比分析、趋势分析等方法，定期开展运营情况分析，以发现存在的问题，及时查明原因并加以改进。

（7）绩效考评控制

绩效考评是对所属企业及个人占有、使用、管理与配置企业经济资源的效果进行的评价。绩效考评是一个过程，即首先明确企业要做什么（目标和计划），然后找到衡量工作做得好坏的标准进行监测（构建指标体系并进行监测），发现做得好的（绩效考核），进行奖励（激励机制），使其继续保持或者做得更好，能够完成更高的目标；更为重要的是，发现不好的地方，通过分析找到问题所在，进行改正，使得工作做得更好（绩效改进）。这个过程就是绩效考评过程。企业为了完成这个管理过程所构建起来的管理体系，就是绩效考评体系。

4. 信息与沟通

信息与沟通是企业及时、准确地收集、传递与内部控制相关的信息，确保信息在企业内部、企业与外部之间进行有效沟通，是实施内部控制的重要条件。企业应当建立信息与沟通制度，明确内部控制相关信息的收集、处理和传递程序，确保信息及时沟通，促进内部控制有效运行。信息与沟通主要包括：信息质量、沟通制度、信息系统、反舞弊机制。

（1）信息质量

信息是企业各类业务事项属性的标识，是确保企业经营管理活动顺利开展的基础。企业日常生产经营需要收集各种内部信息和外部信息，并对这些信息进行合理筛选、核对、整合，提高信息的有用性。企业可以通过财务会计资料、经营管理资料、调研报告、专项信息、内部刊物、办公网络等渠道，获取内部信息；还可以通过行业协会组织、社会中介机构、业务往来企业、市场调查、来信来访、网络媒体及有关监管部门等渠道，获取外部信息。

（2）沟通制度

信息的价值必须通过传递和使用才能体现。企业应当建立信息沟通制度，将内部控制相关信息在企业内部各管理级次、责任企业、业务环节之间，以及企业与外部投资者、债权人、客户、供应商、中介机构和监管部门等有关方面之间进行沟通和反馈。信息沟通过程中发现的问题，应当及时报告并加以解决。重要信息须及时传递给董事会、监事会和经理层。

（3）信息系统

为提高控制效率，企业可以运用信息技术加强内部控制，建立与经营管理相适应的信息系统，促进内部控制流程与信息系统的有机结合，实现对业务和事项的自动控制，减少或消除人为操纵因素。企业利用信息技术对信息进行集成和共享的同时，还应加强对信息系统开发与维护、访问与变更、数据输入与输出、文件储存与保管、网络安全等方面的控制，保证信息系统安全稳定运行。

（4）反舞弊机制

舞弊是指企业董事、监事、经理、其他高级管理人员、员工或第三方使用欺骗手段获取不当或非法利益的故意行为，它是需要企业重点加以控制的领域之一。企业应当建立反舞弊机制，坚持惩防并举、重在预防的原则，明确反舞弊工作的重点领域、关键环节和有关机构在反舞弊工作中的职责权限，规范舞弊案件的举报、调查、处理、报告和补救程序。

反舞弊工作的重点包括：

①未经授权或者采取其他不法方式侵占、挪用企业资产，牟取不当利益；

②在财务会计报告和信息披露等方面存在的虚假记载、误导性陈述或者重大遗漏等；

③董事、监事、经理及其他高级管理人员滥用职权；

④相关机构或人员串通舞弊。

为确保反舞弊工作落到实处，企业应当建立举报投诉制度和举报人保护制度，设置举报专线，明确举报投诉处理程序、办理时限和办理要求，确保举报、投诉成为企业有效掌握信息的重要途径。举报投诉制度和举报人保护制度应当及时传达至全体员工。

信息与沟通的方式是灵活多样的，但无论哪种方式，都应当保证信息的真实性、及时性和有用性。

5. 内部监督

内部监督是企业对内部控制建立与实施情况监督检查，评价内部控制的有效性，对于发现的内部控制缺陷及时加以改进，是实施内部控制的重要保证。从定义出发，内部监督主要有两个方面的意义：第一，发现内控缺陷，改善内部控制体系，促进企业内部控制的健全性、合理性；第二，提高企业内部控制施行的有效性。除此之外，内部监督也是外部监管的有力支撑。除此之外，内部监督机制可以减少代理成本，保障股东的利益。

①企业应当制定内部控制监督制度，明确内部审计机构（或经授权的其他监督机构）和其他内部机构在内部监督中的职责权限，规范内部监督的程序、方法和要求。

但是内部审计机构应该独立于被监督部门。例如，它不能隶属财务部，否则可能失去应有的独立性与谨慎性。

②内部监督包括日常监督和专项监督。

a. 日常监督是指企业对建立与实施内部控制的情况进行常规、持续的监督检查。日常监督的常见方式包括：在日常生产经营活动中，获得能够判断内部控制设计与运行情况的信息；在与外部有关方面沟通过程中，获得有关内部控制设计与运行情况的验证信息；在与员工沟通过程中，获得内部控制是否有效执行的证据；通过账面记录与实物资产的检查，比较对资产的安全性进行持续监督；通过内部审计活动对内部控制有效性进行持续监督。

b. 专项监督是指在企业发展战略、组织结构、经营活动、业务流程、关键岗位员工等发生较大调整或变化的情况下，对内部控制的某一或某些方面进行有针对性的监督检查。专项监督的范围和频率根据风险评估结果及日常监督的有效性等予以确定。

专项监督应当与日常监督有机结合，日常监督是专项监督的基础，专项监督是日常监督的补充，如果发现某专项监督需要经常性进行，企业有必要将其纳入日常监督之中。

c. 日常监督和专项监督情况应当形成书面报告，并在报告中揭示存在的内部控制缺陷。内部监督形成的报告应当有畅通的报告渠道，确保发现的重要问题能及时送达治理层和经理层；同时，应当建立内部控制缺陷纠正、改进机制，充分发挥内部监督效力。

d. 企业应当在日常监督和专项监督的基础上，定期对内部控制的有效性进行自我评价，出具自我评价报告。内部控制自我评价的方式、范围、程序和频率，除法律法规有特别规定的，一般由企业根据经营业务调整、经营环境变化、业务发展状况、实际风险水平等自行确定。

1.3 内部控制设计的原则与方法

1.3.1 内部控制设计的主要原则

企业在设计内部控制的过程中，应当遵循以下基本原则。

1. 合法性原则

合法性原则指企业在设计内部控制制度时，必须符合国家有关法律法规和有关政府监管部门的监管要求。合法性是企业从事经营、创造价值、实现内部控制目标的前提，是一种约束性条件。合法性原则要求：在构建内部控制制度时，企业既要遵循一般法律法规，如公司法、税法、会计法、企业会计准则、内部会计控制规范，又要根据自身行业特点和性质，遵循行业内部控制规范，如上市公司治理准则、证券投资基金管理公司内部控制指导意见、商业银行内部控制指引等。

2. 适应性原则

内部控制制度必须符合管理者的要求，对其经营管理有用，这是适用性原则的要求。各种控制制度应该是切实可行的规定，是管理者的控制工具，它既要考虑国家的要求，更要考虑单位经营的特点与内外环境的实际情况。由于各企业的营运目标、具体任务、规模大小、人员结构、技术设备等都不相同，内部控制的设计要因地制宜。

内部控制应当合理体现企业经营规模、业务范围、业务特点、风险状况，以及所处具体环境等方面的要求，并随着企业外部环境的变化、经营业务的调整、管理要求的提高等不断改进和完善。

3. 全面性原则

企业风险管理控制系统，必须包括控制环境、目标设定、风险识别、风险评估、风险应对、控制活动、信息与沟通、监督八项要素，并覆盖各项业务和部门。各项控制要素、各业务循环或部门的子控制系统，必须有机构成企业内部控制的整体架构，这样才能发挥其应有的效用，这就要求各子系统的具体控制目标必须服从整体控制系统的一般目标。

全面性原则要求：内部控制在层次上，应当涵盖企业董事会、管理层和全体员工；在对象上，应当覆盖企业各项业务和管理活动；在流程上，应当渗透决策、执行、监督、反馈等各个环节，避免内部控制出现空白和漏洞。

4. 相互牵制原则

相互牵制原则是指一项完整的经济业务活动，必须分配给具有互相制约关系的两个或两个以上的职位，分别完成。相互牵制原则包括横向和纵向两个方面：①在横向关系上，至少要由彼此独立的两个部门或人员办理，以使该部门或人员的工作接受另一个部门或人员的检查和制约；②在纵向关系上，要经过互不隶属的两个或两个以上的岗位和环节，以使下级受上级监督，上级受下级牵制。相互牵制原则的理论根据是在相互牵制的关系下，几个人发生同一错弊而不被发现的概率等于每个人发生该项错弊的概率的连乘积，因而远远低于单个人独立完成某项任务或工作出现错弊的概率。需要分离的职责主要有：授权、执行、记录、保管、核对。

5. 协调性原则

协调性原则是指在各项经营管理活动中，各部门或人员必须相互配合，各岗位和环节都应协调同步，各项业务程序和办理手续需要紧密衔接，从而避免扯皮和脱节现象，减少矛盾和内耗，以保证经营管理活动的连续性和有效性。协调配合原则是对相互牵制原则的深化和补充，是为了避免一味强调互相牵制而带来的负面影响。贯彻这一原则，尤其要求避免只管牵制错弊而不顾办事效率的机械做法，必须做到既相互牵制又相互协调，从而在保证质量、提高效率的前提下完成经营任务。

6. 有效性原则

内部控制应当能够为内部控制目标的实现提供合理保证。企业全体员工应当自觉维护内部控制的有效执行。内部控制建立和实施过程中存在的问题应当能够得到及时纠正和处理。

有效性原则包括两层含义：①各种内部控制制度，包括最高决策层所制定的业务规章和发布的指令，必须符合国家和监管部门的规章，必须具有高度的权威性，必须真正落到实处，成为所有员工严格遵守的行动指南；②执行内部控制制度不能存在任何例外，任何人（包括董事长、总经理）不得拥有超越制度或违反规章的权力。

7. 成本效益原则

成本效益原则是指为进行控制而花费的成本与缺乏控制时所遭受的损失相比较，当控制的效益大于成本时，该项控制措施才是可行的，否则就是不可行的。控制成本包括便于归属计量的直接成本和不便于归属计量的间接成本；控制效益包括短期效益、长期效益、企业自身效益和社会效益等。在实际中，有些工作的效益是难以用金额表示的，但执行该控制有利于企业各项控制目标的实现，如员工职业操守的培养、经济项目的审核程序、信息的反馈，等等。

贯彻成本效益原则，要求企业力争以最小的控制成本取得最好的控制效果。因此，企业在构建内部控制制度时，应根据企业经营业务的特点、规模的大小、具体的管理情况，既要考虑控制设计成本、执行成本和修订成本，又要考虑企业整体效率和效益的提高；既要把企业的各项经济活动全面置于经济监控之中，又要对经营管理的重要方面、重要环节实行重点控制，力争以最小的控制成本取得最大的控制效果。

8. 授权控制原则

授权控制原则是指企业单位应该根据各岗位业务性质和人员要求，相应地赋予其作业任务和职责权限，规定操作规程和处理手续，明确纪律规则和检查标准，以使职、责、权、利相结合。授权控制原则在实际工作中以岗位工作程式化的方式来体现，要求做到事事有人管，人人有专职，办事有标准，工作有检查，以此定奖罚，以增强每个人的事业心和责任感，提高工作质量和效率。

9. 可容性原则

可容性原则是指内部控制制度不仅要体现公认的管理原则，要能够被外部环境所接受，同时，还要体现一致性原则，即企业内部同类业务在不同部门、不同年度的处理要保持一致，更重要的是内部控制制度的基本构架要保留一定的弹性，以增加其可容性。企业内的制度会因外部经济环境的变化和内部业务流程的改变而得到适时修正，但不能因经常改变其基本框架，而破坏制度的稳定性和连续性，因此，在最初制定制度时要留有充分的余地，以适应未来的修订和补充。

10. 独立性原则

独立性原则是指内部控制的检查、评价部门必须独立于内部控制的建立和执行部门，直接的操作人员和直接的控制人员必须适当分开，并向不同的管理人员报告工作。在存在管理人员职责交叉的情况下，企业要为负责控制的人员提供可以直接向最高管理层报告的渠道。

11. 预防为主原则

内部控制制度的总体性质属于预防性控制，同时包含部分事后查处性控制。建立内部控制制度，主要是预防经营单位发生无效率或违法行为，既要保证单位各项业务活动有序进行，又要避免在运行中发生浪费、舞弊或混乱而带来经济损失，它是一种事前控制手段，如单位采取的组织控制、人事控制、程序控制，等等。当然，有些问题是无法预防的，因此内部控制制度需要辅以一些事后控制措施。事后控制从某种意义上说是检验预防控制效果的一种方式，如内部稽核、内部审计等。事后控制所需要耗费的资源要远远大于事前控制，因此内部控制制度的制定应以预防为主、以查处性控制为辅，这样既可以防患于未然，又可以减少事后控制过多造成的资源浪费。

12. 电子信息技术基础原则

业务运行通过信息系统的反应和衔接，可以极大地提高运营的效率。电子信息系统能够在很短时间内进行更大范围的核查，极大地提高内部控制的效率。充分运用电子信息技术基础原则，要求有条件的企业最好建立一种电子信息平台，能够把各种业务的处理集中到该平台上，通过程序设计来实现控制，就如同建立企业的企业资源计划（ERP）系统一样。

1.3.2 内部控制设计的主要方法

具体的内部控制设计可以结合企业的具体情况，以内部控制的一些规范为指导来进行。

下面介绍一些设计时会经常采用的方法。

1. 组织系统图设计

组织系统图主要描述企业内部各阶层的组织机构，显示每一个职位在企业中的地位及其上下隶属与纵横的关系。现代企业组织庞大、部门众多、层次不一、关系复杂，只有以组织系统图的方法描述出来，才能使人一目了然。图1-1是一张完整的企业组织结构图。

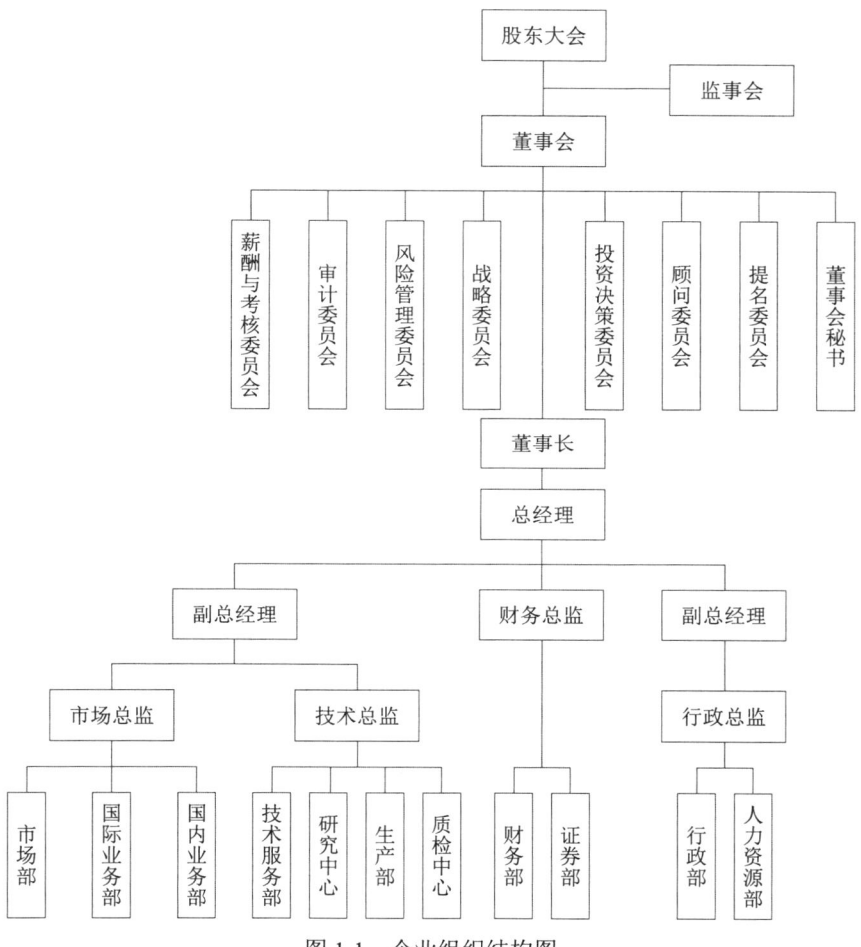

图1-1 企业组织结构图

2. 职责划分设计

一个企业有很多业务，亦有很多部门，各个部门职责的划分应详细、明确，使每一事项的发生都有部门负责办理，而且要做到不重复亦无遗漏。如果一项业务需要有两个以上部门共同完成，企业对各部门应负责任的范围，也应该有明确的规定。下面以图1-1中的部门为例，说明如何对岗位职责进行内控设计。

（1）市场部的职责是实现企业销售目标

①制订和实施销售计划；

②销售管理，销售政策的制定与施行，销售人员管理；

③市场调研与市场预测；

④策划；

⑤销售工作的检查与评估。

（2）技术服务部的职责

①拟订企业年度技术支持、技术服务工作开展计划，并组织协调计划的分解和落实；

②负责企业技术支持系统的建立和完善；

③搜集国家、地区及行业的相关技术标准、规定，并负责在企业内宣传和推广；

④负责企业范围内技术问题的汇总分析，拟订解决方案，并组织、协调各部门；

⑤面向企业其他部门进行技术咨询，提供技术支持和服务，并接受一定范围内的技术投诉；

⑥负责对企业技术服务体系人员的指导、考核和监督；

⑦对企业内其他员工进行技术培训及指导；

⑧负责解答客户的相关技术问题。

（3）人力资源部的职责

①编写并组织实施企业的人力资源规划，制定企业的人力资源管理制度；

②有效开发与合理配置企业的人力资源；

③负责公司企业文化建设的规划，并组织贯彻实施；

④参与对企业管理人员的考核与管理；

⑤审核、办理机关员工出差任务单；

⑥拟订并审核企业的人员招聘计划，负责组织员工的招聘和培训工作；

⑦审核企业的定员编制、工资总额、经营管理者的薪酬分配；

⑧负责拟订企业的岗位设置、人员编制及工资分配方案；

⑨负责员工培训费用的计划与监控；

⑩检查人力资源规划和有关制度的贯彻落实情况；

⑪办理企业员工人事关系的转移、职称评定及因公出国人员的审批手续；

⑫负责企业员工的工资发放、社会保险的缴费、劳动合同的签续订和人事档案的管理工作。

（4）财务部的职责

①严格遵守国家财务工作规定和公司规章制度，认真履行其工作职责；

②组织编制公司年（季）度成本、利润、资金、费用等有关的财务指标计划，定期检查、监督、考核计划的执行情况，结合经营实际，及时调整和控制计划的实施；

③负责制定公司财务、会计核算管理制度；

④负责按规定进行成本核算，定期编制年、季、月度财务报表，搞好年度会计决算工作；

⑤负责编写财务分析及经济活动分析报告；

⑥负责固定资产及专项基金的管理；

⑦负责流动资金的管理；

⑧负责对公司低值易耗品盘点核对；

⑨负责公司产品成本的核算工作，制定规范的成本核算方法，正确分摊成本费用；

⑩负责公司资金缴、拨，按时上交税款；
⑪负责公司财务审计和会计稽核工作；
⑫负责进销物资货款把关。

3. 工作说明书设计

工作说明书是描述工作性质的文件，是职工工作的说明，其表示方法是为单位的每一个工作岗位，编制一份详细的说明，用来反映担任那个职位的人应该履行的职责。工作岗位说明书应包括：岗位名称、岗位要求、工作内容、薪酬标准、工作条件等。

4. 方针和程序手册设计

方针和程序手册，主要是指以书面形式来表达管理层的指令及同类业务处理方法的形式，也可以说是以书面形式详细描绘业务处理的方针与程序。下面以销售和收款业务为例，说明如何设计方针和程序手册。

（1）企业接收订单，同时编制销售计划

销售部门承接客户订单，根据订单和生产计划、库存等情况，编制产品销售计划，并经部门领导审核签字，将该计划传递给企业负责人审定批准。

（2）编制、审定销售实施方案和信用政策

销售部门根据经过审定的销售计划及企业有关产品价格管理等规定和产品生产、库存、销售情况，提出销售产品的品种、规格、型号、数量、价格、货款支付方式等具体销售实施方案。销售产品拟采用赊销方式的客户，信用管理部门要对其进行信用审核，重大赊销方案需要报总经理审批。

（3）签订销售合同

法律部门、财会部门根据本部门职责对销售合同进行审核，企业负责人、总会计师依据审核部门的意见审定销售合同，并按内部授权交由授权人员签订。销售部门将签订的合同分别送交财会、仓储等部门。若销售合同需要变更或提前终止，应获得企业负责人、总会计师的同意。

（4）组织销售与收款

销售部门根据已签销售合同、销售订单向仓储部门传送发货通知单，仓储部门组织发货。财务部门向销售部门开具收款通知单。采用赊销方式销售的产品，销售部门及其主管人员应负责货款的按时回收。

（5）开发票及记账

财会部门依据销售合同、核准的发货单等相关单据开出销售发票，并加盖印章。财会部门据此编制、录入相应会计凭证，经复核后过账。

（6）销售折让及退货处理

销售部门受理客户提出的折让或退货申请，根据折让或退货理由组织相关部门检查、核实，提出处理意见，交由企业领导及总会计师审定，并将审核意见分别传递给财会部门及仓储部门。仓储部门审核退货通知单后，将退回货物验收入库；财会部门审核销售折让通知单或退货通知单及退货产品入库单，编制、录入折让或退货会计凭证，经复核后过账。

（7）盘点对账

销售、财会、仓储等部门定期对产品销售及存货情况等进行对账和实物盘点，核实产品库存，对差异情况应及时查明原因并进行处理。财会部门应及时结清赊销货款，未按合同结清的，及时通知销售部门采取措施。期末，财会部门应对应收账款进行账龄分析，合理计提坏账准备，并提出催收措施及建议，报企业负责人及总会计师审核同意后实施。

（8）关闭合同

合同执行完毕，销售部门应对合同执行情况进行清理、关闭，并建立客户信用档案。

5. 业务流程图设计

业务流程图是利用图解形式描述各经营环节业务处理程序的一种图示，它显示了凭证和记录资料的产生、传递、处理、保存及其相互关系，从而直观地表达内部控制的实际情况。对于无法在图中表示的问题，可用简要的文字进行说明，作为流程图附件。图1-2是产品销售业务流程图。

所谓流程，是指企业经营过程的一个阶段，由若干项作业组成，而作业由若干项任务组成。在典型的制造企业中，其经营过程包括研究开发、设计、制造、营销、配送和售后服务等流程。每项流程都包括若干项作业，如制造流程，包括材料入库，材料存储，材料搬运、加工，半成品搬运、加工，成品入库存储，成品包装发运等项作业。每项作业都包括若干项任务，如材料入库，包括卸载、验收、盘点、移动、摆放、记录等任务。特别重要的是，任务是由组织成员经由授权完成的，授权和责任在这里可以体现出来。任务还可以细分为若干步骤。在流程设计中，就是要遵循这种相对的"流程→作业→任务→步骤"四个因素的顺序进行。

流程设计所要解决的是如何干的问题，即既定的治理主体、内部单位和岗位如何完成各自的功能作业。只有企业把流程理顺，才能更有效地完成任务。按照内部控制的观点，任何业务的处理必须经过申请、授权、批准、执行、记录、检查等控制程序，而这些程序都应经由不同部门或人员去完成，任何一个人不能独揽业务处理的全过程。衡量一个企业的业务流程控制是否有效，主要在于考核其是否实施了严密的内部牵制，而其前提条件是要有完善的流程设计，因此，内部控制制度的设计要注重流程设计，以防止混乱及错弊的发生。

（1）业务流程图设计标准

每个流程的设计要符合一定的标准，以便在企业内部达成一致，有利于内部控制的实施。下面，我们就简要介绍流程设计的基本顺序及标准。

第一步，编制流程目录。流程目录可分为几级，编制规则为：一级流程、二级流程、三级流程……企业可根据实际需要选择流程级数，新增的一级流程或二级流程，添加在原有流程目录的最后，并顺延编号。

第二步，选定流程图的符号。本书流程图描述全部采用纵向垂直方式，自上而下表示流程发展的时间或逻辑等顺序，职能带区设置为纵向。流程图的命名规则为：子流程编号＋子流程名称，当一个流程图需要多页才能绘制完成时，则以 -1、-2 等区分。流程图符号是流程图的语言，它由一系列几何图形符号组成。目前，我们还没有全国统一的流程图符号，世界各国的流程图符号也不一致。

在步骤内容描述中，负责人员应尽量细化到岗位，企业也可以根据实际情况进行调整。

步骤描述格式为："步骤编号（从01开始）＋文字描述"，如果多个步骤同时开始，并且内容相同或类似，可以出现重复的步骤编号；如果出现多个文件或表单，无须使用多个文档符号，只需在一个文档符号中顺序填列即可，但是每个文档名称前需要加编号；在判断框后如果出现两个以上分支流程，编号规则为：从左边的分支流程开始，对其中的每个步骤按顺序编号，然后对第二个分支流程中的每个步骤按顺序编号，依此类推；文字描述体现岗位人员实行的动作和结果。

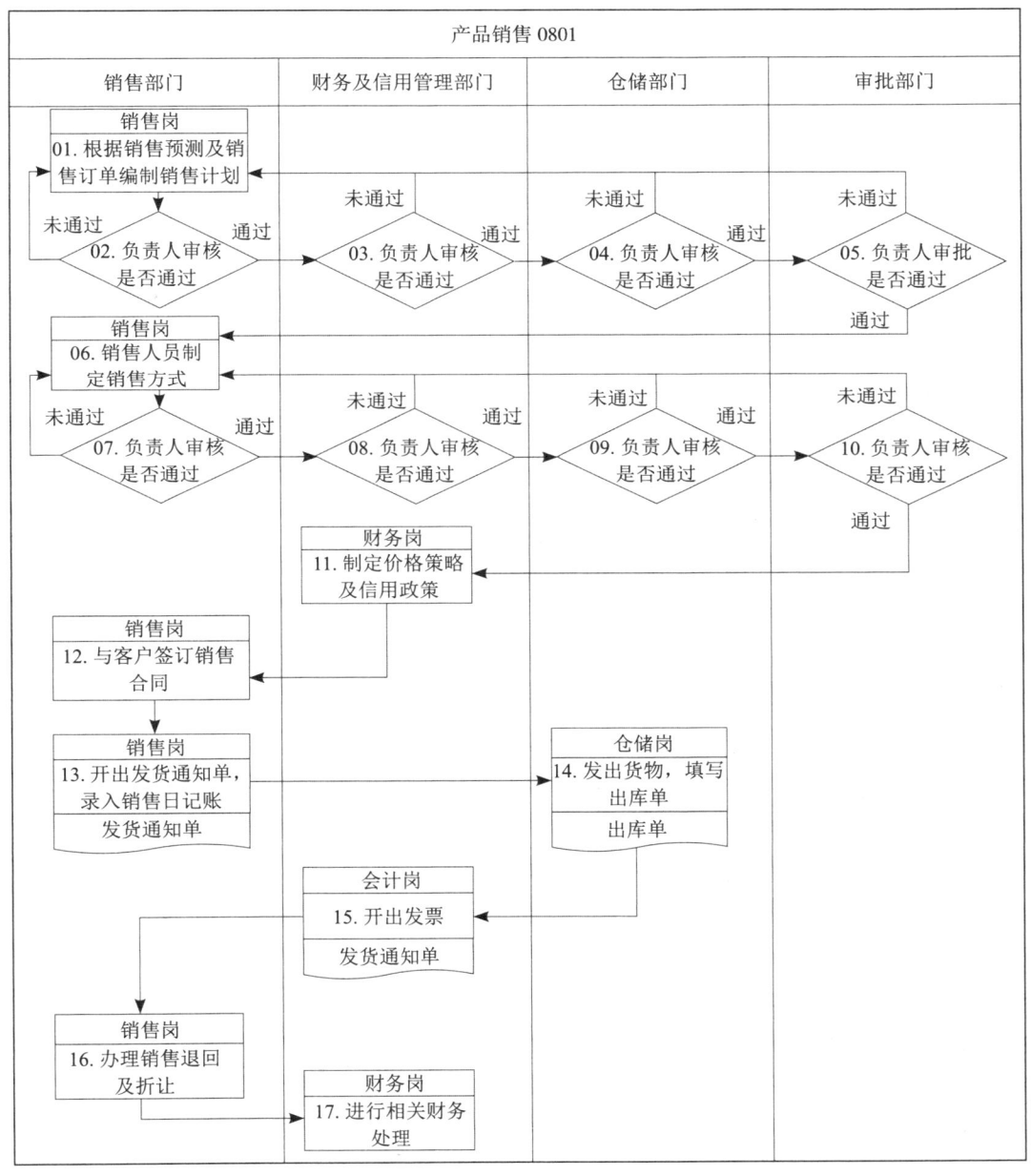

图1-2　产品销售业务流程图

判断框至少有两个出处：通过、未通过；是、否。如果判断框的内容是审批、审核等，则内容描述和编号规则与步骤的内容描述和编号规则相同。

若一个步骤中出现多个风险控制点,应该在一个图形框中体现,无需增加图形框。

第三步,编制风险控制文档。鉴于流程图难以显示各控制点的控制措施,应另行编制文字说明表,以使流程图更容易理解,该文字说明表,应主要反映各控制点的控制措施及对应的控制目标。

以上流程图的绘制标准并不是一成不变的,企业可根据自身的实际需要,选择合适的流程图符号、模板。最重要的一点是,企业需要统一自己所采用的符号,并使员工理解控制流程,达到绘制流程图的最终目的。

(2)业务流程目录

企业在划分业务流程时,遵循从下至上、逐层汇总的原则,即从业务流程的最低级作业层开始编制流程图,较低层级的流程图汇总形成上一层级的流程图,直至形成一级流程图。确定最低级作业层的标准是:在一张流程图中,能够清晰地显示业务处理涉及的部门、关键控制点及相关文档。所有业务流程汇总后即形成业务流程目录。

1.4 内部控制设计流程及层次内容

1.4.1 内部控制设计的主要流程

内部控制设计的主要流程大体可以分为以下几个步骤。

1. 确立内部控制建设组织结构

《企业内部控制基本规范》中明确指出内部控制需由企业董事会、监事会、经理层和全体员工共同实施,明确规定建立健全和有效实施内部控制,评价内部控制的有效性是企业董事会的责任,因此企业董事会在负责内部控制建立健全和有效实施的同时,还应当对内部控制评价报告的真实性负责。监事会则必须对董事会建立实施内部控制的工作进行监督。作为董事会下属的专业委员会,审计委员会在内部控制建设中起着非常重要的作用,审计委员会需要审查企业的内部控制,并监督内部控制执行的有效性和内部控制的自我评估情况。企业应当成立专门机构或者指定适当的机构具体负责组织协调内部控制的建立实施及日常工作,企业在进行内部控制建设时可以由财会部门具体负责建立和实施、由内部审计部门具体负责建立和实施、建立专门的风险管理部门具体负责内部控制的建立与实施或者成立内部控制专门机构具体负责建立与实施。

2. 拟定控制目标

内部控制设计应当围绕一定的目标进行,这样才能做到有的放矢。控制目标既是评价企业内部控制的最高环节,又是企业内部控制实施的最终目标,也是管理经济活动的基本要求。我国《企业内部控制基本规范》中包括了五个内部控制的目标,即合理保证企业的经营管理合法合规、资产安全、财务报告及其相关信息的真实完整、提高经营效率和效果、促进企业实现发展战略。在实务中,企业不仅要将《企业内部控制基本规范》中规定的目标作为企业内部控制目标,还要根据实际情况和管理上的要求,确定内部控制的具体目标,企业可以依据各类业务的主要业绩指标和考核指标进行细化和分解,从而得到内部控制流程梳理的具体目标。目标的制定要适应企业所处的特定的经营环境、行业和经济环境，针对每个重要业务活动有效配置资源，并与企业业务活动保持一致。

此外，企业还要根据设定的目标合理确定企业整体风险承受能力和具体业务层次上可接受的风险水平。企业整体风险承受能力确定后，企业要按照系统、科学的方法，将其进行逐级分解，从而得到业务部门或业务单元的最大风险承受能力。

3. 搭建内部控制流程梳理框架

首先，了解内部控制现状。将企业的实际情况与内部控制的实施恰当地结合起来，需要了解企业的实际组织架构，分析企业业务类型及管理层目前对内部控制的看法和思路，等等。

其次，确定流程梳理项目范围。项目范围包括业务单位和流程。前者一般包括把哪些主要的业务运营单位或经营场所纳入范围；后者是指将哪些重要的业务或流程纳入范围。

最后，搭建企业内部控制流程梳理框架。这需要根据企业内部控制建设的整体规划和目标确定，结合行业、企业特点来搭建企业的业务流程框架并确定纳入内部控制建设范围的业务流程。美国生产力与质量中心通过整理全美各行业的业务，梳理了适用于各行业的流程清单模板，即流程分类框架，从中进一步归类、整合，形成了一份可用于各种类别企业业务流程清单的通用参考版本，给众多的企业进行流程管理提供了指导。企业在参考此框架时，关键要理解内涵并灵活应用，千万不要生搬硬套。

4. 识别企业业务流程风险

所有企业无论其规模、结构、行业性质如何，都会面临各种风险，而这些风险很大一部分体现在企业业务流程中。企业在进行内部控制流程梳理时，应当准确地确认风险所在，分析与预测企业所面临的危机，从而制定对策以控制风险，实现企业控制目标。企业风险一般可以分为战略风险、财务风险、市场风险、运营风险、法律风险等。那么，如何来识别企业中存在的风险呢？对风险的识别不仅要通过感性认识和经验进行判断，更重要的是必须依靠对各种客观统计资料和风险记录进行分析、归纳和整理，从而发现各种风险的特征及规律。风险识别的方法主要有风险清单分析法、财务报表分析法、访谈法、问卷调查法、流程图法、因果图法和事故树法、实地调研法等。识别风险的方法还有很多，任何一种方法都不可能揭示风险单位面临的全部风险，因此必须根据风险单位的性质、规模及每种方法的用途，将多种方法结合使用。

5. 内部控制流程风险评估

风险评估是在风险识别的基础上更深入地了解风险，风险评估的目的在于精确的估计和测算风险损失，并作为选择应对措施的基础。风险评估包括考虑风险的来源，评估现有控制措施的有效性、风险发生的概率及影响，并分析指明导致风险后果和发生概率的各种因素。目前比较常用的方法是风险坐标图法，风险坐标图是把风险发生可能性的高低、风险发生后对目标的影响程度，作为两个维度绘制在同一个平面上（即绘制成直角坐标系）。对风险发生可能性的高低、风险对目标影响程度的评估有定性、定量等方法。定性方法是直接用文字描述风险发生可能性的高低、风险对目标的影响程度，如"极低""低""中等""高""极高"等。定量方法是对风险发生可能性的高低、风险对目标影响程度用具有实际意义的数量描述，如对风险发生可能性的高低用概率来表示，对目标影响程度用损失金额来表示。比较常见的还有蒙特卡罗方法、层次分析法、沃尔评分法、风险暴露模型、风险价值法、模糊综合评价法等方法。

6. 确定适当的控制措施

控制活动就是企业根据风险评估结果，运用相应的控制措施，将风险控制在可承受度之内。控制点是企业在实现控制目标时最容易发生偏差的业务环节，这些业务环节发生错弊的可能性较大，因而需要特别控制，减轻企业的风险。

企业应当结合风险评估结果，通过手工控制与自动控制、预防性控制与发现性控制相结合的方法来采取相应的控制措施，目前企业普遍采用的控制活动有授权审批控制、不相容职务分离控制、会计系统控制、财产保护控制、预算控制、运营分析控制、绩效考评控制等。

7. 编制内部控制流程文档

企业在确定与风险有关的控制措施之后，就要建立内部控制流程文档。流程文档是内部控制体系中的基础文档，也是核心文档。流程文档可以包含以下内容：流程名称、流程责任部门与责任岗位、流程目标、流程适用范围、流程相关制度、流程图、流程描述、风险控制矩阵等文档资料，其中风险控制矩阵和流程描述（或流程图）构成内部控制流程手册的主要内容。

在内部控制流程梳理过程中还可能形成其他文档记录，比如内部控制调查问卷、测试底稿、制度清单、发现问题汇总等，这些过程文件是内部控制流程文档记录的重要组成部分，企业应该制定内部控制文档记录管理办法或类似制度，建立完善的文档记录索引及存档制度。

1.4.2 内部控制设计的层次内容

关于内部控制设计内容，国内外权威的观点是把内部控制设计内容简单地理解为内部控制的内容，并简单地把内部控制设计分为总体设计、具体设计两个方面或整体层面设计、业务活动层面设计两个方面。不可否认，内部控制内容是内部控制设计的重点，但内部控制设计内容不仅仅是内部控制内容，不能把两者等同。内部控制设计的内容就是内部控制需要设计什么。

内部控制需要设计什么，这包括的内容很多，至少包括内部控制整体框架设计、内部控制组织体系设计、内部控制内容设计、内部控制方式设计、内部控制方法设计、内部控制评价设计、内部控制审计设计、内部控制管理，等等。

1. 内部控制整体框架设计

内部会计控制制度重点内容设计最突出的特征表现在它是以国家法规和制度为保证，用一整套科学的管理手段和独立的核算形成，能够渗透企业各个方位的管理控制工具。我国企业内部控制整体框架设计应该以财政部、审计署等五部委发布的《企业内部控制基本规范》为依据。

2. 内部控制组织体系设计

企业内部控制是由人实施的，需要建立健全的内部控制组织体系。企业实施有效内部控制需要组织和人员的保障，这个道理很简单，但现实中人们还是不重视内部控制组织体系的设计，大多数内部控制手册没有将内部控制组织体系作为独立内容，已经实施内部控制的企业，内部控制工作有的由审计部门管，有的由法律部门管，有的由财务部门管，有的由人力资源部门管等，这不仅混乱，而且也是长期以来内部控制无法落地的根本原因。到底内部控制由谁负责实施，由谁负责评价，又由谁负责审计，是否需要设置专门内部控制机构，内部控制机构及其人员的职责是什么，内部控制与业务管理工作如何融合等，这都需要依据《企业内部控制基本规范》的要求，结合企业的实际情况进行系统的设计。

3. 内部控制内容设计

由于人们对内部控制内容是什么，到底包括哪些内容，有着不同的认识，企业在内部控制实践中一般是根据业务流程或管理流程来设计内部控制内容的，完全把内部控制嵌入业务或管理流程中。从控制的效果看，内部控制设计主要是对末级流程，也就是具体流程风险控制进行设计。至于内部控制要涉及哪些流程，因企业的不同而不同。财政部、审计署等五部委颁布的《企业内部控制应用指引》高度概括了企业的主要经营管理活动，是企业内部控制业务层面内部控制内容设计的主要依据。

根据该规范，会计控制内容具体包括对货币资金、实物资产、对外投资、工程项目、债权债务、成本费用、采购、销售、担保、涉税等经济业务。财务控制的内容则是对企业各个层次上的财务活动进行约束和监督，包括企业筹资、投资、资金运营及收益分配。就财务控制而言，无论哪一项都是以资金为核心，最终以资金形式体现，结果都会形成可观的会计记录，但它的特殊性又表现在其主要控制涉及预测、分析、决策等经营管理性行为，其控制对象中人的比重大大增加，因此财务控制的主观能动性整体上比会计控制要强，应居于内部会计控制的核心地位。

第 2 章
组织架构方面的内部控制

控制环境设定了企业的基调，是企业风险管理及其他构成要素的基础。《企业内部控制应用指引第 1 号——组织架构》（简称"组织架构指引"）在企业内部控制体系建设中属于内部环境类应用指引，着力解决企业应如何进行组织架构设计和运行，其核心是完善企业治理结构、健全企业内部管理体制和运行机制，加强组织架构方面的风险管理与控制。

加强组织架构方面的风险管理与内部控制的重要意义在于：建立和完善组织架构可以促进企业建立现代企业制度；建立和完善组织架构可以有效防范和化解各种舞弊风险；建立和完善组织架构可以为强化企业内部控制建设提供重要支撑。

组织架构分为治理机构和内部机构两个层面：

一是，决策、执行和监督相互制衡；

二是，关于组织架构的本质，可以从治理结构和内部机构两个层面理解。

1. 治理结构

治理结构即企业治理层面的组织架构，它是企业与外部主体发生各项经济关系的法人所必备的组织基础，它可以使企业成为在法律上具有独立责任的主体，从而使得企业能够在法律许可的范围内拥有特定权利、履行相应义务，以保障各利益相关方的基本权益。

2. 内部机构

内部机构则是企业内部分别设置不同层次的管理人员及其由各专业人员组成的管理团队，针对各项业务职能行使决策、计划、执行、控制和监督评价的权利并承担相应的义务，从而为使业务顺利开展进而实现企业发展战略提供组织机构的支撑平台。

3. 治理结构与内部机构的关系

一方面，两者相互协调，相互配合，互为补充，共同为实现企业内部控制目标服务。如果董事、监事、高级管理人员失职或舞弊，再完善的内部控制系统，再科学的内部机构设置，都将形同虚设，失去预期的效能；而科学的内部机构则为企业治理层的各项决策和计划的执行提供了操作平台。

另一方面，两者在实现内部控制目标方面的侧重点有所区别。治理结构主要服务于促进企业实现发展战略、保证经营合法合规；而内部机构主要服务于另外三类控制目标，即保证企业资产安全、保证财务报告及其相关信息真实完整、提高经营效率和效果。

企业组织架构图如图 2-1 所示。

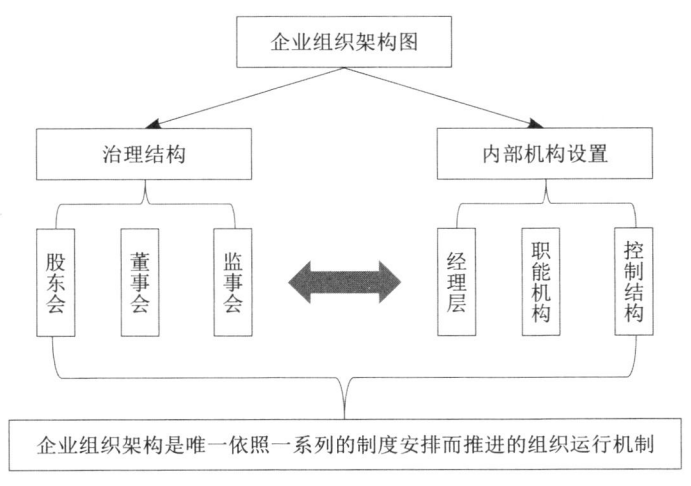

图 2-1　企业组织架构图

2.1　组织架构内部控制的目标及风险点

2.1.1　组织架构内部控制的主要目标

组织架构内部控制方面的目标主要包括企业治理的规范框架、重要事项的科学决策、职能机构的配置效率、赋予组织准确细化的定位、组织运行的明确清晰与便于认知五个方面，具体内容如下：

1. 企业治理的规范框架

企业应当根据国家有关法律法规的规定，明确董事会、监事会和经理层的职责权限、任职条件、议事规则和工作程序，确保决策、执行和监督相互分离，形成以下制衡关系。

①董事会对股东大会负责，行使经营决策权；

②监事会对股东大会负责，行使监督权；

③经理层对董事会负责，主持生产经营管理工作。

2. 重要事项的科学决策

企业的重大决策、重大事项、重要人事任免及大额资金支付业务等（即通常所说的"三重一大"问题），应当按照规定的权限和程序实行集体决策审批或者联签制度，任何个人不得单独进行决策或者擅自改变集体决策意见。

3. 职能机构的配置效率

企业应当按照科学、精简、高效、透明、制衡的原则，综合考虑企业性质、发展战略、文化理念和管理要求等因素，合理设置内部职能机构，明确各机构的职责权限，避免职能交叉、缺失或权责过于集中，形成各司其职、各负其责、相互制约、相互协调的工作机制。

4. 赋予组织准确细化的定位

企业应当对各机构的职能进行科学合理的分解，确定具体岗位名称、职责和工作要求等，明确各个岗位的权限和相互关系。企业在确定职权和岗位分工过程中，应当体现不相容职务相互分离的要求。不相容职务通常包括：可行性研究与决策审批；决策审批与执行；执行与监督检查。

5. 组织运行的明确清晰与便于认知

企业应当制定组织结构图、业务流程图、岗（职）位说明书和权限指引等内部管理制度或相关文件，使员工了解和掌握组织架构设计及权限分配情况，正确履行职责。

2.1.2 组织架构内部控制的主要风险点

关于组织架构设计和运行的主要风险，可以从企业治理结构和内部机构两个角度进行如下分析。

①从治理结构层面看，主要风险在于：治理结构形同虚设，缺乏科学决策、良性运行机制和执行力，可能导致企业经营失败，难以实现发展战略。具体表现为：一是，股东大会是否规范而有效地召开，股东是否可以通过股东大会行使自己的权利；二是，企业与控股股东是否在资产、财务、人员方面实现相互独立，企业与控股股东的关联交易是否贯彻平等、公开、自愿的原则；三是，对与控股股东相关的信息是否根据规定及时完整地披露；四是，企业是否对中小股东权益采取了必要的保护措施，使中小股东能够和大股东同等条件参加股东大会，获得与大股东一致的信息，并行使相应的权利；五是，董事会是否独立于经理层和大股东，董事会及其审计委员会中是否有适当数量的独立董事存在且能有效发挥作用；六是，董事对于自身的权利和责任是否有明确的认知，并且有足够的知识、经验和时间来勤勉、诚信、尽责地履行职责；七是，董事会是否能够保证企业建立并实施有效的内部控制，审批企业发展战略和重大决策并定期检查、评价其执行情况，明确设立企业可接受的风险承受度，并督促经理层对内部控制有效性进行监督和评价；八是，监事会的构成是否能够保证其独立性，监事能力是否与相关领域相匹配；九是，监事会是否能够规范而有效的运行，监督董事会、经理层正确履行职责并纠正损害企业利益的行为；十是，对经理层的权力是否存在必要的监督和约束机制。

②从内部机构层看，主要风险在于：内部机构设计不科学，权责分配不合理，可能导致机构重叠、职能交叉或缺失、推诿扯皮、运行效率低下。具体表现为：一是，企业内部组织机构是否考虑经营业务的性质，按照适当集中或分散的管理方式设置；二是，企业是否对内部组织机构设置、各职能部门的职责权限、组织的运行流程等有明确的书面说明和规定，是否存在关键职能缺位或职能交叉的现象；三是，企业内部组织机构是否支持发展战略的实施，并根据环境变化及时作出调整；四是，企业内部组织机构的设计与运行是否适应信息沟通的要求，有利于信息的上传、下达和在各层级、各业务活动间的传递，有利于为员工提供履行职权所需的信息；五是，关键岗位员工是否对自身权责有明确的认识，有足够的胜任能力去履行权责，是否建立了关键岗位员工轮换制度和强制休假制度；六是，企业是否对董事、监事、高级管理人员及全体员工的权限有明确的制度规定，对授权情况是否有正式的记录；七是，企业是否对岗位职责进行了恰当的描述和说明，是否存在不相容职务未分离的情况；八是，企业是否对权限的设置和履行情况进行了审核和监督，对于越权或权限缺位的行为是否及时予以纠正和处理。

2.2 组织架构内部控制的主要方法

组织架构内部控制的主要方法包括职责分工控制、授权控制、内部报告控制等方法。

2.2.1 职责分工控制

企业在内部机构设计过程中，应当体现不相容岗位相分离原则，准确识别不相容职务，并根据相关的风险评估结果设立内部牵制机制，特别是在涉及重大或高风险业务处理程序时，必须考虑建立各层级、各部门、各岗位之间的分离和牵制，对因机构人员较少且业务简单而无法分离处理某些不相容岗位时，企业应当制定切实可行的替代控制措施。

2.2.2 授权控制

企业应当制定组织结构图、业务流程图、岗（职）位说明书和权限指引等内部管理制度或相关文件，使员工了解和掌握组织架构设计及权责分配情况，正确履行职责。值得特别指出的是，就内部机构设计而言，建立权限指引和授权机制非常重要。有了权限指引，不同层级的员工就知道该如何行使并承担相应责任，也利于事后考核评价。"授权"表明的是，企业各项决策和业务必须由具备适当权限的人员办理，这一权限通过企业章程约定或其他适当方式授予。

企业内部各级员工必须获得相应的授权，才能实施决策或执行业务，严禁越权办理。按照授权对象和形式的不同，授权分为常规授权和特别授权。常规授权一般针对企业日常经营管理过程中发生的程序性和重复性工作，可以由企业正式颁布的岗（职）位说明书中予以明确，或通过制定专门的权限指引予以明确。特别授权一般是由董事会给经理层或经理层给内部机构及其员工授予处理某一突发事件（如法律纠纷）、作出某项重大决策、代替上级处理日常工作的临时性权力。

2.2.3 内部报告控制

企业在设计组织架构时，必须考虑内部控制的要求，合理确定治理层及内部各部门之间的权力和责任并建立恰当的报告关系。既要能够保证企业高效运营，又要能适应内部控制环境的需要进行相应的调整和变革。

2.3 组织架构方面的主要内控措施

组织架构方面的内部控制主要包括组织架构设计流程与组织架构运行流程两个方面的控制，以下是具体的控制措施。

2.3.1 组织架构方面内部控制的注意事项

1. 设计组织架构方面内部控制的注意事项

（1）企业治理结构设计的一般要求

治理结构涉及股东（大）会、董事会、监事会和经理层。企业应当根据国家有关法律法规的规定，按照决策机构、执行机构和监督机构相互独立、权责明确、相互制衡的原则，明确董事会、监事会和经理层的职责权限、任职条件、议事规则和工作程序等。

从内部控制建设角度看，新设企业或转制企业如果一开始就在治理结构设计方面存在缺陷，必然会对以后企业的长远发展造成严重损害。比如，在组织架构指引起草调研过程中，我们发现部分上市公司在董事会下没有设立真正意义上的审计委员会，其成员只是形式上符合有关法律法规的要求，甚至不愿去履行职能，难以胜任工作。比如，部分上市公司监事会成员，或多或少地与上市董事长存在某种关系，在后续工作中难以秉公办事，直接或间接损害了股东尤其是小股东的合法权益。

再比如，一些上市公司因为在上市改制时组织架构设计不合理，导致名义上的董事长并非实际决策者。在这种情况下，公司总经理往往在幕后扮演着真正的"董事长"角色，负责实际的决策和管理工作。凡此种种，都值得引起企业关注，应当在组织架构设计时尽力避免。也正因为如此，组织架构指引明确，董事会、监事会和经理层的产生程序应当合法合规，其人员构成、知识结构、能力素质应当满足履行职责的要求。

（2）上市公司治理结构的特殊要求

上市公司治理结构的设计，应当充分反映其"公众性"，其特殊之处主要表现在以下三点。

一是，建立独立董事制度。上市公司董事会应当设立独立董事，独立董事应独立于所受聘的公司及其主要股东。独立董事不得在上市公司担任除独立董事外的其他任何职务。独立董事应按照有关法律法规和公司章程的规定，认真履行职责，维护公司整体利益，尤其要关注中小股东的合法权益不受损害。独立董事应独立履行职责，不受公司主要股东、实际控制人及其他与上市公司存在利害关系的单位或个人的影响。

二是，董事会专门委员会的特殊要求。上市公司董事会下设的审计委员会、薪酬与考核委员会中，独立董事应当占多数并担任负责人，审计委员会中至少还应有一名独立董事是会计专业人士。在董事会各专业委员会中，审计委员会对内部控制的建立健全和有效实施尤其发挥着重要作用。审计委员会对董事会负责并代表董事会对经理层进行监督，侧重加强对经理层提供的财务报告和内部控制评价报告的监督，同时通过指导和监督内部审计和外部审计工作，提高内部审计和外部审计的独立性，在信息披露、内部审计和外部审计之间建立一个独立的监督和控制机制。

三是，设立董事会秘书。上市公司应当设立董事会秘书，董事会秘书为上市公司的高级管理人员，直接对董事会负责，并由董事长提名，董事会负责任免。在上市公司实务中，董事会秘书是一个重要的角色，其负责公司股东大会和董事会会议的筹备、文件保管，以及公司股东资料的管理、办理信息披露事务等事宜。

（3）国有独资企业治理结构设计的特殊要求

国有独资企业是我国比较独特的企业群体，其治理结构设计应充分反映其特色，主要表现在：

一是，国有资产监督管理机构代行股东（大）会职权。国有独资企业不设股东（大）会，由国有资产监督管理机构行使股东（大）会职权。

国有独资企业董事会可以根据授权部分行使股东（大）会的职权，决定公司的重大事项，但公司的合并、分立、解散、增加或者减少注册资本和发行公司债券，必须由国有资产监督管理机构决定。

二是，国有独资企业董事会成员中应当包括企业职工代表。董事会成员由国有资产监督管理机构委派，但是，董事会成员中的职工代表由企业职工代表大会选举产生。国有独资企业董事长、副董事长由国有资产监督管理机构从董事会成员中指定产生。

三是，国有独资企业监事会成员由国有资产监督管理机构委派，但是监事会成员中的职工代表由企业职工代表大会选举产生。监事会主席由国有资产监督管理机构从监事会成员中指定产生。

四是，外部董事由国有资产监督管理机构提名推荐，由任职企业以外的人员担任。外部董事在任期内，不得在任职企业担任其他职务。外部董事制度对于规范国有独资企业治理结构、提高决策科学性、防范重大风险具有重要意义。

（4）内部机构的设计

内部机构的设计是组织架构设计的关键环节。只有切合企业经营业务特点和内部控制要求的内部机构，才能为实现企业发展目标发挥积极促进作用。具体而言：

一是，企业应当按照科学、精简、高效、透明、制衡的原则，综合考虑企业性质、发展战略、文化理念和管理要求等因素，合理设置内部职能机构，明确各机构的职责权限，避免职能交叉、缺失或权责过于集中，形成各司其职、各负其责、相互制约、相互协调的工作机制。

二是，企业应当对各机构的职能进行科学合理的分解，确定具体岗位的名称、职责和工作要求等，明确各个岗位的权限和相互关系。

三是，企业应该绘制组织结构图和业务流程图，还需要编写详尽的岗位说明书和明确的权限指引。这些文件的编制旨在确保每一位员工都能深刻理解企业的组织架构设计，以及他们在其中的角色和权责分配，从而更加精准地履行自己的职责。

在内部机构设计方面，权限指引和授权机制的构建尤为关键。权限指引如同一份指南，使各级员工明确自己在行使职权时应遵循的边界，同时也让他们明白自己需要承担的责任。这样的指引不仅有助于员工在工作中做出正确的决策，也为事后的工作考核提供了清晰的依据。

而授权则是企业运作中的另一项基本原则，它意味着企业的每一项决策和业务的执行，都必须由具备相应权限的人员来完成。这些权限的授予，可能是通过企业章程的明文规定，也可能是通过其他适当的方式来进行。企业内部的每位员工，都必须在获得相应的授权后，才能对某项决策或业务进行实施。任何形式的越权行为，都是不被允许的。

（5）对"三重一大"的特殊考虑

在实务中，无论是上市公司还是其他企业发生的重大经济案件中，不少都牵涉"三重一大"问题，即"重大决策、重大事项、重要人事任免及大额资金使用"问题。

为此，组织架构指引明确要求，企业的重大决策、重大事项、重要人事任免及大额资金支付业务等，应当按照规定的权限和程序实行集体决策审批或者联签制度，任何个人不得单独进行决策或者擅自改变集体决策意见，此项要求是我国部分企业优秀管理经验的总结，可以有效避免"一言堂""一支笔"现象,特别是"三重一大"事项实行集体决策和联签制度,有利于促进国有企业完善治理结构和健全现代企业制度。

2. 组织架构方面内部控制运行的注意事项

组织机构运行涉及新企业治理结构和内部机构的运行,也涉及对存续企业组织架构的全面梳理。

为此,组织架构指引明确提出,企业应当根据组织架构的设计规范,对现有治理结构和内部机构设置进行全面梳理,确保本企业治理结构、内部机构设置和运行机制等符合现代企业制度要求。

如何梳理?从治理结构层面看,企业应着力从两个方面入手。

一是,关注董事、监事、经理及其他高级管理人员的任职资格和履职情况。

就任职资格而言,企业应重点关注行为能力、道德诚信、经营管理素质、任职程序等方面;就履职情况而言,着重关注合规、业绩及履行忠实、勤勉义务等方面。

二是,关注董事会、监事会和经理层的运行效果。

这方面要着重关注:董事会是否按时定期或不定期召集股东大会并向股东大会报告;是否严格认真地执行了股东大会的所有决议;是否合理地聘任或解聘经理及其他高级人员等。监事会是否按照规定对董事、高级管理人员行为进行监督;在发现违反相关法律法规或损害企业利益时,是否能够对其提出罢免建议或制止纠正其行为等。经理层是否认真有效地组织实施董事会决议;是否认真有效地组织实施董事会制订的年度生产经营计划和投资方案;是否能够完成董事会确定的生产经营计划和绩效目标等。

从内部机构层面看,企业应着力关注内部机构设置的合理性和运行的高效性。从合理性角度梳理,应重点关注:内部机构设置是否适应内外部环境的变化;是否以发展目标为导向;是否满足专业化的分工和协作,有助于企业提高劳动生产率;是否明确界定各机构和岗位的权利和责任,不存在权责交叉重叠,不存在只有权利而没有相对应的责任和义务的情况等。从运行的高效性角度梳理,应重点关注:内部各机构的职责分工是否针对市场环境的变化作出及时调整,特别是当企业面临重要事件或重大危机时,各机构间表现出的职责分工协调性,可以较好地检验内部机构运行的效率。此外,还应关注权力制衡的效率评估,包括机构权力是否过大并存在监督漏洞;机构权力是否被架空;机构内部或各机构之间是否存在权力失衡等。梳理内部机构的高效性,还应关注内部机构运行是否有利于保证信息的及时顺畅流通,是否在各机构间达到快捷沟通的目的。评估内部机构运行中的信息沟通效率,一般包括信息在内部机构间的流通是否通畅,是否存在信息阻塞;信息在现有组织架构下流通是否及时,是否存在信息滞后;信息在组织架构中的流通是否有助提高效率,是否存在沟通舍近求远。

当企业发展壮大为集团公司时,企业对组织架构进行梳理应给予足够重视。为此,组织架构指引强调:企业拥有子公司的,应当建立科学的投资管控制度,通过合法有效的形式履行出资人职责、维护出资人权益,重点关注子公司特别是异地、境外子公司的发展战略、年度财务预决算、重大投融资、重大担保、大额资金使用、主要资产处置、重要人事任免、内部控制体系建设等重要事项,这一方面是呼应组织架构设计的要求,同时也是现行企业实务中特别值得注意的问题。

企业在对治理结构和内部机构进行全面梳理的基础上，还应当定期对组织架构设计和运行的效率与效果进行综合评价，其目的在于发现可能存在的缺陷，及时优化调整，使企业的组织架构始终处于高效运行状态。

总之，只有不断健全企业法人治理结构，持续优化内部机构设置，才能为风险管理奠定扎实基础，才能提升经营管理效能，才能在当今激烈的国内外市场经济竞争中保持健康可持续发展。

2.3.2 组织架构内部控制的设计流程

1. 组织架构设计流程与风险控制

企业组织架构设计流程与风险控制见图2-2、表2-1。

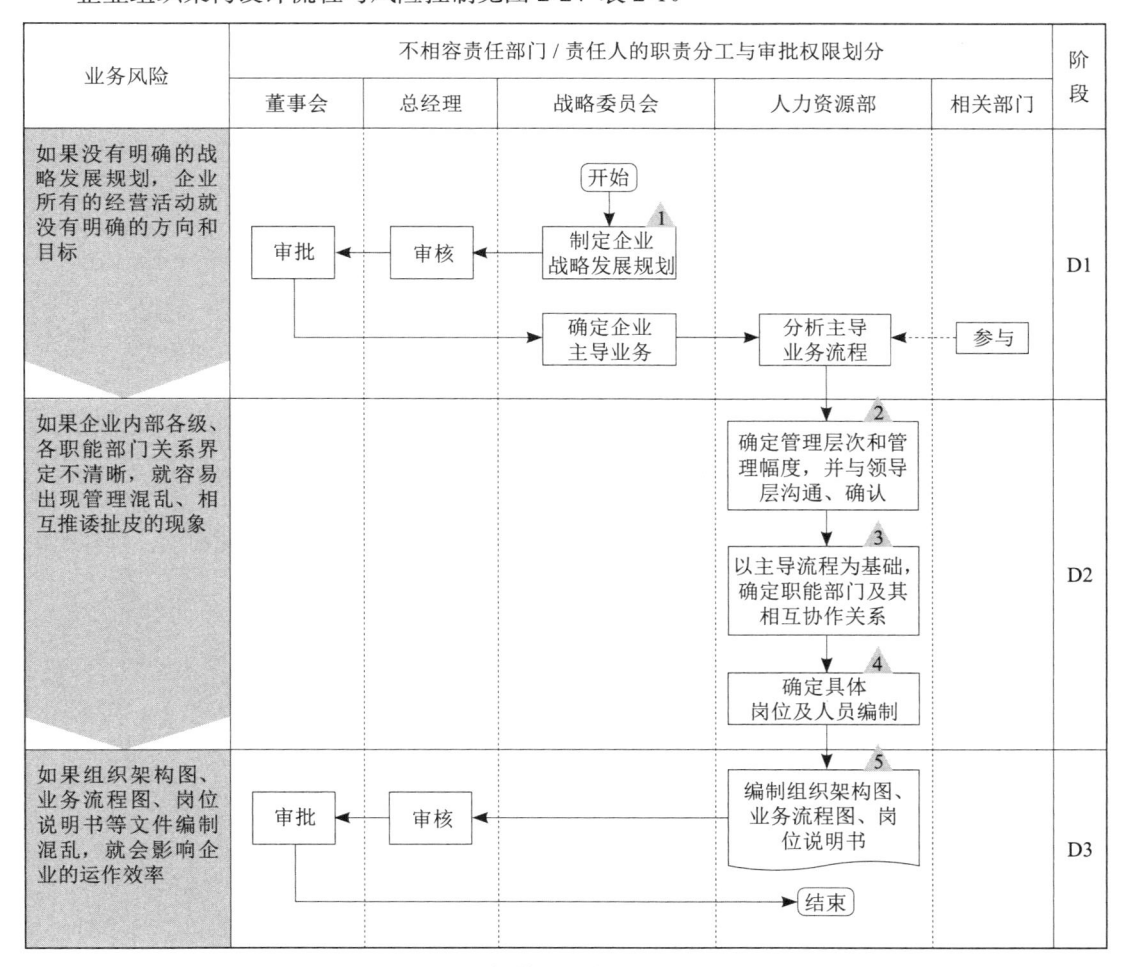

业务风险	不相容责任部门/责任人的职责分工与审批权限划分					阶段
	董事会	总经理	战略委员会	人力资源部	相关部门	
如果没有明确的战略发展规划，企业所有的经营活动就没有明确的方向和目标	审批	审核	开始→①制定企业战略发展规划→确定企业主导业务	分析主导业务流程	参与	D1
如果企业内部各级、各职能部门关系界定不清晰，就容易出现管理混乱、相互推诿扯皮的现象				②确定管理层次和管理幅度，并与领导层沟通、确认 ③以主导流程为基础，确定职能部门及其相互协作关系 ④确定具体岗位及人员编制		D2
如果组织架构图、业务流程图、岗位说明书等文件编制混乱，就会影响企业的运作效率	审批	审核		⑤编制组织架构图、业务流程图、岗位说明书→结束		D3

图2-2 组织架构设计流程与风险控制图

表2-1 组织架构设计流程控制表

控制事项		详细描述及说明
阶段控制	D1	1. 战略委员会在制定企业发展战略时，要考虑内、外部环境对企业发展战略的影响与制约；企业发展战略规划和目标应经过企业总经理和董事会的集体讨论、审核和审批
	D2	2. 每一个部门、每一位管理者都要有合理的管理幅度。管理幅度太大，可能导致管理人员无暇顾及一些重要事务；管理幅度太小，可能导致管理者不能完全发挥作用。所以，人力资源部在设计组织结构的时候，要确定合理、恰当的管理幅度 3. 人力资源部应当按照科学、精简、高效、透明、制衡的原则，综合考虑企业性质、发展战略、文化理念和管理要求等因素，合理设置内部职能机构，明确各机构、各部门的职能和权限，形成各司其职、各负其责、相互制约、相互协调的工作关系，避免职能交叉、缺失或权责过于集中 4. 人力资源部应当对各机构、各部门的职能进行科学合理的分解，确定具体岗位的名称、职责和工作要求等，明确各个岗位的权限和相互关系；在确保实现企业战略目标的前提下，力求部门数量最少、人员编制最精，以达到节省沟通成本、缩短业务流程、提高运营效率的目的
	D3	5. 组织架构图、业务流程图和岗位说明书等文件资料应按照统一的规范编写
相关规范	应建规范	◆ 组织架构设计规范 ◆ 岗位说明书编写规范
	参照规范	◆ 企业内部控制应用指引 ◆ 中华人民共和国公司法
文件资料		◆ 组织架构图 ◆ 业务流程图 ◆ 岗位说明书
责任部门及责任人		◆ 战略委员会、人力资源部、相关部门 ◆ 总经理、副总经理、人力资源总监

2. 公司运行机构设置

公司按照有关规定，设有股东大会、董事会、监事会、经理层和各职能部门，具体组织架构如图2-3所示。

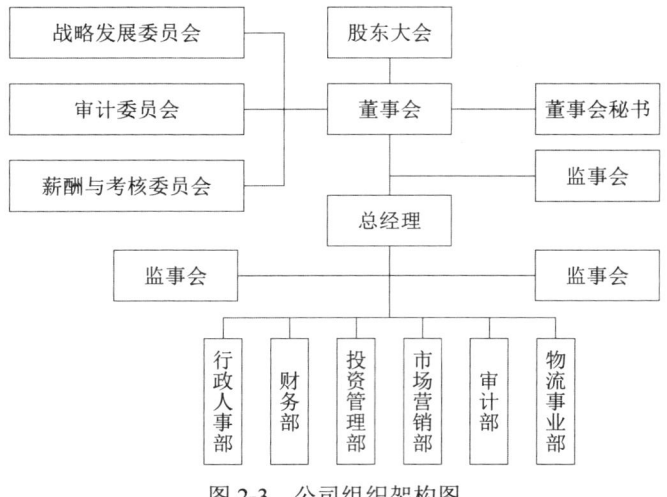

图2-3 公司组织架构图

（1）股东大会

股东大会由全体股东组成，是公司的权力机构，按照公司章程的有关规定履行其相关权限。股东大会会议分为年度股东大会和临时股东大会。

①年度股东大会，每年召开一次，应当于上一会计年度结束后的六个月内举行。

②临时股东大会，有下列情形之一的（表2-2），公司在事实发生之日起两个月以内召开临时股东大会。

表2-2　召开临时股东大会情形说明表

序号	具体情形说明
1	董事人数不足公司法规定人数或者本公司章程所定人数的2/3时
2	公司未弥补的亏损达实收股本总额1/3时
3	单独或者合计持有公司10%以上股份的股东请求时
4	董事会认为必要时，监事会提议召开时
5	法律、行政法规、部门规章或公司章程规定的其他情形

（2）董事会

董事会对股东大会负责，按公司章程有关规定行使公司的经营决策权。公司董事长、董事的产生和任期按公司章程规定。董事会的议事方式和表决程序，除公司法有规定的外，由公司章程和董事会议事规则规定。董事会会议由董事长召集和主持。董事长不能履行职务或不履行职务的，由半数以上董事共同推举一名董事履行职务。

（3）监事会

监事会包括职工代表，职工代表由公司职工通过职工代表大会、职工大会或者其他形式民主选举产生。监事会设主席一人，监事会主席由全体监事过半数选举产生。监事会主席召集和主持监事会会议；监事会主席不能履行职务或者不履行职务的，由半数以上监事共同推举一名监事召集和主持监事会会议。董事、高级管理人员不得兼任监事。监事可以列席董事会会议，并对董事会决议事项提出质询或者建议。监事会每六个月至少召开一次会议，监事可以提议召开临时监事会会议。监事会的议事方式和表决程序，除公司法有规定的外，由本公司章程规定。

（4）经理层

公司总经理由董事会决定聘任或者解聘，副总经理、财务副总经理由总经理提请董事会聘任或解聘。总经理对董事会负责，按公司章程有关规定行使职权。总经理列席董事会会议。

（5）董事会下设机构

公司董事会下设董事会秘书、战略发展委员会、审计委员会、薪酬与考核委员会。

董事会秘书和各委员会主任委员由董事会决定和聘任。董事会秘书主要负责公司股东大会和董事会会议的筹备、文件保管及公司股东资料的管理，办理信息披露事务等事宜。

战略发展委员会主要负责对公司长期发展战略和重大投资决策进行研究并提出建议。

审计委员会主要负责公司内外部审计的沟通、监督和核查工作。

薪酬与考核委员会主要负责制定公司董事及经理人员的考核标准并进行考核，制定、审查公司董事及经理人员的薪酬政策与方案。

战略发展委员会、审计委员会、薪酬与考核委员会的实施细则参照公司董事会颁布"战略发展委员会工作细则""审计委员会工作细则""薪酬与考核委员会工作细则"等相关规定制定。

（6）经理层下设职能部门

公司目前下设内部职能部门可包括：行政人事部、财务部、投资管理部、市场营销部、审计部、物流事业部等，其具体职能详见表2-3。

表2-3 职能部门职责一览表

部门名称	部门职责
行政人事部	行政协调、人力资源管理和办公保障中心，主要承担公司内部及与外部相关组织的沟通协调、人力资源规划管理、综合服务保障、外事管理等职能，以确保公司人力资源高效率配置和内部管理体系完整平稳运作
财务部	对公司的经济活动进行业务核算及财务管理的核心部门，其主要职能是按照国家有关财务会计制度，真实、完整地反映公司的财务状况和经营成果；同时，通过有效的财务管理，使公司降低经营成本、提高劳动生产率，实现公司资本的保值增值
投资管理部	作为公司投资规划中心和下属控股公司董事会常设的日常管理机构，主要承担投资计划论证、实施及投资项目股权经营管理、资产管理、法律事务等职能
市场营销部	承担公司的业务开发和项目策划、销售管理、客户管理、业务协调和商务事务，参与、配合、协调、指导下属公司的市场营销和客户管理等工作
审计部	在董事会审计委员会的指导下独立开展工作，主要负责对公司及所属成员公司的内部控制、风险管理、经济效益、财务收支及其有关的经营活动进行审计监督，并向公司经营层或审计委员会及监事会报告
物流事业部	承担物流项目开发，对内按市场化原则组织各物流板块资源落实项目实施，通过项目带动和业务创新推动公司的物流资源整合和现代物流业发展

2.3.3 组织架构内部控制的调整流程

1. 组织架构内部控制调整原则

组织架构内部控制的调整应当适应公司中长期发展战略调整，紧密结合公司发展战略，有针对性地解决目前管理工作中存在的突出问题和薄弱环节，坚持责、权、利的一致原则；适合公司的特点，精简高效，简便易行，尽量避免调整的负面影响；架构调整的步骤服从人力资源的状况，保证业务不断不乱、稳中有升。

2. 组织架构内部控制调整的主要任务

根据公司组织架构调整的目标、管理定位和主要管理职能，以及目前公司组织管理上的突出问题和薄弱环节，调整公司组织架构主要有以下任务。

①促进公司决策体系的科学化、民主化和规范化。

②加强公司的科学管理、集中协调、系统控制和风险防范。

③有利于公司发展战略的实施和资源整合与合理配置。

3. 组织架构调整流程与风险控制图与表

企业组织架构调整流程与风险控制见图2-4、表2-4。

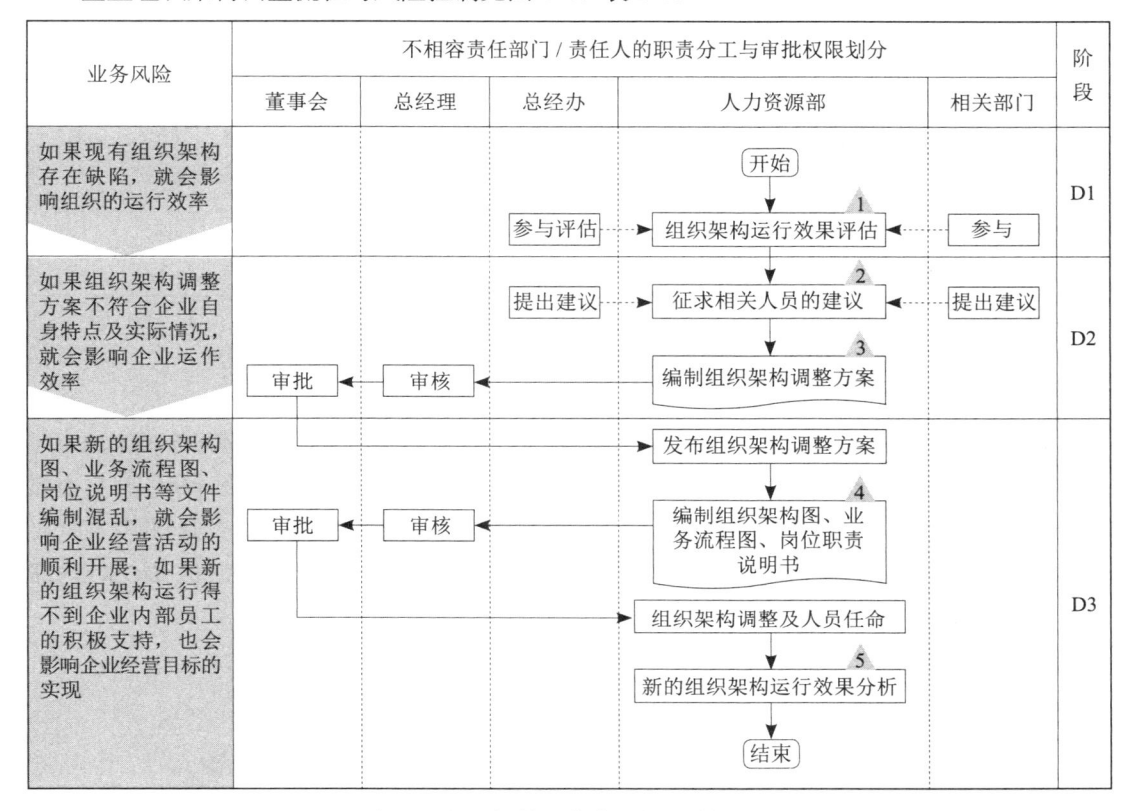

业务风险	不相容责任部门/责任人的职责分工与审批权限划分					阶段
	董事会	总经理	总经办	人力资源部	相关部门	
如果现有组织架构存在缺陷，就会影响组织的运行效率			参与评估	开始 → 组织架构运行效果评估 ①	参与	D1
如果组织架构调整方案不符合企业自身特点及实际情况，就会影响企业运作效率	审批	审核	提出建议	征求相关人员的建议 ② ↓ 编制组织架构调整方案 ③	提出建议	D2
如果新的组织架构图、业务流程图、岗位说明书等文件编制混乱，就会影响企业经营活动的顺利开展；如果新的组织架构运行得不到企业内部员工的积极支持，也会影响企业经营目标的实现	审批	审核		发布组织架构调整方案 ↓ 编制组织架构图、业务流程图、岗位职责说明书 ④ ↓ 组织架构调整及人员任命 ↓ 新的组织架构运行效果分析 ⑤ ↓ 结束		D3

图 2-4　组织架构调整流程与风险控制图

表 2-4　组织架构内部控制调整流程控制表

控制事项		详细描述及说明
阶段控制	D1	1. 人力资源部应当定期对组织架构设计与运行的效率及效果进行全面评估。组织架构运行效果评估的内容主要包括现有组织架构是否有利于企业战略目标的实现、是否与企业内部主导业务流程相符、是否满足企业内部高效管理的要求
	D2	2. 组织架构在调整之前应广泛征求董事、监事、高级管理人员和其他员工的意见 3. 企业应根据组织架构设计规范对现有治理结构和内部机构设置进行全面梳理，确保其符合现代企业制度要求；企业设置内部机构，应当重点关注内部机构设置的合理性和运行的高效性等，一旦发现内部机构设置和运行中存在职能交叉或运行低效现象，应及时解决；企业组织架构调整方案应按规定权限和程序进行决策审批
	D3	4. 组织架构图、业务流程图和岗位说明书等文件资料应按照统一的规范编写 5. 新的组织架构运行时，应及时查找运行中存在的问题和缺陷，以便进一步改进和优化

续上表

控制事项		详细描述及说明
相关规范	应建规范	◆ 组织架构设计规范 ◆ 岗位说明书编写规范
	参照规范	◆ 企业内部控制应用指引 ◆ 中华人民共和国公司法
文件资料		◆ 组织架构图 ◆ 业务流程图 ◆ 岗位说明书
责任部门及责任人		◆ 人力资源部、相关部门 ◆ 总经理、人力资源部经理、相关部门负责人

2.4 组织架构方面内部控制案例详解

ICI（帝国化学工业有限公司）中国总部采用 COSO 内部控制与风险管理融合框架的六要素原理，结合国际内部控制协会内部控制评估方案框架的流程，分别列示设计组织架构内部控制流程时，主要列示目标设定、风险评估、控制环境、控制活动、信息与沟通和监控六要素方面的具体内容，旨在为企业提供组织架构内部控制流程可参考借鉴的框架。COSO 内部控制框架如图 2-5 所示。

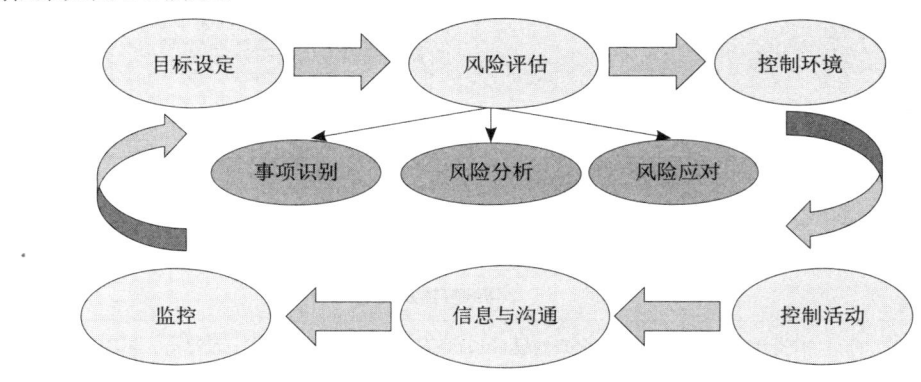

图 2-5 COSO 内部控制框架

1. 目标设定

（1）总体目标

设置科学的组织架构，完善企业治理结构、管理体制和运行机制问题，加强组织架构方面的风险管理与控制。

（2）具体目标

①符合法律法规要求。治理结构的设计必须遵循我国法律法规的要求，严格规范出资者（主要指股东）、董事会、监事会、经理层的权利和义务，及其相关的聘任条件和议事程序等，合理解决企业各方利益分配问题。

②有助于实现发展战略。企业的发展目标必须通过自身组织架构的合理设计和有效运作

予以实现和保证。

③符合管理控制要求，便于各层级之间相互监督和相互制约。

④能够适应内外环境变化。适应企业的市场环境、行业特征、经营规模等，并能够根据内外部环境的变化，及时调整组织架构。

2. 风险评估

（1）治理结构

从治理结构层面看，主要风险在于：企业治理结构形同虚设，缺乏科学决策、良性运行机制和执行力，可能发生经营失败，难以实现发展战略。治理结构的风险评估主要关注以下事项：

①股东大会是否规范而有效地召开，股东是否可以通过股东大会行使自己的权利；

②企业与控股股东是否在资产、财务、人员方面实现相互独立，企业与控股股东的关联交易是否贯彻平等、公开、自愿的原则；

③对与控股股东相关的信息是否根据规定及时完整地披露；

④企业是否对中小股东权益采取了必要的保护措施，使中小股东能够和大股东同等条件参加股东大会，获得与大股东一致的信息，并行使相应的权利；

⑤董事会是否独立于经理层和大股东，董事会及其审计委员会中是否有适当数量的独立董事且能有效发挥作用；

⑥董事对于自身的权利和责任是否有明确的认知，并且有足够的知识、经验和时间来勤勉、诚信、尽责地履行职责；

⑦董事会是否能够保证企业建立并实施有效的内部控制，审批企业发展战略和重大决策并定期检查、评价其执行情况，明确设立企业可接受的风险承受度，并督促经理层对内部控制有效性进行监督和评价；

⑧监事会的构成是否能够保证其独立性，监事能力是否与相关领域相匹配；

⑨监事会是否能够规范而有效地运行，监督董事会、经理层正确履行职责并纠正损害企业利益的行为；

⑩对经理层的权力是否存在必要的监督和约束机制。

（2）内部机构

从内部机构层面看，主要风险集中表现为内部机构设计不科学，权责分配不合理，可能导致机构重叠、职能交叉或缺失、推诿扯皮、运行效率低下。内部机构的风险主要关注以下事项：

①企业内部组织机构是否考虑经营业务的性质，按照适当集中或分散的管理方式设置；

②企业是否对内部组织机构设置、各职能部门的职责权限、组织的运行流程等有明确的书面说明和规定，是否存在关键职能缺位或职能交叉的现象；

③企业内部组织机构是否支持发展战略的实施，并根据环境变化及时作出调整；

④企业内部组织机构的设计与运行是否适应信息沟通的要求，有利于信息的上传、下达和在各层级、各业务活动间的传递，有利于为员工提供履行职权所需的信息；

⑤关键岗位员工是否对自身权责有明确的认识，有足够的胜任能力去履行权责，是否建

立了关键岗位员工轮换制度和强制休假制度；

⑥企业是否对董事、监事、高级管理人员及全体员工的权限有明确的制度规定，对授权情况是否有正式的记录；

⑦企业是否对岗位职责进行了恰当的描述和说明，是否存在不相容职务未分离的情况；

⑧企业是否对权限的设置和履行情况进行了审核和监督，对于越权或权限缺位的行为是否及时予以纠正和处理。

3. 控制环境

组织架构控制环境是指企业总体控制环境要素在组织架构方面的延伸，它代表组织架构为企业活动提供计划、执行、控制和监督职能的整体框架，它涉及以下几项工作内容：

①组织架构的适当性及其提供经营管理所需信息的沟通能力；

②各主管人员所负责任的适当性；

③按照主管人员所担负的责任判断其是否具备足够的知识及丰富经验；

④当环境改变时，企业配合改变其组织架构的程度；

⑤负责管理及监督职能的员工人数的充足性等。

4. 控制活动

①组织目标、运营职能和管理要求，以及信息系统的职责和变更授权等方面的权责分配。组织架构应当根据企业运营性质合理地选择集权或分权模式。制定关键部门（如IT部、人力资源部、财务部、销售部、物流部、技术部、质量部等）的组织结构图。

②准确定义高级管理层的职责，及其具备履行职责所需的知识与经验的高级管理层／财务报告职能／关键部门的岗位说明书；岗位说明书包含与控制相关职责的具体参考说明；与控制相关的标准及其程序的适当性。

③根据情况变化，确定对组织架构进行调整的范围。管理层应当根据业务或行业变化，定期评估本企业的组织架构。

④审计委员会对财务与会计的关键职位的岗位说明书（尤其是责任与权力）进行审阅。

⑤授权正确履行职责的员工负责纠正错误或执行改进任务。

5. 信息与沟通

企业组织架构适当，能够提供必要的信息流管理业务活动。

组织的战略发展目标、高层基调、道德价值观和期望值应当准确地传达给业务执行人员和全体员工。组织架构有利于信息上传、下达并贯穿所有业务活动的始终。

①报告关系的适当性。

②已建立的报告关系——正式的或非正式的，直接的或间接的，应当十分有效，并能为管理者提供关于职责与权力的适当信息。业务活动的执行人员具有与高级管理层接触和沟通的渠道。

③沟通方式。

④从总经理工作部取得有关"部门职责分工规定"的审阅（修改）报告，确保"部门职责分工规定"每年都进行重新审阅。审阅"部门职责分工规定"的修改，确保这些修改都经

过总经理办公会的批复。提供管理业务活动所必需的信息流，促进信息流向上、向下和交叉地流向所有经济活动。

6. 监控

组织架构监控的步骤如下：

①向人力资源部索取本公司组织架构图；

②检查公司组织架构图，判断管理路线、负责人是否明确，是否存在不兼容职责未分离的问题；

③查询管理层在本年度内是否对组织架构图进行调整，如有，获得新组织架构图的批准证据；

④向人力资源部索取并检查公司高级主管岗位说明书；

⑤查询本年度内是否对财务部门的岗位说明书进行更新，如有，获取相关证据；检查财务部人员是否熟悉和明了其岗位说明书的内容和工作要求；

⑥审计委员会对财务与会计等关键职位的岗位说明书进行审阅；

⑦查询审计委员会主席是否定期听取合规负责人对举报热线操作的汇报；如果存在举报事件，合规部负责人是否向审计委员会汇报调查结果并提出改进建议。

企业可以从治理结构和内部机构这两个层面评价企业对主要风险的控制状况，以及实现控制目标的情况。

第3章
发展战略方面的内部控制

俗话说："三年发展靠机遇，十年发展靠战略。"发展战略事关企业长远发展和总体规划，关系企业的发展方向、业务范围与运营目标，是企业何去何从的行动纲领。制定一项科学有效、适合社会需求和企业实际的发展战略，是企业谋求长远发展的不懈追求。现代企业如果没有明确的发展战略，就不可能在当今激烈的市场竞争和国际化浪潮下求得长远发展，战略失误很可能把企业引入绝路，因此，什么都可以出错，战略不能出错；什么都可以失败，战略不能失败。战略的失败是最彻底的失败！

3.1 发展战略概述

3.1.1 发展战略的概念与内容

1. 发展战略的概念

我国《企业内部控制应用指引第2号——发展战略》明确界定：发展战略是指企业在对现实状况和未来趋势进行综合分析与科学预测的基础上，制定并实施的长远发展目标与战略规划。这一定义表明，发展战略不仅要确定企业的未来方向和使命，还涉及企业所有的关键活动；同时，必须根据内外部环境的变化不断加以调整，以期实现企业确定的战略目标。

发展战略指明了企业的发展方向、目标与实施路径，描绘了企业未来的经营方向和目标纲领，是企业发展的蓝图，关系企业的长远生存与发展。只有制定科学合理的发展战略，企业管理层才有行动的指南，其在日常经营管理和决策时才不会迷失方向，才能知晓哪些是应着力做的"正确的事"；否则，要么盲目决策，要么无所作为，既浪费企业宝贵的资源，未能形成竞争优势，又可能失去发展机会，导致企业走向衰落甚至消亡。

2. 发展战略的内容

发展战略包含长远发展目标和战略规划两个相辅相成的部分。没有目标就谈不上战略；只有目标没有规划，目标既不能落实也无法实现。具体来看，发展目标是企业发展战略的核心和基本内容，是在最重要的经营领域对企业使命的具体化，表明企业在未来一段时间内所要努力的方向和所要达到的水平；战略规划是为了实现发展目标而制定的具体规划，即企业通过什么路径实现长远目标，表明企业在每个发展阶段的具体目标、工作任务和实施路径。第3.4节案例1为小米公司基于互联网思维所制定的发展战略。

3.1.2 制定和实施发展战略的意义

1. 发展战略可以为企业找准市场定位

每一个主体都面临来自外部和内部的一系列风险，确定目标是有效的事项识别、风险评估和风险应对的前提。目标与主体的风险容量相协调，它决定了主体的风险容限水平。

2. 发展战略是企业执行层行动的指南

发展战略指明了企业的发展方向、目标与实施路径，描绘了企业未来经营方向和目标纲领，是企业发展的蓝图，关系着企业的长远生存与发展。企业只有制定科学合理的发展战略，执行层才有行动的指南，其在日常经营管理和决策时才不会迷失方向，才能知晓哪些是应着力做的"正确的事"，如图3-1所示。

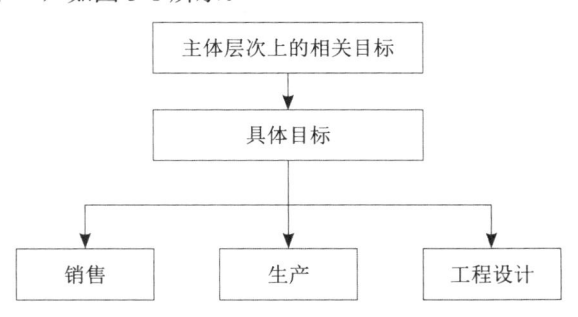

图3-1　企业执行层行动的指南

3. 发展战略为内部控制设定了最高目标

促进发展战略实现是内部控制最高层次的目标。一方面，它表明了企业内部控制最终所追求的是如何通过强化风险管控促进企业实现发展战略；另一方面，也说明实现发展战略必须通过建立健全内部控制体系提供保证。

3.2　发展战略内部控制的目标及风险点

3.2.1　发展战略内部控制的主要目标

企业应确定战略制定与实施所应达到的内部控制目标，以识别和分析影响目标实现的主要风险。发展战略制定与实施的内部控制目标主要包括以下四个方面：

①确保企业制定的发展目标和战略规划科学合理，这需要企业综合考虑宏观经济政策、国内外市场需求变化、技术发展趋势、行业及竞争对手状况、可利用的资源水平、自身的优势与劣势等多种因素。

②为了确保企业发展战略的有效落实和顺利实施，企业必须加强对战略实施的统一领导。战略具有宏观性和长期性，企业应根据战略需要制订详细的年度工作计划，对年度目标进行分解、落实，通过人员安排、薪酬激励、财务安排、管理变革等配套措施，确保战略落地。

③为了及时发现和处理战略实施中的问题与偏差，企业应建立发展战略评估制度，加强对战略制定与实施的事前、事中和事后评估。对于发展战略制定与实施过程中存在的问题和偏差，及时进行内部报告，并采取措施予以纠正。

④结合战略期内每一年度工作计划和经营预算的完成情况，对战略执行能力和执行效果进行分析评价，确保发展战略贯彻实施，促进企业健康、可持续地发展。

3.2.2 发展战略内部控制的主要风险点

战略风险是指企业发展战略与实际状况脱节、与社会需求背离、与企业目标不一致，从而导致企业发展方向出现偏离的风险。2006年6月，国务院国资委颁布的《中央企业全面风险管理指引》（国资发改革〔2006〕108号）把战略风险作为企业的首要风险。战略风险的产生与战略定位（分析、选择）有着直接的联系，定位不当或者失误都会带来战略风险。为了实现组织发展战略和运营目标，制定与实施发展战略至少应关注下列风险：

①缺乏明确的发展战略或者发展战略实施不到位，可能导致企业盲目发展，难以形成竞争优势，丧失发展机遇和发展动力。

②发展战略过于激进，脱离企业实际能力或偏离主业，可能导致企业过度扩张，甚至经营失败。

③发展战略因主观因素而频繁变动，可能导致资源浪费，甚至危及企业的生存和持续发展。

3.3 发展战略方面的主要内控措施

3.3.1 制定发展战略的风险控制

制定发展战略是企业实现健康、可持续发展的起点。企业应按科学发展观的要求，将企业前途与国家命运紧密地联系起来，立足当前，面向未来，针对发展战略的风险评估结果，设置关键控制点，科学地制定既切合自身实际又符合市场经济发展规律的发展战略。

1. 建立和健全发展战略制定机构

发展战略关系企业的现在和未来，企业各层级都应给予高度重视和大力支持，要在人力资源配置、组织机构设置等方面提供必要的保证。企业应在董事会下设立战略委员会，或者指定相关机构负责发展战略的管理工作，履行相应的职责。此外，企业还应在内部机构中设置专门的部门或指定相关部门，承担战略委员会下达的相关工作任务。

①企业应明确战略委员会的职责和议事规则，对战略委员会会议的召开程序、表决方式、提案审议、保密要求和会议记录等作出规定，确保议事过程规范透明、决策程序科学民主。

②战略委员会应组织有关部门对发展目标和战略规划进行可行性研究与科学论证，形成发展战略建议方案；必要时，可借助中介机构和外部专家的力量为其履行职责提供专业咨询意见。战略委员会成员应具有较强的综合素质和实践经验，其任职资格和选任程序应符合有关法律法规与企业章程的规定。

2. 综合分析评价发展战略的内外部影响因素

企业外部环境、内部资源等因素，是影响发展战略制定的关键因素。企业在制定发展目标的过程中，应综合考虑宏观经济政策、国内外市场需求变化、技术发展趋势、行业及竞争对手状况、可利用资源水平和自身优势与劣势等影响因素，在充分调查研究、科学分析预测和广泛征求意见的基础上制定发展目标。

①外部环境是制定发展战略的重要影响因素，包括企业所处的宏观环境、行业环境及竞争对手、经营环境等。分析企业面临的外部环境，应着重分析环境的变化和发展趋势及其对企业战略的重要影响，同时评估有哪些机会可以挖掘，以及企业可能面临哪些威胁。

②内部资源是企业发展战略的重要制约条件，包括企业资源、企业能力、核心竞争力等各种有形和无形资源。只有对企业所处的外部环境和拥有的内部资源展开深度分析，才能制定科学合理的发展战略。分析企业拥有的内部资源和能力，应着重分析这些资源和能力使企业在同行业中处于何种地位，与竞争对手相比有哪些优势和劣势。

3. 科学制定发展战略

发展战略可以分为发展目标和战略规划两个层次。

（1）制定发展目标

企业发展目标作为指导企业生产经营活动的准绳，通常包括盈利能力、生产效率、市场竞争地位、技术领先程度、生产规模、组织结构、人力资源、用户服务、社会责任等。企业在制定发展目标时应突出主业，既不能过于激进，也不能过于保守，更不能脱离企业实际，否则可能会导致企业过度扩张或经营失败。

（2）编制战略规划

企业应根据发展目标编制战略规划。战略规划应明确企业发展的阶段性和发展程度，确定每个发展阶段的具体目标和工作任务，以及达到发展目标必经的实施路径，具体包括：

①发展战略是否符合国家行业发展规划和产业政策；
②发展战略是否符合国家经济结构战略性调整方向；
③发展战略是否突出主业，是否有助于提升企业核心竞争力；
④发展战略是否具有可操作性；
⑤发展战略是否客观全面地对未来商业机会和风险进行分析预测；
⑥发展战略是否有相应的人力、财务、信息等资源保障等。

（3）严格审议和批准发展战略

发展战略方案拟订后，应按规定的权限和程序对发展战略方案进行审议与批准。审议战略委员会提交的发展战略建议方案是董事会的重要职责。在审议的过程中，董事会应着力关注发展战略的全局性、长期性和可行性。在审议方案的过程中，董事会如果发现重大问题，就应责成战略委员会对方案作出调整。企业发展战略方案经董事会审议通过后，应报经股东（大）会批准后付诸实施。

3.3.2 实施发展战略的风险控制

科学制定发展战略是一个复杂的过程，实施发展战略更是一个系统工程。企业只有重视和加强发展战略的实施，在所有相关目标领域全力推进，才有可能将发展战略描绘的蓝图转变为现实，铸就核心竞争力。为此，企业应加强对发展战略实施统一领导，制订详细的年度工作计划，编制全面预算，对年度目标进行分解、落实，确保企业发展目标的实现；此外，还要加强对发展战略的宣传培训，通过组织结构调整、人员安排、薪酬调整、财务安排、管理变革等配套措施，保证发展战略的顺利实施。

1. 加强对发展战略实施的领导

要确保发展战略得到有效实施，加强组织领导是关键。企业经理层作为发展战略制定的直接参与者，往往比普通员工掌握更多的战略信息，对企业发展目标、战略规划和战略实施路径的理解与体会也更加全面深刻，应担任发展战略实施的领导者。企业应本着"统一领导、统一指挥"的原则，围绕发展战略的有效实施，有效地发挥企业经理层在资源分配、内部机构优化、企业文化培育、信息沟通、考核激励相关制度建设等方面的协调、平衡和决策作用，确保发展战略的有效实施。

2. 对发展战略进行分解并落实

发展战略制定后，企业经理层应着手对发展战略进行逐步细化，确保发展战略得到有效实施。

①要根据战略规划，制订年度工作计划。

②要按上下结合、分级编制、逐级汇总的原则编制全面预算，将发展目标分解并落实到产销水平、资产负债规模、收入及利润增长幅度、投资回报、风险管控、技术创新、品牌建设、人力资源建设、制度建设、企业文化、社会责任等可操作层面，确保发展战略能够真正有效地指导企业各项生产经营管理活动。

③要进一步将年度预算细分为季度、月度预算，通过实施分期预算控制，促进年度预算目标的实现。

④要通过建立发展战略实施的激励约束机制，将各责任单位年度预算目标完成情况纳入绩效考评体系，切实做到有奖有惩、奖惩分明，促进发展战略的有效实施。

3. 保障发展战略有效实施

战略实施过程是一个系统的有机整体，需要研发、生产、营销、财务、人力资源等各个职能部门间的密切配合。目前复杂动态的市场环境和激烈的市场竞争，对企业内部不同部门之间的这种协同运作提出了越来越高的要求。为此，企业应采取切实有效的保障措施，确保发展战略顺利得到贯彻实施。

（1）培育与发展和战略相匹配的企业文化

企业文化是发展战略有效实施的重要支持。发展战略制定后，要充分利用企业文化所具有的导向、约束、凝聚、激励等作用，统一全体员工的观念行为，使大家共同为发展战略的有效实施而努力奋斗。

（2）调整及优化组织结构

发展战略决定企业组织结构模式的设计与选择；反过来，发展战略的实施过程及效果又受到组织结构模式的制约。要解决发展战略前导性和组织结构滞后性之间的矛盾，企业必须在制定发展战略后，尽快调整及优化企业组织结构、业务流程、权责关系等，以适应发展战略的要求。

（3）整合内外部资源

企业能够利用的资源是有限的，如何调动和分配企业不同领域的人力、财力、物力和信息等资源以适应发展战略，是促进企业发展战略顺利实施的关键所在。企业在战略实施的过程中，只有对拥有的资源进行优化配置，达到战略与资源的匹配，才能充分保证战略的实现。

（4）相应调整管理方式

企业在战略实施的过程中，往往要克服各种阻力，改变企业日常惯例，在管理体制、机制及管理模式等方面实施变革，由粗放、层级制管理，向集约、扁平化管理转变，为发展战略的有效实施提供强有力的支持。

4. 做好发展战略的宣传培训工作

企业应重视发展战略的宣传培训工作，为推进发展战略的实施提供强有力的思想支撑和行为导向。

①在企业董事、监事和高级管理人员中树立战略意识与战略思维，充分发挥其在战略制定与实施过程中的模范带头作用。

②采取内部会议、培训、讲座、知识竞赛等多种行之有效的方式，把发展战略及其分解落实情况传递到内部各管理层级和全体员工，营造战略宣传的强大舆论氛围。

③企业高级管理层要加强与广大员工的沟通，使全体员工充分认清企业的发展思路、战略目标和具体举措，自觉将发展战略与自己的具体工作结合起来，促进发展战略的有效实施。

3.3.3 发展战略的优化调整和转型

因经济形势、产业政策、技术进步、行业状况及不可抗力等因素发生变化时，确需对发展战略作出调整优化甚至转型的，企业应当按照规定权限和程序调整发展战略或实现战略转型。

1. 加强对发展战略实施的监控

企业应建立发展战略评估制度，加强对战略制定与实施的事前、事中和事后评估。在评估的过程中，企业应采取定性与定量相结合、财务指标与非财务指标相结合的方法，对于发展战略制定与实施过程中存在的问题和偏差，应及时进行内部报告，并采取措施予以纠正。

（1）实施中评估

实施中评估是对实施中发展战略的效果进行评估，是战略调整的重要依据。企业应当结合战略期内每一年度工作计划和经营预算完成情况，侧重对战略执行能力和执行效果进行分析评价。

（2）实施后评估

实施后评估是对发展战略实施后效果的评估，应结合战略期末发展目标实现情况，侧重对发展战略的整体实施效果进行概括性的分析评价，总结经验教训，并为制定新一轮的发展战略提供信息、数据和经验。

2. 根据监控情况持续优化发展战略

发展战略明确了企业的长期发展目标，在一定时期内应保持相对稳定。但是，企业在开展战略监控和评估的过程中，如果经济形势、产业政策、技术进步、行业竞争态势及不可抗力等因素发生较大变化，对企业发展战略的实现就有较大的影响；或者企业内部经营管理发

生较大变化，确有必要对发展战略作出调整，应按规定的权限和程序调整、优化发展战略，以促进企业内部资源能力和外部环境条件保持动态平衡。发展战略调整的程序如图3-2所示。

第一步	各战略执行单位提出各自的战略规划评估报告和修订意见
第二步	战略管理部门汇总各单位意见，并提出修订后的发展战略规划草案
第三步	战略委员会对修订后发展战略规划草案进行评估论证，向董事会提出发展战略建议方案
第四步	企业董事会严格审议战略委员会提交的发展战略建议方案。按公司章程规定，董事会审议通过的方案须报经股东（大）会批准的，必须履行相应的程序
第五步	战略管理部门将批准的新发展战略下发至各战略执行单位，各战略执行单位须遵照执行

图 3-2　发展战略调整的程序

3. 抢抓机遇顺利实现战略转型

当企业外部环境尤其是所处行业的竞争状况发生重大变化时，或者当企业步入新的成长阶段需要对生产经营与管理模式进行战略调整时，企业必须选择新的生存与发展模式，即战略转型。例如：海尔从产品制造企业向高端制造服务型企业的战略转型；吉利汽车从低端汽车产品向中端产品的战略转型等。

3.4　发展战略方面内部控制案例详解

3.4.1　案例1：小米手机"口碑为王"的互联网思维

北京小米科技有限责任公司（以下简称"小米科技"）起家于2010年，当时，中国智能手机市场被诺基亚、苹果、三星等巨头瓜分。小米科技以互联网思维下的"专注、极致、口碑、快"七字诀为企业的经营核心，通过"用户参与"的方式来制作产品、建立产品声誉，实现了"做爆品（产品战略），做粉丝（用户战略），做自媒体（内容战略）"三个战略的融合，为小米科技手机市场的开拓奠定了基础。

3.4.2　案例2：A集团公司发展战略内部控制

A集团公司是国有大型资源生产和销售企业。与国内同行业企业相比，A集团公司尽管在铁矿石进口、钢铁出口等领域有一些优势，但从总体来看，战略定位不清晰，没有形成独具特色、可以确保集团公司长期保持优势地位的核心竞争力。面对困境，该集团公司决定突破传统业务模式，提出为钢铁工业和钢铁生产企业"提供综合配套、系统集成服务"的战略定位，着力推进企业形态和商业模式创新，成功实施了从传统商贸企业到现代生产服务企业的战略转型，实现了企业的跨越式发展。该集团公司战略转型的主要做法是：

（1）创新发展思路，明确战略定位

集团公司结合自身的业务基础和固有优势，选择服务业和制造业互动发展的模式，积极探索钢铁生产性服务业的发展道路，立足于促进我国钢铁工业的社会化分工和专业化协作，将钢铁生产服务流程的构成要素进行重新整合和专业化经营，成为专业化的钢铁生产服务商。

（2）围绕钢铁生产流程，做强做大核心业务

集团公司明确提出了三大主业——资源开发、贸易物流和工程科技。为此，集团公司采取积极有效的措施，形成了围绕钢铁生产主流程、为钢铁生产企业提供上下游综合配套服务的产业布局。一是大力推进海外矿产资源开发；二是构建冶金原料和产品贸易的物流系统；三是努力建立钢铁工业领先的科技研发能力、工程配套能力和设备制造能力。

（3）实施资源开发和企业并购，夯实实业基础

为保证稳定的资源供应，该集团公司在海内外积极寻求建立新的资源基地，并抓住钢铁工业的发展机遇，进行了一系列的并购重组活动，最终构筑了矿业开发、碳素制品、耐火材料、铁合金、装备制造五大产业板块，为集团公司长远发展打下坚实的实业基础。

（4）调整和优化组织结构，构建有效的管控体系

为推动战略转型的顺利实施，该集团公司建立健全法人治理结构，调整内部机构设置，大力实施专业化经营，形成了贸易、炉料、钢材、设备、投资、货运、招标、期货八大专业公司；同时，以流程和制度为基础，建立科学的战略管控体系，加强集团公司总部对各种战略资源的管控和整合，培育企业核心竞争力。

3.4.3 案例3：三九医药的债务危机

2004年4月14日，著名的医药行业领军企业华润三九医药股份有限公司（股票代码000999）发出公告：因工商银行要求提前偿还3.74亿元的贷款，目前公司大股东三九药业及三九集团（三九药业是三九集团的全资公司）所持有的公司部分股权已被司法机关冻结。至此，整个三九集团的财务危机全面爆发。

截至危机爆发之前，三九集团约有400多家公司，实行五级公司管理体系，其三级以下的财务管理已严重失控。三九系深圳本地债权银行贷款已从98亿元升至107亿元，而遍布全国的三九系子公司和控股公司的贷款和贷款担保在60亿元至70亿元之间，两者合计，整个三九系贷款和贷款担保余额约为180亿元。

三九集团总裁曾在债务风波发生后对外表示，"你们（银行）都给我钱，使我头脑发热，我盲目上项目。"从1992年开始，三九集团在短短几年时间里，通过收购兼并企业，形成医药、汽车、食品、酒业、饭店、农业、房产等几大产业并举的格局。而赵新先的一句话也道出了三九危机的根本原因。

三九集团作为一个以制药为主营业务的企业，大力发展多元化经营，向与其完全不相关的其他领域扩张，且扩张速度之快令人瞠目结舌，最终导致了三九集团的危机。三九集团在发展战略上选择盲目扩张，过度投资使得整个企业入不敷出，财务管理严重失控，这场悲剧给予我们以下启示：

（1）企业应该专注于自己的主业

企业应以核心竞争力取胜，即使想向多元化发展，也不能过于激进从而脱离企业的实际能力或偏离主业。三九集团就是因为没有尽全力做好自己的主营业务，却贪图其他行业的利润，导致网越撒越大，结果就出现"旧疆土没有守住，新疆土却不能攻下"的局面。

（2）企业要认清自己的客观情况

制定一套明确的适合自己的发展战略，逐步推进企业的发展。企业应多元化战略并没有错，尽可能多地寻找利润点是无可非议的，然而它需要强大的资金流支撑，一旦资金链断裂，必然会使企业跌入万劫不复的深渊。三九药业在选择多元化战略时就应当考虑到这点，但其在发展过程中，一味追求速度和利润，未能根据实际情况，进行可行性研究和科学论证，形成科学的发展战略方案而导致资金链断裂；同时，发展战略管理制度也有所缺失，不能确保发展战略有效实施，才致使危机的爆发。

第4章
人力资源方面的内部控制

在内部环境的众多要素中,人力资源对企业实现发展战略有着不可替代的作用。企业竞争归根结底是人力资源的竞争,人力资源已经成为促进经济社会发展的第一要素。优秀的人力资源管理是增强企业活力的源泉,是提升企业核心竞争力的重要基础,是实现发展战略的根本动力。内部控制是全员控制,实施主体包括董事会、监事会、经理层和全体员工,因此,人力资源水平直接影响企业内部环境的质量。良好的人力资源政策及实践,不但有利于改善内部环境,而且有利于提升企业内部控制的有效性。企业应加强人力资源管理,强化对员工招聘、培训、评价、晋升和激励、退出等环节的风险评估与控制。

4.1 人力资源的概念及内容

4.1.1 人力资源的概念

我国《企业内部控制应用指引第3号——人力资源》第二条规定:"本指引所称人力资源,是指:企业组织生产经营活动而录(任)用的各种人员,包括董事、监事、高级管理人员和全体员工。"人力资源管理的核心是建立一套科学的人力资源制度和机制,不断优化人力资源结构,实现人力资源的合理配置和布局,切实做到人尽其才,充分发挥人力资源的作用,强化激励机制,增强人才活力,合理引进和开发人才,用好和盘活现有人才,强化人力资源风险管理,全面提升管理团队、专业技术人才和全体员工的创造力,切实做到使每位员工都投身于企业的可持续发展之中。

4.1.2 人力资源的内容

企业应重视人力资源建设,根据发展战略,结合人力资源现状和未来需求预测,建立人力资源发展目标,制定人力资源总体规划和能力框架体系,优化人力资源整体布局,明确人力资源的引进、开发、使用、培养、考核、激励、退出等管理要求,实现人力资源的合理配置,全面提升企业核心竞争力。企业的人力资源政策应包括下列内容:

①员工的聘用、培训、辞退与辞职。
②员工的薪酬、考核、晋升与奖惩。
③关键岗位员工的强制休假制度和定期岗位轮换制度。
④掌握国家秘密或重要商业秘密的员工离岗的限制性规定。
⑤有关人力资源管理的其他政策。

4.2 人力资源方面内部控制的目标及风险点

4.2.1 人力资源方面内部控制的主要目标

人力资源的内部控制目标可以设定为以下五个方面：

①制定科学、规范、公平、公开、公正的人力资源政策，调动员工的积极性、主动性和创造性。

②确保企业选拔和聘用的员工具备良好的道德素养与专业胜任能力，能够满足企业生产经营和管理活动的需要，促进员工的价值取向和行为特征符合内部控制与风险管理的有关要求。

③重视并加强员工培训，制订科学合理的培训计划，提高员工培训的针对性和时效性，不断提升员工的道德素养和业务素质。

④建立和完善针对不同层级员工的激励约束机制，通过制定合理的目标、建立明确的标准、执行严格的考核和落实配套的奖惩，促进员工责、权、利的有机统一和企业内部控制的有效执行。

⑤确保企业的人力资源政策与实践合法、合规，能有效支撑企业发展战略、社会责任和企业文化等内部环境的培育。

4.2.2 人力资源方面内部控制的主要风险点

人力资源风险是企业人力资源政策及实践中对企业目标实现可能产生影响的不确定因素，包括机会和损失两方面的不确定性。如果人力资源政策或实践不当，就会给企业发展带来隐患。人力资源风险来自人力资源管理的各个环节，企业在人力资源管理的过程中至少应关注以下风险：

1. 可能影响企业战略发展

人力资源缺乏或过剩、结构不合理、开发机制不健全，可能导致企业发展战略难以实现。这一风险侧重于企业决策层和执行层的高级管理人员。在现代企业管理中，决策层和执行层对实现企业发展战略具有重要的作用。企业在对决策层和执行层高管团队评估考核的过程中，如果发现有不胜任岗位工作的，就应通过有效方式及早加以解决。当然，这一风险也不完全限于高级管理人员，其他人员缺乏和过剩、结构不合理等，也可能影响企业实现发展战略。

2. 激励约束不当或致人才流失与机密泄露

人力资源激励约束制度不合理、关键岗位人员管理不完善，可能导致人才流失、经营效率低下，或者关键技术、商业秘密和国家机密泄露。这一风险侧重于专业技术人员，特别是掌握企业发展命脉的核心技术人员，这些专业人员是企业在激烈竞争中立于不败之地的关键"资本"。企业应建立良好的人才激励约束机制，做到以事业、待遇、情感留人与有效的约束限制相结合，对于掌握或涉及产品技术、市场、管理等方面关键技术、知识产权、商业秘密或国家机密的工作岗位的员工，要按有关法规并结合企业实际情况，建章立制，加强管理，防止核心技术、商业秘密或国家机密泄露。

3. 退出机制不当，损声誉引诉讼

人力资源退出机制不当，可能导致法律诉讼或企业声誉受损。这一风险侧重于企业辞退员工、解除员工劳动合同等引发的劳动纠纷。为了避免和减少此类风险，企业应根据发展战略，在遵循国家有关法律法规的基础上，建立健全良好的人力资源退出机制，采取渐进措施执行退出计划。

4.3 人力资源方面的主要内控措施

4.3.1 人力资源引进与开发的风险控制

1. 建立和完善人力资源引进的相关制度

（1）完善人力资源引进制度

企业应根据人力资源的总体规划，结合生产经营的实际需要，制订年度人力资源需求计划，完善人力资源引进制度，规范工作流程，按计划、制度和程序组织人力资源引进工作。

（2）优化选聘和选拔人才制度

企业应根据人力资源能力框架的要求，明确各岗位的职责权限、任职条件和工作要求，遵循德才兼备、以德为先，以及公开、公平、公正的原则，通过公开招聘、竞争上岗等多种方式来选聘优秀人才，重点关注选聘对象的价值取向和责任意识。企业选拔高级管理人员和聘用中层及以下员工，应切实做到因事设岗、以岗选人，避免因人设事或设岗，确保选聘人员能够胜任职责要求。

（3）建立选聘人员试用期和岗前培训制度

企业确认选聘人员后，应依法签订劳动合同，建立选聘人员试用期和岗前培训制度，对试用人员进行严格考察，促进选聘员工全面了解岗位职责、掌握岗位基本技能、适应工作要求。试用期满考核合格后，选聘员工方可正式上岗；试用期满考核不合格者，企业应及时解除劳动关系。

2. 加强人力资源开发过程的管控

企业应重视人力资源开发工作，建立员工培训长效机制，营造尊重知识、尊重人才和关心员工职业发展的文化氛围；做好后备人才队伍的建设，促进全体员工的知识、技能持续地更新，不断提升员工的服务效能。

3. 分门别类地管理各类人员的引进与开发

（1）高级管理人员的引进与开发

高级管理人员的引进与开发应处于首要位置。企业应制订高级管理人员引进计划，并提交董事会审议通过后实施。董事会在审议高级管理人员引进计划时，应关注高级管理人员的引进是否符合企业的发展战略，是否符合企业当前和长远的需要，是否有明确的岗位设定和能力要求，是否设定了公平、公正、公开的引进方式。通常情况下，高级管理人员必须对企业所处行业及其在行业中的发展定位、优势等有足够的认知，对企业文化和价值观有充分的认同；具有全局性思维，具备对重大事项进行谋划的能力；具有解决复杂问题的能力；具有综合分析能力和敏锐的洞察力，有广阔的思路和前瞻性，有宽广的胸怀等；精明强干并具备奉献精神。在引进高级管理人员的过程中，企业还要坚持重真才实学，不唯学历和文凭；在高级管理人员开发的过程中，要注重激励和约束相结合，创造干事业的良好环境，让他们的聪明才智得到充分显现，使其真正成为企业的核心领导者。高级管理人才引进的流程如图4-1所示。

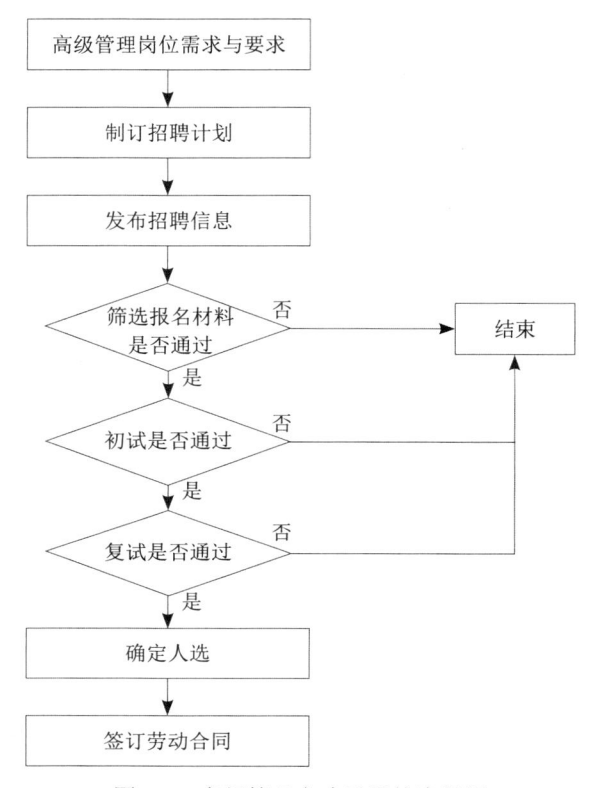

```
高级管理岗位需求与要求
        ↓
     制订招聘计划
        ↓
     发布招聘信息
        ↓
   筛选报名材料 ──否──→ 结束
    是否通过
        ↓是
   初试是否通过 ──否──→ （结束）
        ↓是
   复试是否通过 ──否──→ （结束）
        ↓是
      确定人选
        ↓
     签订劳动合同
```

图 4-1　高级管理人才引进的流程图

（2）专业技术人员的引进与开发

专业技术人员是企业发展的动力，企业发展离不开专业技术人员的创新和研发。在后金融危机时代，企业必须开展自主创新，推进技术升级，走低碳可持续发展道路。在现有技术人员不能满足发展战略所要求达到的条件的情形下，企业要注重通过各种方式引进技术人员。引进专业技术人员既要满足企业当前生产经营的需要，又要有一定的前瞻性，适量地储备人才以备紧急之需；既要注重专业人才的技术素质、科研能力，也应注重其道德素质、协作精神及对企业价值观和文化的认同感，关注其事业心、责任感和使命感。专业技术人员的开发，应注重知识的持续更新，紧密结合企业技术攻关及新技术、新工艺和新产品开发来开展各种专题培训等继续教育，帮助专业技术人员不断补充、拓宽、深化和更新知识；同时，要建立良好的专业人才激励约束机制，努力做到以事业、待遇、情感留住人。

（3）一般员工的引进与开发

一般员工占企业人力资源的大部分，主要在生产经营的一线。一般员工流动性强，往往成为企业年度人力资源引进的重点，可以通过公开招聘的方式引进。在招聘的过程中，企业应严格遵循有关法规，注意招收那些具有一定技能、能独立承担工作任务的员工。在经济发展迅速、环境变化较快的今天，企业要根据生产经营的需要，不断拓展员工的知识和技能；加强岗位培训，不断提升员工的技能和水平。同时，企业应善待员工，在最低工资标准、保险保障标准等方面严格按国家或地区要求办理，努力营造一种宽松的工作环境。

4.3.2 人力资源使用与退出的风险控制

1. 人力资源使用的风险控制

（1）建立激励约束机制

企业应建立和完善人力资源的激励约束机制，科学地设置业绩考核指标体系，对各级管理人员和一般员工进行严格的考核与评价，以此作为确定员工薪酬、职级调整和解除劳动合同等的重要依据，确保员工队伍处于持续优化的状态。

（2）完善薪酬制度

企业应制定与业绩考核挂钩的薪酬制度，切实做到薪酬安排与员工贡献相协调，体现效率优先，兼顾公平。

（3）建立轮岗制度

企业应制定各级管理人员和关键岗位员工的轮岗制度，明确轮岗范围、轮岗周期、轮岗方式等，使相关岗位员工有序、持续地流动，全面提升员工素质。

2. 人力资源退出的风险控制

（1）建立退出机制

企业应按有关法律法规的规定，结合企业实际，建立健全员工退出（辞职、解除劳动合同、退休等）机制，明确退出的条件和程序，确保员工退出机制得到有效实施。人力资源只进不出就会造成滞胀，严重影响企业的有效运行。实施人力资源退出，可以保证企业人力资源团队的精干、高效和富有活力。通过自愿离职、再次创业、待命停职、提前退休、离岗转岗等途径，可实现不适宜员工的直接或间接退出，让更优秀的人员充实到相应的岗位上，真正做到能上能下、能进能出，实现人力资源的优化配置。

（2）解除劳动合同

企业对考核不能胜任岗位要求的员工，应及时暂停其工作，安排再培训或调整工作岗位；转岗培训后仍不能满足岗位职责要求的，应按规定的权限和程序解除劳动合同。

（3）保守企业秘密

企业应与退出员工依法约定，保守关键技术、商业秘密、国家安全机密和竞业限制的期限，确保与知识产权、商业秘密和国家机密有关的企业关键岗位人员离职前，根据有关法律法规的规定进行工作交接或离任审计。

为了确保实现发展战略，企业应注重人力资源管理，定期对人力资源管理情况进行评估，总结人力资源管理经验，分析存在的主要缺陷和不足，及时改进和完善人力资源政策与实践，促进企业整体团队充满生机和活力，为企业长远战略和价值提升提供充足的人力资源保障。

4.4 人力资源方面内部控制案例详解

4.4.1 案例1：海底捞的人事管理

海底捞于1994年创办于四川绵阳，以经营川味火锅为主，其对顾客无微不至、个性化的服务，在中国餐饮业中独树一帜、闻名遐迩。海底捞的离职率仅有1%，它是怎么做到的呢？海底捞通过实施金蝶HR系统，设计出符合其管理模式的"人事变动"工作流，总部管理人员通过HR系统"人力规划和报表查询"，在全国范围内找到合适的人选；再由各个分店人事主管发起变动申请，通过总部人事经理、业务主管经理的审批，完成人员轮换工作。海底捞总部不再具体操作各分店的人事业务，而由熟悉分店人员的分店主管进行操作，这样既减轻了总部人事部门的工作量，还便于分店对所属人员的日常管理。

4.4.2 案例2：许继集团"量化动态的人事管理"

许继集团有限公司（以下简称"许继集团"，股票代码000400）是一家以生产继电器为主的机械企业，1985年以来，企业采取了一系列深化内部改革的措施，全面提高企业素质，走出了一条持续、快速发展之路。许继集团的"量化动态的人事管理"获得国家级企业管理现代化创新成果认定。"量化动态的人事管理"就是以解放和发展生产力、增加企业市场竞争力为目的，坚持管理科学中人本管理的原则，坚持量化考核与动态管理相结合的办法，改变国有企业存在的僵化、封闭、人浮于事的人事管理体制。量化考核，就是把企业经营者、各级管理者的考核标准具体量化，定性和定量相结合，突出量化考核。动态管理，就是企业经营管理者的聘用、淘汰、上岗、下岗、分配上的上下浮动及人才开发机制都是动态的。动态与静态是统一的，在相对稳定的基础上，使企业经营管理者及员工队伍处于一个优胜劣汰的竞争上升趋势。通过这些措施，使企业形成一个开放型的、竞争型的、适应市场经济的人事管理体制。量化动态人事管理主要包括四个体系：动态的人事聘用体系、量化的人事考评体系、多层次的人才开发体系、员工激励体系。市场竞争需要高效精干、反应灵敏、决策准确、指挥有力的领导体制，从1985年开始，许继集团大幅精简中层管理人员，对下属部门和单位除销售公司外实行单一领导负责制，每个单位一般只设一个正职，不设副职，也不设助理等虚职。许继集团的企业规模扩大了，员工人数也由2 000人增加到4 000多人，但中层经营管理者职责明确，功过分明，减少了内耗和推诿、扯皮，极大地提高了工作效率。例如：许继变压器公司和许继电源有限公司，是许继集团下属规模较大的两个子公司，都只设一名经理。他们以高度的敬业精神，统筹协调各自公司的生产经营、产品开发和市场开拓等项工作，近几年这两个公司分别以年均50%和45%的速度迅速发展壮大，1998年销售收入均超亿元，人均销售收入超过100万元，人均利润超10万元，这两个公司的经理也分别被评为许继集团的劳动模范与"许继功臣"。1985年以来，先后有100名中层经营管理者在竞聘中下岗，60多名普通员工被聘任为中层经营管理者，真正体现了"平者让、优者上"的原则。

第 5 章
企业文化建设方面的内部控制

内部控制是根植于制度和文化的科学，内部控制建设不仅要有科学的制度和流程，还要注重人力资源、正直诚信、社会责任、价值观等软环境的培育。内部软环境的培育依靠企业文化建设来推动。企业文化作为一种社会文化现象，对于提高企业的管理效率、降低企业的运营风险有重要作用，被誉为企业管理之魂。著名经济学家于光远先生站在战略高度精辟指出，"国家富强在于经济，经济繁荣在于企业，企业兴旺在于管理，管理优劣在于文化。"可见，企业文化对于企业发展壮大的关键作用。企业有了积极向上的优秀文化，它就会重视创新、尊重知识、尊重人才、赢得客户、打响品牌，终成"百年老店"；反之，企业缺乏优秀的文化，它就像一个没有个性和创业激情的人，终将在市场竞争中湮没沉沦，失去竞争力，为市场所抛弃。正是由于企业文化在促进企业发展战略实现过程中的灵魂和支柱作用，所以在企业内部控制应用指引中对其单独立项加以规范。在《企业内部控制应用指引第 5 号——企业文化》中，对企业文化是这样定义的：企业文化，是指企业在生产经营实践中逐步形成的、为整体团队所认同并遵守的价值观、经营理念和企业精神，以及在此基础上形成的行为规范的总称（企业文化具体内容见图 5-1）。企业文化的约束力可以保障控制活动执行有效、加强企业内部监督、加强员工道德自律、完善风险管路机制。企业文化不仅能为企业提供精神支柱，而且对促进企业实现发展战略、提升核心竞争力、增强内部控制有效性等具有重要意义，因此，企业应加强文化建设，培育积极向上的价值观和社会责任感，倡导诚实守信、爱岗敬业、开拓创新和团队协作精神，树立现代管理理念，强化风险意识。

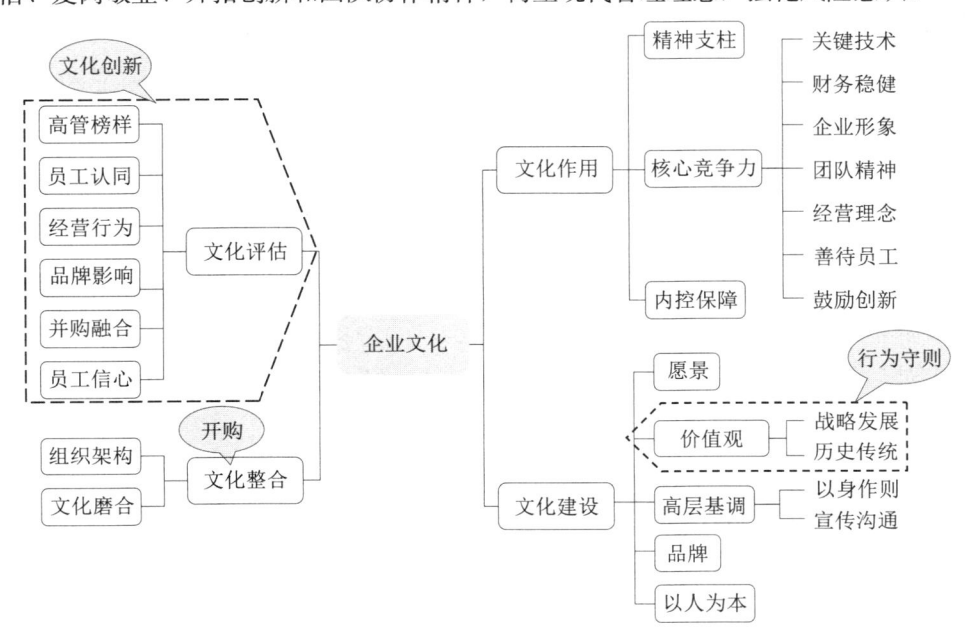

图 5-1　企业文化具体内容

5.1 企业文化建设方面内部控制的目标及风险点

5.1.1 企业文化建设方面内部控制的主要目标

企业应根据内部控制与风险管理的五大目标，确定内部环境要素应达到的目标，并将目标分解落实，确定企业文化应达到的具体目标。具体来说，企业文化的内部控制目标包括培养健康的价值观和企业精神、树立正确的经营理念和管理风格、培养员工良好的职业操守和高素质的员工队伍四个方面：

①培育健康向上的核心价值观和企业精神，培养社会责任感和遵纪守法意识，倡导团结友爱、相互尊重、学习创新和热爱生活的企业精神。

②管理团队和各级管理人员要树立有利于实现企业目标的管理理念与经营风格，避免因个人风险偏好而可能给企业带来的不利影响和损失。

③全体员工要培养以正直诚信、敬岗爱业、廉洁自律为核心的职业操守，坚持客观公正、依法办事的准则，不损害投资者、债权人、供应商、客户、员工和社会公众的利益。

④坚持以人为本、文化育人，培育高素质的员工队伍，不断提升企业的核心竞争力。企业应建立一种团结和凝聚员工的文化力量，培育与现代企业制度相适应的思想观念，增强员工的团队意识、责任意识、风险意识、效率意识、开拓创新意识等。

5.1.2 企业文化建设方面内部控制的主要风险点

越来越多的企业广泛开展跨国、跨地区的经济合作及并购活动，使组织内部的价值观、经营理念、企业精神面临冲击、更新与交替，时常引发文化风险。企业在加强文化建设时，至少应关注以下风险：

①企业缺乏积极向上的企业文化，未能明确积极向上的企业价值观和为社会创造财富并积极履行社会责任的企业文化精神的经营理念，可能导致员工丧失对企业的信心和认同感，使企业缺乏凝聚力和竞争力。

②缺乏开拓创新、团队协作和风险意识可能导致企业发展目标难以实现，影响可持续发展。

③缺乏诚实守信的经营理念，可能导致舞弊事件的发生，造成企业损失，影响企业信誉。

④忽视企业间的文化差异和理念冲突，可能导致并购重组失败。

⑤缺乏企业文化年度目标与标准及审批程序，缺乏企业文化活动年度计划及审批程序，可能导致企业文化建设偏离公司价值观。

⑥未对企业文化进行有效宣传、沟通，可能影响员工对企业文化和价值观的认知及个人价值的实现。

5.2 企业文化建设方面内部控制的主要方法

企业文化建设全流程如图5-2所示，其内部控制的主要方法包括组织规划控制、人力资源控制、风险防范控制和内部审计控制等方法，具体内容如下：

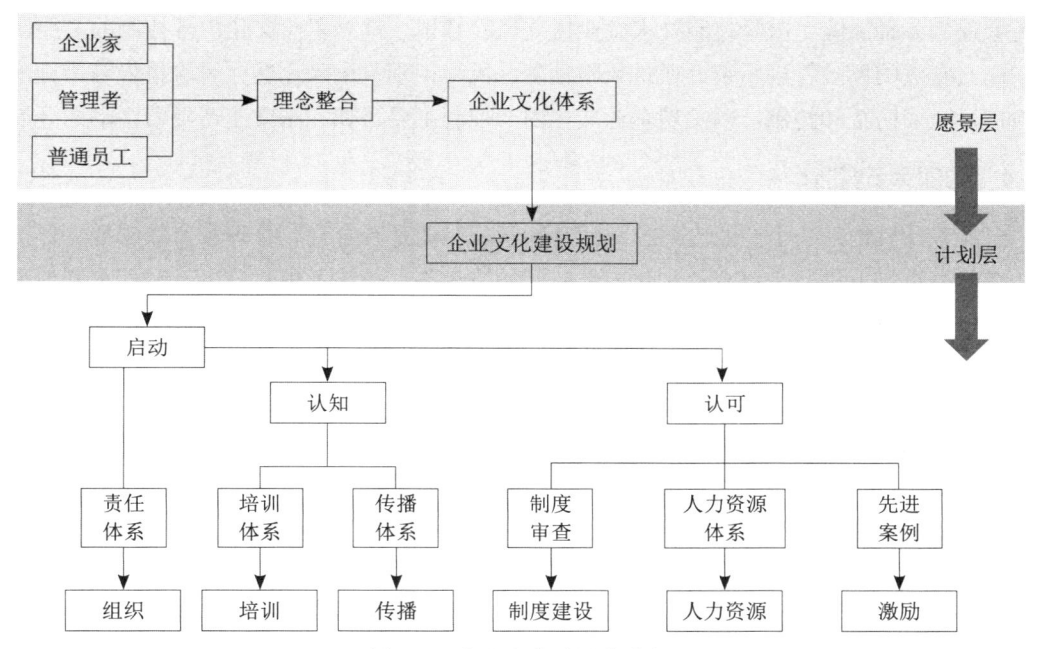

图 5-2 企业文化建设全流程

5.2.1 组织规划控制

企业在文化内部控制建设过程中，应当对企业组织机构设置、职务分工的合理性和有效性进行控制。具体而言，是指在内部控制中应体现职务分工，明确每个人的权利和义务；实现不相容职务相分离，将可能发生错误和弊端又可掩盖其错误和弊端的职务分配给不同人员以实现内部牵制，降低员工舞弊风险，维护企业信誉。管理层应高度重视企业文化建设，切实履行第一责任人的职责，确定本企业文化建设的目标和内容，提出正确的经营管理理念，以自身的优秀品格和脚踏实地的工作作风，带动并影响整个团队，与大家共同营造积极向上的企业文化环境。

5.2.2 人力资源控制

对于作为经济运行的微观基础的企业而言，人力资源对企业文化的维护、延续和发展有着重要作用。人力资源要素的数量和质量状况，人力资源所具有的忠诚、向心力和创造力，是塑造企业文化兴旺发达的活力和强大推动力所在，因此，如何充分调动企业人力资源的积极性、主动性、创造性，发挥人力资源的潜能，已成为企业文化内部控制的中心任务。企业可通过规范员工工作规范，定期对员工进行业务培训和素质教育，提高员工对企业文化认可度，增强员工对企业的信心和归属感，提高企业凝聚力。

5.2.3 风险防范控制

企业文化建设应融合在生产经营过程中，切实做到文化建设与发展战略的有机结合，着力将核心价值观转化为企业文化规范，梳理完善相关的管理制度，对员工日常行为和工作行为进行细化，逐步形成企业文化规范，以制度规范员工的行为。企业在市场经济环境中，不可避免会遇到各种风险。风险控制要求企业树立风险意识，针对企业文化内部控制的主要风险点，建立有效的风险管理系统，通过风险预警、风险识别、风险评估、风险报告等措施，对风险进行全面防范和控制，以实现企业文化内部控制主要目标和正常生产经营活动的开展。

5.2.4 内部审计控制

内部审计机构是一个企业内部经济活动和管理制度是否合规、合理和有效的独立评价机构，在某种意义上讲，是对企业文化内部控制的再控制。关注董事、监事、经理和其他高级管理人员在企业文化建设中的责任履行情况，重视对企业文化内部控制制度履行情况的评估，对企业施行健康的企业文化具有重要意义。

5.3 企业文化建设方面的主要内部控制措施

企业文化管理内部控制流程如图 5-3 所示，风险控制清单见表 5-1。

企业文化是建立和完善内部控制的重要基础。没有优秀的企业文化，就不可能统一董事、监事、高级管理团队和全体员工的思想与意志，就不能激发其潜力和热情，就不能培育他们对企业的认同感，就不能形成卓越的执行力。企业文化不是抽象的理论，而是存在于生产经营和管理活动各环节的无形约束力，它不但影响员工的行为规范、心理状态、思维习惯，而且影响企业的经营方针、经营风格、管理哲学、企业形象和可持续发展。

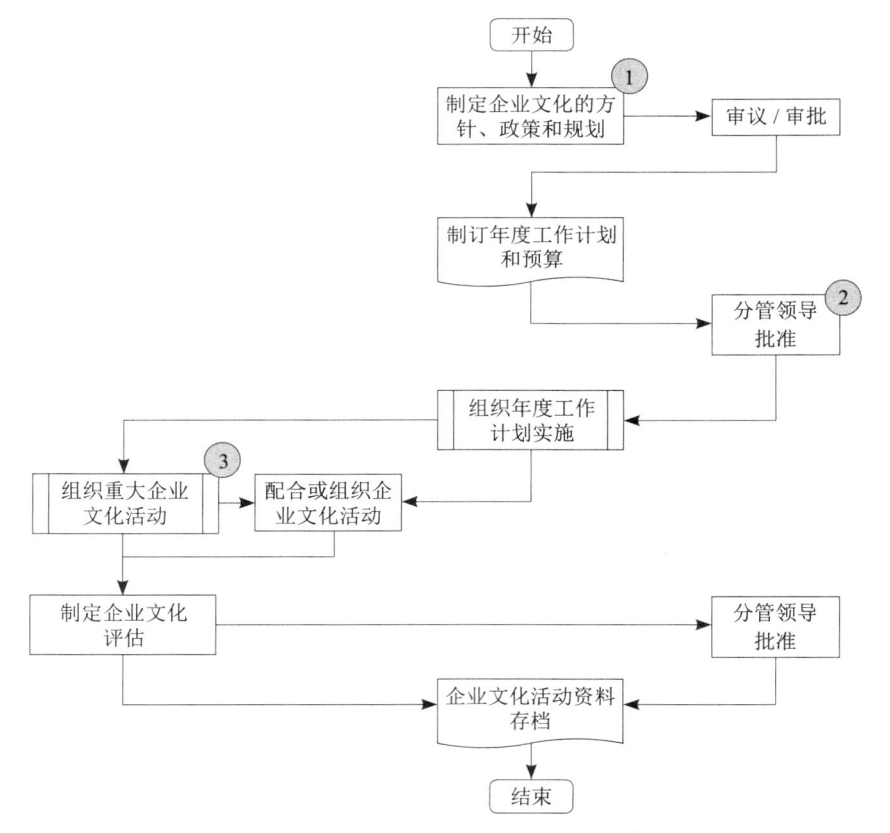

图 5-3 企业文化内部控制的设计流程图

表 5-1 风险控制清单

业务风险	控制项目	文件清单
缺乏企业文化管理制度，未能明确积极向上的企业价值观和为社会创造财富并积极履行社会责任的企业文化精神的经营理念，可能导致员工丧失对企业的信心和认同感，缺乏凝聚力和竞争力，影响企业整体发展和高效管理	根据企业发展战略、企业文化发展战略及企业文化理念体系，制定企业文化管理制度	企业文化管理制度
缺乏企业文化年度目标与标准及审批程序，缺乏企业文化活动年度计划及审批程序，可能导致企业文化建设偏离企业价值观	制订并实施年度企业文化工作计划，编制和执行企业文化建设费用，年度工作计划与费用预算经管理部门负责人审核，交由分管领导审批后执行	年度企业文化工作计划
未对企业文化进行有效宣传、沟通，可能影响员工对企业文化和价值观的认知及个人价值的实现	企业文化建设委员会制定积极向上的企业价值观和为社会创造财富并积极履行社会责任的企业精神的经营理念，编制"企业文化手册"，向员工宣传企业文化理念，并策划企业文化相关活动	年度企业文化工作开展记录
……	……	……

企业文化内部控制体系建设的关键在于文化建设和文化评估两方面。文化建设方面包括：①企业应当培育体现企业特色的发展愿景、积极向上的价值观、诚实守信的经营理念、履行社会责任和开拓创新的企业精神，以及团队协作和风险防范意识；②企业应当重视并购重组后的企业文化建设，平等对待被并购方的员工，促进并购双方的文化融合；③企业应当根据发展战略和实际情况，总结优良传统，挖掘文化底蕴，提炼核心价值，确定文化建设的目标和内容，形成企业文化规范，使其构成员工行为守则的重要组成部分；④企业应当促进文化建设在内部各层级的有效沟通，加强企业文化的宣传贯彻，确保全体员工共同遵守。企业文化评估方面是指企业应建立企业文化评估制度，明确评估的内容、程序和方法，落实评估责任制，避免企业文化建设流于形式。

5.3.1 塑造企业核心价值观

核心价值观是企业在经营过程中坚持不懈、努力使全体员工都必须信奉的信条，体现了企业核心团队的精神，往往也是企业家身体力行并坚守的理念，它明确了提倡什么、反对什么，哪种行为是企业所推崇的，是鼓励大家去做的；哪种行为是企业所反对的，大家应该禁止的。正如一个人的所有行为都是由他的价值观所决定的那样，一个企业的行为取向也是由企业的价值观所决定的，这种价值观和理念是一个企业的文化核心，凝聚着董事、监事、高级管理人员和全体员工的思想观念，从而使大家的行为朝着一个方向去努力，反映一个企业的行为和价值取向。企业文化建设始于核心价值观的精心培育，终于核心价值观的维护、延续和创新，这是成功企业不变的法则。为此，企业应注重以下方面：

1. 着力挖掘自身文化

企业要注意从企业特定的外部环境和内部条件出发，把共性和个性、一般和个别有机地结合起来，总结本企业的优良传统和经营风格，挖掘整理本企业长期形成的宝贵文化资源，在企业精神提炼、理念概括、实践方式上体现鲜明的特色，形成既具有时代特征又独具魅力的企业文化。

2. 着力博采众长

企业要紧紧把握先进文化的前进方向，以开放、学习、兼容、整合的态度，坚持以我为主、融合创新、自成一家的方针，广泛借鉴国外先进企业的优秀文化成果，大胆吸取世界新文化、新思想、新观念中的先进内容，取其精华、去其糟粕、扬长避短、为我所用。

3. 根据塑造形成的核心价值观指导企业的实际行动

正如前文所述，核心价值观明确提倡什么、反对什么，哪一种行为是企业所崇尚的、鼓励大家去做的，哪一种行为是企业所反对的、大家不应去做的，企业应根据塑造形成的核心价值观指导企业的实际行动。

5.3.2 打造以主业为核心的品牌

品牌通常是指能够给企业带来溢价、产生增值的一种无形资产，其载体是用以和其他竞争者的产品或服务相区分的名称、术语、象征、标志或设计及其组合。企业产品或服务的品牌与企业的整体形象联系在一起，是企业的"脸面"或"标识"。品牌之所以能够增值，主要来自消费者心智所形成的关于其载体的印象。在市场竞争中，企业无不重视其产品或劳务品牌的建设。打造以主业为核心的品牌，是企业文化建设的重要内容。企业应将核心价值观贯穿于自主创新、产品质量、生产安全、市场营销、售后服务等方面的文化建设中，着力打造源于主业且能够让消费者长久认可、在国内外市场上彰显其强大竞争优势的品牌。

5.3.3 充分体现以人为本的理念

"以人为本"是企业文化建设应信守的重要原则。企业应在企业文化建设的过程中牢固树立以人为本的思想，坚持全心全意依靠全体员工办企业的方针，尊重劳动、尊重知识、尊重人才、尊重创造，用美好的愿景鼓舞人，用宏伟的事业凝聚人，用科学的机制激励人，用优美的环境熏陶人。企业应努力为全体员工搭建发展平台，提供发展机会，挖掘创造潜能，增强其主人翁意识和社会责任感，激发其积极性、创造性和团队精神；尊重全体员工的首创精神，在统一领导下，有步骤地发动全体员工广泛参与，从基层文化抓起，集思广益、群策群力、全员共建；努力使全体员工在主动参与中了解企业文化建设的内容，认同企业的核心理念，形成上下同心、共谋发展的良好氛围。

5.3.4 强化企业文化建设的领导责任

在建设优秀企业文化的过程中，领导是关键。俗话说，一群狮子带领一群绵羊，久而久之，这群绵羊就会变成"狮子"，这形象展现了领导人所起的模范带头作用。要建设好企业文化，领导必须高度重视、认真规划、狠抓落实，这样才能取得实效。企业主要负责人应站在促进企业长远发展的战略高度重视企业文化建设，切实履行第一责任人的职责，对企业文化建设进行系统思考，出思想、谋思路、定对策，确定本企业文化建设的目标和内容，提出正确的经营管理理念。董事、监事、经理和其他高级管理人员应在企业文化建设中发挥主导与垂范作用，不断提高自身的道德操守和文化素养，以自身的优秀品格和脚踏实地的工作作风，带动并影响整个团队，共同营造积极向上的企业文化环境。企业文化建设的领导体制要与现代企业制度和法人治理结构相适应，要明确企业文化建设的主管部门，安排专（兼）职人员负责此项工作，形成企业文化主管部门负责组织、各职能部门分工落实、员工广泛参与的工作体系。

5.3.5 将企业文化融入生产经营全过程

企业文化建设应融入生产经营的全过程，切实做到文化建设与发展战略的有机结合，增强员工的主人翁意识、责任感和使命感，使他们做到与企业同呼吸、共命运、同成长、共生死，真正实现"人企合一"，充分发挥核心价值观对企业发展的强大推动作用。在生产经营过程中，企业要深入调研、制定规划，认真梳理整合各项工作任务，分清轻重缓急，扎实推进；要着力将核心价值观转化为企业文化规范，通过梳理完善相关管理制度，对员工日常行为和工作行为进行细化，逐步形成企业文化规范，以理念引导员工的思维，以制度规范员工的行为，使员工自身价值在企业的发展中得到充分体现。

5.3.6 注重文化整合

企业并购完成后，要注重文化整合。一要在组织架构设计环节考虑文化整合因素。如果企业并购采用的是吸收合并方式，则必然会遇到各参与并购企业员工"合并"工作的情况。为防止文化冲突，企业既要在治理结构层面上强调融合，也要在内部机构设置层级上体现"一家人"的思想，务必防止吸收合并员工与被吸收合并方员工"分拨"现象。如果企业并购采用的是控股合并方式，则应在根据公司法组建企业集团时体现文化整合，要在坚持共性的前提下体现个性化；要以统一的企业精神、核心理念、价值观念和企业标识规范集团文化，保持集团内部文化的统一性，增强集团的凝聚力、向心力，树立集团的整体形象；同时允许子公司企业在统一性指导下培育和创造特色文化，为下属企业留有展示个性的空间。

二要在并购交易完成后，企业运行中进行深度的文化整合。可以考虑以下三种整合方式：①以并购方的文化进行整合；②以并购方的文化为主体，吸收被并购方文化中优秀的一面进行整合；③以并购双方的文化为基础创建全新的优秀的文化。无论采用哪种方式，其过程相对都会较长，境外并购尤其如此。并购文化整合不变的原则是，应当采取多种有效措施，促进文化融合，减少文化冲突，求同存异，优势互补，实现企业文化的有效对接，促进企业文化的整合与再造，确保企业并购真正成功。

5.3.7 加强企业文化评估

企业应当建立企业文化评估制度，明确评估的内容、程序和方法，落实评估责任制，避免企业文化建设流于形式。企业开展文化评估，重点关注董事、监事、经理和其他高级管理人员在企业文化建设中的责任履行情况、全体员工对企业核心价值观的认同感、企业经营管理行为与企业文化的一致性、企业品牌的社会影响力、参与企业并购重组各方文化的融合度，以及员工对企业未来发展的信心等。

在此过程中，企业应当把握以下原则：①全面评估与重点评估相结合，注重评估指标的导向性。要突出关键指标，确保评估指标的可操作性。②定性与定量相结合，注重评估方法的科学性。要根据评估内容和指标功能，量身定制不同的评估标准。③内部评价与外部评价相结合，注重评估结果的有效性。既要引导企业通过对照评估标准，自我改进、自我完善，不断激发企业的积极性、主动性和创造性，又要兼顾社会公众及企业利益相关者，借助专业机构力量，提升文化评估专业水平和公信力。企业还应当重视对企业文化评估结果的利用，巩固和发扬文化建设成果，针对评估过程中发现的问题，研究影响企业文化建设的不利因素，分析深层次的原因，及时采取措施加以改进；在此基础上，还要结合企业发展战略调整，以及企业内外部政治、经济、技术、资源等因素的变化，着力在价值观、经营理念、管理制度、品牌建设、企业形象等方面持续推动企业文化创新，其中，要特别注意通过不断打造以主业为核心的企业品牌，实现企业文化的创新和跨越。

企业的软环境，不仅事关企业形象，而且与个人息息相关；不仅事关当前，而且事关长远。在复杂多变的后危机时期，挑战前所未有，机遇也同时存在。为紧抓这一重要机遇，企业尤其应当重视企业文化内部控制体系的建设，让持续优秀的企业文化促进企业走健康可持续发展之路。

5.4 企业文化建设方面内部控制案例详解

5.4.1 案例1：全盛公司企业文化方面内部控制

2010年5月15日至5月31日，全盛公司内部审计部联合管理咨询公司，依据《企业内部控制基本规范》等有关规定，对全盛集团控股的全盛公司企业文化方面内部控制进行设计，出具内部控制文档如下：

全盛公司企业文化方面的内部控制文档

1. 控制目标

保证培育健康向上的企业价值观；保证树立良好的职业道德；强化风险意识。

2. 职责权限

董事会负责批准"员工行为守则"。

管理层负责提出"员工行为守则"的编制目标和要求，审议"员工行为守则"草案。

综合管理部负责制定并组织实施"员工行为守则"，实施相关培训，落实奖惩措施。

其他部门负责组织员工严格执行"员工行为守则"。

3. 控制措施

综合管理部负责企业文化的具体建设工作。

以"创新、敬业、忠诚、和谐"为企业精神，并寓文化理念于制度之中，通过进一步完善管理制度，使制度建设成为企业文化建设的重要组成部分。

建立企业标识体系，加强企业文化设施建设，美化工作环境，提高服务质量和服务水平，提升企业知名度、信誉度和美誉度，树立企业良好的公众形象。

组织提高员工文化素质和劳动技能相关的学习培训活动，为员工培训提供便利条件，促进职工的全面发展。通过学习培训、媒体传播等宣传方式，持续不断地对员工进行教育熏陶，使全体员工认知、认同和接受企业精神、经营理念、价值观念，并养成良好的自律意识和行为习惯。

开展丰富多彩的文体活动，丰富职工精神生活，增强员工对企业的认同感、凝聚力和向心力。

根据高级管理人员、中层管理人员和一般员工的职责权限，结合不同层级人员对实现公司目标的影响程度和不同要求，制定适合的员工职业道德规范，并明确相应的监督约束机制。

案例分析如下：

《企业内部控制基本规范》把企业文化归为控制环境要素，并要求企业加强文化建设，培育积极向上的价值观和社会责任感，倡导诚实守信、爱岗敬业、开拓创新和团队协作精神，树立现代管理理念，强化风险意识。全盛公司对企业文化内部控制进行了有益探索，明确了控制目标、职责权限、控制流程和控制措施，但未对企业文化方面的风险点进行具体描述，缺乏关键控制点，控制措施欠具体，具体体现在以下三个方面。

1. 控制目标方面

全盛公司确定的企业文化方面的控制目标包括保证培育健康向上的企业价值观、保证树立良好的职业道德、强化风险意识，这些都是企业文化建设的重要内容，是企业内部控制必须关注的。①企业价值观念，作为全体人员的一种共同的、约定俗成的规则体系和评价体系，决定了全体人员共同的行为取向，并普遍存在于企业成员中，具有规范性特征，能够使企业成员了解和区分好和坏、积极和消极、正确和错误。②职业道德，是某一职业组织以公约、守则等形式公布、会员自愿接受的职业行为标准。内部控制关键在执行，而执行需要人来落实，因此，执行人员的职业道德水平直接关系内部控制的效果，职业道德成为内部控制不可缺少的环境因素。诚信和道德作为企业的"自律控制"比精细化的理性管理更为有效，内部控制的有效性不可能超越创造、管理和监控制度的人的诚信度和道德观，因此，诚信度和道德观是企业经营管理活动的基础，是控制环境的关键因素。在各层次上的良好道德氛围对企业、员工、顾客和公众的健康至关重要，对企业策略和控制系统的有效执行非常重要。强化风险意识，首先是全体员工尤其是各级管理人员和业务操作人员应牢固树立风险无处不在、风险无时不在、严格防控纯粹风险、审慎处置机会风险、岗位风险管理责任重大等意识和理念；其次是每一位员工都要积极主动地为公司识别主要风险，严肃认真地思考其所负责的风险会产生的后果，并上传下达这些风险以保证引起其他员工的注意。增强企业风险意识的途径有很多种，普遍认同的有在董事会中确定风险基调、提出正确的风险问题、划分风险类别、给员工提供风险防范培训机会、将风险与绩效考核挂钩。很明显，增强风险意识最有力的方法，就是将风险考核、薪酬制度和人事制度相结合，增强各级管理人员，特别是高级管理人员的风险意识，防止盲目扩张、片面追求业绩、忽视风险等行为发生。

2. 风险点与关键控制点方面

全盛公司未对企业文化方面的风险点进行识别和具体描述，也就无法确定关键控制点。

企业文化方面的风险是多方面的，企业至少应当关注缺乏积极向上的价值观、诚实守信的经营理念、为社会创造财富并积极履行社会责任的企业精神可能导致员工丧失对企业的认同感，人心涣散，企业缺乏竞争力；忽视企业并购重组中的文化差异和理念冲突，导致并购重组失败的可能。企业文化建设方面风险识别比较常用的方法是从影响企业文化的因素来识别，包括民族文化因素、制度文化因素、外来文化因素、企业传统因素、个人文化因素等。国内外最佳内部控制和风险管理实务表明，企业文化方面的关键控制点在职业道德、经营理念两个方面，具体见表5-2、表5-3。

表5-2 职业道德关键控制点表

关键控制点
管理人员行为准则和道德规范
员工行为准则和道德规范
高层管理基调
与利益相关方之间的关系
对违规行为的处理
管理层对干预或逾越既定控制的态度
目标的合理性

表5-3 经营理念关键控制点表

关键控制点
对待和承担风险的态度和方式
关键人员的更换频率
管理人员相互交流的频率
对财务报告的态度和行动
对数据处理、会计和人事职能的态度

3. 控制措施方面

按照《企业内部控制基本规范》的要求，企业应当采取切实有效的措施，培育具有自身特色的企业文化，引导和规范员工行为，打造主业品牌，形成整体团队的向心力，促进企业长远发展。全盛公司确定的企业文化方面的控制措施欠具体，应针对职业道德和经营理念方面的关键控制点，采取相应的、具体的控制措施。

职业道德方面：①制定并推行管理人员职业道德规范，并使其与《国有企业领导人员廉洁从业若干规定》、公司精神与宗旨、公司核心经营管理理念共同成为公司对管理人员的道德准则。高层管理人员应成为职业道德的倡导者和子公司职业道德建设的第一责任人，对职业道德规范的制定和实施起推动和示范作用；将职业道德建设列入管理人员培训内容，要求新聘任的管理人员及时学习了解职业道德规范；通过领导干部廉洁从业检查、建立健全信访举报机制及公示办法,对管理人员执行职业道德规范进行监督,对违反职业道德规范的人员实施惩处,对模范执行职业道德规范的人员给予表彰奖励;定期对管理人员职业道德规范的充分性和有效性进行评价,并根据评价结果修改、完善。②制定并推行员工职业道德规范,通过文件形式发布实施,通过内部网络、宣传栏、员工手册等方式进行广泛宣传,通过领导讲话等形式倡导,每年工作安排宣讲职业道德规范内容,对员工遵守职业道德规范提出要求;将职业道德建设列为员工培训的内容,对新员工开展关于职业道德规范方面的岗前教育培训,并在劳动合同中体现职业道德规范内容;对员工遵守职业道德规范情况进行监督,员工违反职业道德规范的任何行为,除依照国家法律、法规进行处理外,可根据规定对其处分直至解除劳动合同。③开展诚信教育,要求员工在对外交往中遵循,合同中要有"平等互利,诚实守信"等条款;强调管理人员应当公平对待员工、客户和供应商,不得通过操纵、隐瞒、滥用专用信息或对重大事实进行不实陈述等,不公平地对待上述员工;不得接受可能影响经营决策和有损独立判断的有价馈赠,严禁为商务目的而以任何手段向外部机构提供、给予或承诺给予金钱或其他有价值的物品;设立举报电话、网上举报中心和电子举报信箱,鼓励全体员工和合作方检举任何所获知或遇到的违规行为。④注重对违规行为的处理,对员工违规,依据公司相关管理文件,通过审计、信访举报、民主监督等进行处理,处理主要采取批评教育、组织谈话、纪律处分等形式,处理结果在适当范围内进行通报,对重大违规事件还可在一定范围内进行典型案例剖析,开展警示教育宣传;制定违规违纪处理规定,强化监督约束机制,规范管理人员行为,明确禁止管理人员违反公司的规定,鼓励对获知的越权、违规行为进行举报,并予以保密;对重要业务流程进行风险控制分析,对关键控制进行确认,并制定关键控制程序文件;明确进行干预的控制情形、频率,并要求对干预、越权行为进行记录;通过岗位职责描述对各级管理人员的职责和权限进行详细规定,敦促按程序办事。

经营理念方面:①根据内外部环境制定公司发展战略,并依据内外部环境变化对公司发展战略进行调整。②以实现可持续发展作为公司运营管理的基本理念,有效防范经营管理中存在的风险。③重大决策由公司总经理办公会听取相关部门或专家意见后,集体合议形成;金额重大、性质复杂的业务在受理前要进行论证和分析。④实现资金、债务和投资的集中管理,各分、子公司必须严格按照规定的程序和审批权限办理账户开立、资金支付、对外举债和对外投资。⑤确保管理层、监督人员、财务人员、信息系统管理人员及队伍的稳定。⑥注重管理人员之间的沟通,包括每年召开公司工作会议,贯彻落实国家政策和决定,研究公司改革、发展、增效大计,总结年度工作,对下一年度工作作出部署,参会人员包括公司领导、相关职能部门负责人等;每季度召开一次经营分析会,重点研究上一季度和年初以来主要生产经营指标完成情况、预算执行情况、存在的主要问题、解决措施和下一步工作安排,参会人员包括公司领导及相关部门负责人等;每周召开公司管理层工作例会,各相关业务部门通报上周生产经营情况,协调解决有关问题,确定本周主要工作安排;公司负责人根据需要组织召开办公会,并根据会议内容确定会议列席人员。⑦高级管理人员定期走访调研基层单位。

5.4.2 案例 2：联想并购 IBM

2005 年 5 月 1 日，联想宣布成功并购 IBM（国际商业机器公司）的 PC（个人电脑）事业部，完成"蛇吞象"的壮举；并购后的新联想以 130 亿美元的年销售额一跃成为全球第三大 PC 制造商。然而，IBM 的 1 万多名员工自认为很有水平，当中国人成为大股东的时候，他们对于是否留下来工作还存有顾虑。如何留住被并购企业的人才，实现有效整合呢？

联想首先进行了文化差异分析。IBM 的文化简称"蓝色文化"，注重个人特征，员工的自由度较高、权限较大；联想的文化则是典型的"家长式"文化，强调遵从与执行力。

并购后的文化整合，联想计划分三步（冲突阶段、协调阶段和重塑阶段）走，最后完成二者文化的融合和构建。在协调阶段，联想在 IBM 总部所在地设立了一个新总部，建立了全新的环境；先后启用原 IBM 高层沃德和原戴尔亚太区业务高级副总裁阿梅里奥出任联想 CEO，逐步导入 IBM 和戴尔的文化；保留 IBM 事业部原有的薪酬福利，对中美两地员工的薪酬实行分开计算的方式，以避免直接冲突。在重塑阶段，联想首先统一了高层的价值观，将"说到做到、尽心尽力"作为联想的核心价值观；此外，联想也在逐步学习和接受随意、灵活的工作方式，鼓励和发展团队协作项目。通过这些方式，联想实现了与 IBM PC 事业部的整合。

第 6 章
社会责任方面的内部控制

企业成就于社会，亦应回馈于社会。安全生产、环境保护、资源节约事关民生与社会稳定，企业作为社会的一个单元，理应承担社会责任。《企业内部控制应用指引第 4 号——社会责任》中，对社会责任是这样定义的：社会责任，是指企业在经营发展过程中应当履行的社会职责和义务，主要包括安全生产、产品质量（含服务）、环境保护、资源节约、促进就业、员工权益保障等（社会责任具体内容见图 6-1）。然而近年来，中国企业频发危及食品安全、环境污染、资源破坏的重大事件，对企业、社会和公众造成严重的危害。"三鹿奶粉事件""吉林石化双苯厂爆炸事故""康菲溢油事故"……一系列本可避免的重大、特大责任事故在向人们敲响警钟的同时，也引起人们对企业社会责任风险的关注。企业可能因社会责任问题导致经济损失、法律风险、道德缺失等，使企业难以持续发展。

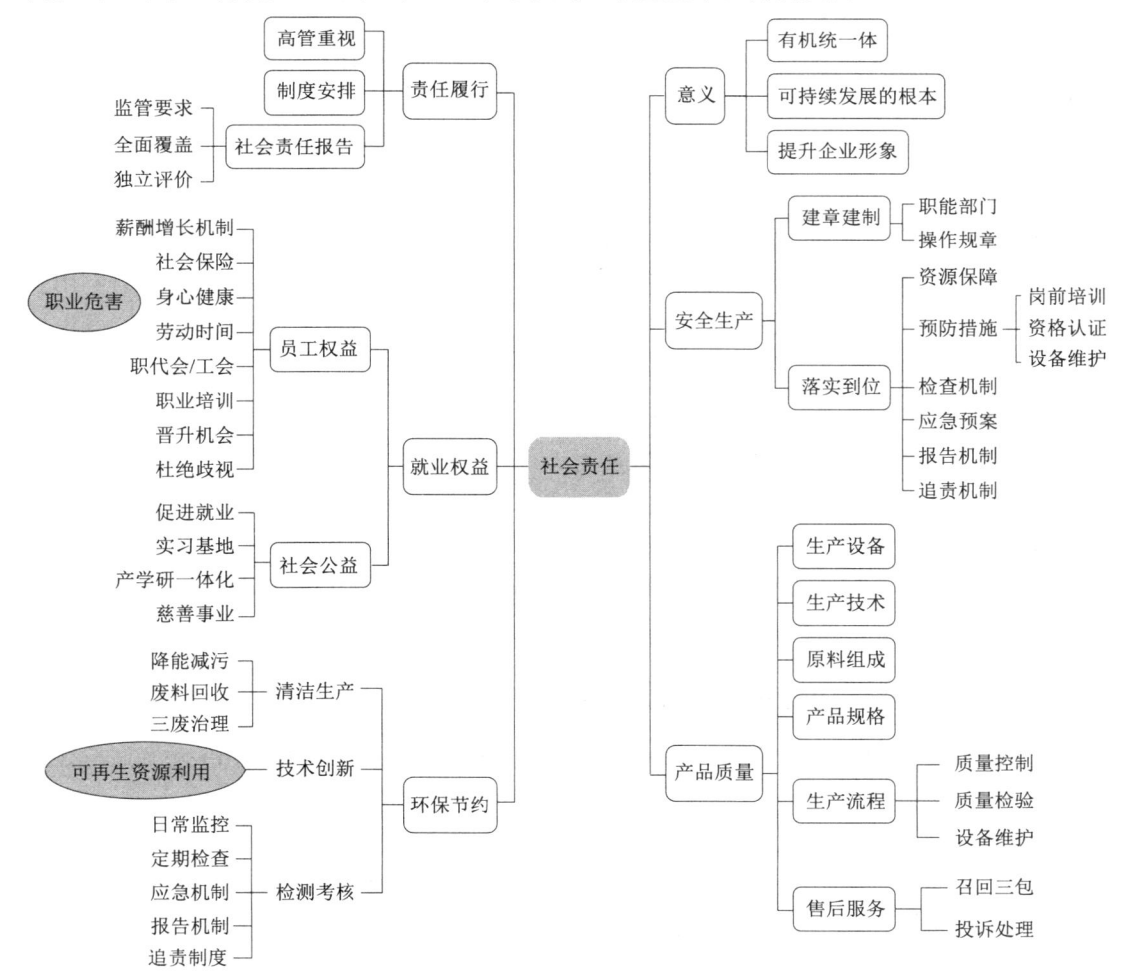

图 6-1　社会责任具体内容

几年来，中国企业对外贸易频频遭遇发达国家以环境、劳工权益、商业道德等名义设置的社会责任贸易壁垒。企业是创造财富与履行社会责任的统一体，履行社会责任既是企业义不容辞的义务，也是企业改进发展质量、提升企业综合价值的重要渠道。有些企业认为，履行社会责任会浪费企业有限的资金、时间及人力资源，实则不然，良好的企业社会责任管理无须花费大量金钱，甚至有助于企业节省开支。例如，各种环保节能措施可节省电费；减少碳足迹，实施无纸化办公可降低管理费用；具有社会责任的人力资源政策可赢得员工的信任和尊重，提高企业生产率等。其实，企业履行社会责任是打造和提升企业形象的重要举措，它既是提升企业发展质量的重要标志，也是实现可持续发展的根本所在。积极履行社会责任已成为我国社会各界对企业的殷切期望和广泛要求，这是改革开放发展到当前阶段需要重点关注的问题，是贯彻落实科学发展观的具体行动，也是促进和谐社会建设和全面小康社会建设的重要举措。

6.1 社会责任方面内部控制的目标及风险点

6.1.1 社会责任方面内部控制的主要目标

企业社会责任贯穿企业经营和管理的全过程，既涉及企业治理层面，也涉及内部机构和业务层面。社会责任内部控制目标可细化为以下五个方面。

①企业在生产经营和管理活动中，要符合社会责任标准，遵守社会责任相关法律法规及单位内部的相关规章制度。

②企业在生产经营和管理活动中，要积极履行和主动管理社会责任，主要包括建立健全安全管理体系，加强安全措施，搞好安全生产；节能减排、减少污染，提高资源综合利用效率；为社会提供优质、安全、健康的产品和服务，最大限度地满足消费者的需求；主动保护员工权益，积极促进就业。

③加强与企业社会责任活动相关资产（劳保用品、消防设施、职工食堂、康乐设施等）的管理，确保相关资产的安全完整和有效使用。

④加强与利益相关者的沟通，定期编制和发布企业社会责任报告，如实反映企业履行和管理社会责任的相关情况。

⑤在战略层面，企业在发展规划和战略决策中应贯彻社会责任思维，综合考量各利益相关者的利益，关注和妥善处理企业活动对社会与环境的影响。

6.1.2 社会责任方面内部控制的主要风险点

《企业内部控制应用指引第4号——社会责任》中指出，企业至少应当关注在履行社会责任方面的下列风险。

①安全生产措施不到位，责任不落实，可能导致企业发生安全事故。

②产品质量低劣，侵害消费者利益，可能导致企业巨额赔偿、形象受损，甚至破产。

③环境保护投入不足，资源耗费大，造成环境污染或资源枯竭，可能导致企业巨额赔偿、缺乏发展后劲，甚至停业。

④促进就业和员工权益保护不够，可能导致员工积极性受挫，影响企业发展和社会稳定。

以上主要为企业具体业务活动中所面临的经营风险。由于企业社会责任贯穿企业经营和管理的全过程，既涉及公司治理层面，也涉及内部机构和业务层面，所以企业不承担社会责任或社会责任管理不当可能引发多种风险，如战略风险、经营风险和操作风险等。企业履行社会责任内部控制过程中所面临的战略风险、经营风险和操作风险具体如下：

1. 企业发展战略中的社会责任风险

企业对社会责任的管理不当，可能引发战略风险，包括战略决策风险和战略实施风险，如战略目标定位不科学等。战略目标的规划仅从股东利益最大化的角度出发，只考虑经济利益，缺少对其他利益相关者的利益考虑，缺少对社会和环境因素的考量，可能导致企业的声誉受损或其他不利情况的出现。

2. 企业生产经营中的社会责任风险

经营风险是企业生产经营过程中的不确定性因素可能对企业经营目标产生的影响。企业主要生产经营活动中的社会责任风险包括以下几点。

①在研发过程中，企业未能坚持低碳环保和循环经济理念，与国家产业政策导向不一致；对研发过程管理不善，存在产权纠纷；不注重人才培养，缺乏创新活力等。

②在采购过程中，企业不重视原料来源地的生态环境保护或进行掠夺式开采，可能造成资源枯竭；不注重供应商管理及关系维护，侵害供应商权益等。

③在生产过程中，企业安全生产措施不到位、责任不落实，可能导致企业发生安全事故；对员工健康和环境管理不到位，可能损害员工权益；未坚持清洁生产，能耗超标或废弃物排放超标，可能形成环境责任事故；产品（包括服务）质量低劣，损害消费者权益等。

④在销售过程中，企业不遵循商业道德，进行商业贿赂，使企业声誉受损；不注重经销商管理及关系维护，侵害经销商权益；不重视售后服务，侵害消费者权益等。

⑤其他社会责任风险，如人力资源政策不当使员工积极性受挫；忽视公益活动、慈善事业，使企业声誉受损；忽视企业社会责任信息的披露，与利益相关者的沟通不畅等。

上述经营风险如果控制不好，可能导致企业形象受损、遭遇巨额赔偿、缺乏发展后劲、停业甚至破产，从而影响企业的可持续发展，甚至影响社会稳定或形成生态灾难。

3. 企业日常管理和岗位操作中的社会责任风险

操作风险是因企业内部程序、人员或系统的不完备或失效，或者因外部事件而造成损害的风险，如商业欺诈、不履行合同、不按规程作业、对突发事件处置不力等。操作风险是一个非常广的范畴，几乎涉及企业内部的所有部门、岗位和员工。企业在履行社会责任和实施社会责任管理的过程中，随时可能发生各种操作风险。例如，管理人员不按规程管理，可能发生侵害员工权益的行为；员工违规作业，可能导致安全生产事故或生态环境灾害；业务人员诚信缺失，可能欺诈利益相关者；相关人员能力不胜任，可能导致企业社会责任信息披露不当；等等。

6.2 社会责任方面内部控制的主要方法

社会责任方面内部控制的主要方法包括组织规划控制、人力资源控制、风险防范控制和内部审计控制等方法。

6.2.1 组织规划控制

企业在社会责任内部控制建设过程中,应当对企业组织机构设置、职务分工的合理性和有效性进行的控制。具体而言,是指在内部控制中应体现职务分工,明确每个人的权利和义务,加强责任落实;实现不相容职务相分离,将可能发生错误和弊端又可掩盖其错误和弊端的职务分配给不同人员以实现内部牵制,降低员工舞弊风险,维护企业形象。管理层应高度重视社会责任内部控制体系建设,强化企业履行社会责任,很大程度上取决于企业负责人的意识和态度。企业负责人应当高度重视这项工作,树立社会责任意识,把履行社会责任提上企业重要议事日程,经常研究和部署社会责任工作,加强社会责任全员培训和普及教育,不断创新管理理念和工作方式,努力形成履行社会责任的企业价值观和企业文化。

6.2.2 人力资源控制

人力资源控制应包括:积极开展员工职业教育培训,创造平等发展机会;加强和考核奖惩力度,定期对职工业绩进行考核,奖惩分明;对重要岗位员工(如销售、采购、出纳)建立职业信用保险机制,如签订信用承诺书、保荐人推荐或办理商业信用保险;提高工资与福利待遇,加强员工之间的沟通,以此保护员工权益,稳定就业,维护社会稳定。

6.2.3 风险防范控制

企业社会责任贯穿企业经营和管理的全过程,既涉及企业治理层面,也涉及内部机构和业务层面。企业不承担社会责任或社会责任管理不当可能引发包括战略风险、经营风险和操作风险在内的多种风险。风险控制要求企业树立风险意识,定期调查和评估社会责任管理现状,针对各个风险控制点,建立有效的风险管理系统,通过风险预警、风险识别和评估,列示风险清单,建立风险数据库,针对风险清单,建立并实施风险应对的解决方案,风险报告等措施,对风险进行全面防范和控制,以保证企业社会责任内部控制目标的实现。企业还可实行岗位责任制,由岗位员工对操作风险负责。

6.2.4 内部审计控制

内部审计部门是一个企业内部经济活动和管理制度是否合规、合理和有效的独立评价机构,它可以实现对企业社会责任内部控制的再控制。企业通过内部审计对各种经营活动制度设计和执行是否有效进行监督检查,发现问题及时予以纠正,保证企业社会责任履行到位。关注董事、监事、经理和其他高级管理人员在社会责任内部控制建设的履行情况,重视对企业社会责任内部控制制度履行情况的评估,对企业长远发展具有重要意义。

6.3 社会责任方面的主要内部控制措施

企业重视并切实履行社会责任，既是对企业前途、命运负责，也是对社会、国家、公众负责。企业应高度重视履行社会责任，在培育企业价值观和企业文化的过程中融入社会责任理念，积极采取措施促进社会责任的履行。企业应建立履行社会责任的机制，把履行社会责任融入企业的发展战略，落实到生产经营的各个环节，明确归口管理部门，建立健全预算安排，逐步建立和完善企业社会责任指标统计与考核体系，为企业履行社会责任提供坚实的基础与保障。

6.3.1 企业战略层面的社会责任风险控制

企业要把履行社会责任融入企业发展战略，落实到生产经营的各个环节，明确归口管理部门，建立健全预算安排，逐步建立和完善企业社会责任指标统计和考核体系，为企业履行社会责任提供坚实的基础与保障。

治理层对企业社会责任战略风险负责，企业应从基于股东利益最大化的战略转变为基于各利益相关者综合价值创造的战略管理，企业战略决策和战略实施应从单纯的经济考量转向经济、社会、环境三者并重。企业应深知社会责任与可持续发展密切相连，战略选择应基于企业社会责任，努力提高各利益相关者对企业社会责任的可观察及认同程度，协调与各利益相关者的关系，使企业能从它们那里获取资源和支持；同时，准确把握各利益相关者的需求和社会议题的变化，寻求企业的发展机会。企业应站在为各利益相关者创造综合价值的战略高度，将社会责任管理全面融入企业目标、战略规划和经营计划，并配置相应资源；关键决策应进行社会责任评价；董事、监事和高级管理人员应强调社会责任管理的重要性，并与企业文化、核心价值观等相互配合，使企业上下形成统一的思想认识。

6.3.2 企业生产经营和日常管理中的社会责任风险控制

企业生产经营和日常管理由经理层负责，为控制生产经营和日常管理中的社会责任风险，企业应设置专职机构并赋予其清晰的责权，明确岗位责任制；在发展战略和年度经营计划中应设置社会责任管理目标，并通过全面预算管理工具来配置社会责任管理资源，分解落实各项指标体系；应定期调查和评估社会责任管理现状，进行风险识别与评估，列示风险清单，建立风险数据库；针对风险清单，建立并实施风险应对的解决方案；对可能发生的重大社会责任事件，应设置紧急预案并定期测试，以确保其有效性。

6.3.3 企业社会责任活动具体作业中的风险控制

关于社会责任活动具体作业中的风险控制，企业应实行岗位责任制，由岗位员工对操作风险负责。

1. 安全生产的风险控制

（1）建立健全安全生产管理体系

企业应根据国家有关安全生产的规定，结合本企业的实际情况，建立严格的安全生产管理体系、操作规范和应急预案，强化安全生产责任追究制度，切实做好安全生产。企业应设立安全管理部门和安全监督机构，负责企业安全生产的日常监督管理工作。

（2）加大安全生产投入和经常性管理

企业应重视安全生产投入，在人力、物力、资金、技术等方面提供必要的保障，健全检查监督机制，确保各项安全措施落实到位，不得随意降低保障标准和要求。

（3）预防为主，实行特殊岗位资格认证制度

企业应贯彻预防为主的原则，采取多种形式增强员工的安全意识，重视岗位培训，对于特殊岗位实行资格认证制度。企业应加强生产设备的经常性维护管理，及时排除安全隐患。

（4）建立安全生产事故应急预案和报告机制

企业如果发生生产安全事故，应按安全生产管理制度妥善处理，排除故障、减轻损失、追究责任。重大生产安全事故应启动应急预案，同时按国家有关规定及时报告，严禁迟报、谎报和瞒报。

社会责任活动中安全生产活动的风险控制，拟定的安全生产事故上报与处置流程图如图6-2所示，企业安全生产风险控制流程单见表6-1。

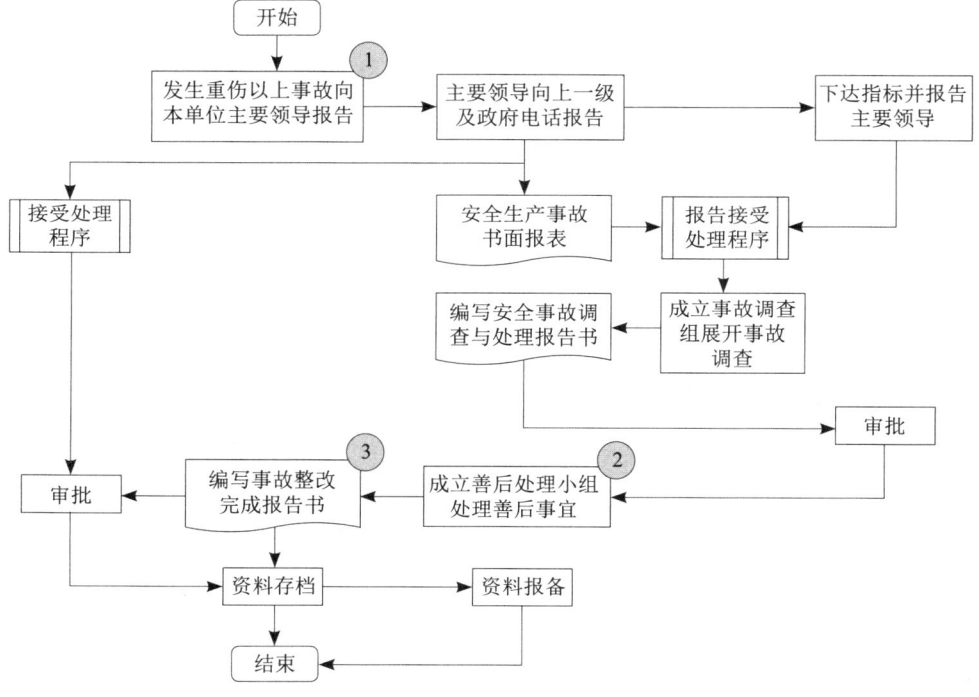

图6-2 安全生产事故上报与处置流程图

表6-1 企业安全生产风险控制流程单

业务风险	控制项目	文件清单
安全生产措施不到位，未能定期或不定期进行设施、装置的安全检查监督工作，可能无法排查安全生产隐患	安全生产管理部门每月组织安全生产大检查和事故隐患整改活动。每年编制安全技术措施计划并检查实施情况。工程管理部门监督检查施工措施执行情况，对违章冒险作业和危重危险部位实行指令书，有权停止施工、运行和操作	安全生产责任制度 月度安全生产费用计划

续上表

业务风险	控制项目	文件清单
安全生产资金投入不到位及费用使用不当，可能导致安全隐患得不到及时有效地排除和控制	财务部门在编制企业财务费用长远发展规划和年度计划时，将安全生产计划费用纳入，保障安全生产投入的资金得以落实	年度安全生产费用计划
安全事故未形成书面总结记录，未整改落实，可能导致事故原因未得到排查，影响后续的事故防范	安全生产管理部门负责安全事故的调查、处理、统计和上报等，对安全生产事故应形成总结的书面记录，并追踪整改落实情况，形成整改报告	事故整改完成报告

2. 产品质量的风险控制

（1）建立健全产品质量标准体系

企业应根据国家和行业相关产品质量的要求从事生产经营活动，切实提高产品质量和服务水平，努力为社会提供优质、安全、健康的产品和服务，最大限度地满足消费者的需求，对社会和公众负责，接受社会监督，承担社会责任。

（2）严格质量控制和检验制度

企业应规范生产流程，建立严格的产品质量控制和检验制度，严把质量关，禁止缺乏质量保障、危害人民生命健康的产品流向社会。

（3）加强产品售后服务

企业应加强产品的售后服务，售后发现存在严重质量缺陷、隐患的产品，应及时召回或采取其他有效措施，最大限度地降低或消除缺陷、隐患产品对社会的危害。企业应妥善处理消费者提出的投诉和建议，切实保护消费者的权益。

3. 环境保护与资源节约的风险控制

（1）企业应注意转变发展方式，实现清洁生产和循环经济

企业应按照国家有关环境保护与资源节约的规定，结合本企业的实际情况，建立环境保护与资源节约制度，认真落实节能减排责任，积极开发和使用节能产品，发展循环经济，降低污染物排放，提高资源综合利用效率。企业可以通过宣传教育等有效形式，不断提高员工的环境保护和资源节约意识。

（2）依靠科技进步和技术创新，着力开发利用可再生资源

企业应重视生态保护，加大对环境保护工作人力、物力、财力的投入和技术支持，不断改进工艺流程，降低能耗和污染物排放水平，实现清洁生产。企业应加强对废气、废水、废渣的综合治理，建立废料回收和循环利用制度。

（3）关注资源节约和资源保护

企业应重视资源节约和资源保护，着力开发利用可再生资源，防止对不可再生资源进行掠夺性或毁灭性的开发。企业应重视国家产业结构的相关政策，特别关注产业结构调整的发展要求，加快高新技术开发和传统产业改造，切实转变发展方式，实现低收入、低消耗、低排放和高效率。

（4）建立监测考核体系，强化日常监控

企业应建立环境保护和资源节约的监控制度，定期开展监督检查，发现问题应及时采取措施予以纠正。污染物排放超过国家有关规定的，企业应承担治理或相关的法律责任。发生紧急、重大环境污染事件时，应启动应急机制，及时报告和处理，并依法追究相关责任人的责任。

4. 促进就业与员工权益保护的风险控制

①企业应当依法保护员工的合法权益，贯彻人力资源政策，保护员工依法享有劳动权利和履行劳动义务，保持工作岗位相对稳定，积极促进充分就业，切实履行社会责任。企业应避免在正常经营情形下批量辞退员工，增加社会负担。

②企业应当与员工签订并依法履行劳动合同，遵循按劳分配、同工同酬的原则，建立科学的员工薪酬制度和激励机制，不得克扣或无故拖欠员工薪酬。企业应建立完善的高级管理人员与员工薪酬的正常增长机制，切实保持薪酬的合理水平，维护社会公平。

③企业应当及时办理员工社会保险，足额缴纳社会保险费，保障员工依法享受社会保险待遇。企业应依照有关规定做好健康管理工作，预防、控制和消除职业危害；按期对员工进行非职业性健康监护，对从事具有职业危害性作业的员工进行职业性健康监护。企业应遵守法定的劳动时间和休息休假制度，确保员工的休息休假权利。

④企业应当加强职工代表大会和工会组织建设，维护员工合法权益，积极开展员工职业教育培训，创造平等发展机会。企业应尊重员工人格，维护员工尊严，杜绝性别、民族、宗教、年龄等各种歧视，保障员工的身心健康。

⑤企业应当按照产、学、研、用相结合的社会需求，积极创建实习基地，大力支持社会有关方面培养、锻炼社会需求的应用型人才。

⑥企业应当积极履行社会公益方面的责任和义务，关心帮助社会弱势群体，支持慈善事业。

5. 企业社会责任信息披露的风险控制

发布社会责任报告，是企业履行社会责任的重要组成部分。企业应认真执行政府监管部门和社会行业组织的要求，根据政府监管部门、社会行业组织的要求，企业应建立社会责任信息报告制度，积极主动地发布社会责任报告，向股东、债权人、员工、客户、社会等利益相关者如实陈述本企业在社会责任领域所做的工作、所取得的成就。社会责任报告应当覆盖企业已履行的所有社会责任。企业发布的社会责任报告，面对的是政府有关监管部门、股东、债权人、员工、客户等利益相关者，因此，要求社会责任报告覆盖面广，至少涵盖安全生产、产品质量、环境保护和资源节约、促进就业、员工权益保护、慈善捐赠等内容。社会责任报告应当经过独立第三方外部评价。企业对外公布社会责任报告，应当内容真实完整，实事求是，可请独立第三方出具意见，或聘请大中型会计师事务所进行审验并出具审验声明或报告，保证企业社会责任报告客观、公允，同时通过信函调查等方式，听取政府有关监管部门、股东、债权人、客户、员工等利益相关人的反馈意见和建议，以便查漏补缺，持续改进。企业社会责任信息披露可以增强企业的战略管理能力，使企业由外而内地深入审视企业与社会的互动关系，全面提高企业的服务能力和水平，提高企业的品牌形象和价值。

6.4 社会责任方面内部控制案例详解

6.4.1 案例1：长生生物造假案

2018年7月，长生生物内部的一名员工实名举报长生生物疫苗生产存在造假问题，随后，国家药监局会同吉林省局对长生生物涉嫌造假案件进行立案调查，经查明，发现长生生物存在编造生产记录和产品检验记录、随意变更工艺参数和设备等违法行为，其行政处罚书载明其将不同批次的原液进行勾兑配制、更改涉案产品的生产批号或生产日期等8项违法事实。随着疫苗案件的持续发酵，相关调查人员还发现长生生物曾多次卷入贿赂案中，在过去十年，至少涉及12起贿赂案件，大多都与该企业为获得疫苗的优先采购权，销售人员向负责人提供好处费有关。此外，长生生物2015—2017年的年报及内部控制自我评价报告均存在虚假记载现象。

企业的社会责任要求企业在追求自身利益的同时，还要主动承担对利益相关者的责任。首先，从消费者的角度来说，长生生物作为医药企业，这样的行为显然违背了医药企业最基本的营业原则。医药作为一种特殊的商品，本该用以救人，疫苗造假导致消费者最基本的健康都不能得到保障，更不用说发挥预防疾病的作用。其次，从市场角度来看，市场上其他的医药竞争者因长生生物的贿赂行为丧失部分市场份额，盈利水平降低，扰乱市场的良性竞争秩序。长生生物的造假行为在一定程度上使部分人对国产产品更加怀疑，导致同类企业的销售额下降。很显然，长生生物造假案暴露了极为严重的企业社会责任问题，一个将公众利益置之不顾，甚至为了一己私利不惜牺牲公众利益的企业必然为社会所唾弃。长生生物内部控制存在的问题主要有以下几个方面。

1. 一股独大现象

根据长生生物2017年年报，截至2017年12月31日，高某芳及其一致行动人张某豪、张某奎合计持有公司36.66%的股权，为长生生物的实际控制人，存在一股独大现象。参考现有文献，本文将长生生物所属的一股独大归类为集中型相对控股，即控制权比例在30%～50%。

在长生生物的实际控制人中，高某芳与张某奎系夫妻关系，高某芳与张某豪系母子关系。在长生生物前10名的股东中，高某芳与长春祥升、张某存在关联关系，其中，长春祥升的实际控制人之一某雯与某敏是张某奎之妹，因此，长生生物是一家典型的家族企业，高氏家族控制着整个集团。

2. 治理结构不健全

高某芳作为长生生物最大的股东，一人兼任董事长、总经理和财务总监三职，权力极大；高某芳之夫张某奎任副总经理，主要负责销售工作；高某芳之子张某豪任副董事长、副总经理，负责工程项目。除此之外，资料显示，高、张两人的亲属也在长生生物中担任职位，如张某奎之妹某敏担任董事，张某奎与高某芳的外甥女杨某丽担任长生生物的市场销售部经理。长生生物种种异于常理的表现，源于家族内部人员控制导致公司的内部控制失效。

为保证内部控制体系功能的充分发挥，企业必须要有健全的治理结构。从某种意义上来说，治理结构不健全是导致上市公司内部控制风险存在的最关键原因。问题主要表现如下：权责不明确，经理、监事、董事三权合一，董事会难以真正发挥作用；管理者的风险意识薄弱，任人唯亲，疏于监督，尤其是在关键控制环节、重要岗位上随意安排亲信，使企业的内部控制体系形同虚设。

3. 董事会缺乏独立性

在董事会的建设过程中，董事会的机构设置和董事的专业经验固然重要，但最为核心的是董事会的独立性。独立性是董事会的灵魂，董事会的独立性关系着其是否能不被少数股东或内部人操纵，最大限度地维护各方利益；关系着董事会作出的决策是否公平；还关系着企业治理的有效性。

长生生物的董事会共有三名独立董事，分别是徐某、沈某及马某光，其中，徐某是注册会计师、注册税务师，马某光是西北政法学院法学学士、美国天普大学法学院法学硕士。长生生物2017年的年报显示，其2017年的销售费用为5.83亿元，超过当年的净利润，约占营收总额的三分之一，其中，推广服务费为4.42亿元，比上一年增长118%。对于如此巨额的推广服务费支出，具有专业背景的两位独立董事在其2017年度的述职报告中却没有相关的质疑记录，其独立性值得怀疑。

4. 内部审计监督不到位

对于内部控制系统来说，不论是体系的建立、执行还是评判，都需要强有力的监督，这种监督一般通过审计工作来实现。内部审计通过审查经营活动所涉及的财务票据和会计账目，核实是否存在舞弊或者其他违规行为。

2017年，长生生物的审计师对企业的内控状况出具了无保留意见的《内部控制鉴证报告》，但是，中国裁判文书网却显示其存在大量的贿赂行为，判决书多达四页。此外，2017年年报显示，2017年，长生生物的营业收入较上年同比增长52.60%，实现归属于上市公司股东的净利润较上年同比增长33.28%，但其直接材料成本却增长了-1.96%。更少的直接材料成本却创造了52.60%的营业收入增长、33.28%的净利润增长，长生生物成本控制存在的问题让我们无法忽视，因此，对于长生生物内部审计的内控意见还存在讨论空间。

案例分析如下：

在经营过程中，内部控制是规避企业治理风险的重要手段。通过分析长生生物企业内部控制存在的问题及内部控制对企业社会责任的重要作用，可以得到以下启示：①良好的内部控制体系可以有效地约束高管行为，长生生物的一股独大现象及形同虚设的监事机构，导致企业社会责任的缺失；②高管人员的素质对于企业社会责任意识的形成及履行具有重要作用。

由于目前企业高管人员的素质参差不齐，他们对社会责任报告的重要作用存在认识上的局限性，企业管理者未能有效地推动内部控制相关制度的设计与实施。

控制措施如下：

1. 将企业社会责任纳入内部控制的范围

在内部控制制度的指引下，保障企业社会责任的履行。企业应针对不同层级的职员制定相关的考核指标，同时，专设部门执行考核程序，真正落实企业的社会责任。例如，企业对于生产过程中存在的污染问题，可设立环境保护部门进行有针对性的监管，企业可根据自身的规模、产品特征等需求设立此类部门。

2. 加大企业社会责任履行状况的披露力度

深交所发布的《上市公司社会责任指引》是现阶段我国关于社会责任披露的规范性文件，该文件从股东和债权人权益保护、职工权益保护、供应商客户和消费者权益保护、环境保护与可持续发展、公共关系和社会公益事业、制度建设与信息披露六个方面作出相关指示。但现实中，企业对公众披露的社会责任承担信息仍十分有限，尤其是一些中小型企业。笔者建议，监管机构应加大企业对社会责任披露的要求，让公众更清楚地了解该企业为社会做了什么，大家共同监督，减少企业的违法现象。

3. 进一步完善相关的内部控制指引条例

企业应细化内部控制中对于社会责任控制的规定和制度指引。相关监管机构应定期检查企业对社会责任风险的控制情况，委派外部人员就职于企业，对企业涉及社会责任的内部控制制度和执行情况进行全面审查；对存在"一股独大"现象的企业更要加强审查力度和频率，通过外部手段约束企业的行为，避免企业管理层凌驾于内部控制之上、危害利益相关者行为等现象的发生。

6.4.2 案例2：三鹿奶粉的兴亡

三鹿集团全称石家庄三鹿集团股份有限公司（以下简称"三鹿"），是集奶牛饲养、乳品加工、科研开发为一体的大型企业集团，连续6年入选中国企业500强。20世纪90年代初，该公司开创了"奶牛+农户"饲养管理模式，曾为三鹿确立了为同行所效仿的奶源优势。2007年，集团实现销售收入100.16亿元，同比增长15.3%，但是这种高增长背后隐藏的内部控制及环境问题却被严重忽视。从2008年3月份起，三鹿就陆续接到一些患泌尿系统结石病儿童家长的投诉，一些媒体也开始以"某品牌"影射三鹿，但是三鹿并未就此引起足够重视，没有加强企业内部控制，导致事态日益恶化。据估计，9.02亿元的巨额医疗费和赔款已经造成三鹿集团严重资不抵债。2008年12月25日，石家庄市委、市政府发布三鹿破产消息，破产裁定书已送达石家庄三鹿集团股份有限公司，一个曾经作为奶业龙头的企业一夜之间消失。究其原因，企业内部控制环境不佳是主要原因之一。

其宣传资料显示，三鹿集团多年来以履行社会责任为己任：饲养奶牛80万头，带领8万多户农民脱贫致富，吸纳5万下岗职工和80多万农村剩余劳动力；扶持农民养牛、抗洪救灾、老区扶贫、扶残助教、捐助多胞胎家庭等捐资捐物，赢得了社会各界的广泛赞誉；企业先后荣获全国"五一劳动奖状"、全国轻工业十佳企业、全国质量管理先进企业等省以上荣誉称号200余项。三鹿集团所履行的社会责任和取得的各种荣誉无可厚非，但是，企业社会责任主要是通过提供给社会优质的产品来实现的。三鹿集团产品中含有大量三聚氰胺已给婴幼儿及食用者造成身心伤害，给中国奶业造成了巨大损失，尤其是发现问题后的处理方式造成了非常恶劣的社会影响，这种沽名钓誉式承担和履行社会责任的方式应该受到道德和法律的制裁。

　　三鹿奶粉事件提醒我们：企业在追求经济发展的过程中，道德建设的重要性，履行社会责任的必要性。沉痛的教训告诫企业家们：在追求利润的同时，必须坚守自己的道德底线，承担应有的社会责任。如何将社会责任演变为企业的自觉行为，不仅需要法律、法规的强制，更重要的是将履行责任转变为企业的一种习惯，甚至使之成为企业文化的一部分，将社会责任整合到公司的业务流程中去，即以内部控制制度营运的控制环境及控制活动来实践社会责任的意识与具体操作。

第7章 资金活动业务的内部控制

在企业的财务活动中,资金始终是一项值得高度重视的、高流动性的资产,而资金活动贯穿企业生产经营的全过程,资金活动内部控制的好坏事关企业的生死存亡。中国航空油料集团有限公司事件等众多事实表明,资金活动内部控制如果失效,轻则带来巨额损失,重则可能将企业的百年基业毁于一旦。可见,资金活动及其内部控制情况,对企业的生产经营影响巨大,建立健全资金活动内部控制,是企业生存和发展的内在需要。

7.1 资金活动内部控制概述

7.1.1 资金活动内部控制的定义

内部控制是指企业单位为提高经营活动的管理效益、确保财务报告和信息的可靠性,对法律法规的遵循和保护资产安全完整而由企业单位的治理当局、管理层和员工,以及其他人员设计和共同实施的自行检测、制约和调整的自律系统。三角制衡原理是企业内部控制必须遵循的基本原理之一,所谓三角制衡,是指企业内部控制涉及的经办关系、审核关系及监督关系三者之间相互独立又相互制衡,如同三角关系的三边一样。

企业内部控制是企业的一种自律行为,也是现代企业管理的一项重要内容。内部控制涉及企业生产经营的控制环境、风险评估、监督决策、信息与传递及自我检测等方面,从总体上透视了企业生产的各个环节。而内部控制中,资金活动的控制(以下简称"资金活动内部控制")是其重要组成部分,资金活动内部控制就是关于企业对资金筹集、投放和营运等活动的内部控制,它以企业资金活动为对象,通过组织企业资金的循环和周转完成企业的经营目标。资金活动内部控制主要包括筹资活动内部控制、投资活动内部控制和营运资金活动内部控制。

7.1.2 资金活动内部控制的总体要求

1. 树立战略导向观念

战略是企业经营和发展的总体导向。在资金活动中,企业应当遵循相关的法律及监管要求,根据自身的发展战略,科学确定投融资及资金营运的目标和规划。

2. 建立科学决策机制

管理的中心活动是决策,决策的正确与否事关企业的生存和发展,特别是企业的筹资、投资决策,更是决定了企业经营活动的整体格局。加强企业资金活动的内控,应该围绕决策这个核心,建立科学的决策机制,通过各种措施提高决策科学性与决策效率。企业在资金活动战略规划决策上,应当根据自身的发展规律,综合考虑宏观经济政策、市场环境、环保要求等因素，结合本企业发展实际，科学地确定投融资目标和规划。如果目标不明确，决策不正确，控制措施就难以准确、到位，资金活动也就难以顺利、有效地进行。

3. 完善管控制度

根据《企业内部控制应用指引第 6 号——资金活动》的要求，企业应建立和完善严格的资金授权、批准、审验、责任追究的职责权限和不相容岗位相分离的要求，规范资金活动的执行；建立完善的监督检查和项目完成后的评价制度，跟踪资金活动内部控制的实际效果，据以修正制度、完善内部控制，并通过责任追究制度，确保资金活动安全有效地进行。

4. 严格执行制度

企业资金活动的管控，不仅需要完善的制度，还要严格执行。为了使资金活动内部控制制度得到切实有效的实施，企业财会部门应负责资金活动的日常管理，参与投融资方案等的可行性研究。总会计师或分管会计工作的负责人应当参与企业投融资决策的过程。企业必须识别并关注资金活动的主要风险来源和主要风险控制点，然后针对关键风险控制点制定有效的控制措施，集中精力管控关键风险。

5. 实行资金集中管控

企业加强资金的集中管控，有利于实现资金在企业内部的相互调剂，降低整体资金成本，提高资金使用效率。企业有子公司的，应当采取合法有效措施，强化对子公司资金业务的统一监控。信息技术的发展为企业实现资金集中管控提供了便利条件，有条件的企业集团，应当探索财务公司、资金结算中心等资金集中管控模式。

6. 合理设计流程

企业在设计资金活动相关内控制度时，其本质是对资金业务的控制方法进行设计，所以应明确各种资金活动的业务流程，确定每一个环节、每一个步骤的工作内容和应该履行的程序，并将其具体到部门和人员。

7. 抓住关键控制点

企业对资金活动的内部控制不可能面面俱到，因此，企业必须识别并关注主要风险来源和主要风险控制点，以提高内部控制的效率。具体而言，企业应该针对流程中的每一个环节、每一个步骤，认真细致地进行分析，根据不确定性的大小、危害性的严重程度等，明确关键的业务、关键的程序、关键的人员和岗位等，从而确定关键的风险控制点，并制定有效的控制措施。

7.1.3 资金活动的业务流程

企业资金活动包括筹资、投资和资金营运活动。筹资活动的业务流程主要包括拟订筹资方案、筹资方案论证、筹资方案审批、筹资计划的编制与实施等。投资活动的业务流程主要包括拟订投资方案、投资方案可行性论证、决策审批、投资计划的编制与实施及投资项目的到期处置。资金营运活动主要是指从资金流入形成货币资金开始，经过采购业务、生产业务、销售业务、还本付息、利润分配及税收等不断循环的过程。资金活动业务流程图如图 7-1 所示。

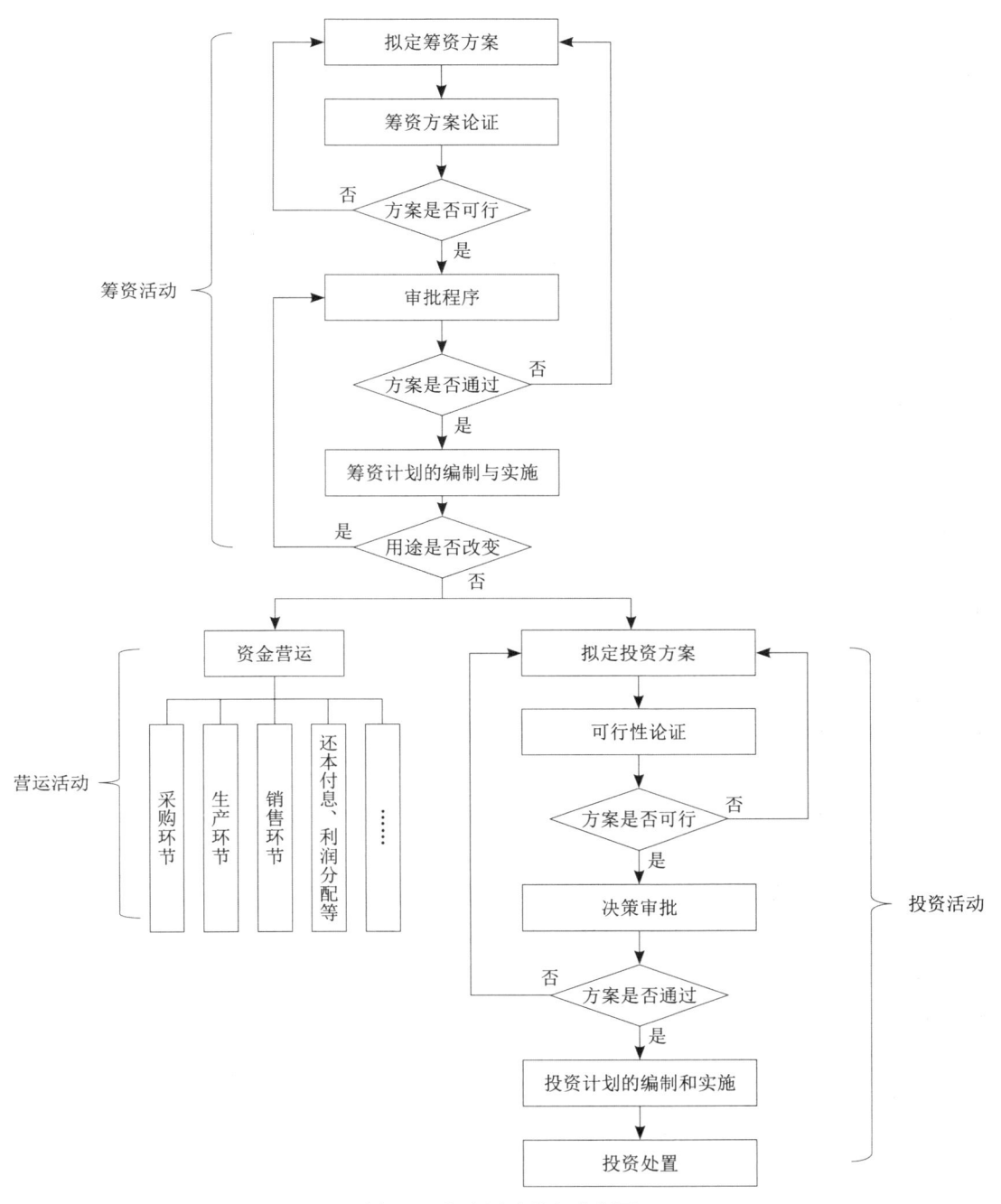

图 7-1 资金活动业务流程图

7.2 筹资业务的内部控制

7.2.1 筹资业务内部控制的定义

  筹资活动是企业资金活动的起点,也是企业整个经营活动的基础。企业应当根据经营和发展战略的资金需要,确定融资战略目标和规划,结合年度经营计划和预算安排,拟定筹资方案，明确筹资用途、规模、结构和方式等相关内容，对筹资成本和潜在风险作出充分估计。如果是境外筹资，还必须考虑所在地的政治、经济、法律和市场等因素。

筹资活动的内部控制，不仅决定企业能不能顺利筹集生产经营和未来发展所需资金，而且决定企业能以什么样的筹资成本筹集资金，能以什么样的筹资风险筹集所需资金，并决定企业所筹集资金最终的使用效益。较低的筹资成本、合理的资本结构和较低的筹资风险，能够使企业应付裕如、进退有据，不至于背负沉重的压力，可以从容地追求长期目标，实现可持续发展；而较高的筹资成本、不合理的资本结构和较高的筹资风险，常常使企业经营压力倍增，企业一方面要保持更高的资金流动性以应对不合理资本结构带来的财务风险，一方面要追求更高的投资收益以补偿高额的筹资成本。

7.2.2 筹资活动的业务流程

企业筹资活动的内部控制，应该根据筹资活动的业务流程，区分不同筹资方式，按照业务流程中不同环节体现出来的风险，结合资金成本与资金使用效益情况，采用不同措施进行控制。

筹资活动的业务流程包括：提出筹资方案；论证筹资方案；审批筹资方案；筹资计划编制与执行；筹资活动的监督、评价与责任追究。

一般由财务部门根据企业经营战略、预算情况与资金现状等因素，提出筹资方案，一个完整的筹资方案应包括筹资金额、筹资形式、利率、筹资期限、资金用途等内容，提出筹资方案的同时还应与其他生产经营相关业务部门沟通协调，在此基础上才能形成初始筹资方案。

初始筹资方案还应经过充分的可行性论证。可行性论证是筹资业务内部控制的重要环节，一般可以从下列几个方面进行分析论证。

1. 筹资方案的战略评估

主要评估筹资方案是否符合企业整体发展战略；企业应对筹资方案是否符合企业整体战略方向进行严格审核，只有符合企业发展需要的筹资方案才具有可行性。另外，企业在筹资规模上，也不可过于贪多求大。

2. 筹资方案的经济性评估

主要分析筹资方案是否符合经济性要求，是否能以最低的筹资成本获得所需的资金，是否还有降低筹资成本的空间及更好的筹资方式，筹资期限等是否经济合理，利息、股息等水平是否在企业可承受的范围之内。

3. 筹资方案的风险评估

对筹资方案面临的风险进行分析，特别是对于利率、汇率、货币政策、宏观经济走势等重要条件进行预测分析，对筹资方案面临的风险作出全面评估，并有效地应对可能出现的风险。

通过可行性论证的筹资方案，需要在企业内部按照分级授权审批的原则进行审批，重点关注筹资用途的可行性。重大筹资方案，应当提交股东（大）会审议，筹资方案需经有关管理部门批准的，应当履行相应的报批程序。审批人员与筹资方案编制人员应适当分离。

企业应根据审核批准的筹资方案，编制较为详细的筹资计划，经过财务部门批准后，严格按照相关程序筹集资金：通过银行借款方式筹资的，明确借款规模、利率、期限、担保、还款安排、相关的权利义务和违约责任等内容；以发行债券方式筹资的，应当合理选择债券种类，并对还本付息方案作出系统安排，确保按期、足额偿还到期本金和利息；以发行股票方式筹资的，应当依照国家的规定，优化企业组织架构，进行业务整合，并选择具备相应资质的中介机构，确保符合股票发行条件和要求。同时，企业应当选择合理的股利支付方式，兼顾投资者的近期与长远利益，调动投资者的积极性，避免分配不足或过度；严格按照筹资方案确定的用途使用资金，确保款项的收支、股息和利息的支付、股票和债券的保管等符合有关规定。

7.2.3　筹资活动的关键风险点及其控制措施

筹资活动作为企业资金活动的起点，筹集企业投资和日常生产经营活动所需的资金。筹资活动的内部控制，不仅决定企业是否能够筹集到投资、生产经营及未来发展所需的资金，还决定筹资成本和筹资风险，从而影响企业的发展状况。

筹资活动的关键风险点及控制措施包括以下几方面内容。

1. 拟订筹资方案

拟订筹资方案环节的主要风险有缺乏经营战略规划、对企业资金现状认识不清、筹资方案内容不完整、考虑不够周密、测算不准确等。

企业首先应该制定经营发展战略，这样才能有效地指导企业的各项活动。企业筹资应当根据经营战略，确立筹资目标和规划，结合年度全面预算与资金现状等因素，拟订筹资方案，明确筹资用途、规模、结构、方式和期限等相关内容，对筹资成本和潜在风险作出充分估计。境外筹资还应考虑所在地的政治、经济、法律、市场等因素。一个完整的筹资方案应包括筹资金额、筹资形式、利率、筹资期限、资金用途等内容。

2. 筹资方案论证

筹资方案论证环节的主要风险有对筹资方案论证不科学、不全面等。

企业应当对筹资方案进行科学论证，进行可行性研究，防范筹资风险。筹资方案论证应从以下几个方面进行。

（1）筹资方案的战略评估

主要评估筹资方案是否符合企业发展战略，筹资规模是否适当等。筹资的目的是满足企业经营发展需要，因此筹资方案要符合企业整体发展战略，既不可盲目筹集过多资金，因为资金都是有成本的，资金闲置会增加企业财务负担；同时也应避免筹资不足，以免影响投资和生产经营活动的开展。

（2）筹资方案的经济性评估

主要分析筹资方案是否经济，是否能以最低的筹资成本获得所需资金，因此，应合理地选择股票、债券等筹资方式及筹资期限。在风险相同的情况下，企业应尽可能地降低筹资成本。筹资期限也应考虑实施战略过程中资金的流入量和流出量，避免过长或过短，从而导致资金闲置或多次筹资。

（3）筹资方案的风险评估

对筹资方案面临的风险，如利率、汇率、宏观经济形势、货币政策等因素进行预测分析。如债权方式带来的到期还本付息压力及股权方式带来的控制权转移或稀释的风险等，并对可能出现的风险采取有效的防范措施。

重大筹资方案应当形成可行性研究报告，全面反映风险评估情况。企业可以根据实际需要，聘请具有相应资质的专业机构进行可行性研究。

3. 筹资方案审批

筹资方案审批环节的主要风险有缺乏完善的授权审批制度、审批不严等。

主要控制措施包括：第一，企业应当按照分级授权审批的原则对筹资方案进行严格审批，重点关注筹资用途的可行性和相应的偿债能力。重大筹资方案，应当按照规定的权限和程序，实行集体决策或联签制度。筹资方案需经有关部门批准的，应当履行相应的报批程序。第二，筹资方案发生重大变更的，应当重新进行可行性研究并履行相应的审批程序。

4. 筹资计划的编制与实施

筹资计划的编制与实施环节的主要风险有筹资计划不完整、筹资成本支付不力、缺乏对筹资活动的严密跟踪管理等。

主要控制措施包括：

第一，财务部门应根据批准的筹资方案制订严密的筹资计划，严格按照规定权限和筹资计划筹集资金。企业通过银行借款方式筹资的，应当与有关金融机构进行洽谈，明确借款规模、利率、期限、担保、还款安排、相关的权利义务和违约责任等内容。双方达成一致意见后，签署借款合同，并据此办理相关借款业务。企业通过发行债券方式筹资的，应合理选择债券种类，对还本付息方案作出系统安排，确保按期、足额偿还到期本金和利息。企业通过发行股票方式筹资的，应当依照《中华人民共和国证券法》等有关法律、法规和证券监管部门的规定，优化企业组织架构，进行业务整合，并选择具备相应资质的中介机构协助企业做好相关工作，以确保符合股票发行条件和要求。

第二，企业应当加强债务偿还和股利支付环节的管理，对偿还本息和支付股利等作出适当安排。企业应当按照筹资方案或合同约定的本金、利率、期限、汇率及币种，准确计算应付利息，与债权人核对无误后按期支付。企业应当选择合理的股利分配政策，兼顾投资者近期和长远利益，避免分配过度或不足。股利分配方案应当经过股东（大）会批准，并按规定履行披露义务。

5. 会计系统控制

会计系统控制环节的主要风险有缺乏有效的筹资会计系统控制、会计记录和处理不准确等，导致未能如实反映筹资状况。

主要控制措施包括：第一，企业应当加强筹资业务的会计系统控制，建立筹资业务的本金筹集、本息偿记录、凭证和账簿，按照国家会计准则和制度，正确核算和监督资金筹集、本息偿还、股利支付等相关业务。第二，妥善保管筹资合同或协议、收款凭证、入库凭证等，资名核对，确保筹资活动符合筹资方案的要求。具体汇总详见表7-1。

表 7-1 筹资活动控制关键控制点一览表

控制点	控制目标	控制措施
审批	保证负债筹资在授权下进行	借款筹资经授权的业务主管批准或经有关委员会批准 公司发行债券经股东大会批准；债券的偿还和回购根据董事会授权办理
签约	保证协议双方的权利和义务	银行借款签订借款合同；发行债券，签订债券契约和相应的承销或包销合同；若为担保贷款，签订相应的担保合同
记账	保证负债筹资业务的记录真实完整	建立严密完善的账簿体系和记录制度；核算方法符合会计准则和会计制度；筹资业务明细账与总账分离
核对	保证账账相符，账证相符，会计核算正确	定期对筹资业务的原始凭证、明细账与总账进行核对
保管	保证记录安全	有关负债筹资业务明细账指定专人保管；保管好公司债券存根簿

7.3 投资业务的内部控制

投资活动作为企业一种营利活动，对于筹资成本补偿和企业利润创造，具有举足轻重的意义。企业应该根据自身发展战略和规划，结合企业资金状况及筹资可能性，拟定投资目标，制订投资计划，合理安排资金投放的数量、结构、方向与时机，慎选投资项目，突出主业，谨慎从事股票或衍生金融工具等高风险投资。境外投资还应考虑政治、经济、金融、法律、市场等环境因素。如果采用并购方式进行投资，应当严格控制并购风险，注重并购协同效应的发挥。

7.3.1 投资活动的定义

投资活动是指企业长期资产的购建和不包括现金等价物在内的投资及其处置活动。长期资产是指固定资产、在建工程、无形资产、其他资产和持有期限在一年或一个营业周期以上的资产。需要注意的是，投资和投资活动是两个不同的概念。投资是企业为通过分配来增加财富、或为谋求其他利益，而将资产让渡给其他单位所获得的另一项资产，它分为短期投资和长期投资。

7.3.2 投资活动的业务流程

投资活动业务流程包括：拟定投资方案；论证投资方案可行性；决策投资方案；投资计划编制与审批；实施投资计划；到期处置投资项目。

企业应根据企业发展战略、宏观经济环境、市场状况等，提出本企业的投资项目规划，在对规划进行筛选的基础上，确定投资项目。

企业还应对投资项目进行严格的可行性研究与分析。可行性研究需要从投资战略是否符合企业的发展战略、是否有可靠的资金来源、能否取得稳定的投资收益、投资风险是否处于可控或可承担范围内、投资活动的技术可行性、市场容量与前景等几个方面进行论证。

投资方案要通过分级审批、集体决策来进行，决策者应与方案制定者适当分离，重点审查投资方案是否可行、投资项目是否符合投资战略目标和规划、是否具有相应的资金能力、投入资金能否按时收回、预计收益能否实现，以及投资和并购风险是否可控等。

根据审批通过的投资方案，企业应与被投资方签订投资合同或协议，编制详细的投资计划，落实不同阶段的资金投资数量、投资具体内容、项目进度、完成时间、质量标准与要求等，并按程序报经有关部门批准，签订投资合同。

在投资项目执行过程中，企业必须加强对投资项目的管理，密切关注投资项目的市场条件和政策变化，准确做好投资项目的会计记录和处理。企业应及时收集被投资方经审计的财务报告等相关资料，定期组织投资效益分析，关注被投资方的财务状况、经营成果、现金流量及投资合同履行情况，发现异常情况的，应当及时报告并妥善处理。

对已到期投资项目的处置同样要经过相关审批流程，妥善处置并实现企业最大的经济收益。企业应加强投资收回和处置环节的控制，对投资收回、转让、核销等决策和审批程序作出明确规定。

7.3.3 投资活动的关键风险点及控制措施

投资活动作为企业的一种重要的营利活动，它的开展情况对于筹资成本的补偿、企业利润的创造和企业发展战略的实现等具有重要意义。

投资活动的关键风险点及控制措施包括以下几方面内容。

1. 拟订投资方案

拟订投资方案环节的主要风险有投资方案与企业发展战略不符、风险与收益不匹配、投资项目未突出主业等。

主要控制措施包括：第一，企业应当根据发展战略、投资目标和规划，合理安排资金投放结构，科学确定投资项目，拟订投资方案，合理确定投资规模，权衡投资项目的收益和风险。第二，企业选择投资项目应当突出主业，谨慎从事股票投资或衍生金融产品等高风险投资。境外投资还应考虑政治、经济、法律、市场等因素的影响。第三，企业采用并购方式进行投资的，应当严格控制并购风险，重点关注并购对象的隐性债务、承诺事项、可持续发展能力、员工状况及其与本企业治理层及管理层的关联关系，合理确定支付对价，确保实现并购目标。

2. 投资方案可行性论证

投资方案可行性论证环节的主要风险有论证不全面、不科学，如未对投资目标、规模、方式、资金来源、风险与收益等作出客观评价。

主要控制措施包括：第一，企业应当加强对投资方案的可行性研究，重点评价投资方案是否符合企业发展战略、投资规模是否合适、投资方式是否恰当、资金来源是否可靠、风险是否处于可承担范围内及收益是否稳定可观等，保证筹资成本的足额补偿和投资的盈利性。第二，对于重大投资项目，应该委托具备相应资质的专业机构进行可行性研究并提供独立的可行性研究报告。

3. 投资方案决策审批

投资方案决策审批环节的主要风险有缺乏严密的授权审批制度、审批不严等。

主要控制措施包括：第一，企业应当按照职责分工、审批权限及规定的程序对投资项目进行决策审批，重点审查投资方案是否可行，投资项目是否符合国家产业政策及相关法律、法规的规定，是否符合企业投资战略目标和规划，是否具有充足的资金支持，投入资金能否按时收回，预期收益能否实现，以及投资和并购风险是否可控等。第二，重大投资项目，应当按照规定的权限和程序实行集体决策或者联签制度。投资方案需经有关管理部门批准的，应当履行相应的报批程序。

4. 投资计划的编制与实施

投资计划的编制与实施环节的主要风险有投资计划不科学、缺乏对项目的跟踪管理等。

主要控制措施包括：

第一，企业应根据审批通过的投资方案编制详细的投资计划，确定不同阶段的资金投入数量、项目进度、完成时间、质量要求等，并报经有关部门批准。投资活动需与被投资方签订投资合同或协议的，应签订合同并在合同中明确出资时间、金额、方式、双方权利义务和违约责任等内容。

第二，企业应当指定专门机构或人员对投资项目进行跟踪管理，做好投资项目的会计记录和处理，及时收集被投资方经审计的财务报告等相关资料，定期组织投资效益分析，关注被投资方的财务状况、经营成果、现金流量及投资合同的履行情况，发现异常情况，应当及时报告并妥善处理。

5. 投资项目的到期处置

投资项目的到期处置环节的主要风险有处理不符合企业利益、缺乏责任追究制度等。

主要控制措施包括：企业应当加强投资收回和处置环节的控制，对投资收回、转让、核销等决策和审批程序作出明确规定。重视投资到期本金的回收，转让投资应当由相关机构或人员合理确定转让价格，报授权批准部门批准，必要时可委托具有相应资质的专门机构进行评估；核销投资应当取得不能收回投资的法律文书和相关证明文件；对于到期无法收回的投资，企业应当建立责任追究制度。

6. 会计系统控制

会计系统控制环节的主要风险有缺乏有效的投资会计系统控制，会计记录和处理不及时、不准确等。

主要控制措施包括：第一，企业应当加强对投资项目的会计系统控制，根据对被投资方的影响程度，合理确定投资会计政策，建立投资管理台账，详细记录投资对象、金额、持股比例、期限、收益等事项，妥善保管投资合同或协议、出资证明等资料。第二，企业财会部门对于被投资方出现财务状况恶化、市价当期大幅下跌等情形的，应当根据国家统一的会计准则和制度规定，合理计提减值准备、确认减值损失。具体汇总详见表7-2。

表7-2 投资控制关键控制点一览表

控制点	控制目标	控制程序
立项	降低投资失败的概率	重大投资决策之前，进行可行性研究；对待投资对象进行评估；向专家咨询等

续上表

控制点	控制目标	控制程序
审批	保证投资发生经过授权	投资业务经过高层管理机构或股东大会授权；投资损失准备经过授权的业务主管审批
取得	保证投资业务的安全完整	取得相应证券；获得相应的投资协议
保管	保证投资业务的安全	有价证券由金融机构托管或企业自行保管
记账	保证投资业务的记录真实完整	建立详尽的会计核算制度，每一种证券分别设立明细账，详细记录相关资料；核算方法符合会计准则的规定；正确记录投资跌价准备
核对	保证账账相符，账证相符，会计核算正确	定期对有价证券进行盘点，定期核对投资业务的原始凭证、明细账与总账
负责	降低投资决策失误的概率	对重大投资决策的失误，追究相关人员的责任

7.4 资金营运活动的内部控制

7.4.1 资金营运的定义

资金营运是指企业日常生产经营中各类资金的组织和调度，保证资金正常循环周转的活动。资金营运有广义与狭义之分。广义的资金营运是企业利用筹资取得的资金营利的活动；狭义的资金营运是与投资活动相对立的活动，是企业投资形成项目和资产后，有效利用项目或资产营利的活动，包括采购、生产、销售、成本补偿和利润分配的全部过程。在本节中，资金营运指的是狭义的资金营运。

7.4.2 资金营运活动的业务流程

1. 资金收付以业务发生为基础

企业资金收付，应该有根有据，不能凭空付款或收款。所有收款或者付款需求，都有特定的业务引起，资金收付必须有真实的业务发生。

2. 企业授权部门审批

收款方应该向对方提交相关业务发生的票据或者证明，收取资金。资金支付涉及企业经济利益流出，应严格履行授权分级审批制度。不同责任人应该在自己授权范围内，审核业务的真实性、金额的准确性，以及申请人提交票据或者证明的合法性，严格监督资金支付。

3. 财务部门复核

财务部门收到经过企业授权部门审批签字的相关凭证或证明后，应再次复核业务的真实性、金额的准确性，以及相关票据的齐备性，相关手续的合法性和完整性，并签字认可。

4. 资金支付流程

在资金支付流程中，出纳或资金管理部门会在收款人签字确认后，仔细核对相关收款凭证的准确性与完整性。这一步骤至关重要，旨在确保所有信息无误且严格符合公司财务规定。只有经过这样的验证，他们才会依据这些凭证，及时、准确地将资金支付给收款人，从而保障资金流转的安全与效率。

7.4.3 资金营运内部控制的主要风险点及内部控制措施

资金营运活动中的主要风险有资金调度不合理、营运不畅（可能导致企业陷入财务困境或资金冗余）、资金活动管控不严（可能导致资金被挪用、侵占、抽逃或遭受欺诈）。资金营运活动内部控制应注意以下几点：

1. 资金平衡

企业应当加强对资金营运全过程的管理，统筹协调内部各机构在生产经营过程中的资金需求，切实做好资金在采购、生产、销售等各环节的综合平衡，注意资金流在数量和时间上的合理配置，全面提升资金营运效率。

2. 预算管理

企业应该充分发挥全面预算管理在资金营运中的作用，严格按照年度全面预算的要求组织协调资金，确保资金及时收付，实现资金的合理占用和营运良性循环。企业应当严禁资金的体外循环，切实防范资金营运中的风险。

3. 有效调度

通过内部资金的有效调度，可以调剂余缺，提高资金使用效率。企业应当定期组织召开资金调度会或资金安全检查，对资金预算的执行情况进行综合分析，发现异常情况，应及时采取措施妥善处理，避免资金冗余或资金链断裂。企业在营运过程中出现临时性资金短缺，可以通过短期融资等方式获取资金；出现短期闲置资金，在保证安全性和流动性的前提下，可以通过购买国债等多种方式来提高资金效益。

4. 会计系统控制

企业应当加强对营运资金的会计系统控制，严格规范资金的收支条件、程序和审批权限。营运资金应及时入账。不得账外设账，严禁收款不入账，设立"小金库"。企业办理资金支付业务，应当明确支出款项的用途、金额、预算、限额、支付方式等内容，并附原始单据或相关证明，履行严格的授权审批程序后，方可安排资金支出。企业办理资金收付业务，应当遵守现金和银行存款管理的有关规定，严禁将办理资金支出业务的相关印章集中于一人保管。

7.5 资金活动业务内部控制案例详解

A 公司全资子公司 FZ 制药 3 亿多元银行存款不翼而飞曾引发市场高度关注。A 公司表示收购 FZ 制药后一直无法掌控其财务状况，消失的 3 亿多元资金可能被 FZ 制药董事长王某用到其投资的公司。2019 年 4 月 9 日，A 公司就此召开董事会，宣布免去王某在 FZ 制药董事长的职务，委派公司总经理刘某担任 FZ 制药董事长，并成立整顿处置工作小组对此次事件进行全面调查。事件的具体发生过程如下：

王刚（化名）是江苏 TY 会计师事务所的一名注册会计师，2018 年 3 月 18 日，该事务所受 A 公司委托，对 FZ 制药进行年报审计。王刚前往 FZ 制药的开户行进行现场询证，但是，现场询证的情况却令王刚大为震惊。银行余额相比账上余额少了3亿多元。3亿多元不翼而飞，这绝不是小事，于是王刚第一时间以书面函的形式，将这一紧急事态告知A公司审计委员会，同时转给A公司的所有高管。作为FZ制药董事长的王某，应该是唯一清楚这3亿多元去向的人。虽然FZ制药已经被A公司收购，成为A公司的全资子公司，但是王某仍然掌握着FZ制药的实际控制权。

A公司在2015年5月以11.8亿元收购FZ制药100%股权，基本确立了"农化+医药"双产业战略发展格局。FZ制药成为A公司在医药产业中的唯一战略支点。在收购FZ制药后，A公司成功扭转了业绩连年低落甚至亏损的惨状，2016实现净利润1.07亿元，成功扭亏为盈。当然，最大的功劳应该属于FZ制药，仅FZ制药该年贡献的净利润就高达0.92亿元，占A公司净利润的85.92%。此后，A公司将转型的希望全部寄托在FZ制药身上。

通常情况下，如此重要的全资收购是需要由上市公司派驻董事长和财务总监的，然而，在真正派驻时却被王某以"业绩对赌期保持管理层稳定"的理由拒绝了。最终，A公司还是成功向FZ制药派驻了一名财务人员，但该财务人员却被FZ制药隔离在财务体系之外，这无疑埋下了A公司的内部控制缺陷隐患。

然而，A公司的内部控制不完善早在另一桩财务事件中有所体现。除了此次3亿多元银行存款不翼而飞外，两个月前A公司还披露过一起更加离奇的财务事件。2017年7月，A公司出纳王某因车祸事故长期住院治疗，其工作被A公司另一名员工接替。王某存在通过扣留每个月部分银行利息的方式挪用公司资金的行为。随后的进一步调查中发现，王某这种"蚂蚁搬家"的行为，竟然已持续5年时间，涉案金额约1300万元。1300万元被挪用的案件中，王某一人掌控公司的付款制单和付款审核，而且，两枚银行印鉴均由王某一人保管，完全无视内部控制中不相容职务相互分离的原则。3亿多元资金不翼而飞事件，也充分暴露出A公司存在的内部控制缺陷问题。

此外，A公司监事会对公司内部控制存在重大缺陷所涉及事项进行了专项说明，监事会识别出公司财务报告内部控制存在的重大缺陷：A公司在内部资金管理（特别是对全资子公司的资金监管）方面存在重大缺陷，存在公司原银行出纳利用职务之便占用公司资金的情形，以及全资子公司FZ制药有限公司原董事长兼法定代表人王某未履行有关付款审批程序向其关联公司及自然人转移大量资金的情形，该重大缺陷已包含在A公司内部控制自我评价报告中。由于存在上述重大缺陷及其对实现控制目标的影响，A公司未能按照《企业内部控制基本规范》规定的标准于2017年12月31日在所有重大方面保持有效的财务报告内部控制。在经历"内忧"和"外患"之后，A公司意识到公司的内控制度确实存在重大缺陷，亟待整改。

第8章
担保业务内部控制

担保，是指企业作为担保人按照公平、自愿、互利的原则与债权人约定，当债务人不履行债务时，依照法律规定和合同协议承担相应法律责任的行为。企业应当依法制定和完善担保业务政策及相关管理制度，明确担保的对象、范围、方式、条件、程序、担保限额和禁止担保等事项，规范调查评估、审核批准、担保执行等环节的工作流程，按照政策、制度、流程办理担保业务，定期检查担保政策的执行情况及效果，切实防范担保业务风险。

《企业内部控制应用指引第12号——担保业务》中所称担保，是指企业作为担保人按照公平、自愿、互利的原则与债权人约定，当债务人不履行债务时，依照法律规定和合同协议承担相应法律责任的行为。担保有利于债务人的融资，但是我们也应该看到，因为担保陷入担保圈和诉讼的案件层出不穷，对外担保的风险是很大的，因此，加强企业担保业务管理，防范担保业务风险，对于维护企业利益和维持正常经营有重要的意义。

8.1 担保业务内部控制的目标

担保业务内部控制的主旨就是要保证担保业务合法、安全、有效、可靠，从而有效控制各种可能发生的风险。实际工作中，内部控制目标应根据识别出来的担保业务具体风险来确定，不能固定化、模式化。

一般而言，担保业务内部控制目标包括以下几点。

1. 确保担保业务的合法性

担保业务是一项法律行为，需符合国家相关法律法规的规定。

2. 确保担保业务在授权下进行

担保业务充满风险，为了加强风险控制，将风险降至最低，担保业务必须在严格的授权下进行。

3. 确保担保业务记录的真实性

通过担保业务内部控制，确保所有担保业务记录均能如实反映实际情况，保证账面担保责任与实际担保责任相一致。

4. 保障担保业务会计披露的及时性、正确性和恰当性

担保业务作为会计上的或有事项，可能会带有负债及预计负债，应当分不同情况在会计报表及其附注中及时、正确、恰当地加以反映，直观地反映财务状况和经营成果。

8.2 担保业务内部控制的总体要求

8.2.1 完善担保业务管理制度

企业应当依法制定和完善担保业务政策及相关管理制度，如调查评估制度、审批制度、担保合同管理制度等，明确担保的对象、范围、方式、条件、程序、担保限额和禁止担保等事项。

8.2.2 规范各环节工作流程

企业应规范调查评估、审核批准、担保执行等环节的工作流程，按照政策、制度、流程办理担保业务，定期检查担保政策的执行情况及效果，切实防范担保业务风险。

8.2.3 总体设计流程

担保业务内部控制设计建立在担保业务风险评估的基础上，担保业务风险评估是担保业务内部控制设计的关键环节。担保业务内部控制设计基本程序为：确定担保业务关键控制；明确担保业务控制目标；提出担保业务控制措施；设计担保业务控制证据；完善担保业务相关制度；绘制担保业务控制流程图；编制担保业务控制矩阵。

1. 设计关键控制点

企业在构建与实施担保业务内部控制过程中，要针对担保业务风险评估结果，确定担保业务的一般控制点和关键控制点，并编制担保业务控制要点表。

2. 设计控制目标

担保业务内部控制的主旨就是要保证担保业务合法、安全、有效、可靠，从而有效控制各种可能发生的风险。实际工作中，内部控制目标应根据识别出来的担保业务具体风险来确定，不能固定化、模式化。

3. 设计控制措施

企业在构建与实施担保业务内部控制过程中，要强化对担保业务控制点，尤其是关键控制点的风险控制，并采取相应控制措施，控制措施要与担保业务相融合，嵌入担保业务流程当中，主要包括：严格控制担保行为，建立担保决策程序和责任制度；明确担保原则、担保标准和条件，以及担保责任等相关内容；加强担保合同订立的管理；及时了解和掌握被担保人的经营和财务状况，防范潜在风险。

4. 设计控制证据

为使担保业务制度能够有效实施，需要制定必要的表单，为担保业务过程留下控制证据。担保业务相关表单很多，包括担保业务风险评估报告、审核意见表、会议记录、评估报告、抵押登记表、质押登记表、担保合同、担保台账、跟踪管理报告、财务报表附注、风险预警报告、审核意见书、相关决策文件、债权证明、追偿方案等。

5. 优化控制制度

企业担保业务内部控制制度并不是新建的一套独立制度，而是将内部控制思想嵌入担保业务管理制度中去。担保业务具体制度因企业而不同，从务实角度考虑，管理制度不宜过多，可制定一套统一的担保业务控制管理制度，其中至少应明确调查评估与审批、执行与监控等环节的职责和审批权限。

6. 绘制控制流程图

担保业务控制流程图应根据担保业务流程、风险点、控制点及相关控制措施，结合单位实际情况来绘制，尤其应把担保业务内部控制流程和担保业务流程整合在一起，并在图上标示风险点和控制点。

7. 证据等的详细说明与描述

对证据等的详细说明与描述，是担保业务内部控制设计结果的集中体现和上述工作的综合汇总，也是企业内部控制管理手册的重要组成部分。

8.2.4 担保业务内部控制评价内容

担保业务内部控制评价内容，总体来说，就是评价担保业务内部控制的设计和运行的有效性，包括过程和结果两个层面，具体评价范围包括调查评估与审批、执行与监控等主要担保业务。具体评价内容因评价单位开展担保业务情况的不同而不同，也因被评价单位内部控制成熟度的不同而不同。

1. 设计有效性评价

担保业务内部控制的设计有效性评价包括设计过程和设计结果两个层面。担保业务内部控制设计结果有效性的前提是设计过程要有效，因此，要重视担保业务内部控制设计过程有效性的评价，不能仅对担保业务内部控制设计结果有效性进行。实际操作中，担保业务内部控制的设计有效性评价包括以下几个方面。

（1）现状梳理过程及结果的有效性

现状梳理是担保业务内部控制设计的基础性工作，评价要点包括以下几点。

①是否进行了担保业务的现状梳理；

②是否梳理了现有担保业务管理制度或相关文件，并编制了"担保业务内部管理制度"或相关文件情况表；

③是否进行担保业务现状描述并编制了"担保业务流程目录""担保业务现状流程图"等。

（2）现状梳理的结果是否符合企业担保业务的业务、管理现状等

常用评价方法为调查问卷和审阅的方法，评价工作底稿是调查问卷、审阅及访谈记录表等。

（3）风险评估过程及结果的有效性

评估要点包括以下几点。

①是否进行了担保业务风险评估工作；

②是否识别了担保业务风险并编制了"担保业务风险及其描述表"；

③是否进行了分析担保业务风险并编制了"担保业务风险分析表"；

④是否评价了担保业务风险并编制了"担保业务风险评价表";

⑤是否确定了担保业务风险应对策略并编制了"担保业务风险应对策略表";

⑥是否汇总分析了担保业务风险评估结果并编制了"担保业务风险数据库";

⑦是否提出了担保业务重大风险解决方案;

⑧担保业务风险评估结果是否合理有效等。

常用评价方法为调查、询问、审阅和抽样执行穿行测试或重新执行程序,评价工作底稿是调查问卷、审阅及访谈记录表、抽查底稿等,这里需要特别说明的是对担保业务风险评估结果有效性评价是件非常专业的工作,比较严谨的做法是对担保业务重新进行风险评估,但这工作量巨大,现实的做法是用统计抽样的方法抽查担保业务风险评估结果的有效性。

（4）控制要点确定过程及其结果的有效性

担保业务控制环节确定评价要点包括以下几点。

①担保业务内部控制设计时是否划分了控制环节;

②每个控制环节是否确定了控制要点;

③是否确定了关键控制,是否编制了"担保业务控制要点及其关键控制表";

④担保业务控制环节、要点及其关键控制的确定结果是否有效。

常用评价方法为调查问卷和审阅的方法,评价工作底稿是调查问卷、审阅及访谈记录表等。

（5）控制目标的分解过程及结果的有效性

评价要点包括以下几点。

①是否分析确定了担保业务内部控制的总体控制目标;

②是否分解了总体控制目标,是否编制了"担保业务内部控制目标表";

③担保业务控制目标的分析、分解结果是否有效。

常用评价方法为调查问卷和审阅的方法,评价工作底稿是调查问卷、审阅及访谈记录表等。

（6）控制措施的确定过程及结果的有效性

评价要点包括以下几点。

①是否确定了担保业务内部控制的总体控制措施,总体控制措施确定是否有效等;

②担保业务层的控制措施是否具体有效,是否编制了"担保业务内部控制措施表"。

常用评价方法为调查问卷、审阅、穿行测试、重新执行等方法,评价工作底稿是调查问卷、审阅及访谈记录表、跟单测试工作底稿等。

（7）控制证据的设计过程及结果的有效性

担保业务控制证据是多种多样的,评价要点是:是否设计了担保业务内部控制的控制证据,是否编制了"担保业务控制证据表",设计的控制证据是否有效等。常用评价方法为调查问卷和审阅等方法,评价工作底稿是调查问卷、审阅及访谈记录表等。

（8）管理制度的优化过程及结果的有效性

担保业务内部控制设计的过程实际上也是担保业务管理制度优化的过程,需要对担保业务管理的修订和完善提出建设性的意见。评价要点是：是否提出了担保业务管理制度完善建议，是否编制了"担保业务制度完善建议表"，建议是否合理有效等。常用评价方法为调查问卷和审阅等方法，评价工作底稿是调查问卷、审阅及访谈记录表等。

（9）控制流程图的绘制过程及结果的有效性

评价要点是：是否绘制了"担保业务内部控制流程图"，是否标注了风险点和控制点，"担保业务控制流程图"是否有用等。常用评价方法为审阅、访谈的方法，评价工作底稿是审阅及访谈记录表等。

（10）控制矩阵的编制过程及结果的有效性

"担保业务控制矩阵"是担保业务内部控制设计的重要成果之一，是企业内部控制管理手册的重要组成部分。评价要点是：是否编制了"担保业务内部控制矩阵"，控制矩阵的格式要素是否基本齐全等。常用评价方法为审阅、访谈的方法，评价工作底稿是审阅及访谈记录表等。

2. 运行有效性评价

担保业务内部控制的运行有效性评价包括运行过程和运行结果两个层面，总体说来，评价要点包括：

①已设计完成的担保业务内部控制及其相关的管理制度是否有效执行，是否有效控制了担保业务风险；

②已设计好的担保业务各控制点的控制措施是否有效实施，是否有效防止了各控制环节的风险；

③是否建立担保业务内部控制标准执行情况文档；

④是否根据业务、监管要求或法律法规等的变化持续改进担保业务内部控制等。

实践中，担保业务内部控制运行层面普遍存在的问题是已有的控制在实际中没有执行，内部控制形同虚设，担保业务风险未有效控制，导致担保资金被挪用、贪污等。担保业务内部控制的运行有效性评价重点是控制制度及其措施的执行情况。常用评价方法为调查问卷、审阅、穿行测试、重新执行等，评价工作底稿是调查问卷、审阅及访谈记录表、跟单测试工作底稿等。

8.2.5 担保业务内部控制评价程序

担保业务内部控制评价程序，就实施阶段来说，主要包括对担保业务内部控制进行调查了解、现场测试、认定缺陷、综合评价等程序。

1. 调查了解

担保业务内部控制调查了解，是评价实施阶段的首要环节，涉及的具体内容很多，也因单位的不同而不同。值得注意的是，调查了解仅作为了解担保业务内部控制设计和运行情况的手段，不能直接形成担保业务内部控制设计和运行有效性的结论。本阶段工作常用方法有文字叙述法、调查表法、流程图法、控制矩阵法等，这些方法各有其特点，经常综合运用。

2. 现场测试

担保业务内部控制现场测试，就是测试担保业务内部控制设计和运行的有效性。实际操作中，可以根据具体情况实施详查或者抽样测试，具体测试方式包括跟单测试和关键控制测试等。

评价人员在测试担保业务控制设计的有效性时，应当综合运用询问适当人员、观察经营活动和检查相关文件等程序，一般采用跟单测试方式。

评价人员在测试担保业务内部控制运行的有效性时，应当综合运用审阅文件资料、询问相关人员、观察业务活动及重新执行控制等程序，在此过程中，应将担保业务各业务流程及各控制点的测试程序、方法和结果记录于"内部控制执行有效性测试底稿"。测试结束后，应将各个流程和控制点的执行有效性测试结果进行汇总，记录于"内部控制执行有效性评估汇总表"，此测试一般采用关键控制测试的方式，即建立样本库，再按照样本发生频率、样本库总量的大小区分，抽取相应数量的样本进行测试。

3. 认定缺陷

担保业务内部控制认定缺陷，就是对担保业务内部控制设计缺陷和运行缺陷的认定，并按影响程度分为重大缺陷、重要缺陷和一般缺陷。在具体的认定过程中，评价人员应将已经调查了解的担保业务内部控制的系统现状与事先确定的内部控制标准模式进行对照，以揭示哪些法规规定的控制程序未被采用。对照发现的缺陷，应当按照不同内容分类，汇集在"内部控制缺陷认定矩阵表"中记录，并编制"担保业务内部控制缺陷认定表"。

4. 综合评价

担保业务内部控制综合评价，就是指在现场测试结果的基础上对担保业务内部控制有效性作出的最终评价，主要工作是汇总前述评价结果。本阶段工作应遵循整理资料、分析影响、形成结论、反馈意见等综合评价的基本步骤。担保业务内部控制综合评价的方法很多，比较常用的是评分法。实施过程中，可分别对担保业务内部控制设计有效性和运行有效性进行评分，也可以进行综合评分。综合评价结果可编制成"评价结果汇总表"或绘制成"评价地图"。

8.3 担保业务流程

担保业务流程是担保业务开展的基础。担保业务流程的设计关系项目运作效率和项目风险控制水平的高低，由于各担保机构对担保业务理解的不同，分别设计了不同的业务流程。实际上，由于各担保机构的担保业务品种不同，担保业务环境不一样，担保业务流程也必然不同，即使在同一个担保机构内部，对于不同的业务品种也应按不同的业务流程进行操作。

一般而言，担保业务的基本流程包括受理担保申请、调查评估、审批、订立担保合同、担保合同执行与监控等，具体如图8-1所示。

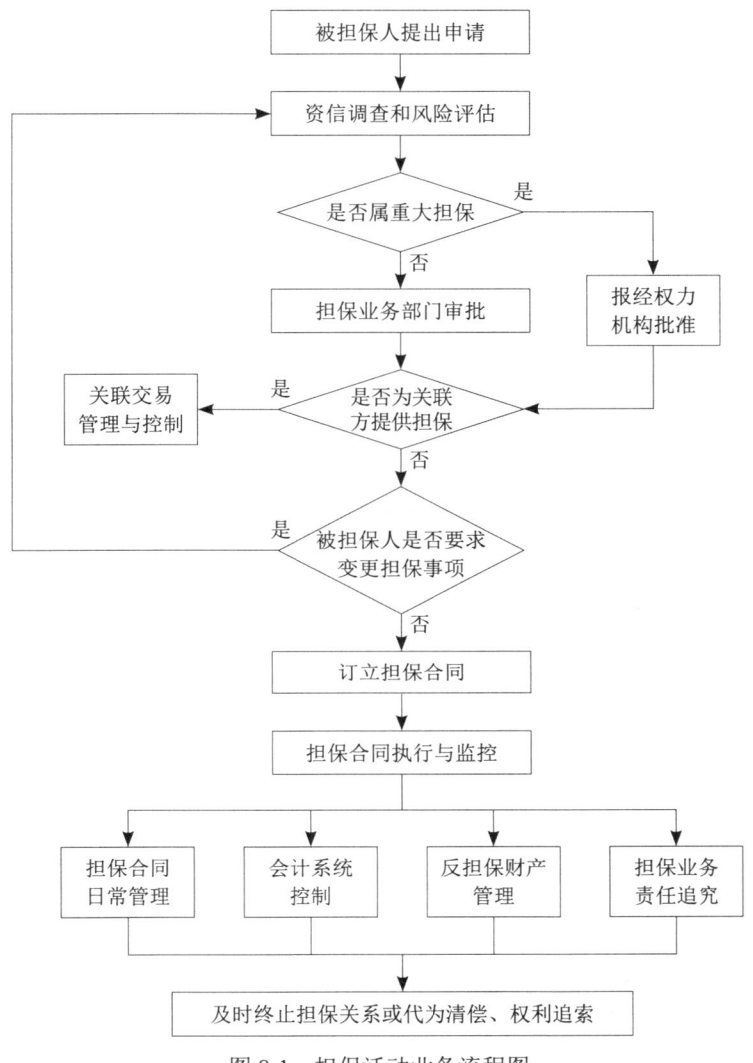

图 8-1 担保活动业务流程图

8.4 担保业务的主要风险点及内控措施

8.4.1 受理申请

受理申请是办理担保业务的第一步，是控制的起点，该节的主要风险和内控措施详见表 8-1。

表 8-1 受理申请的主要风险和内控措施

主要风险	1. 企业担保政策和相关制度不健全，导致难以对担保申请人提出的担保申请进行初步评价和审核 2. 对担保申请人提出的担保申请审查把关不严，导致申请受理流于形式
内控措施	1. 依法制定和完善本企业的担保政策和相关管理制度，明确担保的对象、范围、方式、条件、程序、担保限额和禁止担保事项等

内控措施	2. 严格按照担保政策和相关管理制度对担保申请人提出的担保申请进行审核。例如，担保申请人是否属于可以提供担保的对象。一般而言，对于与本企业存在密切业务关系需要互保的企业、与本企业有潜在重要业务关系的企业、本企业管控的子公司及具有控制关系的其他企业等，可以考虑提供担保，反之则必须十分慎重。又如，对担保申请人整体实力、经营状况、信用水平的了解情况。如果担保申请人实力较强、经营良好、恪守信用，可以考虑接受申请；反之，则不予受理。再如，担保申请人申请资料的完备情况，如果资料完备、情况翔实，可予受理；反之，则不予受理

8.4.2 调查评估

企业在受理担保申请后对担保申请人进行的资信调查和风险评估，是办理担保业务不可或缺的重要环节，它在相当程度上影响甚至决定担保业务未来的走向，这一环节的主要风险和内控措施见表8-2。

表8-2 调查评估的主要风险和内控措施

主要风险	对担保申请人的资信调查不深入、不透彻，对担保项目的风险评估不全面、不科学，导致企业担保决策失误或遭受欺诈，为担保业务埋下巨大隐患
内控措施	1. 委派具备胜任能力的专业人员开展调查和评估。调查评估人员与担保业务审批人员应当分离。担保申请人为企业关联方的，与关联方存在经济利益或近亲属关系的有关人员不得参与调查评估。企业可以自行对担保申请人进行资信调查和风险评估，也可以委托中介机构承担这一工作，同时应加强对中介机构工作情况的监控 2. 对担保申请人资信状况和有关情况进行全面、客观的调查评估。在调查和评估中，应当重点关注以下事项 （1）担保业务是否符合国家法律法规和本企业担保政策的要求，凡与国家法律法规和本企业担保政策相抵触的业务，一律不得提供担保 （2）担保申请人的资信状况，包括基本情况、资产质量、财务状况、经营情况、信用程度及行业前景等 （3）担保申请人用于担保和第三方担保的资产状况及其权利归属 （4）企业要求担保申请人提供反担保的，还应对与反担保有关的资产状况进行评估。企业应当综合运用各种行之有效的方式方法，对担保申请人的资信状况进行调查了解，务求真实准确。例如，在对担保申请人财务状况进行调查时，要深入分析其短期偿债能力、长期偿债能力、盈利能力、资产管理能力和可持续发展能力等核心指标，从而做到胸有成竹、防患于未然；涉及对境外企业提供担保的，还应特别关注担保申请人所在国家和地区的政治、经济、法律等因素，并评估外汇政策、汇率变动等可能对担保业务造成的影响 3. 对担保项目经营前景和盈利能力进行合理预测。企业整体的资信状况和担保项目的预期运营情况，构成判断担保申请人偿债能力的两大重要因素，应当予以重视 4. 划定不予担保的"红线"，并结合调查评估情况作出判断。《企业内部控制应用指引第12号——担保》明确规定了以下五类不予担保的情形 （1）担保项目不符合国家法律法规和本企业担保政策的 （2）担保申请人已进入重组、托管、兼并或破产清算程序的 （3）担保申请人财务状况恶化、资不抵债、管理混乱、经营风险较大的 （4）担保申请人与其他企业存在较大经济纠纷，面临法律诉讼且可能承担较大赔偿责任的 （5）担保申请人与本企业发生过担保纠纷且仍未妥善解决的，或不能及时足额交纳担保费用的各企业应当将上述五类情形作为办理担保业务的"高压线"，严格遵守、不得突破；同时，可以结合企业自身的实际情况，进一步充实、完善有关管理要求，切实防范为"带病"企业提供担保 5. 形成书面评估报告，全面反映调查评估情况，为担保决策提供第一手资料。企业应当规范评估报告的形式和内容，妥善保管评估报告，并将其作为日后追究有关人员担保责任的重要依据

8.4.3 审批

审批环节在担保业务中具有承上启下的作用，它既是对调查评估结果的判断和认定，也是担保业务是否能进入实际执行阶段的必经之路，这一环节的主要风险和内控措施见表 8-3。

表 8-3　审批的主要风险和内控措施

主要风险	1. 授权审批制度不健全，导致对担保业务的审批不规范 2. 审批不严格或者越权审批，导致担保决策出现重大疏漏，可能引发严重后果 3. 审批过程存在舞弊行为，可能导致经办审批等相关人员涉案或企业利益受损
内控措施	1. 建立和完善担保授权审批制度，明确授权批准的方式、权限、程序、责任和相关控制措施，规定各层级人员应当在授权范围内进行审批，不得超越权限审批。企业内设机构不得以企业名义对外提供担保。企业应当加大分公司对外担保的管控力度，严格限制分公司担保行为，避免因分公司违规担保为本企业带来不利后果 2. 建立和完善重大担保业务的集体决策审批制度。企业应当根据公司法等国家法律法规，结合企业章程和有关管理制度，明确重大担保业务的判断标准、审批权限和程序。上市公司的重大对外担保，应取得董事会全体成员 2/3 以上签署同意或者经股东大会批准，未经董事会或者类似权力机构批准，不得对外提供重大担保 3. 认真审查担保申请人的调查评估报告，在充分了解掌握有关情况的基础上，权衡比较本企业净资产状况、担保限额与担保申请人提出的担保金额，确保将担保金额控制在企业设定的担保限额之内 4. 从严办理担保变更审批。被担保人要求变更担保事项的，企业应当重新履行调查评估程序，根据新的调查评估报告重新履行审批手续

8.4.4 签订担保合同

担保合同是审批机构同意办理担保业务的直接体现，也是约定担保双方权利义务的基础载体，这一环节的主要风险和内控措施见表 8-4。

表 8-4　签订担保合同的主要风险和内控措施

主要风险	未经授权对外订立担保合同，或者担保合同内容存在重大疏漏和欺诈，可能导致企业诉讼失败、权利追索被动、经济利益和形象信誉受损
内控措施	1. 严格按照经审核批准的担保业务订立担保合同。合同订立经办人员应当在职责范围内，按照审批人员的批准意见拟订合同条款 2. 认真审核合同条款，确保内容完整、表述严谨准确、相关手续齐备。担保合同中应明确被担保人的权利、义务、违约责任等相关内容，并要求被担保人定期提供财务报告和有关资料，及时通报担保事项的实施情况。如果担保申请人同时向多方申请担保，那么企业应当在担保合同中明确约定本企业的担保份额和相应的责任 3. 实行担保合同会审联签。除担保业务经办部门之外，鼓励和倡导企业法律部门、财务部门、内审部门等参与担保合同会审联签，增强担保合同的合法性、规范性、完备性，有效避免权利义务约定、合同文本表述等方面的疏漏 4. 加强对有关身份证明和印章的管理。例如，在担保合同签订过程中，依照法律规定和企业内部管理制度，往往需要提供、使用企业法定代表人的身份证明、个人印章和担保合同专用章等，因此，企业必须加强对身份证明和印章的管理，保证担保合同用章用印符合当事人真实意愿 5. 规范担保合同记录、传递和保管，确保担保合同运转轨迹清晰完整、有案可查

8.4.5 日常管理

担保合同的签订，标志着企业的担保权利和担保责任进入法律意义上的实际履行阶段。企业应切实加强对担保合同执行情况的日常监控，通过及时、准确、全面的了解及掌握被担保人的经营状况、财务状况和担保项目运行情况，最大限度地实现企业的担保权益，降低企业的担保责任，这一环节的主要风险与内控措施见表8-5。

表 8-5　日常管理的主要风险和内控措施

主要风险	"重合同签订，轻后续管理"，对担保合同履行情况疏于监控或监控不当，导致企业主要风险不能及时发现和妥善应对被担保人的异常情况，可能延误处置时机，加剧担保风险，加重经济损失
内控措施	1. 指定专人定期监测被担保人的经营情况和财务状况，对被担保人进行跟踪和监督，了解担保项目的执行、资金使用、贷款归还、财务运行及风险等情况，促进担保合同有效履行。企业财务部门要及时（最好是按月或者按季）收集、分析被担保人担保期内的财务报告等相关资料，持续关注被担保人的财务状况、经营成果、现金流量及担保合同的履行情况，积极配合担保经办部门防范担保业务风险 2. 及时报告被担保人异常情况和重要信息。企业有关部门和人员在实施日常监控过程中发现被担保人经营困难、债务沉重，或者存在违反担保合同的其他各种情况，应当按照《企业内部控制应用指引第17号——内部信息传递》的要求，在第一时间向企业有关管理人员作出报告，以便及时采取有针对性的应对措施

8.4.6 会计系统控制

担保业务直接涉及担保财产、费用收取、财务分析、债务承担、会计处理和相关信息披露等，这决定了会计控制在担保业务经办中具有举足轻重的作用，这一环节的主要风险与内控措施见表8-6。

表 8-6　会计系统控制的主要风险和内控措施

主要风险	会计系统控制不力，可能导致担保业务记录残缺不全，日常监控难以奏效，或者担保会计处理和信息披露不符合有关监管要求，可能引发行政处罚
内控措施	1. 健全担保业务经办部门与财务部门的信息沟通机制，促进担保信息及时有效的沟通 2. 建立担保事项台账，详细记录担保对象、金额、期限、用于抵押和质押的物品或权利，以及其他有关事项；同时，及时足额收取担保费用，维护企业担保权益 3. 严格按照国家统一的会计准则制度进行担保会计处理，发现被担保人出现财务状况恶化、资不抵债、破产清算等情形的，应当合理确认预计负债和损失，涉及上市公司的，还应当区别不同情况依法予以公告 4. 切实加强对反担保财产的管理，妥善保管被担保人用于反担保的权利凭证，定期核实财产的存续状况和价值，发现问题及时处理，确保反担保财产安全完整

8.4.7 反担保财产管理

反担保财产管理环节的主要风险和内控措施见表8-7。

表 8-7　反担保财产管理的主要风险和内控措施

主要风险	对反担保的权利凭证保管不善、缺乏对反担保财产的有效监控等
内控措施	加强对反担保财产的管理，妥善保管被担保人用于反担保的权利凭证，定期核实财产的存续状况和价值，发现问题及时处理，确保反担保财产安全、完整

8.4.8 责任追究

责任追究环节的主要风险和内控措施见表 8-8。

表 8-8 责任追究的主要风险和内控措施

主要风险	缺乏担保业务责任追究制度，或者制度执行流于形式
内控措施	建立担保业务责任追究制度，对在担保中出现重大决策失误、未履行集体审批程序或不按规定管理担保业务的部门及人员，应当严格追究其责任

8.4.9 代为清偿和权利追索

被担保人在担保期间如果顺利履行了对银行等债权人的偿债义务，且向担保企业及时足额支付了担保费用，担保合同一般应予终止，担保双方可以解除担保权利责任。但在实践中，由于各方面因素的影响，部分被担保人无法偿还到期债务，"连累"担保企业不得不按照担保合同约定承担清偿债务的责任，因此，在代为清偿后依法主张对被担保人的追索赔偿权力，成为担保企业降低担保损失的最后一道屏障。这一环节的主要风险与内控措施见表 8-9。

表 8-9 代为清偿和权利追索的主要风险和内控措施

主要风险	1. 违背担保合同约定不履行代为清偿义务，可能被银行等债权人诉诸法律成为连带被告，影响企业形象和声誉 2. 承担代为清偿义务后，向被担保人追索赔偿不力，可能造成较大经济损失
内控措施	1. 强化法治意识和责任观念，在被担保人确实无力偿付债务或履行相关合同义务时，自觉按照担保合同承担代偿义务，维护企业诚实守信的市场形象 2. 运用法律武器向被担保人追索赔偿权利。在此过程中，企业担保业务经办部门、财务部门、法律部门等应当通力合作，做到在司法程序中举证有力；同时，依法处置被担保人的反担保财产，尽力减少企业经济损失 3. 启动担保业务后评估工作，严格落实担保业务责任追究制度，对在担保中出现重大决策失误、未履行集体审批程序或不按规定管理担保业务的部门及人员，严格追究其行政责任和经济责任，并深入开展总结分析，举一反三，不断完善担保业务内控制度，严控担保风险，促进企业稳健发展

8.5 担保业务内部控制注意事项

企业应当依法制定和完善担保业务政策及相关管理制度，明确担保的对象、范围、方式、条件、程序、担保限额和禁止担保等事项，规范调查评估、审核批准、担保执行等环节的工作流程，按照政策、制度、流程办理担保业务，定期检查担保政策的执行情况及效果，切实防范担保业务风险，具体注意事项包括以下几个方面。

8.5.1 事前控制

1. 树立风险意识

企业必须辨识担保的高度风险，在担保前就制定严格的担保原则、担保条件、担保标准，并以此来规范担保业务。

2. 完善担保业务的授权批准制

企业必须对担保业务建立严格的授权批准制度，防止层层担保、任意担保。对一般企业而言，适当的集中管理和事先核准是控制担保风险的有效手段。

3. 合理限定担保总额和单笔担保的最大额度

限定企业最高对外担保额度是控制企业担保风险的有力工具。为确保企业财务状况的稳健，企业最高担保额应不超过企业净资产与企业负债之差。同时，企业每年应重新评估对外担保的总额度和单笔担保的最大限额。

4. 慎选担保对象

担保对象到期是否偿还债务是担保人承担担保风险的关键。企业对外提供担保，必须要求对方提供近几年的财务报告、审计报告等有关资料并聘请第三方机构进行验证。除经济实力之外，准确评估担保对象的信用状况是规避担保风险的重要环节。在确信对方具有良好的经济实力和信用状况后，企业还应对被担保债务的用途及其可行性进行分析。通过以上几点评估后，企业方可与担保对象确认担保关系。

8.5.2 事中控制

在对被担保单位的综合情况进行了解和有效的分析评价之后，在符合本企业的担保原则、担保标准和担保条件的情况下，企业就可以和被担保单位签订担保合同了，但在担保合同的签订过程中，同样存在很多风险隐患，需要企业严格把关。

1. 注意担保合同的订立及细节的推敲

严密有效的担保合同对维护合同双方的正当权益具有重要作用。担保合同在订立时，必须明确约定担保种类、金额、期限、担保资金用途及双方认为需要约定的其他事项。担保合同必须经过担保双方法定代表人签章，并加盖企业公章。

一般来说，企业签订担保合同时，应由企业法务人员参与或认真听取法律顾问意见，对模糊不清、似是而非的条款，应要求对方澄清并予以明确。必要时，担保企业应当要求被担保企业提供以资产物资为抵押的反担保协议书或保证书。

2. 对已提供的担保进行即时监控和事后监督

一般情况下，多数担保往往存续一个时期而非一个时点。企业对外担保风险的发生，往往与企业对担保对象重大经营财务情况了解滞后有关，如果企业能及时准确掌握这些情况的变化，就能避免担保风险或尽量将担保损失降到最低。

一般来讲，担保企业应要求被担保企业提供被担保期间的财务会计报告，定期报告经营情况及借款运用情况和偿还债务的资金来源及资金预算。一旦发现被担保企业出现异常情况、财务状况或经营情况发生重大变化或出现恶化，如发生合并、分立、解散、破产、严重亏损等，应采取合法措施避免、减轻、转移自身的担保责任。

8.5.3 事后控制

担保期间，一旦收到担保受益人的书面索赔通知，企业应认真核对担保时效、索赔金额等信息，经被授权人同意后，方能支付垫付款项。在款项支付后，应及时向被担保企业发送垫付通知书，向反担保单位发送"履行担保责任通知书"，并及时审查、收回垫付款项。

当被担保企业未按期偿还债务、债权人以诉讼方式追讨债务人及担保人的连带清偿责任时，担保企业应采取积极的态度应对诉讼：迅速成立专案组，在律师的协助下，制定应对方案，确认反担保措施的可靠、安全；与债权人充分沟通，以债务人资产为追偿目标，坚决制止债务人逃废债务的企图；积极配合债权人实现债权，敦促债务人以实际行动履约。

8.6 担保业务内部控制案例详解

贵州 CZTC（长征天成）控股股份有限公司（以下简称"ST 天成"）上市于 1997 年，是一家专业生产高、中压电气元件的国家大型一档企业，具备年产有载分接开关 5 000 台/套、中压元件设备 4 万台/套的能力，是西南地区的工业电器生产基地之一，同时拥有广西固封式真空断路器及高压成套设备生产基地，目前已形成以电气设备、金融及矿业开发三大产业为支柱的产业集团。ST 天成主营业务包括电气设备制造、矿产资源开发及金融三大业务。

然而，麻烦缠身的 ST 天成又摊上事儿了。2019 年 6 月 6 日，ST 天成及相关当事人收到了中国证券监督管理委员会贵州监管局《关于对贵州长征天成控股股份有限公司采取责令改正措施的决定》，该决定主要涉及公司违规对外担保、关联方非经营性资金占用等事项。2019 年 6 月 12 日，ST 天成相关人士在接受《每日经济新闻》记者采访时表示，有关违规担保和资金占用目前尚未解决完成。该公司对证监局的行政监管措施没有异议，下一步将按照证监局的要求，在规定时间内将相应整改报告做出来。根据中国证券监督管理委员会贵州监管局的现场检查，ST 天成存在违规对外担保、关联方非经营性资金占用、虚增固定资产、套取上市公司资金 0.37 亿元代大股东偿还借款本金及利息、资产被冻结未披露等七大问题。那么，该公司涉违规担保等事项未及时披露等七大问题的情况具体是怎样的呢？

具体而言，在违规对外担保方面，2017 年 3 月 14 日、10 月 24 日、12 月 3 日，ST 天成分三次为控股股东银河天成集团有限公司（以下简称"银河集团"）提供担保，共涉及金额 3.95 亿元。与此同时，上述担保不仅未履行审议程序，也未按要求在报告中进行披露。此外，ST 天成还存在控股股东资金占用的问题。2017 年至 2018 年两年期间，ST 天成通过向第三方借款、使用自有资金、非法套取公司资金、因承担连带担保责任被法院强制划转资金等方式无偿向银河集团提供资金或代其偿还债务，导致银河集团共 11 次非经营性占用公司资金，合计占用 2.96 亿元。此事项也同样未按要求在相关报告中披露。

此外，ST 天成承诺在 2019 年 5 月 22 日前解决关于违规担保及资金占用事项，却无最新进展，仍处于尚未解决完成阶段。根据具体的调查结果：ST 天成以购置固定资产的名义，划转资金或票据共 0.37 亿元给银河集团债权人，用于偿还银河集团的借款本金和利息，该行为导致上市公司 2018 年年报数据不真实。贵州证监局决定对 ST 天成采取责令改正的监管措施，要求公司立即采取措施进行整改，并于 2019 年 7 月 20 日前向该局提交书面整改报告。

当然，除了对上市公司的监管，中国证券监督管理委员会贵州监管局也对朱某等 ST 天成时任董事、监事和高级管理人员采取了出具警示函的监管措施。贵州证监局认为：因朱某等作为 ST 天成时任董事、监事和高级管理人员，对相应临时报告或定期报告中存在的问题未能及时发现，未履行忠实、勤勉义务。鉴于控股股东占用资金、违规担保等问题，ST 天成已然面临困局。审华会计师事务所（特殊普通合伙）对该公司 2018 年财报出具了保留意见的审计报告。ST 天成 2018 年年报期内，公司根据《上海证券交易所股票上市规则》的有关规定，对 ST 天成及子公司最近 12 个月内的累计涉及诉讼（仲裁）进行了统计，诉讼（仲裁）金额合计约 4.46 亿元（未考虑延迟支付的利息及违约金），占公司最近一期经审计净资产的 38.63%。

截至 2019 年 4 月 22 日，ST 天成在关于公司自查对外担保、资金占用等事项的提示性公告中披露，经自查，ST 天成存在未履行审批程序向控股股东银河集团提供对外担保的情况，ST 天成违规向银河集团借款提供担保的金额为 9 230 万元（不含利息），占公司最近一期经审计净资产的比例为 7.99%。然而，据 ST 天成 2019 年 5 月 30 日披露，截至披露日，该公司被查封、冻结的资产账面价值合计为 10.2 亿元，占公司最近一期经审计总资产的 41.39%。然而，不止上市公司本身，ST 天成的控股股东银河集团同样也面临麻烦。天眼查显示，银河集团在 2018 年 8 月 27 日和 2019 年 5 月 23 日两次被列为失信被执行人，2018 年 8 月至今，8 次被列为被执行人。

第9章
采购业务内部控制

采购，是指单位为了满足物品（原材料、固定资产、办公用品等）或劳务（技术、服务等）等需要进行的各项经济业务活动。在社会化大生产的环境下，任何单位要维持正常的生产或经营，都必须进行采购经济业务活动，可以说，采购是各单位经济活动中最频繁的、最常见的表现形式之一。采购与付款业务是企业经营活动的首要环节，它与生产、销售计划密切联系，业务发生频繁，工作量大，运行环节多，直接导致货币资金的支出或对外负债的增加，容易产生管理漏洞。建立完善的采购业务内部控制制度，可以保证采购付款业务循环有效运行，确保采购事项的真实性、合理性、合法性，发现并纠正错误，防止欺诈和舞弊行为，及时准确提供采购业务的会计信息，使企业在采购、付款环节获得最大经济效益。设计采购业务的内部控制制度，就是依据企业的生产经营特点，针对采购业务的工作特性，设计规范整个业务流程和每个关键控制点的规定、方法、措施等，并规范执行，严格监督。

9.1 采购业务内部控制的目标、流程及风险点

9.1.1 采购业务内部控制的主要目标

1. 经营目标

通过规范采购业务流程，确保采购业务按规定程序和适当授权进行，实现预期目标。

2. 财务目标

确保采购与付款业务及其相关会计账目的核算真实、完整、规范，防止出现差错和舞弊；保证账实相符，财务会计报告合理揭示采购业务享有的折扣、折让。

3. 合规目标

保证采购及付款业务、相关采购、招标合同等符合国家有关法律法规。

确保付款、与采购相关的货币资金管理符合中国人民银行等国家有关部门的法规要求。

采购业务内部控制所指的采购业务是指对采购生产性物料（原材料、包装材料、五金配件、低值易耗品）和非生产性物料（办公劳保用品）的供应计划、采购作业、物料入库、付款结算等业务流程中的重要节点进行全面监控和管理，如图9-1所示。

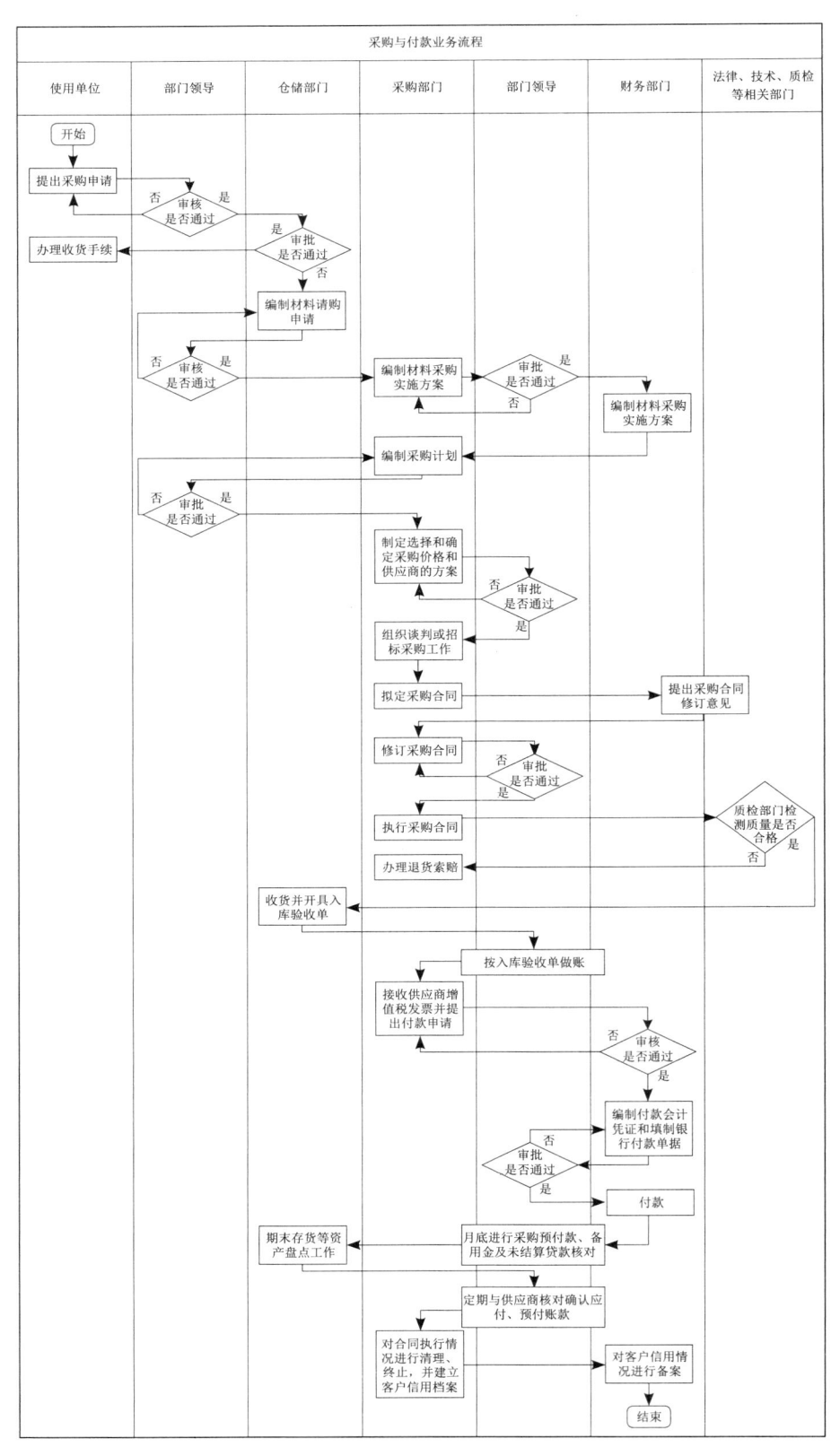

图 9-1 采购业务流程图

9.1.2 采购业务流程

1. 采购申请和采购计划

①使用单位根据生产经营、建设需要和预算，提出采购申请。注明所需物资的名称、规格、数量、技术质量标准与要求等，经单位、部门领导审核后报仓储部门审核。

②仓储部门根据物资储备定额，符合储备定额的给予办理发货手续；定额不足的编制物资请购计划，经部门领导审核后报采购部门。

③采购部门根据采购申请计划编制物资采购实施方案，报部门领导签字后再报主管领导审批。

2. 编制、审定采购实施方案

①经审批的采购计划，交财务部申请资金计划。采购计划需按照货币资金内部控制制度的规定进行审批。

②采购部门依据经审定的采购实施方案和资金计划制订相关采购计划，包括选择确定采购价格、供应商、采购合同、采购物资的技术指标等。

3. 选择确定采购价格及供应商

①采购部门依据批准的物资采购实施订单和资金计划，通过询比价、招标、网上采购和公开采购信息等公平、透明的方式，按照公司物资采购的有关规定提出选择和确定采购价格和供应商的方案，经部门领导审核后确定。

②需与供应商就价格、付款方式或供货质量及要求等进行谈判确定的，由采购、财务及相关技术部门等人员组成谈判组，提出初步意见，报授权领导审定后由采购部门牵头谈判。

③对公司要求实施统一采购的大宗或进口物资，应按公司的相关规定办理。属招标采购范围的，应组织招标采购。

4. 签订采购合同

①大宗、批量或比较重要的物资采购必须签订采购合同，合同文本由采购部门拟订，传送财务、法律或技术等有关部门或岗位审核。

②财务、法律或技术等部门或岗位依据职责权限对合同有关条款进行认真审核，提出修改意见后交拟订部门修改合同文本。

③分管业务的领导和财务总监审定合同，交授权人员签订合同。合同需报财务、检验、法律等部门备案，原件留采购部门。

④采购合同需要变更或提前终止时，应报原审批领导同意。重大合同变更需报公司总经理办公会研究同意。

5. 跟踪并监督合同的执行

①采购部门的采购人员、合同管理人员及有关部门在合同签订后，应当跟踪并监督合同的执行。

②物资采购、技术、设计等部门和需用部门对长周期运行的关键重要设备、材料实行过程监造，确定监造方式，编制监造大纲，签订监造协议，落实监造责任人。

③采购人员按照采购合同中确定的制造周期、交货时间、工程项目进度计划落实催交、

催运措施，监督合同按期执行。

6. 采购物资验收入库

①质检部门对到货物资进行质量检验，出具质量检验报告书并传送给采购部门、仓储部门、财务部门。

②采购部门编制物资入库单或系统自动生成入库单（入库单应连续编号），仓储部门对到货物资进行外观和数量检验并审核入库单，对符合合同要求的合格物资办理验收入库手续，并将入库验收单传送给财务部门和采购部门分别审核编制入账，经会计主管复核后过账。对检验不符合合同要求的物资，不得办理入库手续。

③不合格物资由采购部门办理退货索赔事宜或提出折让方案，报授权部门或人员审批后进行处理。

7. 发票校验、货款支付及核算记账

①财务部门对购货增值税发票进行校验认证，未能通过发票认证的必须退回并重新开具；将校验审核后的发票、采购合同、货物入库验收单等信息录入系统生成会计凭证或编制会计凭证，经会计主管复核后过账。

②采购部门根据采购合同规定的货款支付方式及合同执行情况，提出采购资金支付申请，填制付款申请单并附采购合同、验收单据等付款依据，经采购部门领导审核签字后传送到财务部门办理货款支付和结算手续。

③财务部门收到采购部门的货款支付申请，首先要对采购合同、购货发票、货物入库验收单等进行审核，然后对应付、预付账款和分期付款等付款约定，以及采购享有的折扣和折让等进行审核，在审核确认无违反合同、程序和其他问题的情况下，编制付款会计凭证和填制银行付款单据，经会计主管复核、财务部门负责人审核签字后付款入账。若需提前付款、更改合同约定条件及金额较大的，按规定权限报批。

④月末财务部门与采购部门对采购预付款、备用金及未结算的货款进行核对，发现问题及时报告并查明原因和处理。享有采购折扣或折让的，应在会计报表中恰当披露。

⑤季末或半年末，仓储部门和有关资产管理部门必须对存货等实物资产进行盘点。财务部门应当派人监督盘点。

⑥公司财务和采购部门应定期与客户核对确认应付、预付账款，发现问题及时查明原因和处理。

8. 清理、终止合同

①合同执行完毕后，采购部门应对合同执行情况进行清理、终止，并建立客户信用档案。

②采购部门将合同清理和客户信用情况反馈给财务部门。

9.1.3 采购业务内部控制的主要风险点

1. 采购合同方面的风险

材料采购合同是以材料、设备等为标的的支出性经济合同。材料采购合同无论在数量上还是金额上都占经济合同中的大部分比例，其签订是否合理合法、履行是否到位，在一定程度上会引起企业成本与资金的波动，从而影响企业的经济效益。目前公司材料采购合同在签

订、履行、结算等方面存在一定的漏洞,主要表现在以下几个方面:

(1) 签订虚假经济合同,套取资金

材料采购合同主要是由企业的计划部门和物资等相关部门负责签订的,如果缺乏监管,有些企业内部的合同经办人员为了谋求私利可能会与合同的对方当事人相互串通,签订虚假的经济合同,套取企业资金,给企业造成损失。

(2) 价格虚高

合同条款表述不清,很多企业在签订合同时缺乏必要的市场调研,对市场信息掌握不够,未按市场行情及时调整价格,未进行招标,对价款组成部分的包装费、运输费缺乏明确约定等。此外,合同条款内容未按规范进行表述,容易使合同双方在供货时间、标的物规范及费用的负担上引起不必要的纠纷。

(3) 合同条款执行不严,未能有效追究违约责任

有些企业材料采购合同条款中违约责任的规定形同虚设,不能严格予以执行;有些企业由于计划、仓储与验收、生产部门脱节,导致合同履行不力,甚至出现对方单位没能完全履约或者在货未到全的情况下全额付款,给企业造成经济损失。

(4) 合同行为不正当

卖方为了改变在市场竞争中的不利地位,往往采取一些不正当手段,如对采购人员行贿套取企业采购标底;给予虚假优惠,以某些好处为诱饵公开兜售假冒伪劣产品等,以此损害公司的经济利益。

2. 采购成本方面的风险

影响材料采购成本的风险因素具体包括以下几个方面:

(1) 采购前期费用

一般来说,材料供应计划确定以后,供应部门就会着手开展采购活动。采购的前期工作包括市场调查、质量评审、信用评估、供需洽谈及派出人员现场调查等,这些方面如果控制不好,就会出现信息失真、欺上瞒下、差旅费用过高等问题。

(2) 采购价格

采购价格直接决定原材料的采购成本。一定量的产品最终所需的原材料的数量是一定的,因此采购价格的高低会极大影响产品制造成本。采购活动中经常出现的价格差,就是由供应者和采购者的市场信息不对称所致,供应者凭借较为充分的相关信息,常常占据较大的优势。

(3) 采购批量

企业生产宏观的连续性和微观的周期性,决定了企业持续而且批量采购,采购次数越频繁,储备资金越低,资金周转率越高,但采购前期费用和采购价格就会越高。

(4) 质量特性

不同产品所用的原材料质量等级不同,同一产品不同部位使用的原材料质量等级也不同,因此,应按其质量特性高低划分不同等级进行分类采购。

9.2 采购业务内部控制的主要方法

目前我国采购业务引发高犯罪率而且呈现逐步上升的趋势,引发犯罪的主要原因是一些企业经济业务的处理程序和内部控制制度存在很大的问题,企业想要很好地对采购业务进行控制,就必须建立和加强,以及完善采购业务的处理程序和内部控制制度,落实责任制,不断提高制度执行力,确保物资按质按量按时和经济高效地满足生产经营的需求。

9.2.1 采购需求计划的控制

采购业务从计划开始,采购需求计划是向市场采购各种物资或组织订货的依据,需求计划规定采购的时间、物品、数量、方式等。

需求计划分为以下三点进行阐述:一是要强化需求计划的管理,需求计划通过项目管理来明确方向、落实计划、资金来源、资金安排、订货要求和时间,确保需求计划物资的准确性。二是企业全面预算管理与需求计划管理共同发展,需求计划要与设计、技术、工程、生产等部门及时进行信息交流和沟通,提高需求计划的准确性。三是要提高计划审核人员和计划提报人员的业务技能,针对计划审核人员和计划提报人员开设业务技能培训班,主要培训计划审核人员和计划提报人员的物资信息分类管理、计划管理和物资计划专业知识,通过培训来确保物资信息分类、提报依据的准确性符合标准要求。

9.2.2 采购方式和价格的控制

首先,采购部门应当定期了解、研究大宗通用重要物资的成本构成、市场供应形势、市场价格变动趋势,确定重要物资品种的采购执行价格或参考价格。为了避免信息不准确造成采购成本增加,同时确保采购价格的公平合理,采购人员要时刻盯紧市场变化,适当调整采购战略,根据市场价格的波动情况及时对材料采购价格进行调整和控制。其次对于报价进行管理,价格管理人员要整理收集各种物资的价格信息、成交的历史价格信息、供应商产品报价信息来编制物资采购的价格。最后对于采购方式的管理,采购方式要依据科学经济情况进行具体分析,要打破传统的采购思维模式。采购人员在采购的过程中要认真分析什么物品可以通过招标方式采购、什么物品可以通过策略协议方式采购、什么物品可以通过竞标方式采购等。

9.2.3 采购合同的控制

企业要建立合同管理制度,构建合同签订的流程,明确相关人员的权利和责任。签订合同前应严格审查对方当事人的主体资格,对于涉及较高专业技术或法律关系复杂的合同,如果影响重大,应当组织法律、技术、财会等专业人员参与谈判,必要时聘请外部专家参与相关工作;拟订合同文本时应当准确表述合同条款,明确双方权利义务和违约责任,防止出现容易引起歧义的语句;重大合同在签署前,要经相关审查人员进行合法性、可行性审查;以公司名义对外签订合同;按照规定权限签署采购合同。由专人保管合同及合同专用章,防止出现员工盗窃公司合同进行采购欺诈。

9.2.4 供应商管理的控制

供应商的管理是减少库存的物资积压、降低采购物资的成本、节省物资供应费用的物资供应管理职能之一。全面快速有效地整理供应商产品信息和档案信息，可以确保供应商的开户银行、供应商名称、银行账号、经营范围等信息的准确性，也为财务部门的付款结算提供方便。加强企业采购渠道的管理可以保证选择供应商的行为公平、公正、公开，同时对于供应商的准入、选择、评价机制定期实施量化评价，形成一套科学合理的供应商准入、选择、评价机制等方面的管理体系。

9.2.5 采购验收入库的控制

企业应对采购物资进行检验接收，以确保其符合合同相关规定或产品质量要求。企业应制定物资验收管理制度，明确相关检测、仓管人员的权限和责任；建立采购验收程序、方法、标准。采购物资到货后，采购部门通知质检人员和仓储人员进行验收。质检人员对入库产品进行检验，检验合格后转由仓管人员对物资数量进行验收。仓管人员应当检查入库物资规格、型号、实际验收数量是否与订单相符，若验收合格，由仓管人员填写入库单，经送货人员签字确认分别传给财务部门、采购部门，并记录仓库存货日记账。

9.2.6 采购付款的控制

付款是指企业在对采购预算、合同、相关单据凭证、审批程序等内容审核无误后，按照采购合同规定向供应商办理款项支付的过程。企业需要建立采购付款制度，明确审核人的权力和责任。财务部门收到供货单位传来发票后，应由会计人员对相关付款依据或凭证审核，审核无误后办理结算付款手续，付款人员应根据合同的规定填制付款单，经审批后支付相关款项。会计人员取得采购业务的原始凭证后，对原始凭证的真实性、合法性进行审核，按照国家相关会计准则和法规编制记账凭证和过账，并定期与仓储部门的存货日记账、供应商的对账单进行核对。企业应当建立预付账款和定金的授权批准制度，加强对大额预付账款的监控，定期对其进行追踪核查。

9.2.7 采购业务过程中职务分离的控制

采购企业要优化自己的采购业务流程，将执行、决策和管理三个层次进行划分，也是根据权利和决策科学原则进行分隔的。采购业务层次分以下三层进行阐述：一是执行层，这个层次顾名思义就是管理层下达指派签订采购合同的供应商、品牌、价格、数量、规格型号、产品名称进行监督交货流程和催交货物流程。执行层主要负责签订合同、催交货物、质量验收、验收入库、保管仓储，以及货物配送等执行工作。二是决策层，这个层次主要负责批准采购部门规章制度的制定、修订和废除，同时决策层决定整体规划决策和采购的方针、目标、战略，以及确定每个部门的权限和职责，协调每个部门的关系。三是管理层，这个层次主要是根据采购业务部门提供的收料证明对发票进行审视、传递、记录和签订有效合同，根据物资的付款能力和入库情况制订付款计划，管理层经过审查批准之后就可以办理结算付款手续了。同时管理层也担任着市场信息调研和收集、采购目标和模式的质量管理、对供应商的管理等职责。

企业采购业务内部控制能够保证企业经营过程中所需要物资的正常使用，同时也可以很好地防范采购业务带来的风险，企业应强化对采购业务的控制，建立健全采购管理控制体系。企业采购业务部门的工作绩效也直接影响企业经营生产活动目标完成的优劣，所以要以市场为导向，同时建立有效约束激励的机制制度，从而帮助企业采购部门很好地完成任务目标，这样也可以大大地提高企业效益。

9.3 采购业务的主要内部控制措施

9.3.1 采购合同风险的对策

针对采购合同中存在的问题，企业可以采取下列措施加以应对：

1. 对采购合同进行全方位内部审计

在采购合同审计中，企业应运用签约审计、结算审计与消耗审计策略应对合同风险。签约审计重点是针对材料采购合同中盲目采购、虚假采购和扩大消耗、虚增成本等问题。为防止不合理的采购造成库存积压和损失浪费现象，企业应按照先平库、后采购的原则，审查采购计划的真实性、合理性，提高资金使用效率；另外，贯彻订货选厂、产品选型、质量选优、价格选廉、供货选快、服务选佳的宗旨，做好合同条款和价格的审计。结算审计是材料采购合同价款支付之前的最后一关，针对经常容易出现的高于合同约定结算、不按合同条款履行、结算手续不完善、结算多付款等问题，应该以合同约定为依据，做到物资验收单、运货单、发货单与合同书约定相符，入库产品的品种、规格、质量、价格与合同约定相符。消耗审计作为一种跟踪审计手段，主要目的是监督真实消耗，通过核实计划用量与实际用量之间的差异，防止实物短缺、物资散失及变卖行为，并提出相关的管理建议。

2. 审查采购合同价格

为确保采购合同价格审定的科学、合理与公平，企业可以根据实际情况，采取以下价格审查方法。一是价格咨询法。对于价格变动频繁且市场用量较大的通用材料，以及价格相对公开的产品，利用上网咨询、电话咨询等方式，掌握当期价格的升降幅度及变动因素，从而提供合理的市场参考价格。二是中标价格法。按照招投标法的规定，对大宗物资、大宗材料，采取货比三家的招标采购方式，落实中标价格和中标品种。三是最高限价法。对政府定价的产品和价格相对稳定且价值较低的物资，根据历史资料，直接实行最高限价。四是价格库应用法。在建立管理信息系统的企业，凡是已经签约过的价格全部存放在价格数据库中，随时调阅、修正，实行自动比价。五是成本测算法。对新产品和特殊加工制作产品实施成本测算，依据产品的科技含量和技术标准，测算人工、材料、机械费用，科学确定产品价格。

9.3.2 采购成本风险的对策

控制采购成本应从两个层面入手，即从技术层面提高业务的执行能力和从系统建设方面创建采购的环境，即 COSO 报告（全国虚假财务报告委员会下属的发起人委员会）中所说的控制环境和控制活动，并不断从这两个方面持续改进。

1. 充分进行采购市场的调查和信息收集

一个企业的采购管理要达到一定水平，企业应充分注意对采购市场的调查和信息的收集整理，只有这样，才能充分了解市场的状况和价格走势，使自己处于有利地位。如有条件，企业可设专人从事这方面工作，定期形成调研报告。

2. 建立严格的采购制度

建立严格、完善的采购制度，不仅能规范企业的采购活动，提高效率，杜绝部门之间推诿，还能预防采购人员的不良行为。采购制度规定物料采购的申请、授权人的批准权限、物料采购的流程、相关部门（特别是财务部门）的责任和关系、各种材料采购的规定和方式、报价和价格审批等。比如，可在采购制度中规定采购的物品要向供应商询价、列表比较、议价，然后选择供应商，并把所选的供应商及其报价填在请购单上，还可规定超过一定金额的采购须附上三个以上的书面报价等，以供财务部门或内部审计部门稽核。

3. 建立供应商档案和准入制度

对企业的正式供应商要建立档案，供应商档案除有编号、详细联系方式和地址外，还应有付款条款、交货条款、交货期限、品质评级、银行账号等，每一个供应商档案都应经过严格审核才能归档。企业的采购必须在已归档的供应商中进行。供应商档案应定期或不定期地更新，并有专人管理，同时要建立供应商准入制度。重点材料的供应商须经质检、物料、财务等部门联合考核后才能进入，如有可能要到供应商生产地实地考核。企业要制定严格的考核程序和指标，要对考核的问题逐一评分，只有达到或超过评分标准者才能成为归档供应商。

4. 建立价格档案和价格评价体系

企业采购部门要对所有的采购材料建立价格档案。采购人员对每一批采购物品的报价，应首先与归档的材料价格进行比较，分析价格差异原因，如无特殊原因，原则上采购的价格不能超过档案中的价格水平，否则要作出详细说明。对于重点材料的价格，要建立价格评价体系，由公司有关部门组成价格评价组，定期收集有关的供应价格信息，以此分析、评价现有的价格水平，并对归档的价格档案进行评价和更新，可以一季度或半年进行一次。

5. 选择有利的付款条件

如果企业资金充裕，或者银行利率较低，可采用现金交易或货到付款的方式，这样往往能带来较大的价格折扣；此外，对于进口材料外汇币种的选择和汇率走势也要格外注意。

6. 把握价格变动的时机

材料价格会经常随着季节、市场供求情况而变动，因此，采购人员应注意价格变动规律，把握采购时机。如企业所用的主要原材料价格不断上升，采购部门能把握好时机和采购数量，就会给企业带来很大的经济效益。

7. 以竞争招标的方式牵制供应商

对于大宗物料采购，一个有效的方法是实行竞争招标，此举往往能通过供应商的相互比价，最终得到底线的价格。此外，对同一种材料，应多找几个供应商，通过对不同供应商的选择和比较使其互相牵制，从而使公司在谈判中处于有利地位。

8. 向制造商直接采购或结成同盟联合订购

向制造商直接订购,可以减少中间环节,降低采购成本,同时制造商的技术服务、售后服务会更好;另外,有条件的几个同类厂家可结成同盟联合订购,以克服单个厂家订购数量小而得不到更多优惠的矛盾。

采购业务的内控措施如图 9-2、图 9-3 所示。

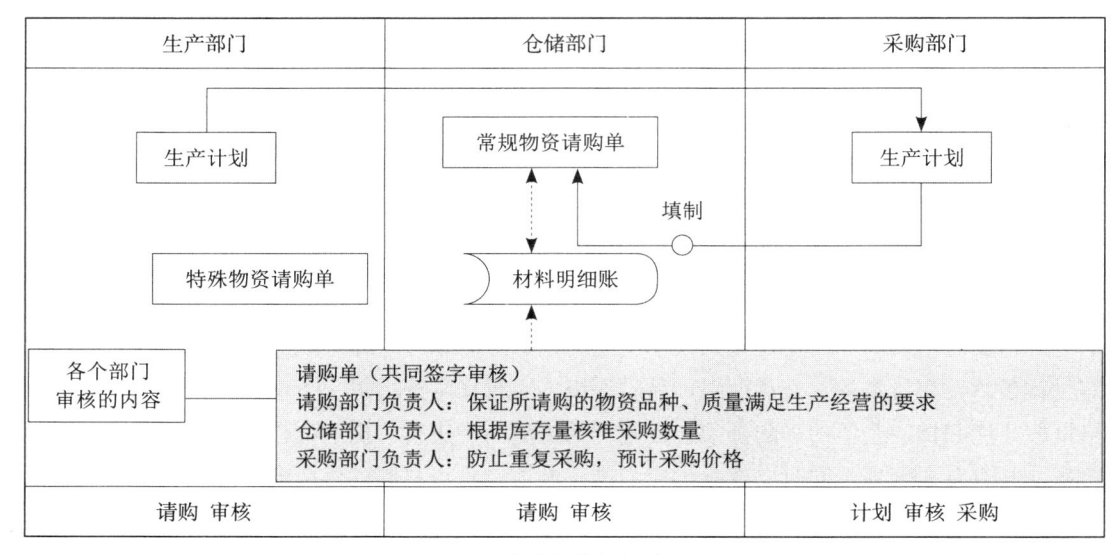

图 9-2 请购程序控制流程图

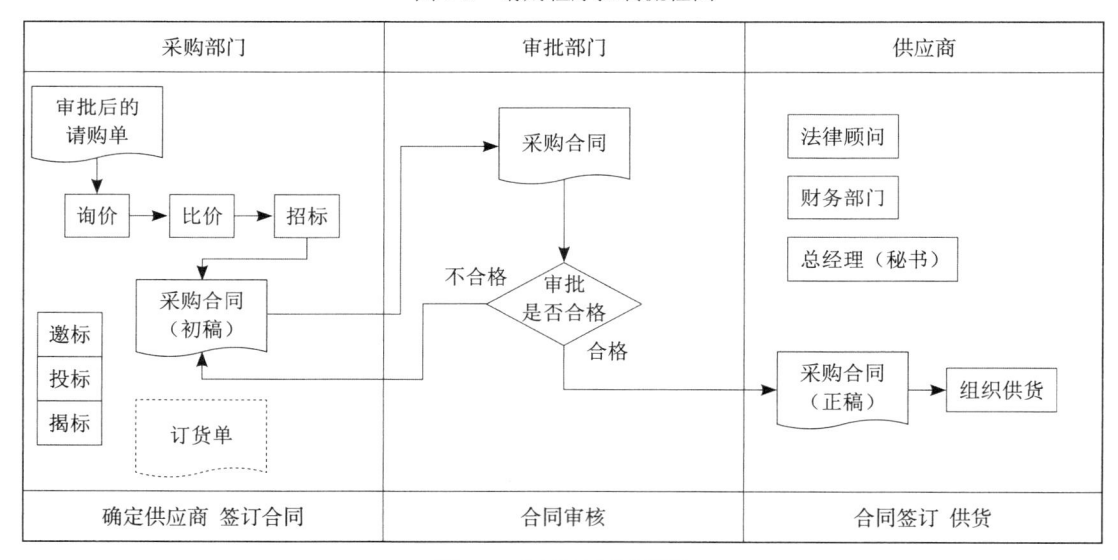

图 9-3 订货控制流程图

9.4 采购业务内部控制案例详解

9.4.1 案例 1:国际酒店的丑闻与声誉危机

2019 年 10 月 1 日,国际酒店在鲜花的簇拥和鞭炮的喧嚣中正式对外营业了,这是一家集团公司投资成立的涉外星级酒店，该酒店装潢豪华、设施一流。

最让人感到骄傲的是酒店大堂里天花板上如天宇星际一般的灯光装饰，和一个圆圆的、超级真实的月亮水晶灯，它们使得整个酒店绚丽夺目、熠熠生辉。这些天花板上装饰所用的材料及星球灯饰均是由水晶材料雕琢而成，是公司王副总经理亲自组织货源，最终从瑞士某珠宝公司高价购买的，货款总价高达 150 万美元。开业当天，来往宾客无不对这个豪华的水晶天花板灯饰赞不绝口，称羡不已，尤其是经过媒体报道，更成为当天的头条新闻，国际酒店在这一天也像那盏水晶灯饰一样，一举成名，当天客房入住率就达到了 80% 以上。

王副总经理也因此受到了公司领导的高度赞扬，一连几天，王总的脸上都洋溢着快乐而满足的笑容。

然而，好景不长。两个月后，这些高规格高价值的水晶灯饰就出了状况。首先是失去了原来的光泽，变得灰蒙蒙的，即使用清洁布使劲擦拭都不复往日光彩。其次，部分连接的金属灯杆出现了锈斑，还有一些灯珠破裂甚至脱落。人们看到这破了相的水晶灯，议论纷纷，这就是破费百万美元买来的高档水晶灯吗？鉴于情况严重，公司领导责令王副总经理限期内对此事作出合理解释，并停止他的一切职务，这个时候，王副总经理是再也笑不出来了。

事件真相很快就水落石出，原来这盏价值百万美元的水晶灯根本不是从瑞士某珠宝公司购得的，而是通过南方某地的奥尔公司代理购入的赝品水晶灯。王副总经理在交易过程中贪污受贿，中饱私囊。虽然出事之后，王副总经理最终得到了法律的严惩，然而国际酒店不仅因此遭受了数千万元的巨额损失，酒店名誉也蒙受重创，成为同行的笑柄，这对于一个新开业的公司而言，不啻是个致命的打击。

那么，国际酒店怎么会发生这样的悲剧，在以后的企业经营中又该如何防范呢？

案例分析如下：

这个案例其实并不复杂，却很有代表性。国际酒店在未经过公开招标的情况下，即与奥尔公司签订了价值为 150 万美元的代购合同。依照合同规定，奥尔公司必须提供瑞士某著名珠宝公司出产的水晶灯，并由奥尔公司向国际酒店出具该公司的验证证明书，其中 200 万元人民币为支付给奥尔公司的代理费。然而，交易发生后，奥尔公司并未向国际酒店出具有关水晶灯的任何品质鉴定资料，国际酒店也始终没有同奥尔公司办理必要的查验手续。

经查实，这笔交易都是由王副总经理一人操纵的，从签订合同到验收入库再到支付货款都是由他一个人说了算，而他之所以会这样做，正是因为收受了奥尔公司的巨额好处费。

这样简单的过程和手法，却真实地发生了，甚至可以说这样一笔交易，毁了整个企业。一笔采购业务，特别是金额较大的业务通常涉及采购计划的编制、物资的请购、订货或采购、验收入库、货款结算等，因此，企业应当针对各个具体环节的活动，建立完整的采购程序、方法和规范，并严格依照执行。只有这样，才能防止错弊，保证企业经营活动的正常进行。

根据这个案例涉及的环节应作如下控制：

首先，要做到职务分离，采取集体措施。诸如采购申请必须由生产、销售部门提出，具体采购业务由采购部门完成，而货物的验收又应该由其他部门进行。在本案例中，采购大权由王副总经理一人独揽，反映出该公司控制环节权责不明。货物的采购人不能同时担任货物的验收工作，以防止采购人员收受客户贿赂，从而防止购买伪劣材料影响企业生产乃至整体利益；付款审批人和付款执行人不能同时办理寻求代理商和索价业务。付款的审批，通常须经过验货或验单后执行（预付款除外），以保证货物的价格、质量、规格等符合标准。

其次，要做好入库验收控制。仓库管理人员应根据购货单及合同规定的质量、规格、数量，以及有关质量鉴定书等技术资料核查收到的货物，只有两者相符时才予以接收；对于所有已收到的货物，应定期完整填写收货报告，将货物编号并登记明细账簿，对验收中所出现的问题要及时向有关部门反映；货物入库和移交时，经办人之间应有明确的职责分工，要对所有可能接触货物的途径加以控制，以防调换、损坏和失窃。本案例中王副总经理同时主管验货，那么验货查假自然只是走走过场了。

最后，还必须做好货款支付控制。发票价格、运费、税费等必须与合同无误，凭证齐全后才可办理结算、支付货款；除了向不能转账支付和不足转账金额的单位、个人支付现金外，货款一般应办理转账。

本案例中，价格高昂的赝品水晶灯能堂而皇之地挂在豪华的酒店大厅中，没有技术证明资料，没有必要的查验手续，就慷慨大方地将支票签了，钱付了，这是无意的疏忽还是当事人有意的回避和遮掩？不管实情如何，都反映了该企业整个材料采购环节内部控制存在巨大漏洞以至让不法分子有利可图，有机可乘。

9.4.2 案例2：亚伦集团贪腐案

浙江亚伦集团系国家二级企业，中国行业百强企业、全国造纸行业重点骨干企业。年上缴利税达2 000多万元，在财政收入不及一亿元的龙游县，它在当地经济发展中的作用举足轻重。该集团向来以改革创新闻名，是衢州市国企改革的一面旗帜。

1995年1月到1998年12月，个体商贩陈某几乎垄断了该集团总价款近270万元的水果采购供应生意，在有关政府审计人员的审计下发现有的发票存在涂改情况，并与亚伦集团所购货物数量出入很大。陈某开具的结账发票连号不符合正常发票使用规律。在部分票据中，陈某开票日期与集团下属的实业公司经理签字审批日期相同甚至超前。部分业务由经理自带汇票与陈某一同采购。进行多次分析之后，审计人员认为陈某以房地产发票与实业公司结账，而未开具当地地方税务发票，涉嫌偷税12余万元。

幕后调查如下：

实业公司与陈某大笔水果交易背后的关键人物，正是亚伦集团的总经理王某发。经调查查明王某发个人涉案金额高达60余万元，龙游县纪委认定其违纪金额28余万元，依法予以收缴。集团内部自总经理、副总经理起，下至热电分厂小小的煤调度员、采购员等共计20余人因涉嫌受贿、贪污纷纷落马。

案件分析（采购角度）如下：

①亚伦集团在水果采购业务中，采购人员滥用职权，损公肥私，收受客户回扣和贿赂，未按照公司的计划、要求进行采购，在采购过程中为自己个人利益不通过"比价"而是"回扣"来选择供应商。

②采购结束后，会计人员未能遵循规章进行记账，采购成本没有明确区分，导致成本无

法真实反映采购材料的实际消费。

③水果采购的最后一关,采购审计人员不能够把好这一关,以少报多,乱开发票。审计人员不能按照采购审计的流程行事,导致同一笔采购业务重复付款,票据混乱的情况出现。

④大宗采购业务,应成立评标委员会实行招投标管理,保证投标商家进行公平竞争,由采购部门和其他部门共同选定中标商家。

采购业务中常见的弊端如下:

①盲目采购。采购部门没有根据已批准的采购计划或请购单进行采购,而是盲目采购或采购不及时,造成超储积压或者供应脱节的情况。

②收受回扣,中饱私囊。采购人员为了私人利益,在采购中没有进行比价管理,而是选择有回扣的供应商,这往往造成采购材料质量得不到保证,或者价格高于市场平均价格,致使企业利益受损。

③虚报损耗,中途转移。这属于企业的内盗现象,运输部门为了中饱私囊,在运输途中转移材料,而对公司上报谎称损耗。

④混淆采购成本。会计人员在会计记账中,对采购成本没有很好地区分,确认的成本不能真实反映企业是为采购材料而发生的。比如,对于生产企业来说,与材料采购相关的运输费、保险费、合理损耗等,都需要计入采购成本然而,这一规定对商品流通企业并不适用。

⑤验收不严,以少报多,以次充好。采购验收人员玩忽职守,不能严格验收采购材料的质量和数量。如果采购和验收职责没有分离,由一个人担任两项不相容职务,这种内控的缺陷容易诱发材料验收中的舞弊行为,造成伪劣材料鱼龙混杂,轻者损害企业利益,重者伪劣产品充斥市场,损害消费者利益。

⑥违规结算,资金流失。通常企业在收到采购发票后,根据发票金额授权会计签发支付凭单,出纳审核后支付划拨款项,如果没有严格的付款控制程序,就存在结算隐患。比如,对同一笔采购业务重复付款,或者误期支付失去客户信誉。

采购控制要点如下:

1. 请购与审批控制

1-1. 是否已建立请购的一般和特殊授权程序

1-2. 是否对所有请购的商品和劳务编制请购单

1-3. 购置商品和劳务是否有计划,计划是否批准

2. 供应商管理控制

2-1. 采购中是否有报价、比价、议价环节

2-2. 采购中是否有样品品质确认与供应商整体评估环节

2-3. 是否有供应商长期考核管理流程

3. 实施采购控制

3-1. 采购人员是否定期轮换

3-2. 采购人员职责是否明确

4. 验收及入库控制

4-1. 验收时,是否盘点或检查商品并与订货单核对

4-2. 验收部门将商品送交仓库或其他请购部门,是否取得对方签章收据

5. 付款管理控制

5-1. 编制凭单时,是否将凭单同订购单、验收单和供应商发票配合

5-2. 是否将应付账款明细账和供应商及时核对

5-3. 是否有措施防止未核准款项被支付

6. 采购环节不相容职务相分离

6-1. 请购与审批职务分离

6-2. 供应商选择与评估职务分离

6-3. 采购执行与验收职务分离

6-4. 付款申请与审批职务分离

6-5. 采购记录与保管职务分离

第10章
生产经营方面的内部控制

10.1 生产经营方面内部控制的目标及风险点

10.1.1 生产经营方面内部控制的主要目标

1. 生产进度控制活动

（1）业务目标

①保证对客户交货期的达成率符合公司预定的目标；

②避免因推迟交货而导致的客户投诉、订单流失；

③避免因达不到交货期而导致的违约、罚款、赔偿、法律诉讼；

④通过采用合理的组织结构形式，提高生产业务的管理效率；

⑤保证生产预算和生产计划的贯彻与执行；

⑥保证生产有关的业务活动均按照适当的授权进行，促使公司的生产活动协调、有序、高效运行。

（2）业务流程步骤与控制点

生产进度控制流程如图10-1所示。

①编制生产计划表。

PMC（生产计划部）依据由生产、物控、技术工程、采购等部门充分评估的销货计划、现有生产计划、物料状况、产能利用状况，制订生产计划，并及时、准确地通知相关部门。

a.规定外购零件、工具、机器设备进厂的时间，以免妨碍工作的进行。

b.制订计划时充分考虑物料的采购周期。

c.拟订各制程的制造时间。

d.应考虑销售业务状况，适当地调整安排日程计划。

②生产部门的生产准备工作。

a.生产部门依据生产计划、现有生产能力做好相关的准备工作，相关人员提前核实物料、工装夹具、场地等准备工作情况。

b.各制程的制造时间确定后，根据各制程的加工先后次序，计算产品完成所需要的总工时生产。

③生产部门生产过程的工作。

a.生产进行时应保持人员、环境、物料、设备的良好状态，以使生产顺利进行。

b.原物料、人工均应安排妥当，生产制程必须善加控制，尽量做到全面管制，对于突发状况应有妥善的处理办法。

c. 生产制造的各种进度与成本必须详加记录。

d. 生产过程中，避免停工待料的情形，避免不必要的搬运。

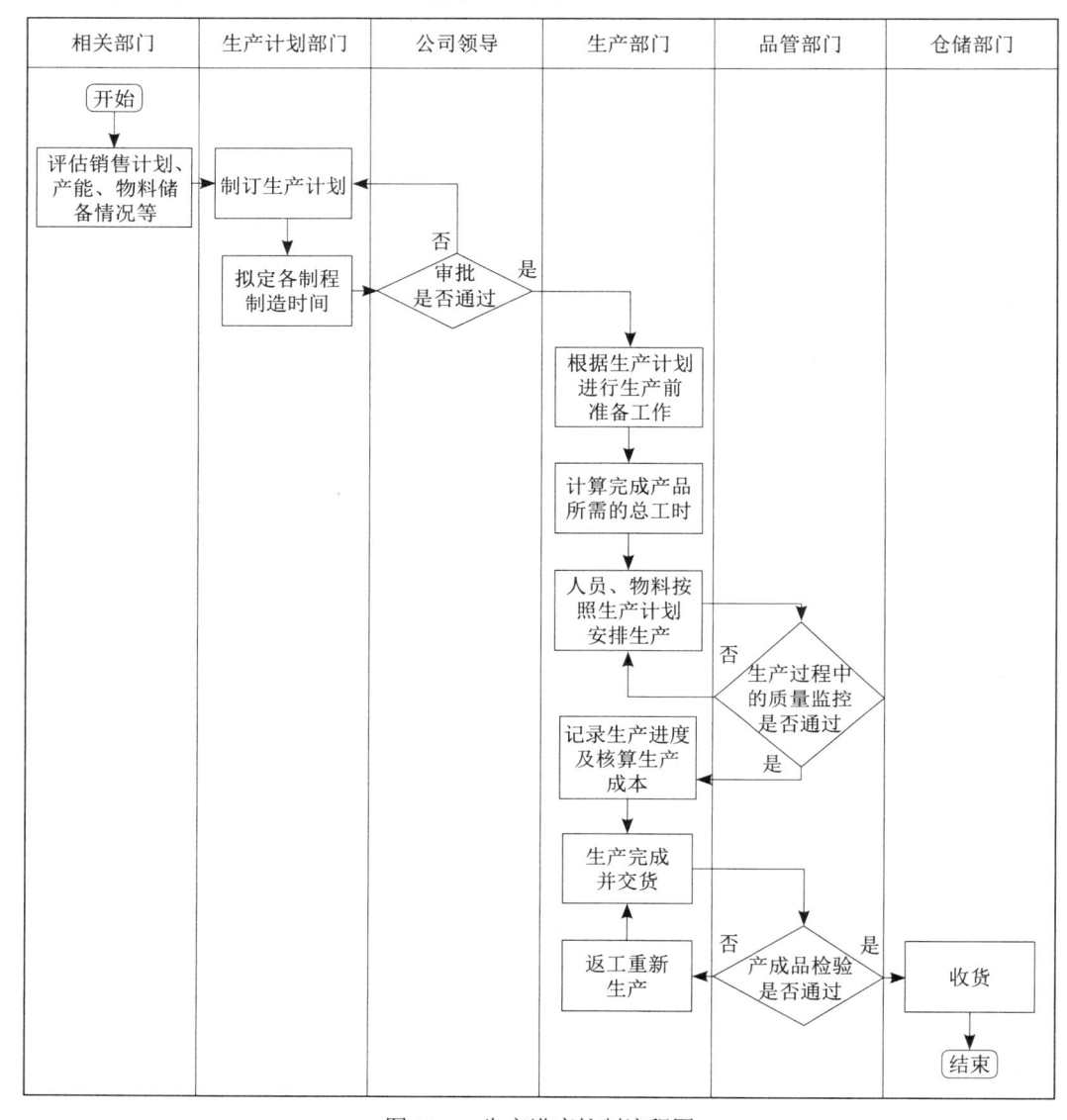

相关部门	生产计划部门	公司领导	生产部门	品管部门	仓储部门
开始 → 评估销售计划、产能、物料储备情况等	制订生产计划 ← ； 拟定各制程制造时间	审批是否通过（否返回；是→）	根据生产计划进行生产前准备工作 → 计算完成产品所需的总工时 → 人员、物料按照生产计划安排生产 → 记录生产进度及核算生产成本 → 生产完成并交货；返工重新生产	生产过程中的质量监控是否通过（否→返工；是→）；产成品检验是否通过（否→返工重新生产；是→）	收货 → 结束

图 10-1 生产进度控制流程图

2. 生产质量控制活动

（1）业务目标

①保证产品和服务质量符合公司的质量目标，提高客户满意度；

②提高产品和服务质量，增强公司的市场竞争力；

③避免因达不到质量要求而导致的罚款、退货、赔偿和法律诉讼；

④加强内部控制，降低生产成本和费用。

（2）业务流程步骤与控制点

生产质量控制流程如图 10-2 所示。

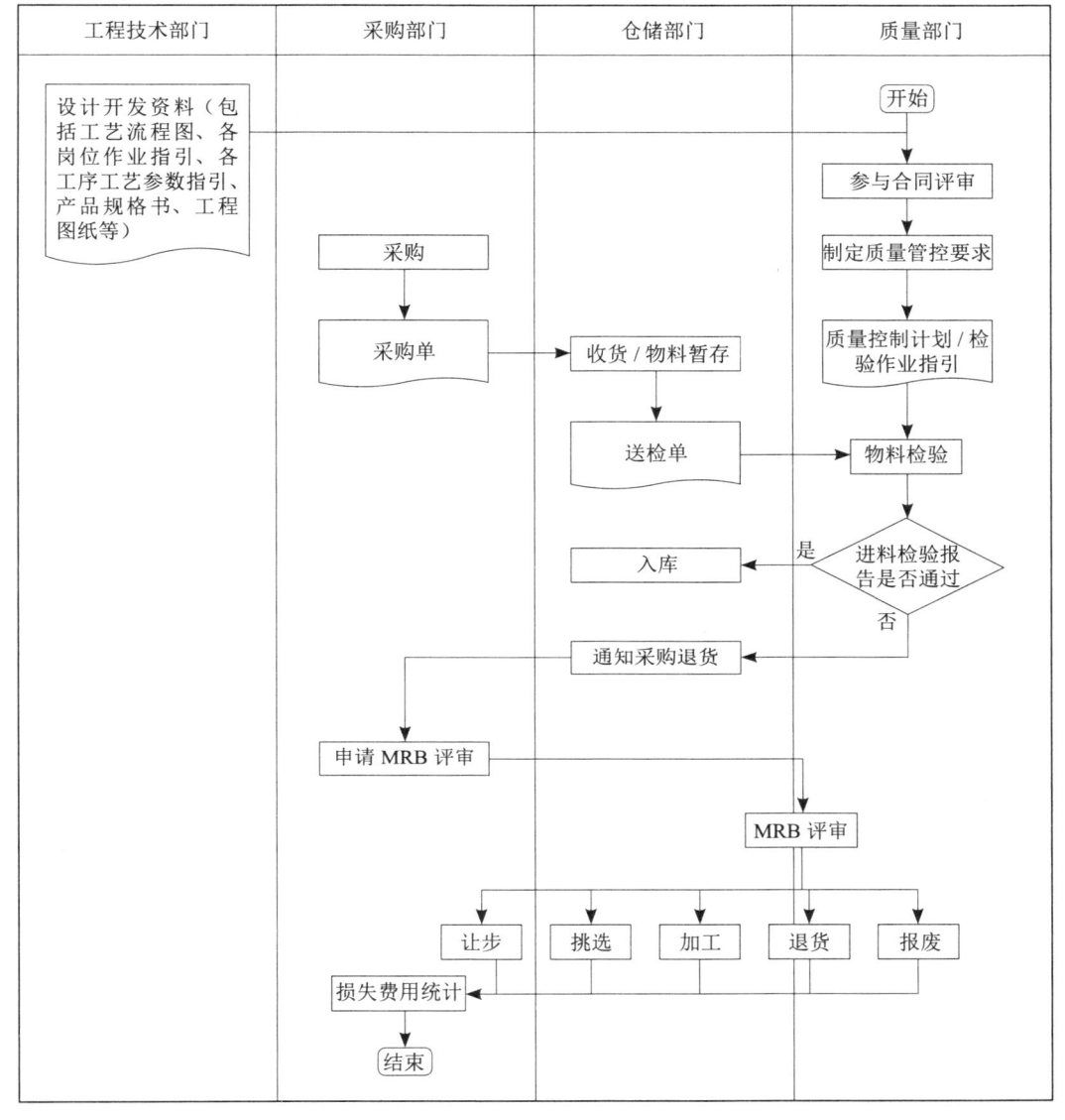

图 10-2 生产质量控制流程图

注：MRB 评审，即材料评审会议。

①市场部、工程技术部、品质部、生产部参与订单评审，确定客户对产品的质量要求，根据自身能力作出力所能及的质量承诺，以作为品质、设计、生产等活动的最终判断标准。

②设计部依据客户要求进行产品设计，产品设计完成后进行产品生产工艺流程的设计，以保证产品按质量要求生产。

③仓库部门依据设计部的图纸、BOM（物料清单）及库存物料状况提出采购申请，按规定的标准验收采购物料，并按要求保存。

a. 材料入库时，依材料管理相关规定检验原物料是否符合标准，检验合格后方可入库。

b. 存放期间妥当储存，以保证材料质量。

c. 仓储单位依原物料规格标准检验或抽验，原物料合格后方可发料。

d. 若领用单位在制造过程中发现质量不合需要而退料，应办理退料手续。

e. 生产单位在测试原物料合格后，方可投入生产线制造。

（3）生产部从仓库领料并安排生产，品质部做好制程质量控制

①为使操作者及检验站工作人员规范工作，应制定作业标准，并悬挂于作业现场，它可以作为操作人员作业的依据及制程与管理人员检核的基准。

②操作人员依操作标准操作，并依规定实施自主检查，将检查结果及检查时间记录于"自主检查单"上。

③领班人员依规定抽验操作人员自主检查执行情形。

④每批的第一件加工完成后，必须由有关人员实施首件检查，等检查合格后，方可继续加工。

⑤检查站的人员确定依检查标准检查，不合格品检修后须再经复检合格后，方可继续加工。

⑥品管单位派人员巡回抽检，并做好制程管制与解析，将数据回馈有关单位。

⑦检查仪器量规的管理与校正。

⑧生产人员应在制造过程中对在制品取样抽查，依半成品检验标准检验，并记录，必要时进行适当调整，以控制质量。

⑨在制品抽验不合格者，应分析原因，并通知生产技术及品管部门、生产单位判断是否调整制程设备或更换零件材料。

⑩若检验发觉不良品来自制程与设备的不符标准，则调整机器设备。若发现产品规格呈现超过可容许限度的趋势，应立即停工，待改善后再继续制造。若不良品因原材料质量不佳而产生，应更换此批原材料，或全部检验后再继续制造。不良品一律退回仓储处理，不得任意丢弃。

（4）出货品质检验人员按相关质量要求抽检或全检产成品

①依成品检验标准，确实执行成品检验。

②督导并协助外协生产商的品质控制活动，建立品管制度。

③依检验标准检验外包成品或半成品是否符合标准。

④成品由制成到送交客户的中间均列入成品品管范围，包括包装、运送、储存，以确保成品在最佳状况下交给顾客。

⑤客户抱怨质量及销货退回时，应了解分析并采取改进措施。

3. 生产成本控制活动

（1）业务风险

①通过规范生产管理及核算业务流程，确保生产成本计量、核算按规定程序和适当授权进行，实现预期目标；

②保证产品成本及有关存货的计价真实、合理、规范，保证生产成本及费用支出经济、合理；

③保证生产管理及费用的归集、分配、摊提等符合国家会计准则、会计制度等规定；

④保证生产活动中的所有交易事项均得到准确记录。

（2）业务流程步骤与控制点

生产成本控制流程如图 10-3 所示。

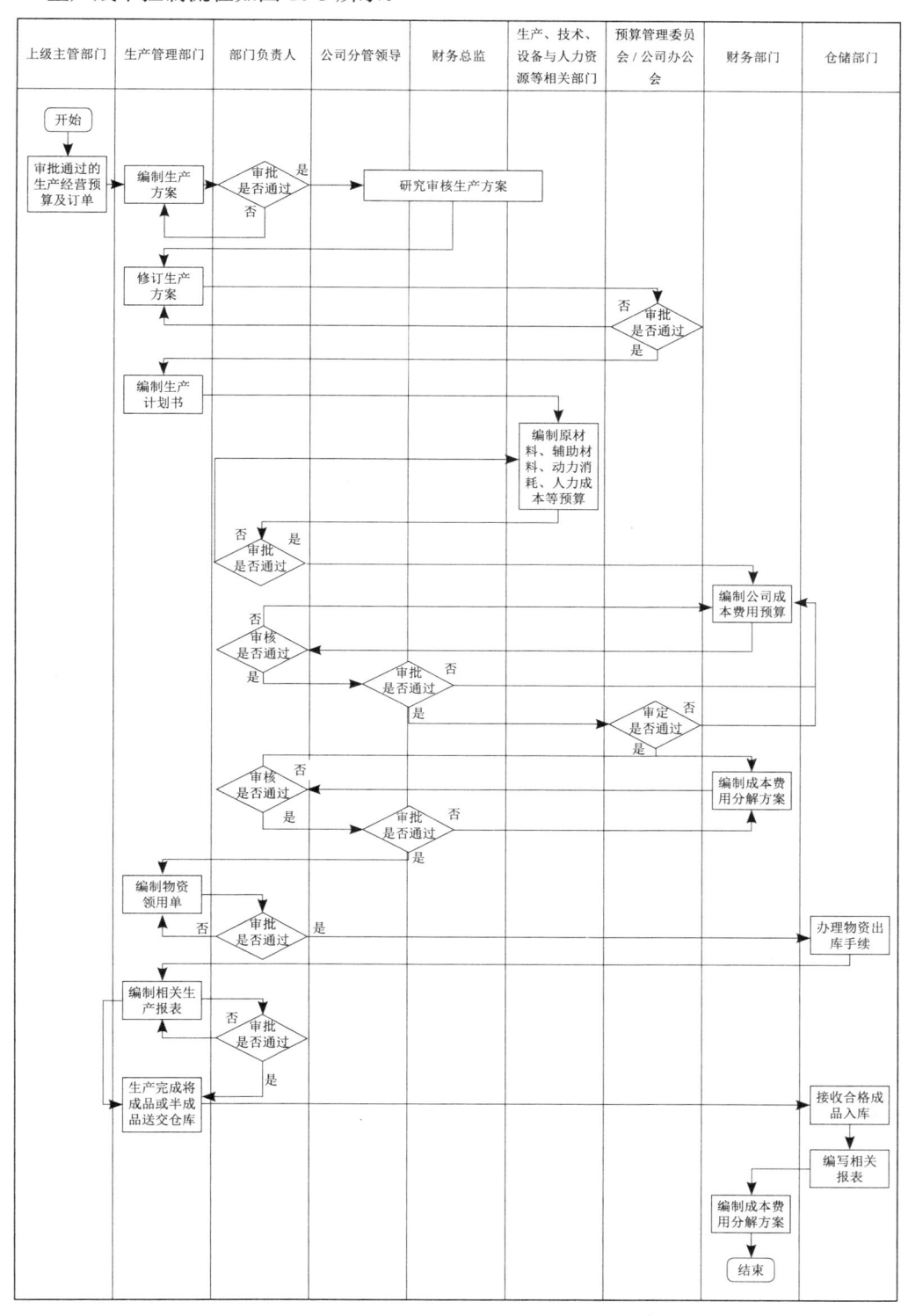

图 10-3　生产成本控制流程图

①编制审定生产方案。

生产管理部门依据上级批复下达的年度生产经营预算和已确认的生产资源或已取得的项目和订单，编制生产方案，经部门负责人审核后提交公司专题会议讨论。

公司分管业务的领导和财务总监组织有关部门专题研究审核生产方案，提出优化完善意见。

生产管理部门修改生产方案，并提交公司办公会审定后以生产计划书的形式下达执行。

②编制成本费用预算。

a.生产、技术、设备等部门根据生产计划书，依据消耗定额编制原材料、辅助材料、动力消耗等预算，人力资源部门编制人工成本预算，经部门负责人审核签字后传送给财务部门。

b.财务部门依据有关单位、部门提供的消耗、费用预算及原材料库存价格或市场价格，按公司财务管理和会计核算规定，编制成本费用预算，经部门负责人审核后报分管业务的领导和财务总监。

c.分管业务的领导和财务总监审核生产成本费用预算，再报公司主要负责人审定。年度生产成本费用预算必须报预算委员会或公司办公会审定。

d.经审定的成本费用预算若需调整，应重新报批。

③分解成本费用预算。

a.财务部门根据生产成本费用预算，提出成本费用分解方案，经部门负责人审核后报财务总监和公司主要领导。

b.财务总监和公司主要领导审定成本费用分解方案，交财务部门正式下达执行，并由公司考核部门负责考核。

④组织安排生产。

a.生产管理等部门根据生产计划书确定并下达各种产品生产订单，依据物资消耗预算编制原材料和辅助材料等物资需求计划，并按物资采购业务流程组织采购。

b.生产单位依据生产订单的实际物资材料消耗量或物资消耗预算，编制物资领用单（物料编码、生产订单号），经单位负责人审核签字后传送给生产主管部门审核，或传送给财务部门填制物资领用单的会计核算科目和成本中心。

c.仓储部门依据审核的领料单办理物资出库手续，并向产品生产订单或成本中心发送物资材料（系统生成物资材料发货会计凭证，待授权会计主管复核后过账）；或由生产单位领出物资材料，向生产投料。

d.公司生产方案如需要调整，应报授权人员批准。

e.生产单位建立现场操作记录，材料、动力消耗记录，并建立劳务、动力分配表，经单位负责人审核签字后，传送给生产主管部门。

f.生产主管或相关部门按月平衡全系统的物料和动力，编制物料、动力平衡表，经部门负责人审核签字后，传送给财务等相关部门。

g.生产统计部门按月统计生产投入产出情况，编制生产统计表，经部门领导审核后，传送给分管业务的领导审定，再传送给财务等相关部门。

⑤ 归集、分配、计算成本费用。

a. 财务部门根据生产单位和生产管理等部门提供的原材料、辅助材料及动力消耗表等基础资料，按规定归集或分配生产成本费用。

b. 年中或年终需要对原材料、辅助材料、半成品、产成品等存货资产进行盘点，资产管理和资产占用等部门应当实施盘点，财务部门派人参加监盘，并在盘点表上签字。

c. 财务部门根据生产单位和人力资源部门提供的有关人工成本分配表或工时记录表，按规定归集或分配人工成本。

d. 财务部门根据审定的维修计划及相关原始单据和按规定编制的折旧费用提取表，以及经费用使用部门或专业主管部门负责人签字确认的其他各项费用支出，分别归集或分配修理费用、折旧费用及其他费用支出。

e. 上述各项费用的归集和分配经会计主管复核，财务部门负责人审核后进行账务处理。

f. 财务部门结转原料、在产品及半成品等成本，计算产成品成本及其单位生产成本，编制生成相关会计凭证。

g. 会计凭证经会计主管复核确认后记/过账。

h. 月末，财务部门将生产成本费用的预算执行结果报考核部门。

⑥ 半成品及完工产品入库。

a. 仓储部门审核半成品数量，办理半成品入库手续，并将审核验收的入库单传送给财务部门，同时系统生成（或财务部门凭仓储部门审核签收的入库单或汇总表编制/录入）半成品入库会计凭证，经会计主管复核后过账。

b. 质量检验部门检查、设立产品质量记录，并定期编制产品质量报告，传送给生产、仓储和销售部门。

c. 生产部门依据产品质量报告填制产品入库单，并办理入库事宜。

d. 仓储部门凭质量报告验收入库，并将审核验收的入库单传送给财务部门，同时系统生成（或财务部门凭仓储部门审核签收的入库单或汇总表编制/录入）产成品入库会计凭证，经会计主管复核后过账。

e. 期末，公司有关部门应对半成品和完工产品进行实物盘点，财务部门应参与监盘，并按盘点结果进行账务处理。

4. 生产安全控制活动

（1）业务目标

① 通过生产安全控制，使公司的生产活动顺利进行；

② 保证公司的生产过程符合国家相关的安全法律法规；

③ 确保员工的人身安全、公司财产安全；

④ 保证生产活动中对资产的记录和接触、处理均经过适当授权，维护公司资产的安全性。

（2）业务流程步骤与控制点

生产安全控制活动流程如图 10-4 所示。

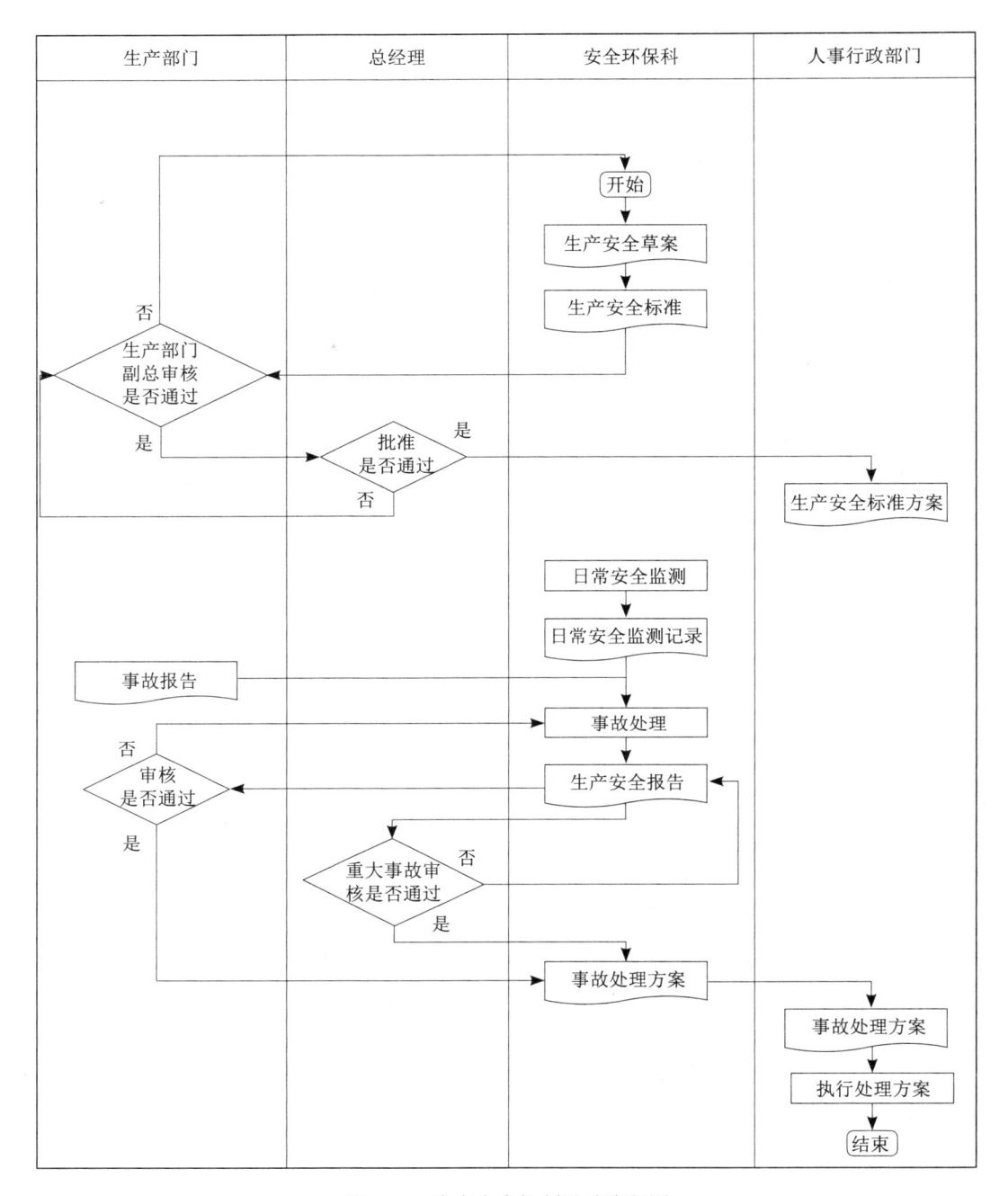

图 10-4　生产安全控制活动流程图

①工业安全行政作业须遵照《中华人民共和国安全生产法》《中华人民共和国劳动法》《职业安全和卫生及工作环境公约》及其他有关安全法令规定办理。

  a. 必须有充分的工作安全装备与配置，并加以妥善管理。
  b. 订立操作项目及工作内容。
  c. 测定每一分解动作可能发生的危险。
  d. 指导操作人员防范的方法。

②通过改变制程、隔离操作单位或机器、管控有害物质等措施来优化工作环境。

③工厂环境卫生应注意工作场所整洁、垃圾及时处理、供水或排水设备正常工作、厕所整洁、厨房餐厅及休息室整洁、通风及照明设备正常工作、饮水及盥洗设备干净。

④重视营养补充及适当休息，以避免过度疲劳而致注意力不集中。

⑤改善工作环境使职业病减至最少。

⑥对空气污染、食物污染、噪声污染、废水污染采取防治措施，应积极做好环保工作，并将各种污染减至最低。

⑦安全维护对公司信誉及社会形象极为重要，同时可提高公司员工生产率，减少意外事故发生，降低损失。应做到平日保养工作务必按规定认真执行，安全卫生维护标准切实遵守政府法令规定，重视建立环境保护意识，维护整洁及注意员工健康。

⑧工业安全各项作业，必须遵照《中华人民共和国安全生产法》规定办理；妥善防止意外灾害的发生，对员工职业病的调查、预防、处理也应积极注意。

⑨每年的工业安全卫生教育训练必须落实，同时列入个人记录。

10.1.2 生产经营方面内部控制的主要风险点

1. 生产进度控制活动的风险

①达不到交货期导致的客户投诉、合同取消、订单流失、销售下降等。

②达不到交货期导致的公司形象受损等。

③达不到承诺的交货期导致的罚款。

④达不到承诺的交货期导致的法律诉讼。

2. 生产质量控制活动的风险

①达不到质量要求而导致的客户投诉、退货、订单流失、销售下降等。

②达不到承诺的质量要求而导致被罚款。

③达不到承诺的质量标准而导致法律诉讼。

④达不到质量要求而导致公司形象受损、竞争力下降等。

3. 生产成本控制活动的风险

①经营风险。生产管理及核算业务流程设计不合理或控制不当，可能导致公司生产经营偏离预期目标，生产消耗、费用支出和损失增大。

②财务风险。可能导致生产成本及费用的计量、归集、分配、摊提不规范、不真实，产品成本及有关存货计价不合理。

③合规风险。可能导致生产成本的业务处理违反国家有关规定而受到政府的行政处罚或法律制裁。

4. 生产安全控制活动的风险

①生产过程中的工伤事故引起的生产效率下降和士气低落。

②企业生产、运输、存货等过程中的盗窃行为造成的财产损失。

③企业生产、运输、存货等过程中的其他意外事故造成的财产损失。

④工厂暴力行为导致的士气低落和效率损失。

⑤工厂火灾导致的财产损失。

⑥生产过程违反有关法律法规导致的诉讼。

10.2 生产经营方面内部控制的主要方法

10.2.1 不相容职务分离控制

不相容职务分离控制要求企业在生产业务岗位的设置上要实现分权，对不同岗位的职责作出明确的要求，建立相互制约和相互监督的工作机制。比如：采购与验收、保管部门相互独立，防止购入不合格材料等，具体如图10-5所示。

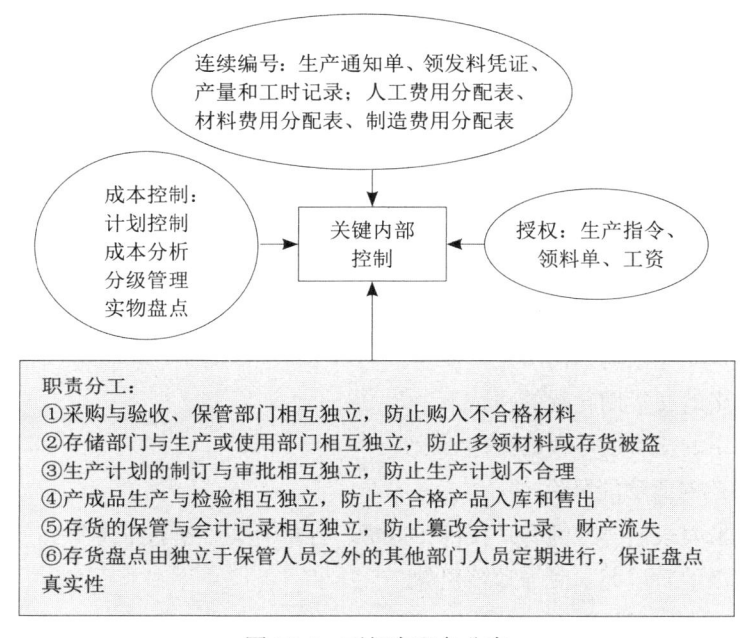

图 10-5 不相容职务分离

10.2.2 授权审批控制

授权审批控制的目的主要是在于规范企业在签订销售合同、销售发货等的流程，防止出现越级签合同、发货等问题，减少由不规范带来的风险，比如销售计划制订和销售定价需要经过销售部门负责人及总经理的审批、客户信用审批需要经过信用管理部门负责人的审批等。

10.2.3 会计系统控制

会计系统控制要求企业按照会计制度和会计准则的要求对企业的销售业务进行及时准确的处理，根据销售部门和发货部门形成的原始单据进行相关的账务处理，做到账实、账证、账账相吻合，确保会计信息的真实性和完整性。

10.2.4 内部审查控制

内部审查控制要求企业设立独立的内部审计部门，对自身的销售业务情况进行审查，及时发现其中可能存在的问题并监督相关岗位的人员进行有效的更正，为销售业务的真实性和完整性提供一定的保障。针对销售业务，内部审计人员可以对客户信用等级及赊销额度是否符合规范、信用审批是否经过适当层级的审批、销售合同的签订和保管是否符合规定、销售发货流程是否规范等进行审查。

10.3　生产经营方面的主要内部控制措施

10.3.1　控制环境

从控制环境入手，建立符合现代企业制度的组织结构，加强董事会的职能及其独立性，经理层在董事会的领导下，在日常管理活动和公司运作中正确履行义务和行使权力；提高员工素质，实行激励机制，明晰权责；明确内部审计部门的职责和权限，通过内部审计加强风险的评估和管理，不断进行自我监督和改善；结合自身经营领域的特点，制定各项具体制度等。

10.3.2　控制程序

1. 生产业务控制

在遵循公开、公平、公正的基础上实行垂直领导、横向监督的管理模式，实行交易审批制，即计划财务统一、资金管理统一、业务控制统一，各职能部门根据公司规章制度的规定在授权范围内实施彼此的监督制约，二者形成相辅相成、相互监督的有机整体。董事会在章程和股东大会授权的范围内有效地行使经营决策权。重大机构设置活动、投资活动及经营活动，由有关部门进行拟投资项目的可行性研究，估算投资项目报酬与风险，报告总经理、董事会及股东大会，履行相应的批准手续后实施。重大经济业务、资金借贷和大额现金支付、资产调整、营业部的设置必须经总经理核准。根据公司内部管理机构设置，进行层层分解落实，在年度中进行定期考核，根据考核结果总结成绩，纠正问题，达到集中控制的目的。同时，为了防范和管理证券经济业务中存在的诸多风险，根据交易特点及服务的各个环节制定相关的防范措施，避免差错事故的发生；而且在此基础上完善相关保密制度，事先明确各方的权利与义务，防止新的电子交易方式风险；制定统一的股东账户和资金账户管理制度、客户资金的存取程序及授权审批制度，对客户的开户资料制定统一保管制度；实行证券交易法人集中清算制度，严格资金的及时清算和股份的交割手续。

2. 资金控制

资金的管理控制贯穿于公司各个内部控制环节当中，是内部控制的重中之重。根据资金管理的这一特性，公司管理层应根据资金的流向层层审批，严格资金业务的授权审批制度，强化重大资金投向的集体决策制度，凡对外开办的每一笔资金业务都要按业务授权进行审核批准，对特别授权的资金业务要经过特别批准；建立资金管理绩效评价制度，于年末考核各责任单位资金循环的成本与效益，实施严格的奖惩制度；此外，公司还应根据规定在具有证券交易结算资金存管业务资格的商业银行户头开设客户交易结算资金专用存款账户及自有资金专用存款账户用于存放客户资金和自有资金，并在符合条件账户的商业银行开设客户清算备付金专用存款账户及自有清算备付金专用存款账户，将客户和自有的清算备付金也分户管理。清算部、下属营业部应对客户交易结算资金、清算备付金实行定向划转。清算部对下属营业部的资金进行统一的管理和监督，同时接受证券登记公司及上述银行的监督，杜绝挪用客户保证金现象的发生。

10.3.3 会计系统控制

一个有效的会计系统能够及时准确地反映企业生产经营活动，保障企业资产安全完整，并为企业内部管理及外部投资提供真实可靠的管理和决策信息，因此企业要做到：①健全和完善公司财务管理结构体系，界定股东大会、董事会、监事会、总经理及各财务部门在财务管理方面的职责和权限；②制定完善的财务会计制度；③在岗位分工的基础上明确各个会计岗位的职责，确保会计资料的真实和可靠；④建立有效的内部稽核制度；⑤配备合格的会计人员；⑥加强会计部门与其他部门的交流与沟通。

生产经营主要内部控制流程如图10-6所示。

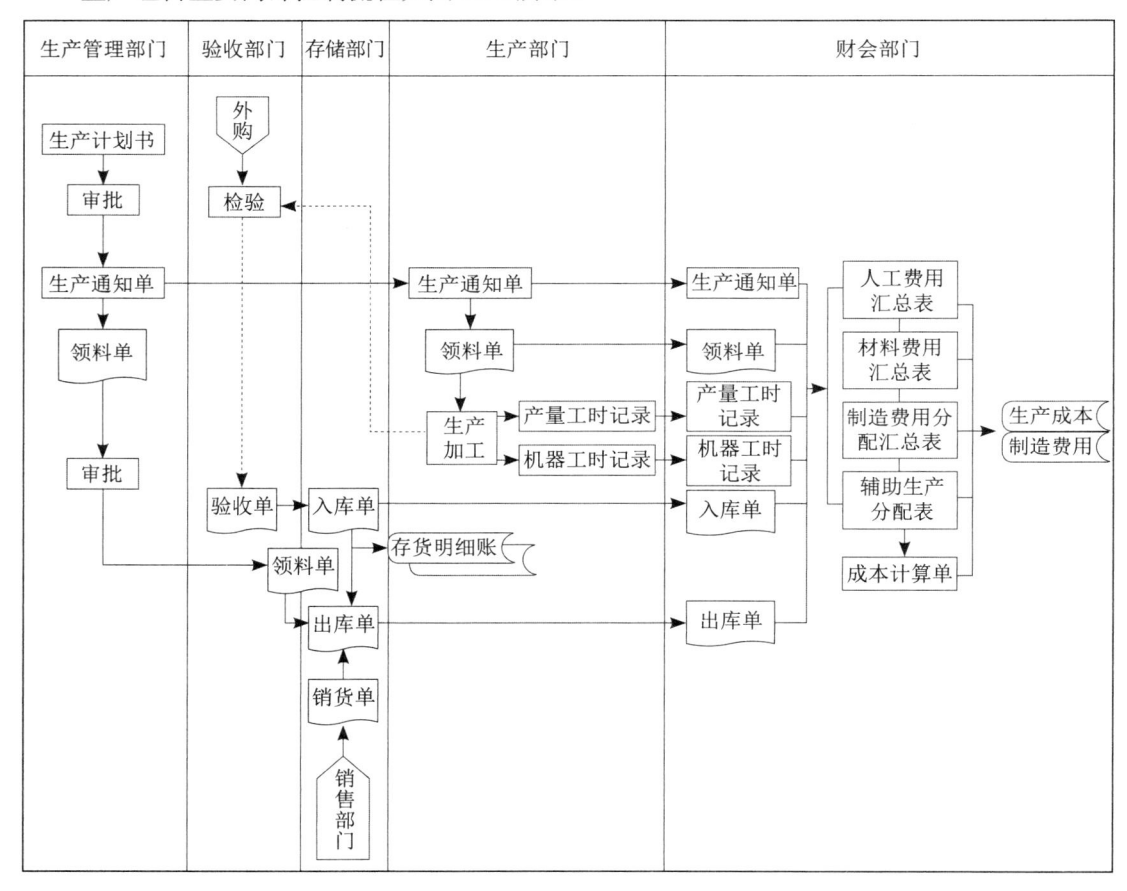

图10-6 生产经营业务控制流程图

10.4 生产经营方面内部控制案例详解

A公司是一家医疗设备生产企业，日常核算已经高度电算化。审计项目组在审计工作底稿中记录了他们所了解的有关生产循环的内部控制，部分内容现摘录如下：

①计划和开始生产时，计算机信息系统根据客户订购单或者对销售预测和产品需求的分析，在适当授权下显示订购数量。生产开始前，生产部门获得客户对产品设计和规格的认可后，由生产经理批准发出连续编号的生产通知单组织生产，并把监管计划和生产进度的控制内置在计算机信息系统。

②产成品入库时，仓库保管员检查并签发预先按顺序编号的产成品验收单，并清点产成品数量，填写预先顺序编号的产成品入库单经质检经理、生产经理和仓储经理签字确认后，由仓库管理员将产成品入库单信息输入计算机系统，计算机系统自动更新产成品明细台账并与采购订购单编号核对。

③产成品出库时，由仓库管理员取得发运凭证副联，作为产成品出库单，并将产成品出库单信息输入计算机系统，经销售经理复核并以电子签名方式确认后，计算机系统自动更新产成品明细台账。

④产成品装运发出前，由运输经理独立检查出库单和发运通知单。

⑤每月末，系统根据汇总的产成品销售数量及各产成品的加权平均单位成本自动计算主营业务成本，自动生成结转主营业务成本的会计分录并过入相应的账簿。

⑥每月、每季和年度终对产成品存货进行盘点，仓库管理员根据盘点中发现的毁损、陈旧、过时及残次存货编制不良存货明细表交采购经理马某和销售经理赵某分析该存货的可变现净值，如有需要计提存货跌价准备的，由会计主管编制存货价值调整表，并安排相关人员将结存成本低于可变现净值的部分确认为存货跌价准备进行账务处理。

根据以上情况，分别指出各事项是否存在内部控制缺陷，并说明理由。

①事项1：不存在内部控制缺陷。

②事项2：产成品入库时，验收工作应由独立的质量检验员负责，而不能是仓库保管员。

理由：产成品验收和保管是不相容职责应当由不同的人负责。

③事项3：出库单应由仓储经理审批，而不能是销售经理审批。

理由：授权审批不适当。

④事项4：运输经理除了检查出库单和发运通知单，还要检查经批准的销售单。

理由：对账与核对不充分。

⑤事项5：进行账务处理前应经会计主管审核批准。

理由：未经适当授权审批。

⑥事项6：每月末存货盘点时，才根据存货盘点发现的毁损、陈旧及残次存货编制不良存货明细表，不良存货明细表编制不及时；缺乏会计主管的审核，存货明细表提交给其他部门经理进行分析；确定需要调整存货价值时缺乏适当的授权审批，会计主管直接安排人员进行调整。

理由：存货盘点及编制不良存货明细表不及时；缺乏会计主管的审核；存货价值调整缺乏适当的授权审批。

第 11 章
研究与开发方面的内部控制

研究与开发是企业核心竞争力的本源，是促进企业自主创新的重要体现，是企业加快转变经济发展方式的强大推动力。在经济全球化背景下，企业应坚定不移地走自主创新之路，重视和加强研究与开发，并将相关成果转化为生产力，在竞争中赢得主动权，夺得先机。企业企业应有效控制研发风险，提升企业自主创新能力，充分发挥科技的支撑引领作用，促进实现企业发展战略。

11.1 研究与开发方面内部控制的目标及风险点

11.1.1 研究与开发方面内部控制的主要目标

研究与开发，是指企业为获取新产品、新技术、新工艺等所开展的各种研发活动。研发是企业创新、建立竞争优势、保持竞争力的重要手段，然而研发活动投入大、周期长、不确定性高的特点决定了其本身的高风险，从而也会增加企业的经营风险，因此，企业对研发活动的内部控制显得尤为重要。对研发过程层层完善的内部控制可以降低风险，保证质量，提高效率和效益。

目前，企业界对于研究与开发内部控制设计的概念还没有统一的定义。中天恒3C框架认为，研究与开发内部控制设计，是在遵循国家和企业研究与开发相关法规制度的基础上，以国家监管部门制定的内部控制规范及其应用指引为依据，结合企业的研究与开发实际情况，用系统控制的技术和方法，构建企业自身研究与开发内部控制体系的动态过程。研究与开发内控设计，是研究与开发内部控制建设的首要环节。

《企业内部控制应用指引第10号——研究与开发》（以下简称"第10号应用指引"）第二条规定："本指引所称研究与开发，是指企业为获取新产品、新技术、新工艺等所开展的各种研发活动。"本指引将研发定义为一项企业为创新所开展的各种研发活动。

研究与开发内部控制设计是个复杂的系统工程，基本流程包括设计准备、设计实施、试行及完善等。描述现状、风险评估、设计控制是研究与开发内部控制设计的关键方面。同时，根据研究与开发内部控制设计操作需要，企业在建立基本流程的基础上，还要有多层次具体的流程，每个具体流程需明确工作内容、方法、步骤及相应的表单等，要突出研究与开发内控设计的特色。

第10号应用指引界定了研究与开发的定义，描述了研究与开发中的风险，明确了立项与研究、开发与保护方面的控制措施，对优化企业研究与开发制度具有重要意义。企业应当根据第10号应用指引的要求，通过设计内部控制手册，使有关部门和员工掌握立项评审、研究过程管理、验收及研发人员管理等基本规范，明确权责分配，正确行使管理职权。

研发业务流程如图11-1所示。

1. **经营目标**

按照高效的研发流程管理制度，使研发业务按规范进行，减少研发成本，有效配置研发业务资源，提高研发业务效率，确保研发对公司经营的支持，达到预定经营管理目标。

2. **财务目标**

根据研发流程，有效管理研发业务，不断挖掘研发成本下降空间，相关财务数据真实、完整，客观反映研发的实际成本。

3. **合规目标**

符合所在地法律法规对研发管理方面的规定，以及政府及相关机构对研发管理的政策，遵守研发过程中相关知识产权的规定。

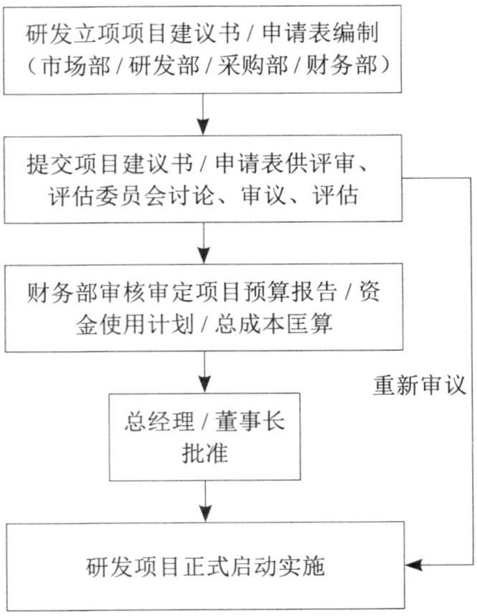

图 11-1 研发业务流程图

11.1.2 研究与开发方面内部控制的主要风险点

研究与开发的基本流程，主要涉及立项、研发过程管理、结题验收、研究成果的开发和保护等。

立项主要包括立项申请、评审和审批，该环节的主要风险是：研发计划与国家（或企业）科技发展战略不匹配，研发承办单位或专题负责人不具有相应资质，研究项目未经科学论证或论证不充分，评审和审批环节把关不严，可能导致创新不足或资源浪费。

研发过程是研发的核心环节。实务中，研发通常分为自主研发、委托研发和合作研发。

1. **自主研发**

自主研发是指企业依靠自身的科研力量，独立完成项目，包括原始创新、集成创新和在引进消化基础上的再创新三种类型，其主要风险包括：第一，研究人员配备不合理，导致研发成本过高、舞弊或研发失败。第二，研发过程管理不善，费用失控或科技收入形成账外资产，影响研发效率，提高研发成本甚至造成资产流失。第三，多个项目同时进行时，相互争夺资源，出现资源的短期局部缺乏，可能造成研发效率下降。第四，研究过程中未能及时发现错误，导致修正成本提高。第五，科研合同管理不善，导致权属不清，知识产权存在争议。

2. **委托（合作）研发**

委托研发是指企业委托具有资质的外部承办单位进行研究和开发。合作研发是指合作双方基于研发协议，就共同的科研项目，以某种合作形式进行研究或开发。委托（合作）研发的主要风险是：委托（合作）单位选择不当，知识产权界定不清。合作研发还包括与合作单位沟通障碍、合作方案设计不合理、权责利不能合理分配、资源整合不当等风险。

结题验收是对研究过程形成的交付物进行质量验收，其主要风险包括：由于验收人员的技术、能力、独立性等造成验收成果与事实不符；测试与鉴定投入不足，导致测试与鉴定不充分，不能有效降低技术失败的风险。

成果开发是指企业将研究成果经过开发过程转换为企业的产品，其主要风险包括：研究成果转化应用不足，导致资源闲置；新产品未经充分测试，导致大批量生产不成熟或成本过高；营销策略与市场需求不符，导致营销失败。

成果保护是企业研发管理工作的有机组成部分，其主要风险是：未能有效识别和保护知识产权，权属未能得到明确规范，开发出的新技术或产品被限制使用；核心研究人员缺乏管理激励制度，导致形成新的竞争对手或技术秘密外泄。

后期评估是研究与开发内部控制建设的重要环节。企业应当建立研发活动评估制度，加强对立项与研究、开发与保护等过程的全面评估，认真总结研发管理经验，分析存在的薄弱环节，完善相关制度和办法，不断改进和提升研发活动的管理水平。

11.2 研究与开发方面内部控制的主要方法

研发业务内部控制流程如图 11-2 所示。

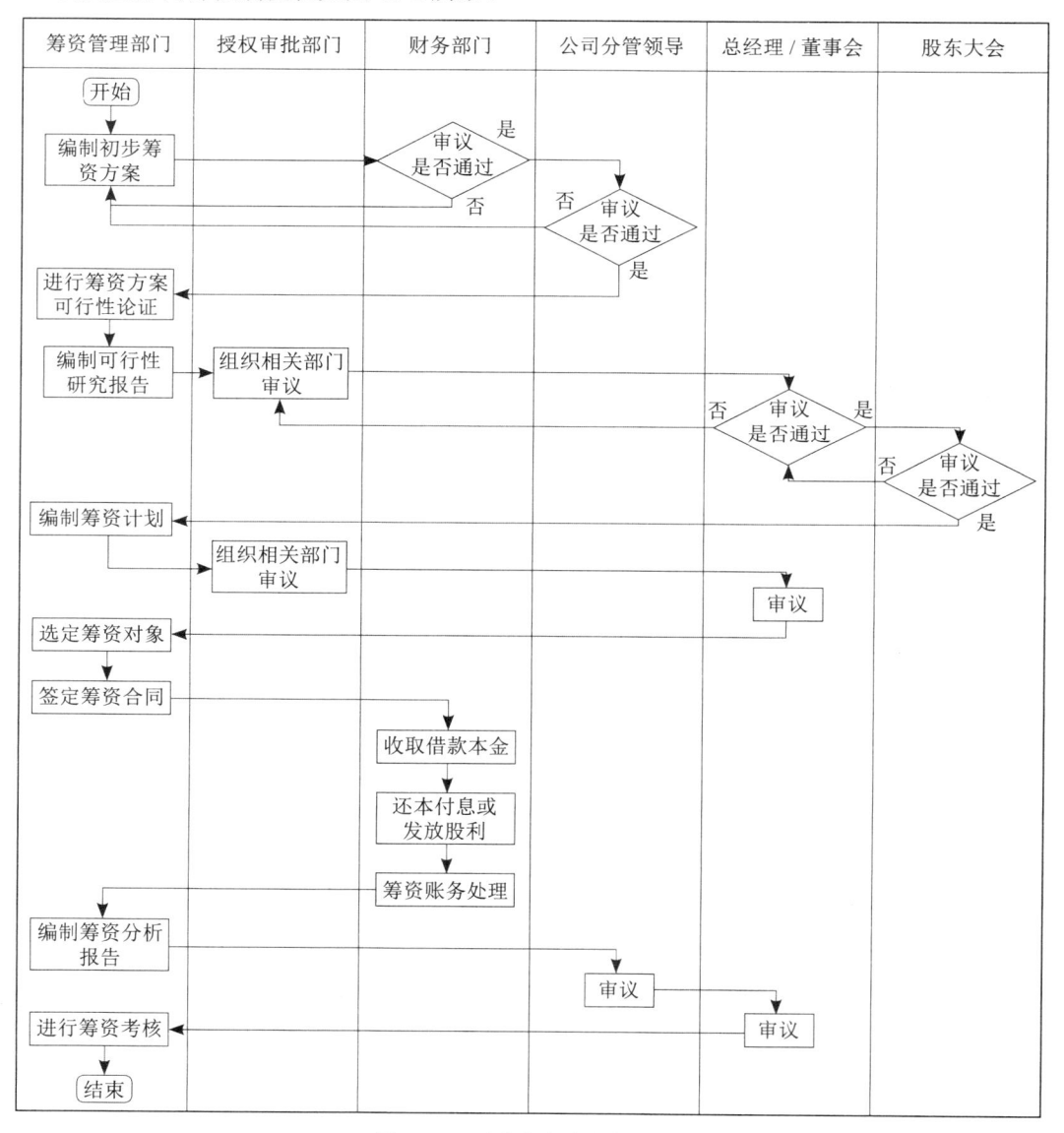

图 11-2 研发业务内部控制图

立项环节的控制方法：第一，建立完善的立项、审批制度，确定研究开发计划的制订原则和审批人，审查承办单位或专题负责人的资质条件和评估、审批流程等。第二，结合企业发展战略、市场及技术现状，制订研究项目开发计划。第三，企业应当根据实际需要，结合研发计划，提出研究项目立项申请，开展可行性研究，编制可行性研究报告。企业可以组织独立于申请及立项审批之外的专业机构和人员进行评估论证，出具评估意见。第四，研究项目应当按照规定的权限和程序进行审批，重大研究项目应当报经董事会或类似权力机构集体审议决策。审批过程中，应当重点关注研究项目促进企业发展的必要性、技术的先进性及成果转化的可行性。第五，制订开题计划和报告，开题计划经科研管理部门负责人审批，开题报告应对市场需求与效益、国内外在该方向的研究现状、主要技术路线、研究开发目标与进度、已有条件与基础、经费等进行充分论证、分析，保证项目符合企业需求。

自主研发环节的控制方法：第一，建立研发项目管理制度和技术标准，建立信息反馈制度和研发项目重大事项报告制度，严格落实岗位责任制。第二，合理设计项目实施进度计划和组织结构，跟踪项目进展，建立良好的工作机制，保证项目顺利实施。第三，精确预计工作量和所需资源，提高资源使用效率。第四，建立科技开发费用报销制度，明确费用支付标准及审批权限，遵循不相容岗位牵制原则，完善科技经费入账管理程序，按项目正确划分资本性支出和费用性支出，准确开展会计核算，建立科技收入管理制度。第五，开展项目中期评审，及时纠偏调整；优化研发项目管理的任务分配方式。

委托（合作）研发环节的控制方法：第一，加强委托（合作）研发单位资信、专业能力等方面管理。第二，委托研发应采用招标、议标等方式确定受托单位，制定规范详尽的委托研发合同，明确产权归属、研究进度和质量标准等相关内容。第三，合作研发应对合作单位进行尽职调查，签订书面合作研究合同，明确双方投资、分工、权利义务、研究成果产权归属等。第四，加强项目的管理监督，严格控制项目费用，防止挪用、侵占等。第五，根据项目进展情况、国内外技术最新发展趋势和市场需求变化情况，对项目的目标、内容、进度、资金进行适当调整。

结题验收环节的控制方法：第一，建立健全技术验收制度，严格执行测试程序。第二，对验收过程中发现的异常情况应重新进行验收申请或补充进行研发，直至研发项目达到研发标准为止。第三，落实技术主管部门验收责任，由独立的、具备专业胜任能力测试人员进行鉴定试验，并按计划进行正式的、系统的、严格的评审。第四，加大企业在测试和鉴定阶段的投入，对重要的研究项目可以组织外部专家参加鉴定。

成果开发环节的控制方法：第一，建立健全研究成果开发制度，促进成果及时有效转化。第二，科学鉴定大批量生产的技术成熟度，力求降低产品成本。第三，坚持开展以市场为导向的新产品开发消费者测试。第四，建立研发项目档案，推进有关信息资源的共享和应用。

成果保护环节的控制方法：第一，进行知识产权评审，及时取得权属。第二，研发完成后确定采取专利或技术秘密等不同保护方式。第三，利用专利文献选择较好的工艺路线。第四，建立研究成果保护制度，加强对专利权、非专利技术、商业秘密及研发过程中形成的各类涉密图纸、程序、资料的管理，严格按照制度规定借阅和使用，禁止无关人员接触研究成果。第五，建立严格的核心研究人员管理制度，明确界定核心研究人员范围和名册清单并与之签署保密协议。第六，企业与核心研究人员签订劳动合同时，应当特别约定研究成果归属、离职条件、离职移交程序、离职后保密义务、离职后竞业限制年限及违约责任等内容。第七，实施合理有效的研发绩效管理，制定科学的核心研发人员激励体系，注重长效激励。

11.3 研究与开发方面的主要内部控制措施

11.3.1 研发提案审核

①首先由业务单位提出与产品相关的研发提案，然后由研发部门、业务单位展开提案评估活动。

②由业务单位负责进行产品市场调查、分析及销售规划工作，并应在提交业务产品提案报告的同时，一并提供研发部门的审核意见。

③研发部门负责审查业务产品提案内的产品功能、产品特性及客户需求等诸多特点，作为研发的基础，并出具该产品可行性研究评估意见。

产品可行性评估意见，应由研发部门召开审查会议，并征询业务、生产、市场等相关单位的意见后，形成决议。若审查会议决议通过，则进行研发规划作业；否则重新评估审核或者放弃。

11.3.2 研发规划

①研发规划活动依照研发业务流程图，进行产品规划、研发、审查、验证等一系列活动。

②研发职责规划。由研发部门负责管理部门内外的各种业务研发工作，根据项目研发日程表分派各类任务，使研发及相关配合部门明确自己的任务，以及加强对质量的严格要求。

③研发部门和相关部门，应依照研发业务流程图的步骤实施，以确保产品的研发功能特性，对于研发用的零件采购、生产、质量、验证等，必须提供产品研发规范或技术数据，以便于相关部门配合。

④研发人员需经过适当任命及选拔合格人员来担任，研发资源需得到合理分配。

⑤由研发部门总体负责，依据产品研发流程，制定研发项目规划书和项目研发日程表，合理分派工作。

⑥研发质量规划。除应客户需求外，研发人员还应对相关技术规范，以及公司质量政策项目的要求作出适当的考虑。

11.3.3 样品生产

①产品研发部门按业务产品提案报告的相关条款，明确产品的规格要求及相关特点，并填制样品需求表，进行生产样品的工作。

②相关部门按研发要求工作，如采购部门提供零件、配件等，生产部门生产样品。

③研发部的工作人员根据研发流程及项目研发工作安排研发工作，进行样品检测与试验。

④研发部门及质保部门等相关产品研发监管部门，根据业务产品提案报告的要求，对产品进行检测与试验，对使用状态与产品市场定价予以评估。

⑤研发部门、业务部门及相关单位，根据市场情况，针对样品召开内部讨论会议，以便

样品更加及时、准确反映市场需求，相关规格标准及时更新改进。

11.3.4 研发、验证与检查

①在研发过程中，对产品的特性，以及各种重要阶段的功能特点，要加以测试与验证，如采用统计分析方法，或者生产出小部分样品来实际检验与测试等，并对研发结果作出结论，形成书面意见，以确保各产品质量的可靠性。

②产品研发验证是对研发结果加以测试与验证，确定研发的结果是否符合原研发构想的要求，这是产品研发过程中至关重要的环节。

a. 由研发部门进行产品功能测试，品保等部门对样品实施产品验证。

b. 品保部门如发现测试失效或有不符规格者，由品保部门填报问题清单，交由研发部门来作出改善对策。

11.3.5 研发审查试制产品

①研发审查产品按照研发项目规划书分步骤实施，在研发的过程中不断审查，防止产品的试制偏离研发目标，这样可以有效地减少研发成本。在产品研发开发阶段结束之前，针对研发结果，应对这一产品作出一个正式的、书面的、系统的审查报告，此报告由研发部门负责人审核，提交公司分管副总经理批准。

②参与研发审查的成员，应包括该阶段中会影响产品质量的主要负责人。

③针对产品开发流程定期举办产品开发进度审查会议，以期达成阶段进度目标。

④研发审查活动应该可以鉴别及发现预期的问题所在、相关制度的缺失，并能够及时采取矫正措施，以确保最终研发符合客户的要求。

⑤研发审查项目应至少包括如下项目：客户需求及功能特性、产品规格、研发验证结果、其他质量标准要求项目等。

⑥量试、验收与变更作业。

a. 量试。产品开发必须经过量试及量试检验的过程，才能开始进行研发验收及量产。量试产品的需求等相关作业，与生产样品作业相同。量试产品应该由研发部门根据各项需求及标准进行测试。量试产品测试结果经检验不通过时，应该重新进行评估。

b. 验收。等到最终的研发审查结果通过后，研发部门应将其最终规格与图样，适当地将其书面整理为产品技术数据或样品，并以适当的形式转移给生产技术等部门，并作为采购、生产、质保、销售等部门工作流程的规范要求。研发验收的工作流程主要由研发部门提出，由质保及生产技术部门负责进行。

c. 变更。产品如需研发变更时，由提出单位填制研发变更申请单，经研发及相关部门确认，并根据相关的研发变更的规定办理。研发业务变更时，应注意如下事项：核准变更的事项与时机，应该特别指定时间与产品零组件完成变更验证，紧急变更处理措施，以防不合格品的生产。

11.3.6 文件发行与保管

①相关研发参数控制：所有影响产品质量研发的活动，都必须保有适当记录，以便于追溯及改善。

②研发所产生的数据参数使用的相关文件与数据，都要进行有效的授权与管制，要有相关文件管制规定，以确保文件的一致性、可溯性和可用性。

③文件的制定、审查、核准、编号、分发、管理的权责划分及其相关流程作业，都要依据相关文件管制规定执行。

④文件经审查、核准与编号后，才可以开始分发。文件的收发，都要有签收记录，并负责文件原本的保管。

⑤过时无效文件应立即从所有发行与使用单位撤销，留用者需作出明确标示，以确保使用正确文件。

11.3.7 研发活动控制总结

①研发部门根据业务部门所提供的研发项目规划书经审查通过后，展开所有研发活动。

②研发活动要严格遵守研发项目规划书及研发开发流程图进行产品规划、研发、审查、验证等一系列活动，以便于研发业务的内部控制。

③研发人员需要经过适当指派及选拔合格人员来担任，以人为本，有效监控研发活动。

④研发活动必须经过样品生产过程。研发过程需经研发审查、研发验证程序，以确保输入与输出符合要求。所有影响产品质量研发的活动，均应保有适当记录，以便于追溯及改善。研发产品需经量试及其检验的过程，才能进行研发验收及量产。

11.4 研究与开发方面内部控制案例详解

软件项目研发操作风险是指在软件项目生命周期的各个环节中，由于不完善的组织管理或者企业内部工作流程、人员及信息系统或外部事件所造成损失的风险。软件研发公司通过实行全面风险管理，特别是加强日常软件项目研发操作风险的管理，及时控制风险、预防风险的发生，可以提高软件研发效率和质量，增加软件研发公司的收入，提高公司管理能力。软件项目风险会影响项目计划的实现，如果项目风险变成现实，就有可能影响项目的进度，增加项目的成本，甚至使软件项目不能实现。

案例阐述如下：

A软件公司是我国一家比较知名的软件生产企业，其研发的OA软件凭借专业化的研发技术和完善的售后服务，已经成为小型企业办公自动化的首选软件。随着公司规模的扩大，公司股东计划向其他领域扩展。由于公司创始人原先从事过金融行业，他认为开发该行业领域的软件前景好、利润高，随后便与某金融企业签订了系统开发合作。于是，A公司将原先的研发人员一分为二，一部分继续从事原有业务，另一部分则成立项目组，专门针对银行和证券公司研发大型办公自动化软件。由于客户企业对项目完成的时间要求紧，项目组立刻进行分头开发。随着开发进程的不断深入，出现的问题也越积越多，由于A公司的研发人员专业水平不够、项目经费超支、技术难题解决缓慢，加上同类软件已在市场上出现，导致整个项目面临失败的风险。

通过对以上案例的分析，我们发现如下问题并提出相应的解决措施，具体见表11-1。

随后，考虑市场的情况，根据董事会的审议决策，A软件公司将主营业务调整为对银行进行大型操作软件开发、调试与后期维护。对于银行而言，由软件引起的业务中断和系统失败是操作风险的内容之一，因此，A软件公司认为，由软件项目研发中程序的错误和缺陷等引起的业务中断、交易错误、外部欺诈造成的客户资金损失等都应该属于公司操作风险的重要防范内容。软件项目研发操作风险存在于软件项目研发的需求、设计、编码、测试、投产生命周期的每一个环节，A公司对其在软件研发项目中可能存在的各类风险进行了全面风险管理，对风险类型的描述和应对措施分别见表11-2和表11-3。

表 11-1　A公司存在的风险及控制措施

存在的风险	控制措施
公司决策者仅凭借自己曾在金融行业的工作经验，就决定进行大型金融软件的开发合作，既没有进行市场调研分析，也未邀请相关外部专家进行评审	①结合企业发展战略、市场及技术现状，制订研究项目开发计划 ②企业应当根据实际需要，结合研发计划，提出研究项目立项申请，开展可行性研究，编制可行性研究报告。企业可以组织独立于申请及立项审批之外的专业机构和人员进行评估论证，出具评估意见 ③研究项目应按照规定的权限和程序进行审批，重大研究项目应当报经董事会或类似权力机构集体审议决策，重点关注研究项目促进企业发展的必要性、技术的先进性及成果转化的可行性
公司在未对整个研发计划的背景、技术方案、预计经费、完成时间、预期目标等方面做出筹划的情况下，研发团队就急于启动项目开发工作，导致研发费用超支，陷入困境	
A公司对于自身不熟悉的领域，面临的技术风险估计不足，导致在开发的过程中面临着诸多技术难题，项目完成时间一拖再拖，导致整个项目面临失败的风险	

表 11-2　A公司项目研发的需求风险及应对措施

风险类型与描述	控制措施
描述不清：需求内容描述不清或者不完整，对如何实现需求没有详细的描述	加强业务与技术的交流，建立业务与科技之间良好的交流沟通机制。业务人员要讲解需求的含义，让技术人员了解整个需求内容和达到的结果；技术部门要帮助业务部门完善需求内容。建立良好的需求变更管理制度和需求工作处理流程。做好需求的可行性分析，把分析结果发给业务部门进行确认，并就业务部门反馈结果做进一步分析，然后再与业务部门交流确认。编写业务需求说明撰写规范，引导和帮助业务部门按照规范撰写业务需求说明书
需求变化：由于业务发展或外部市场、政策变化等引起的需求变更	
理解错误：与客户沟通少，对业务了解不够，对需求了解不够，技术人员对业务需求理解出现偏差，与实际需求描述含义不一样	
分析错误：对业务部门提交需求进行可行性分析不够深入，导致出现偏差	

表 11-3　A公司项目研发涉及的风险及应对措施

风险类型与描述	控制措施
设计方案错误：在设计方案中，使用的实现方法不当或者遗漏关联内容，造成系统处理出现错误或中断	成立评审委员会，做好对每一个设计方案的评审工作，找出方案设计、详细设计等方面存在的问题 对于设计好的功能说明书，要向提出需求的业务部门进行审定，审定完毕，让业务需求部门撰写需求确认书，以确认所需实现的功能 规划和设计好不同应用系统之间的接口规范，建立变更管理机制，及时处理软件项目中的变更请求
详细设计错误：具体设计某个功能时，实现方法有误	
设计不周全：功能设计时，只考虑了自身的模块设计，遗漏了系统中相关联的其他部分	
变更计划不周全：因使用新技术导致方案设计出现问题；选择错误技术实现路线；对新技术掌握不充分，技术应用遇到难题	

第12章
业务外包方面的内部控制

业务外包是企业利用专业化分工优势,将日常经营中的部分业务委托给本企业以外的专业服务机构或其他经济组织(承包方)完成的经营行为。业务外包作为一种新的经营模式在企业生产经营中发挥着重要的作用。目前,业务外包活动已经广泛应用于电信、手机、金融等各行各业,为企业降低交易成本、实现规模经济、获取外部稀缺资源、提高经营效率提供了活力。但是由于开展业务外包过程中会面临许多不确定因素,从而给企业的生产经营带来风险,因此企业应当制定和完善业务外包制度,加强业务外包的风险管理,从而有效地规避风险,充分发挥业务外包的优势。

12.1 业务外包内部控制概述

12.1.1 业务外包方面内部控制的主要目标

业务外包(out sourcing),也称资源外包、资源外置,它是指企业整合用其外部最优秀的专业化资源,从而达到降低成本、提高效率、充分发挥自身核心竞争力和增强企业对环境的迅速应变能力的一种管理模式。企业为了获得比单纯利用内部资源更多的竞争优势,将其非核心业务交由合作企业完成,通过业务外包把一些重要但非核心的业务或职能交给外面的专家去做。如Boeing(波音公司)——世界最大的飞机制造公司,却只生产座舱和翼尖;Nike(耐克)——全球最大的运动鞋制造公司,却从未生产过一双鞋,等等。

企业应当制定科学合理的业务外包策略,根据外部环境要求和中长期发展战略需要,合理确定业务外包内容,避免将核心业务外包。所谓业务外包,是企业通过与外部其他企业签订契约,将一些传统上由公司内部员工负责的业务外包给专业、高效的服务提供商的经营形式。表面看来业务外包与企业一体化是截然相反的两种经营策略。一体化战略是将供应链上的其他业务包揽到企业内部来,简化了供应链的管理,使市场的交易活动变成企业内部的协调;而业务外包则是将企业内部员工负责的业务由市场交易来完成,以降低生产成本,提高生产效率,从而使自己的产品更具有竞争力。业务外包可以理解为一种经营管理的策略,它简化了企业的管理环节。但是细观之下我们不难发现两者相同的地方,它们最终目的都是为了获取持续的竞争优势。业务外包则可通过承包方分担企业的固定成本,并将固定成本转化为可变成本,从而减少企业的压力,使企业在开发和生产新产品的核心业务上更加灵活和高效。业务外包首先应该清楚什么业务是企业具有核心竞争力的业务,可以外包出去的业务必然是非核心业务。

通常业务外包出现的问题主要来自以下几个方面:

可能会增加企业责任外移。由于在外包经营中缺乏对业务的监控,增大了企业责任外移的可能性，导致质量监控和管理难度加大。

1. 可能挫伤员工工作热情

可能挫伤员工工作热情，导致员工失去敬业精神。业务外包必然会牵涉部分员工的利益，如果员工认为自己的工作迟早会被外包，那么他们的工作热情和职业道德可能会受影响，进而，员工可能会失去对公司的信心和工作的原动力，最终导致工作业绩明显下降。

2. 知识产权问题

特别是研究与开发之类业务外包。企业与外包厂商通常通过协议来确定外包者所开发技术的专利、版权归属问题，而非依据法律规定，这种做法为错误和陷阱留下了很大的空间。

3. 外包企业的忠诚度

外包企业在利益的驱动下可能从一个企业转移到另一个企业，导致企业失控，但同时过分地依赖外包企业会导致交易成本提高。

4. 外包商选择问题

企业对于业务外包有许多种选择，挑选了错误的外包者可能导致关键技术的失败，因而失去竞争的领先地位。

企业在业务外包的过程中存在诸多问题，因此业务外包的内部控制环节显得尤为重要。业务外包的具体流程如图 12-1 所示。

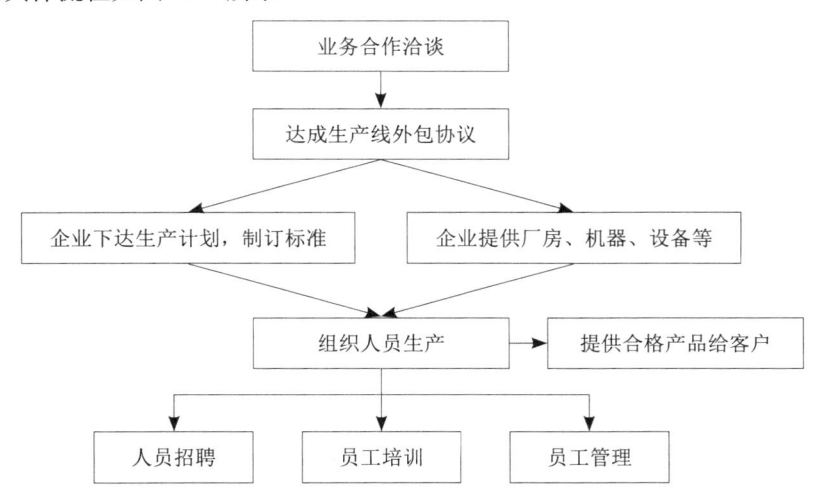

图 12-1 外包业务流程图

业务外包内部控制评价目标，就是保证业务外包内部控制设计和运行的有效性，促使企业预防和控制业务外包风险。

业务外包内部控制评价的依据是国家关于业务外包管理方面的法律法规、企业制定的业务外包管理制度及企业内部控制手册中有关业务外包部分的内容，具体依据因评价单位的不同而有所不同，一般包括以下三个目标：

1. 经营目标

通过规范外包业务流程，确保外包业务按规定的程序和适当的授权进行，促进业务外包方案的顺利实施，确保业务外包质量。

2. 财务目标

规范业务外包会计系统控制，控制业务外包成本，真实记录和反映外包业务流程各环节的资金流和实物流，确保财务报告信息的真实、准确、完整。

3. 合规目标

确保外包业务的承包商选择、合同签订等环节符合国家有关法律法规及公司内部控制制度的规定。

12.1.2 业务外包方面内部控制的主要风险点

业务外包在给企业带来收益的同时也产生了风险。业务外包活动的流程主要包括制定业务外包实施方案、审核批准、选择承包方、签订业务外包合同、组织实施业务外包活动、业务外包过程管理、验收、会计控制等环节，每一个环节组织不当都会给企业带来风险，从而直接关系其能否为企业带来预期的利润提升和促进企业战略目标的实现。

1. 外包业务选择不当风险

在业务外包决策中，企业首先要回答的问题就是选择哪些业务外包。一般来说，企业应当尽量选择那些与自身核心业务关联性不大，相对独立的非核心业务进行外包，然而在实践中，公司的核心业务和非核心业务边界不清晰，管理层受制于专业知识和能力所限，有可能将不宜外包的业务外包出去，使企业丧失核心竞争力，这将对企业造成不可估量的严重后果。

2. 外包承包商选择不当风险

外包承包商的选择对于外包业务能否有效开展产生重要的影响。企业对于重要业务的外包没有建立外包承包商的遴选机制，或者确定外包承包商的决策权过于集中，容易导致由于失去权力制衡而产生的商业贿赂；外包承包商定价过高，从而使外包成本超过外包所带来的收益从而使企业遭受损失；缺乏对外包承包商资格审查制度，对承包商的专业能力、财务状况、经营状况及信用水平等缺乏了解，如果外包承包商不具备相应的专业资质，从业人员也不具备相应的专业技术与职业资格，缺乏从事相关项目的经验，可能导致双方产生严重分歧而陷入法律纠纷。

3. 合同不完备风险

确定承包方后，企业应当及时与选定的承包方签订业务外包合同，约定业务外包的内容和范围、双方权利和义务、服务和质量标准、保密事项、费用结算标准和违约责任等事项。该环节的主要风险是：合同条款未能针对业务外包风险作出明确的约定，对承办方的违约责任界定不够清晰，导致企业陷入合同纠纷和诉讼；合同约定的业务外包价格不合理或成本费用过高，导致企业遭受损失。

4. 业务外包过程管理风险

承包方在合同期内因市场变化等原因不能保持履约能力，无法继续按照合同约定履行义务，导致业务外包失败和本企业生产经营活动中断；承包方出现未按照业务外包合同约定的质量要求持续提供合格的产品或服务等违约行为，导致企业难以发挥业务外包优势，甚至遭受重大损失；管控不力，导致商业秘密泄露。企业与外包承包商签订协议后，往往不进行后续的监督管理，从而使业务外包活动处于失控状态。

12.2 业务外包方面内部控制的主要方法

企业业务外包内部控制流程如图 12-2 所示。

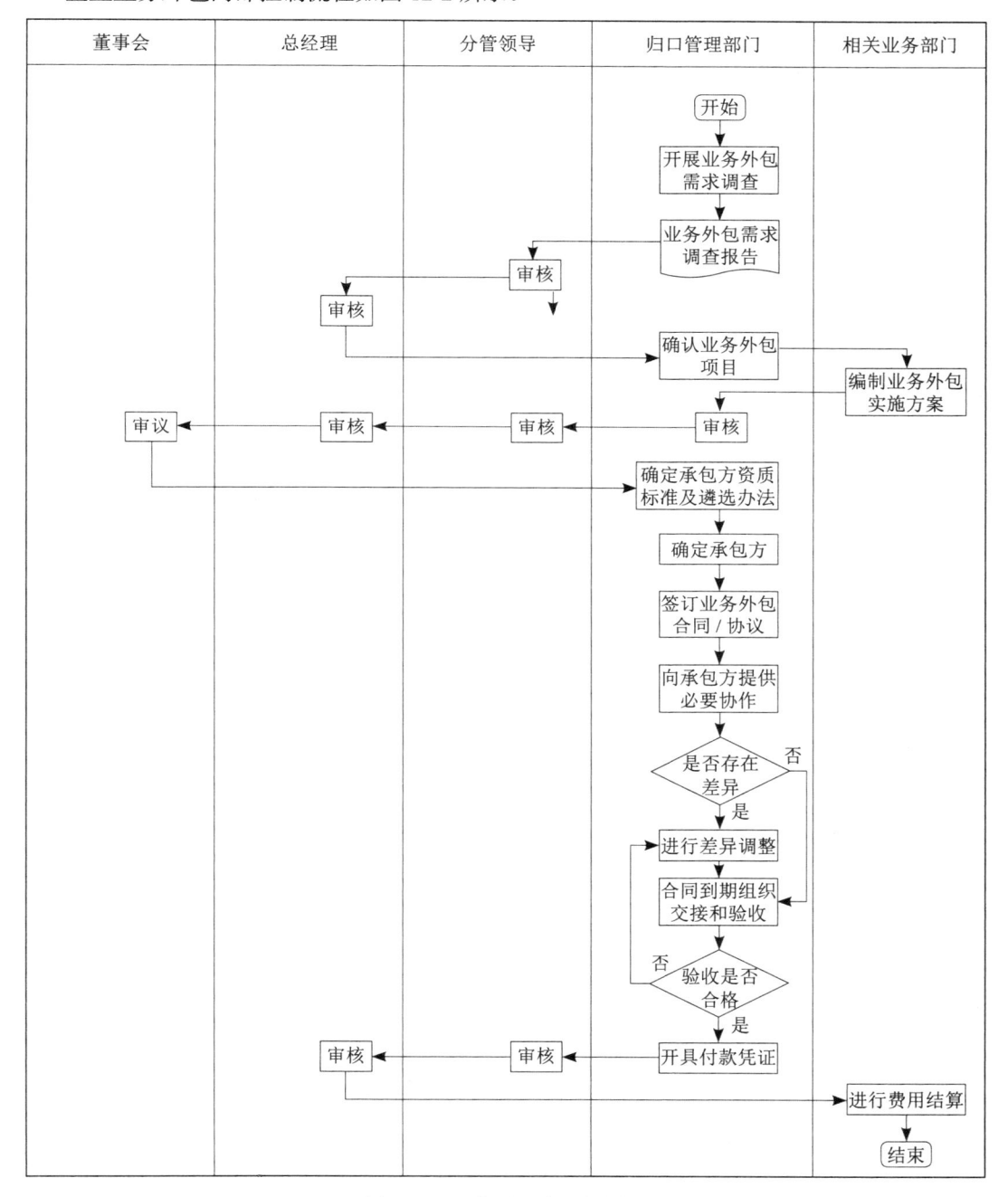

董事会	总经理	分管领导	归口管理部门	相关业务部门

图 12-2 业务外包内部控制图

在评估业务外包各个环节所存在的风险后，企业应当根据业务外包内部控制目标实施针对性的控制措施，主要应当从六个方面加强管控。

12.2.1 不相容岗位分离

通过对业务外包流程的梳理，企业应当明确不同岗位的职责和权限，从而形成相互制约、相互监督的机制，以避免在实施业务外包过程中出现舞弊行为。业务外包不相容岗位主要包括以下几项。

①业务外包的申请与审批；

②业务外包的执行；

③外包合同的订立与审核；

④业务外包的执行与相关会计记录；

⑤付款的申请、审批与执行。

业务外包不相容职务分离如图 12-3 所示。

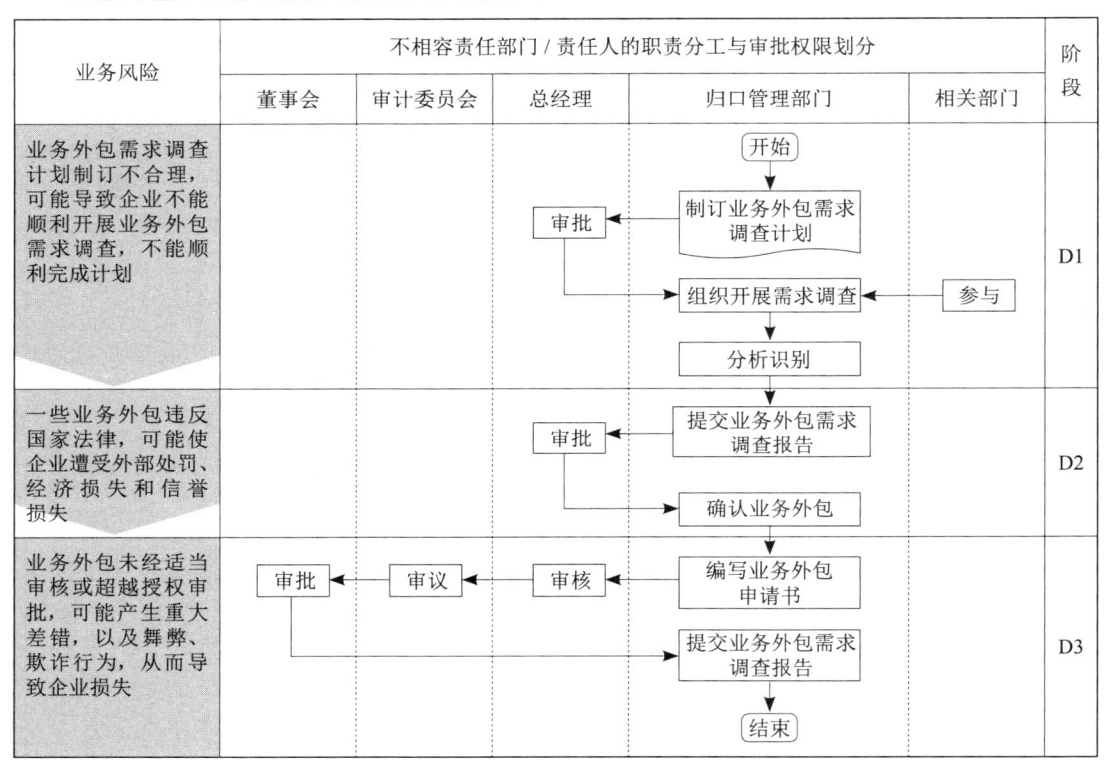

业务风险	不相容责任部门 / 责任人的职责分工与审批权限划分					阶段
	董事会	审计委员会	总经理	归口管理部门	相关部门	
业务外包需求调查计划制订不合理，可能导致企业不能顺利开展业务外包需求调查，不能顺利完成计划			审批	开始→制订业务外包需求调查计划→组织开展需求调查→分析识别	参与	D1
一些业务外包违反国家法律，可能使企业遭受外部处罚、经济损失和信誉损失			审批	提交业务外包需求调查报告→确认业务外包		D2
业务外包未经适当审核或超越授权审批，可能产生重大差错，以及舞弊、欺诈行为，从而导致企业损失	审批	审议	审核	编写业务外包申请书→提交业务外包需求调查报告→结束		D3

图 12-3　不相容职务分离图

12.2.2 授权审批

企业应当建立业务外包审核批准制度，明确授权批准的方式和程序、各部门的审批范围和权限，保证申请、审批、执行和监督等环节按相关管理制度规范操作，禁止出现无权审批或越权审批。企业在对业务外包实施方案进行审批时，应当根据自身业务特点，着重对比分析该项目在自营和外包情况下的风险和收益，确定外包的合理性和可行性。对于涉及企业市场竞争力的重大业务外包，由于其对企业发展影响较大，应当提交董事会或类似权力机构审批。

12.2.3 优选承包方

承包方的选择对业务外包成败具有重要的意义。企业在选择承包方时应当注意两个方面。第一，对于候选承包方的调查主要包括：①合法性。候选承包方是否为依法成立和合法经营的专业服务机构，是否具有相应的经营范围和固定的办公场所。②专业资质。承包方是否具备相应的专业资质，从业人员是否符合岗位要求和任职条件，并具有相应的专业技术资格。企业应当委派能够胜任的专业人才进行充分的调查，并根据搜集的信息形成调查评估报告。第二，引入竞争机制。首先，企业可以采用公开招标的方式，挑选优质承包方。其次还可以选择多家企业作为承包方，这样可以降低一方服务失败可能给企业带来的损失。第三，按规定程序确定最终承包方。在确定最终承包方的过程中，企业应当严格按照规定的程序和权限办理，以防止出现徇私舞弊的行为。

承包方资质审查内部控制如图 12-4 所示。

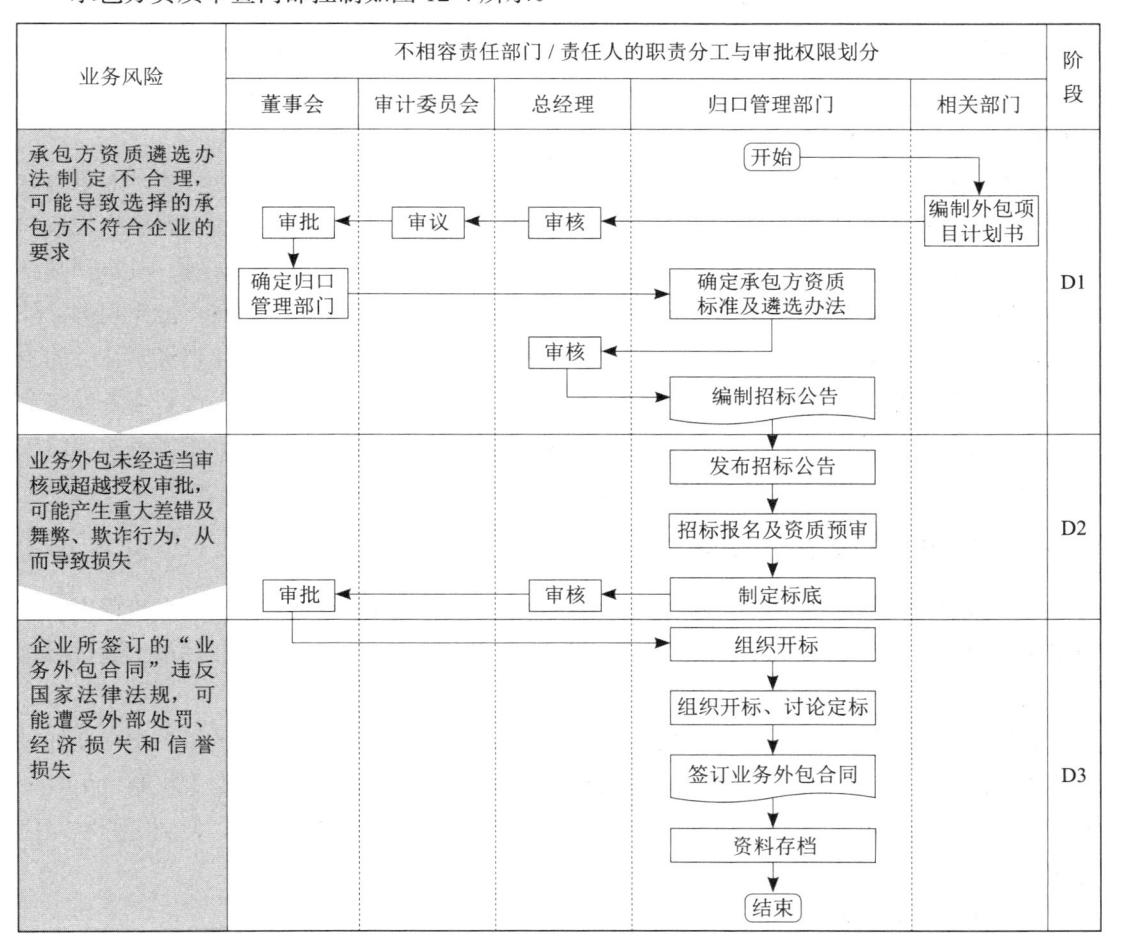

业务风险	不相容责任部门/责任人的职责分工与审批权限划分					阶段
	董事会	审计委员会	总经理	归口管理部门	相关部门	
承包方资质遴选办法制定不合理，可能导致选择的承包方不符合企业的要求	审批 ←	审议 ←	审核 ←	确定承包方资质标准及遴选办法 ←审核 编制招标公告	开始 → 编制外包项目计划书	D1
业务外包未经适当审核或超越授权审批，可能产生重大差错及舞弊、欺诈行为，从而导致损失			审批 ←	发布招标公告 招标报名及资质预审 审核 ← 制定标底		D2
企业所签订的"业务外包合同"违反国家法律法规，可能遭受外部处罚、经济损失和信誉损失				组织开标 组织开标、讨论定标 签订业务外包合同 资料存档 结束		D3

图 12-4　承包方资质审查内部控制图

12.2.4　建立有效的沟通机制

通过招标竞争机制挑选出来的优质承包商，企业应当加强双方的交流与沟通，一方面使承包商能够了解企业的文化，以使其提供的服务更能够符合企业的需求；另一方面，企业也能够对承包商在行业中的地位、提供服务的质量、生产经营状况等有更为深入的认识。对于资金雄厚，服务质量高，企业规模大，企业信誉好的承包商，企业应当与其建立长期合作的长效机制，这样既有利于企业得到优质专业快捷的服务，又能够让承包商开拓更多的业务，从而通过建立战略合作伙伴来达到双方的共赢。此外，企业还应当建立承包商档案，对于其经营范围、产品质量、服务质量与效率进行跟踪记录，从而有利于未来进一步的合作。

12.2.5　加强业务外包过程监控

业务外包的风险监控应当贯穿整个业务流程，是全过程监控。由于业务外包是一种介于市场交易和纵向一体化的中间形式，厂商和外包供应商之间实际上形成了一种委托——代理关系，外包供应商比厂商拥有更多关于产品和服务的质量、成本等信息，从而导致信息不对称。另外，合作双方理念和文化的差异、无效的沟通机制等因素都可能导致外包的失败。因此，强化对外包过程的管理非常必要。为此企业可以通过建立相应的管理协调机构，构建畅通的沟通渠道，解决业务外包过程中的问题和矛盾，防止意外的发生；此外，还可以通过细化外包合同、建立质量保证体系等管理控制手段，强化对外包过程的监督，减少外包过程中因信息不对称造成的风险。

在业务外包运作过程中，企业应当密切关注重大业务外包承包方的履约能力，对承包方履约能力进行持续评估，分阶段检查其业务完成进度及资源投入状况，通过对其生产规模和能力、财务状况和经营状况的评估来预测其是否能够保障按合同期限完成任务。凡事预则立不预则废，对于对企业影响重大的业务外包，企业应当事先充分地预计各种可能出现的意外情况，建立相应的应急机制，制定备选方案，避免业务外包失败造成企业生产经营活动的中断。企业应当搜集相关信息，如果有确凿证据证明承包方有重大违约行为，导致业务外包合同无法履行，应当及时终止合同，以免给企业造成更大损失。同时企业应当指派有关部门按照合同约定向承包方就因违约行为而造成的损失进行索赔。

12.2.6　业务外包方面的主要内部控制措施

对外包业务流程的控制，比如外包业务参与人员主要职责、资产管理政策、流程中断应急措施等内容，要及时地发现问题，报业务主管部门负责人，并经企业总经理审批通过后执行，及时地解决问题。

对外包活动进行监督和控制是外包决策顺利实施的重要保证，该环节的缺失是众多外包案例失败的重要原因，因此，在合作一开始，双方就必须建立切实可行的监管机制，由双方的管理小组及相关用户定期举行会议，审查外包合同是否得到正确的执行，并制定标准对执行的业绩进行评分考核。

1. 业务外包方案制定

①公司归口管理部门负责人根据企业生产状况及年度生产计划，拟订"业务外包需求调查计划"，经公司分管领导审批通过后，组织开展业务外包需求调查，通过访谈、问卷调查等方式收集业务外包信息。

②归口管理部门根据业务外包需求调查结果，识别业务外包需求，确定外包业务的范围

和目标，提交"业务外包需求调查报告"，编制"业务外包申请"，报总经理审核后，交由董事会审批。

企业应着重关注各类业务与主业核心能力的关联度、企业对外包业务的控制程度及外部市场成熟度等情况，以确定业务外包的范围，明确业务外包的方式、条件、程序和实施等相关内容。

③企业确定业务外包内容后，指定与该项业务相关的职能部门编制"业务外包实施方案"，避免将核心业务外包，并确保方案的完整性。在此过程中，企业应认真听取外部专业人员对业务外包的意见，根据其合理化建议对实施方案进行完善。

④分管领导根据企业年度预算及生产经营计划，对业务外包实施方案进行深入评估与复核，包括承包方的选择、外包方式、外包业务的成本效益及风险、外包合同期限等，确保方案的可行性。

2. 业务外包方案审批

①公司分管领导、总经理、董事会等依照规定的审批权限与程序对业务外包实施方案进行审批，不得越权审批，尤其要加大分公司重大业务外包的管控力度，避免因分公司越权进行业务外包给企业带来不利影响。

②在对业务外包实施方案进行审查和评价时，应关注外包业务的合理性和可行性，着重对比分析该业务在自营与外包情况下的风险与收益情况。

③企业总会计师或分管会计工作的负责人应当参与重大业务外包的决策，对业务外包的经济效益进行合理评价。

④重大业务外包方案应提交董事会或类似权力机构进行集体决策审批。

3. 业务外包承包方选择

①业务外包归口管理部门根据企业外包业务的性质确定承包方的资质标准及遴选办法，报经归口管理部门负责人审批。

②根据承包方的资质标准及遴选办法组织选择承包方。企业可引入承包方竞争机制，通过公开招标等适当方式，择优选择承包方。

③选择承包方时，归口管理部门应对承包方进行资质预核，评估承包方的综合能力，包括以下方面。

a. 调查候选承包方的合法性，即其是否为依法成立、合法经营的专业服务机构或经济组织，具有相应的经营范围和固定的办公场所。

b. 调查候选承包方的技术专业背景和实力，以及其从业人员的履历和专业技能。

c. 考察候选承包方从事类似项目的成功案例、业界评价和口碑。

d. 承包价格的考虑。综合考虑企业内外部因素，对业务外包的人工成本、营销成本、业务收入、人力资源等指标进行测算分析，合理确定外包价格。

④归口管理部门通过评估给出候选承包方的综合竞争力排名，会同相关管理层及其他职能部门负责人分析与候选承包方建立外包合同的风险，确定承包方名单，并报相关授权审批人依照规定审批权限与程序进行审核。

⑤在从候选承包方中作出选择时，应建立严格的回避制度和监督处罚制度，避免相关人员在承包方选择过程中出现受贿和舞弊行为。

4. 业务外包合同签订

①确定承包方后，归口管理部门协同相关部门专业人员在充分考虑业务外包方案中所识别的重要风险因素基础上，拟订合同条款，与承包方协商一致后，交由相关责任人审核。

②归口管理部门负责人会同法律顾问对业务外包合同进行初审。初审通过后，根据合同金额交由不同级别管理层审批。

③公司归口管理部门负责人按照"合同签订与审核流程"组织承包商与公司签订业务外包合同。

④在双方所签订的业务外包合同中，必须明确约定业务外包的内容和范围、双方的权利与义务、服务和质量标准、保密事项、费用结算标准和违约责任等事项。

5. 外包合同协议管理制度

企业应当建立规范的外包合同协议管理制度。企业应当根据外包业务性质的不同，及时与承包方签订不同形式的合同协议文本，包括：技术协议书、外包加工协议、规划试验大纲、咨询合同协议等。外包合同协议的订立、履行流程及其控制应符合《企业内部控制应用指引第16号——合同管理》的有关规定。除合同协议约定的保密事项外，企业应当根据业务外包项目实施情况和外界环境的变化，不断更新、修正保密条款，必要时可与承包方补签保密协议。在价格方面，发包方要清楚自己的底价。每一年都要回顾上一年的价格，并和当前的情况相比，通过科学计算，看是否和预测的指数一致。如果不一致就进行相应的调整，而不是基于大概的猜测。

6. 业务外包组织实施

组织实施业务外包是正式实施业务外包前的必要准备工作，在此环节中企业必须制定相关的控制机制，为有效实施业务外包过程管理奠定基础。

①按照业务外包制度、工作流程和相关要求，制定与承包方间的资产管理、信息资料管理、人力资源管理、安全管理、保密等机制，落实业务外包实施的全过程管控。

②归口管理部门要做好与承包方的对接工作，通过培训等方式确保承包方充分了解企业的工作流程和质量要求，控制业务质量。

③建立并保持畅通的沟通协调机制，以便及时发现并解决业务外包过程中所存在的问题。

④梳理相关工作流程，提出每个环节的岗位职责分工、运营模式、管理机制、质量水平等方面的要求，并建立对应的即时监控机制，及时检查、收集、反馈业务外包实施过程的相关信息。

7. 业务外包过程管理

①归口管理部门依照业务外包合同约定，向承包方提供必要的协助，定期对外包业务进展进行检查和评估，对承包方实行日常绩效评价和定期考核制。

②在承包方提供服务或制造产品过程中，要密切关注重大业务外包承包方的履约能力，并对其履约能力进行持续评估，出具承包方履约能力评估报告。评估过程中重点关注以下两方面：

a. 承包方对该项目的投入是否能够支持其产品或服务质量达到企业预期目标。

b. 承包方自身的财务状况、生产能力、技术创新能力等综合能力是否满足该项目的要求。

③在业务外包实施过程中，一旦发现有偏离合同目标等情况发生，归口管理部门应及时要求承包方进行调整改进。有确凿证据表明承包方存在重大违约行为，导致业务外包合同无法履行的，应及时终止合同，归口管理部门应指定相关部门在规定期限内依照有关法律程序向承包方索赔。

④对重大业务外包事项，企业应对各种意外情况进行充分统计，建立相应的应急机制，制定临时替代方案，避免外包业务失败。

⑤企业财会部门要加强业务外包过程中的资产存货管理，加强对业务外包过程中交由承包方使用的资产、涉及资产负债变动的事项及外包合同诉讼等的核算与监督，确保财务报告信息的真实、准确。

8. 业务外包成果验收

①归口管理部门根据承包方业务外包成果交付方式的特点，对业务外包成果进行分阶段或一次性验收。

②归口管理部门依据外包业务合同约定，结合在日常绩效评价基础上对业务外包质量是否达到预期目标的总体评价，制定外包业务验收标准，并报相关负责人审核批准。

③归口管理部门组织有关职能部门、财会部门、质量控制部门等相关人员，严格按照验收标准对承包方交付的产品或服务进行审查，并进行全面测试，验收合格后，出具验收证明。对验收过程中发现承包方最终提供的产品或服务与合同约定不一致的情形，应立即报告，查明原因，视问题严重程度与承包方协商采取适当措施，并依法索赔。

④企业根据验收结果对业务外包是否达到预期目标以及承包商的履约能力进行总体评价，以此对业务外包的管理制度和流程进行改进与优化。

⑤归口管理部门与承包方就最终产品或服务达成一致后，由承包方提交费用支付申请，由归口管理部门对申请报告中的研制进度、技术质量情况进行核实。审核通过后，由财务部对申请报告的经费情况进行核实，并报总经理批准。经批准，财务部通知承包方开具相关票据，办理费用支付手续。

⑥企业财会部门在向承包方结算费用时，应严格按照合同约定的费用结算条件、标准和验收证明进行支付。

12.3 业务外包方面内部控制案例详解

某特殊钢制造业企业采购业务外包案例简介如下：

某制造业企业（以下简称"B公司"）为冶金行业的专业技术服务商，2011年10月与从事特殊钢制造的客户（以下简称"A公司"）签订了一项为期10年的连铸机外包合同，为A公司提供一台高效连铸机的设计、制造、安装和调试，以及日常维护保养工作。B公司将按照A公司的生产要求，为其提供相应的生产服务。按照合同要求，第一，该条连铸机设备由B公司出资筹建，在A公司完成相应的土建基础工作后，B公司负责连铸机设备的工艺设计、生产制造、安装调试和具体生产工作，该套设备预计投资 2 000 万元。第二，在生产过程中，由 A 公司按照约定价格提供原材料，B 公司具体负责生产，并将产成品按照约定价格向 A 公司销售，并根据市场状况适时调整。第三，B 公司负责该项目的日常经营管理工作，所需场地租金、水电费等由 B 公司自行承担。场地租金由 A、B 公司协商，水电费按照单独装置的计量仪表逐月核定并按市场价格结算。第四，设备所有权属于 B 公司，运营期约定为 10 年。双方表示，通过外包业务合同的签订，标志着战略合作的实现，今后将针对该条生产线共同研发生产新工艺并促进生产成本的不断降低，实现双赢。

案例分析如下：

从两家公司的立场来看待该外包合同：A 公司作为钢铁企业，为了集中精力关注生产质量的提高，提高盈利水平，将部分制造环节外包给从事专业技术服务的 B 公司；同时，通过业务外包，降低了其投资力度，减少了现金支出的压力，但是，B 公司能否全力配合其生产计划的实现，有可能成为影响其生产经营的重要因素。即便在合同中约定违约成本，A 公司对自己客户的违约产生的信誉和品牌风险还是客观存在的。而 B 公司则可以发挥其连铸机工艺技术专家的特长，有效提高生产效率和降低生产成本，既能增强和客户的合作力度，又能巩固其市场份额，但是，巨额的投资也加大了其资金压力，加之周期长达十年，如果 A 公司在执行合同中产生违约风险，或者发生外部不可抗力，则 B 公司有可能承担较大的经济损失。故此，基于 A、B 公司双方的信任和了解，签订此外包合同有助于加强双方的合作力度并产生协同效应，从而进一步增强双方的市场竞争力。另外一个关键成功因素在于外包合同的执行，以及执行过程中双方争议能否友好解决。

一般而言，企业业务外包需要全面考虑该业务从方案制定到档案管理的各个环节，具体而言，主要控制目标如下：

1. 整合企业有效资源，实现公司战略目标

企业的资源是有限的，为了达成企业战略目标，企业需要分析其现实状况，将有限的资源发挥到能够创造最大价值的业务活动中。对于一些非核心业务，可以通过外包来实现，A 公司则是将高效连铸机的设计、制造、安装和调试，以及日常维护保养工作外包。

2. 降低企业生产成本，提高企业经济效益

通过业务外包，利用外包服务单位的专业化优势，可以在一定程度上降低企业成本，同时提高效率，保持企业的竞争优势。B 公司作为国内连铸业务的综合承包商，积累了丰富的设计、制造优势，通过承办该条连铸机生产线，既可以扩大自身的市场份额，也能为 A 公司降低生产成本。

3. 选择合适服务伙伴，分担企业经营风险

外包作为公司的一项策略，需要选择正确的合作伙伴，通过坦诚合作实现共同发展，为顾客提供最满意的服务；同时，通过选择适合的外包商，可以分担企业发展过程中遇到的企业风险。A 公司和 B 公司以前多次合作，对双方的技术和管理都相对熟悉，双方有着共同的目标，都希望为顾客提供令人满意的产品和服务，在共同的价值理念下，互相合作，可以减少项目失败的风险。

4. 实行分级授权管理，规范外包业务

业务外包方案的制定和审批是经过不同部门进行且经过适当授权的。合理选择承包单位，能够降低企业外包成本。A公司通过选择适当的外包方，满足公司需求，同时又能降低企业外包成本。

5. 签订有效外包合同，防范企业法律风险

通过明确外包合同内容，可以从法律角度预防企业风险，提高双方合作满意度。①做好外包过程管理，切实履行企业义务。外包业务的有效履行有赖于企业的过程管理，尤其外包环境发生较大变化时，外包的过程管理尤显重要。②适时验收外包成果，归档整理相关资料。外包业务完成时，要及时组织验收外包业务，通过总结，积累经验和教训。③及时记录外包业务，规范进行会计核算。外包业务需要保证及时准确完整地记录并支付相关费用，同时，将其在当期明细账和会计报告中予以反映。

下面进一步分析某特殊钢制造企业采购业务外包主要风险点。

确定业务外包的目标后，不论是甲方或是承包方，均需要明确存在的主要风险点，以便应对。可以将业务外包分解为业务外包实施准备阶段、业务外包开展阶段和业务外包总结阶段，这三个阶段，基本上能够涵盖业务外包的主要风险点。具体而言，业务外包各环节存在的主要风险点有以下具体内容。

1. 业务外包实施准备阶段

业务外包实施准备阶段的主要内容为业务外包方案的拟订、审批、合同签订等。理解公司的需求目标是基础，据此编制拟订实施方案，然后通过招投标或议标等方式确定供应商并签订合同。总体而言，不管是甲方还是承包方，都需要制定关于业务外包的基本管理制度和业务流程，以此确定公司内各部门的职责及操作程序，这是实施业务外包的基础工作，也是内部控制环节所要求的必备条件。此阶段的主要风险点简要总结如下：公司缺乏业务外包管理制度及业务流程，导致业务外包拟订方案或审批时缺乏依据；业务外包实施方案不符合实际需求或其前提假设出现重大错误，将会直接导致外包业务的失败；公司内部职责不清，出现审批时流于形式或者出现越权审批的状况，导致业务外包决策出现重大疏漏；选择了错误的业务外包合作方，导致项目运作失败；合同签订不规范，业务外包无法达到既定目标，从而引发法律诉讼等一系列负面后果。

2. 业务外包开展阶段

业务外包开展阶段的主要工作包括外包合同的过程管理、验收及日常财务结算等。过程管理主要是组织实施业务外包的行为，企业依据公司规章制度，通过组织资源的分配，建立与承包方的合作机制，为下一环节的业务外包过程管理做好准备，确保承包方严格履行业务外包合同，这些工作操作烦琐，需要较强的责任心和严谨的工作态度，稍有不慎，可能就会损害公司正当的权益。该阶段的主要风险点列示如下：组织措施不力，业务衔接不到位，影响各业务环节的梳理实施。合同违约风险的产生可能导致外包业务不能实现既定目标，企业发生损失，如承包方不能按期完成设备建造并生产出合格的产品、出现重大质量事故等。当企业所处宏观经济环境发生较大变化时，双方未及时调整业务外包管理模式，导致企业出现

失误甚至失败。一般而言，业务外包涉及周期较长，而外部环境又经常变化，双方应建立及时修正合同的机制。业务外包结束后，验收不符合既定标准，导致后期文档不全或产生争议等。双方财务结算时，因为审批不及时或出现疏忽，将会导致财务风险的发生。

3. 业务外包总结阶段

业务外包结束后，企业一般会就前期执行的业务外包合同进行全面的总结，以积累相关经验和教训，为后续的业务提供借鉴。同时，企业也会就业务外包的整体绩效进行定期或不定期的评价。此阶段的主要风险：一是企业绩效考评体系不完善，导致无法及时进行评价或者考评流于形式；二是档案管理不完善，在实施周期较长的前提下，可能导致最后的总结缺乏依据，从而无法得出客观的结论。

针对外包业务各环节的主要风险点，企业可以重点考虑以下的主要控制点，从而防范因内部控制的缺失可能导致的企业风险出现。

1. 业务外包实施准备阶段

具体包括：一是依据公司发展战略，拟定业务外包管理制度和流程，明确其适用范围、部门职责和实施程序及绩效管理等，从制度层面为防范业务外包风险提供依据。二是根据业务需要编制业务外包实施方案时，组织公司相关职能部门人员成立业务小组，全面评估业务方案是否符合公司预期，同时预判其执行过程中可能出现的风险因素及应对策略，确保方案的切实可行。三是在选择承包商时，企业应通过招投标的方式全面考核其专业资质、技术团队和管理能力及类似业绩，结合公司需求选择最适合公司的合作方，避免因错选合作伙伴而导致外包方案出现闪失。四是在签订合同阶段，除了合同中常规要求的内容之外，应重点考虑具体外包业务特点，分析可能出现的重大风险因素，通过合同条款予以应对。企业在订立外包合同前，应充分考虑业务外包方案中识别出的重要风险因素，并通过合同条款予以有效规避或降低；同时，为了应对将来执行合同时可能出现的外部环境的重大变化，应保留一定的灵活性。

2. 业务外包开展阶段

主要包括：一是在合同约定范围内，按照公司业务外包管理制度和工作流程，全程管控业务外包行为，明确双方职责，保持沟通顺畅，及时解决双方争议。二是按照合同约定，密切关注外包业务承包方的持续履约能力，并动态考核其履约效果和效率。对于可能导致偏离合同的行为或技术，双方开会讨论确定可行的方案及时解决。三是在验收阶段，应根据合同要求的验收标准进行。对于验收过程中发现异常情况的，应当立即报告，查明原因，视问题的严重性与承包方协商采取恰当的补救措施，并依法索赔。四是在日常结算过程中，企业应结合外包业务特点和企业管理需要，完善会计核算办法，加强财务管理，及时审查并办理结算事宜。

3. 业务外包总结阶段

根据业务外包的验收结果，公司组织相关人员对业务外包是否达到预期目标作出总体评价，据此对业务外包管理制度和流程进行改进和优化。由公司内部审计或监督部门对公司业务外包方案进行绩效考核，根据其业绩结合公司管理制度出具专项经济责任审计报告。

第 13 章
销售业务内部控制

企业的销售业务是企业经营的主要环节，销售业务直接决定企业的生存与发展。为了促进销售的稳定增长，扩大企业商品或劳务的市场份额，就要求企业规范销售行为，防范销售风险。企业的相关管理部门应当结合实际情况，全面梳理销售业务流程，完善销售业务相关管理制度，确定适当的销售政策和策略，制定关于销售业务内部控制的会计制度。

完善的销售业务内部控制制度可以起到以下作用：第一，保证单位的销售活动都能按其计划目标进行，及时发现和纠正偏离销售目标的行为；第二，保证与销售业务有关的凭证有效、记录完整正确，根据内部控制制度进行必要的稽核检查；第三，保证财产的安全与完整，防止或减少损失和浪费，防止和查明贪污盗窃行为；第四，保证各种核算质量，为管理层和其他信息使用者提供有用的会计信息和管理信息；第五，实行内部控制制度，能够保证工作效率的提高，使各种工作程序化、规范化，有效避免混乱现象。

只有建立良好的内部控制制度才能够健全企业的运行机制，增强企业自我控制、自我协调的能力，使企业在激烈的市场竞争中取得竞争优势。

13.1 销售业务内部控制的目标及风险点

13.1.1 销售业务内部控制的主要目标

不同的销售业务环节其内部控制目标有所不同，企业销售业务流程主要包括销售计划管理、客户开发与信用管理、销售定价、订立销售合同、发货、收款、客户服务和会计系统控制等环节。销售业务的流程如图 13-1 所示。

1. 销售计划管理目标

销售计划是指在进行销售预测的基础上，结合企业生产能力，设定总体目标额及不同产品的销售目标额，从而为实现该目标设定具体的营销方案和实施计划，以支持未来一定期间内销售额的实现。

企业在年末要总结本年的实际销售情况，并以此为销售预测基础，根据企业实际生产能力、市场调研所获得的有关客户需求等相关因素，科学合理地进行分析，设定总体目标额和不同产品的销售目标额，对下一年的销售情况作出预测，并且要为实现该目标制定销售方案和实施计划，销售计划要以数据和市场形势做支撑，做到客观合理地制定。

2. 客户开发与信用管理

企业要想长远的发展，除了维持原本的市场份额，维护现有的客户资源，还应积极开发新的潜在客户。客户开发这个过程会涉及不同的销售方式，可能会有不同的销售收款方式和价格折扣优惠，所以在开发客户的同时，要重点做好客户的信息管理工作，进行充分市场调查，做到对客户的资信准确收集、管理，对于老用户要定期进行更新调整信用等级，从而避免信用风险给企业造成的损失。

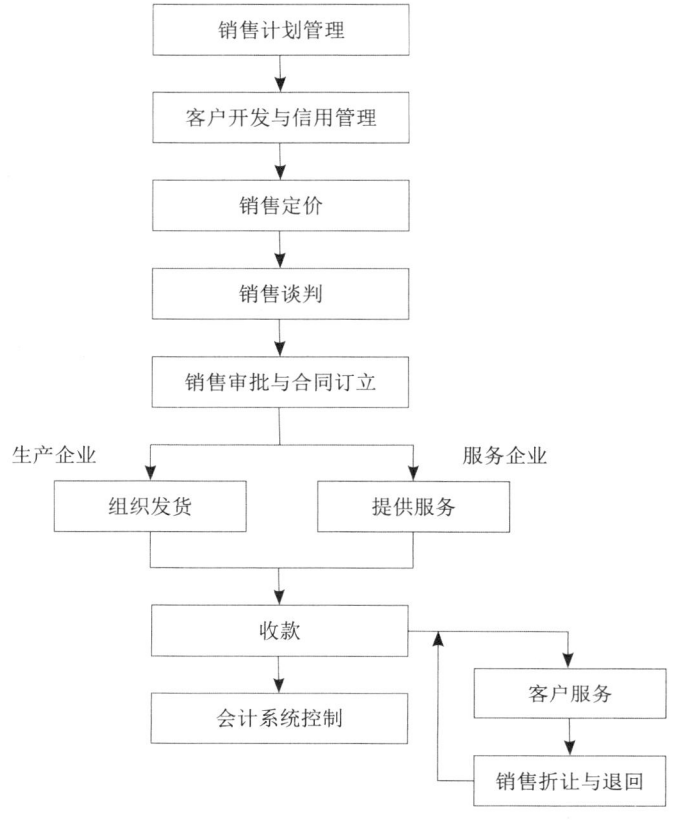

图 13-1 销售业务流程图

3. 销售定价

销售定价也是内部控制的重点控制环节之一，企业须制定严格的价格政策，规范价格制定的基本方法，对特别客户的折扣、折让等优惠价格调整应进行相应的控制，需经具有相应权限人员的审核批准，让产品价格有据可依，并保证政策的执行，防止由于价格高而影响企业市场竞争力，或是价格过低而降低企业利益。

4. 订立销售合同

企业与客户要签订规范、有效的销售合同，根据合同来确定开展销售活动。对于经常发生的业务，企业应该有自己的标准合同模板，负责签订合同的员工要有相关法律知识，以保证在销售业务中企业的利益不受侵害，未经授权审批的合同不得对外签订。合同签订后要由专人妥善保管，为业务开展提供合理依据。

5. 发货

仓库部门根据销售部门签发的销售通知单来编制发货通知单据，发货时要确保是符合合同约定的并经过授权发货。发货人和编制发货通知单的人属于不相容岗位应该由两个人来完成。同时企业要与运输方签订货物运输合同，明确运输方式与责任，保证货物安全、准时送到客户的手中。最后仓库部门要做好发货记录并汇总，及时更新库存情况。

6. 向客户开具账单

由财务部门根据商品价目表向客户开具发票，在开具之前，需检查出库单和销售通知单是否完整并经过授权审批；开具发票后，要检查销售发票上商品数量和金额的准确性，以降低销售过程中出现的错误和风险。

7. 收款

在结算时应注意业务是赊销还是现销，密切关注应收账款的情况，及时对已经过期的应收账款进行追要；对于追收欠款要形成清欠体系，根据欠款的时间采取不同的追要策略，要充分利用销售合同等资料用法律来避免公司的利益受损。

8. 客户服务

企业与客户之间应保持良好的信息沟通，以及时解答、处理客户的问题，通过不断提高服务水平，提升客户的满意度。产品销售完成后，也要与客户保持沟通，以便及时进行售后服务，解决用户问题并改进产品质量，销售人员在这个过程中可以了解客户需求的变化情况，在维持现有客户基础上开发潜在客户。

9. 会计控制

会计控制是指在记账、开具销售发票的时候，对销售价格、数量等信息进行核对，利用工作程序交接等会计控制方法，从而保证会计信息的真实、准确、完整，包括对收入的确认、应收账款的分析与管理、坏账准备的计提和冲销等，对于逾期应收账款做到及时发现，及时通知销售部门催收和清欠部门进行追要，保证货币资金的安全和会计核算的真实性和可靠性。

13.1.2 销售业务内部控制的主要风险点

销售业务内部控制流程主要包括从销售计划的订立到最后会计系统控制的八大流程，制造型企业是产销的运作模式，在控制流程上较为特殊的一点是销售发货和售后服务的控制，这与服务型企业有一定的不同。销售业务内部控制的关键风险点有以下几个方面。

1. 销售计划管理环节的关键风险点

销售计划是企业在综合本年度的实际销售情况和下一年度预测的客户需求的基础上，考虑企业自身的生产能力，对销售的目标总额和不同产品的销售额进行具体的设定，在此基础上将各销售目标进行分解，制定具体的销售方案和销售计划。这一环节的控制主要包括销售计划的控制和销售调整的控制，其中前者主要是指企业在综合考虑内外部因素的基础上，根据企业的经营和生产计划制订年度、季度和月度的销售计划，并将这些计划下达到具体的部门执行。后者主要是指企业需要定期对不同的产品的预测额和实际额的差异进行分析，在考虑生产能力的基础上及时地调整后续的销售计划，经调整后销售计划也需要履行相应的审批手续。

这一环节的内部控制主要的风险点有两个方面：第一是企业没有及时地制订销售计划或者制订的销售计划不合理不科学，或者是没有经过适当层级的授权和审批，这些都会使企业的销售和生产出现问题，难以实现良性的发展。第二是企业的销售计划调整可能会存在未经授权审批的问题，这会对企业的经营活动产生一定的影响。

2. 客户信用管理环节的关键风险点

客户对于企业来说是十分重要的利益相关者，是企业销售商品的直接对象，如果没有客户也就谈不上销售，企业就很难有较大的发展，因此，企业应当不断地扩大自己的市场份额，维护老客户，发展新客户，对已有的客户建立客户档案并对他们进行信用评估，根据他们对风险的接受程度来确定不同的信用等级。在这一环节中，企业需要做好客户管理控制和客户信用管理控制，对不同的客户指定不同的价格机制和信用方式，建立客户信用档案，建立赊销过限的审批机制。

这一环节的内部控制主要的风险点有两个方面：一是对客户的管理不够精细，存在客户流失的问题。二是客户档案不全面，没有对客户建立档案，存在一些信用等级较差的客户，造成大量的坏账。

3. 销售定价环节的关键风险点

商品的价值是通过价格来反映的，企业在销售商品之前会制定与发展目标相一致的价格，产品价格的高低会直接影响产品的销售数量从而影响经营利润，这关系企业的生存和发展。这一环节主要的控制包括价格政策管理、浮动价格控制等方面，企业需要综合考虑各种因素来制定合理的销售价格，并且定期对价格进行调整和评估，这一过程的定价和调价都需要经过相关人员的授权和审批。此外，企业应当根据实际情况制定合适的销售折扣和销售折让等。

这一环节主要的风险点包括：企业制定的价格或者调整的价格没有考虑整个市场的需求状况，价格过高或者是过低；销售价格的制定或者调整没有经过适当层级的授权和审批，存在一定的控制风险。

4. 销售合同订立环节的关键风险点

签订销售合同是企业与客户就销售商品的数量、价格及方式等方面的内容达成合意的一个过程，这在提高效率的同时也会降低企业与客户在后续供货中的风险。这一流程主要是对合同事前、事中及事后进行控制，企业应当指定专门的人员与客户进行磋商，对客户的信用状况给予重点的关注，明确双方的权利和义务。销售合同条款的拟定和审核应当由专门的法务部门人员负责，确保销售的合法合规，最终销售合同的签订还需要经过适当层级的审批和审核。

这一过程的风险点主要包括：合同没有明确双方的权利和义务，存在有争议的条款、重大疏漏及合同欺诈等问题，给企业的合法权益产生十分不利的影响。此外，如果合同的签订没有经过授权和审批，可能会出现逾越层级的问题，给公司造成经济利益损害。

5. 发货管理环节的关键风险点

销售发货是企业将产品从公司内部转移到外部市场的一个过程，如果发货不及时或者发出的商品有瑕疵，那么企业将会面临一定的违约风险。发货的流程一般包括根据合同填写销售出库单、库房对单据进行核实、将发货单或者取货单等传真给客户、出库等，这一流程中涉及的部门有很多，比如销售部门、仓储部门、会计部门等，需要各部门之间的协调与合作。销售部门需要根据合同，将具体销售货物的种类和数量的通知交由仓储部门和会计部门，仓储部门需要根据经授权审批过的销售通知单及时发货，形成发货单据并交由客户、销售部门和会计部门，会计部门需要根据销售和仓储部门的原始凭证及时入账。

发货环节中的主要风险包括销售发货没有经过授权和适当层级的审批，导致货物的损失及销售款项的难以收回，此外还包括销售发货不符合合同的规定，没有按照客户的需求发货，会存在一定的违约风险。

6. 收款环节的关键风险点

收款环节是企业与客户进行最后结算的一个过程。企业结算的方式包括赊销和现销两种，这就要求企业根据不同客户的信用状况，以及自身的销售政策来采取不同的结算方式，提高资金的利用效率。一般来说，收款环节主要的流程为：销售部门在取得销售收款的相关原始凭证之后，交由部门经理进行审核，审核完成后交由财务部门核实相关原始单据，核实无误后对相关的收入情况予以确认。

收款环节的主要风险有：企业的信用管理存在一定的问题，结算方式选择不当，导致账款回收较慢，甚至形成大量的呆账和坏账，资金的流动性受到较大的影响。

7. 售后服务环节的关键风险点

售后服务环节是企业对销售产品提供的一种后续保障的服务，这一环节直接关系客户满意度，对维护客户和挖掘潜在客户有一定的影响，这一环节的流程主要包括：企业首先应当建立完善的售后服务体系，在此基础上，售后服务人员要对销售退回情况进行及时有效的处理，在经过适当层级的审批之后，将退回的商品按照规定的流程进行入库，并及时将情况通知销售、生产、研发等相关部门。此外，企业应当做好客户的回访工作，对客户满意度进行定期或者不定期的调查。

这一环节企业所面临的主要风险包括未建立完善的售后服务体系，对客户的服务水平较低，客户满意度不高，最终导致客户的流失；还包括企业没有完整的销售退回的流程，导致退货处理出现严重的问题。

8. 会计系统环节的关键风险点

会计系统的控制并不是在销售最后完成阶段的控制，而是贯穿上述的销售发货、销售收款等流程中。财会部门的人员需要对取得原始凭证（销售通知单、出库单等）进行初步审核，审核完成之后完成入账；对于赊销的业务，需要定期与客户对账监督货款的回收，按照会计准则的要求对可能的坏账进行应收账款的计提。

这一流程的主要风险点包括企业可能没有建立运行有效的会计系统控制，销售记录、发货记录及财务信息这三者之间的信息不相吻合，从而导致账实、账证、账账的不符，这样对销售收入和销售成本的核算就不够真实和可靠，难以反映企业真实的业务状况。此外，会计系统这一流程可能存在的风险还包括没有对应收账款建立相应的清查制度，对应收账款的催收力度不够大，增加了坏账损失。

13.2 销售业务内部控制的主要方法

销售业务内部控制方法指的主要是企业为了实现销售业务各流程目标所采取的手段、制度和相关的措施等，这些方法的主要目的是制约和反馈，以此实现各个环节的目标。

13.2.1 不相容职务分离控制

不相容职务分离控制方法要求企业在销售业务岗位的设置上实现分权，对不同岗位的职责作出明确要求，建立相互制约和相互监督的工作机制，比如合同签署与条款订立职务的分离、签订合同与销售收款职务的分离、销售发货与销售装运职务的分离，具体的不相容职务分离控制如图 13-2 所示。

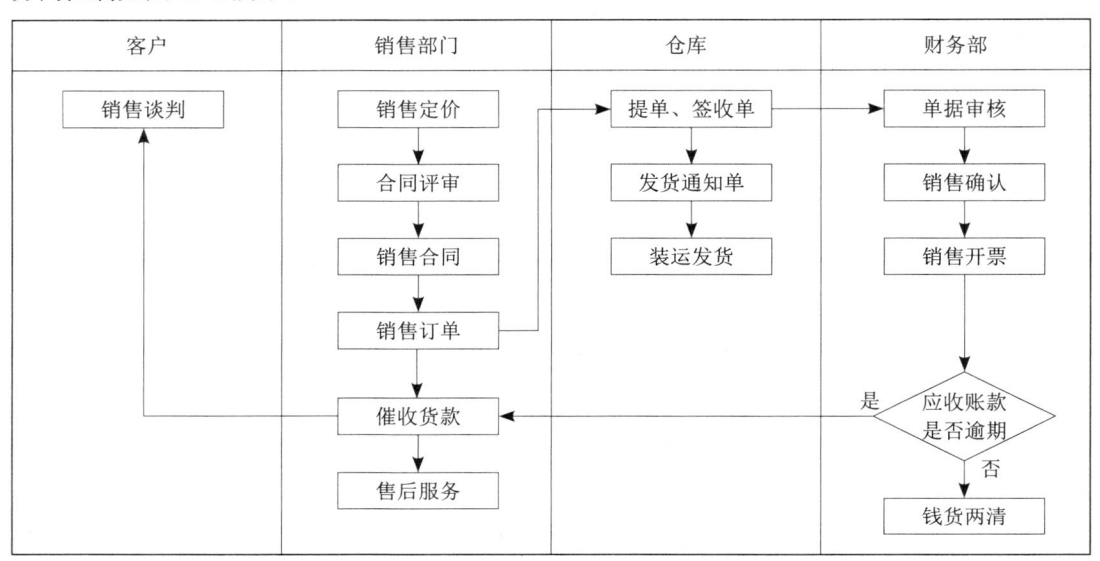

图 13-2　不相容职务分离控制图

13.2.2 授权审批控制

授权审批控制的目的主要在于规范企业签订销售合同、销售发货等流程，防止出现越级签合同、发货等问题，减少由不规范带来的风险，比如销售计划和销售定价制定需要经过销售部门负责人及总经理的审批、客户信用审批需要经过信用管理部门负责人的审批等。

13.2.3 会计系统控制

会计系统控制的方法要求企业按照会计制度和会计准则的要求对企业的销售业务进行及时准确的处理，根据销售部门和发货部门形成的原始单据进行相关的账务处理，做到账实、账证、账账相吻合，确保会计信息的真实性和完整性。

13.2.4 内部审查控制

内部审查控制，要求企业设立独立的内部审计部门，对自身的销售业务情况进行审查，及时发现其中可能存在的问题并监督相关岗位的人员进行有效的更正，为销售业务的真实性和完整性提供一定的保障。针对销售业务，内部审计人员可以对客户信用等级及赊销额度是否符合规范、信用审批是否经过适当层级的审批、销售合同的签订和保管是否符合规定、销售发货流程是否规范等进行审查。

13.3 销售业务的主要内部控制措施

13.3.1 销售计划管理环节的内部控制措施

销售计划管理环节的主要内控措施包括：①企业应当根据发展战略和年度生产经营计划，结合企业实际情况制订年度销售计划，在此基础上，结合客户订单情况制订月度销售计划，并按规定的权限和程序审批后下达执行。②定期对各产品（商品）的区域销售额、进销差价、销售计划与实际销售情况等进行分析，结合生产现状，及时调整销售计划，调整后的销售计划需履行相应的审批程序。流程图图例说明见表13-1，销售计划管理环节具体的控制措施如图13-3所示。

表 13-1 流程图图例说明

序号	图例	图释	序号	图例	图释
1	▭	岗位名称及工作内容	4	└→	连接线
2	▱	生成文档	5	◇	风险点
3	◇	判定	6	△	控制点

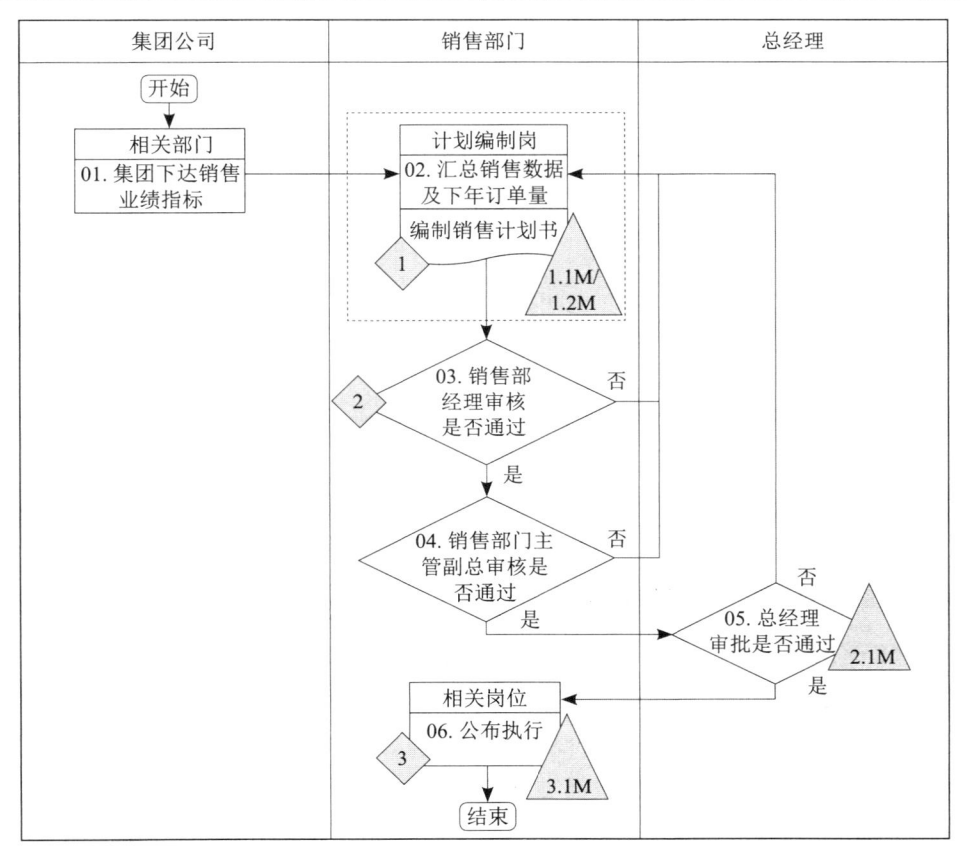

图 13-3 销售计划管理环节内控措施流程图

13.3.2 客户开发与信用管理环节的内部控制措施

客户开发与信用管理环节的内控措施主要包括：①企业应当在进行充分市场调查的基础上，合理细分市场并确定目标市场，根据不同目标群体的具体需求，确定定价机制和信用方式，灵活运用销售折扣、销售折让、信用销售、代销和广告宣传等多种营销方式，促进销售目标的实现，不断提高市场占有率。②建立和不断更新维护客户信用动态档案，由与销售部门相对独立的信用管理部门对客户付款情况进行持续跟踪和监控，提出划分、调整客户信用等级的方案，根据客户信用等级和企业信用政策，拟定客户赊销限额和时限，经销售、财会等部门具有相关权限的人员审批；对于境外客户和新开发客户，应当建立严格的信用保证制度。客户开发与信用管理环节具体的控制措施如图 13-4 所示。

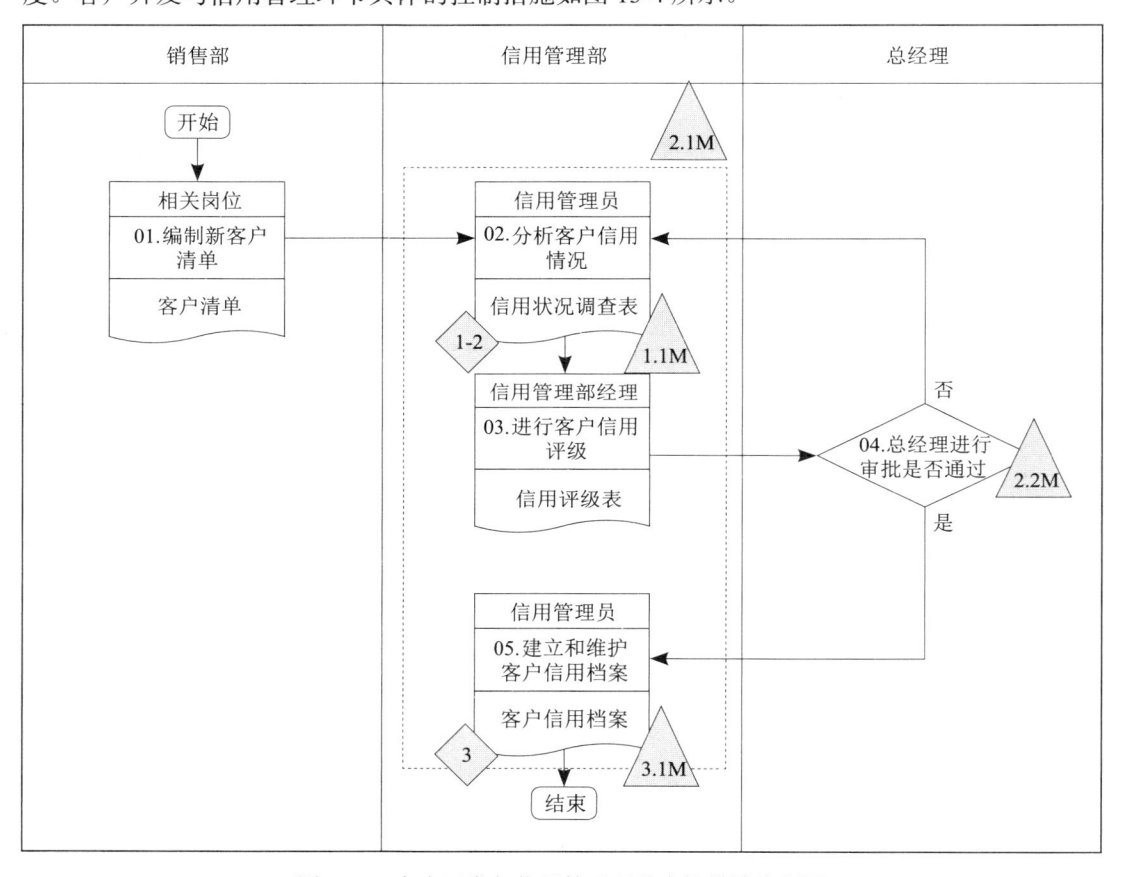

图 13-4 客户开发与信用管理环节内控措施流程图

13.3.3 销售定价环节的内部控制措施

销售定价环节的内控措施主要包括：①应根据有关价格政策并综合考虑企业财务目标、营销目标、产品成本、市场状况及竞争对手情况等多方面因素，确定产品基准定价；定期评价产品基准价格的合理性，定价或调价需经具有相应权限人员的审核批准。②在执行基准定价的基础上，针对某些商品授予销售部门一定限度的价格浮动权，销售部门可结合产品的市场特点，将价格浮动权向下逐级递减分配，同时明确权限执行人。价格浮动权限执行人必须严格遵守规定的价格浮动范围，不得擅自突破。③销售折扣、销售折让等政策的制定应由具有相应权限人员审核批准。销售折扣、销售折让授予的实际金额、数量、原因及对象应予以记录，并归档备查。销售定价环节具体的控制措施如图 13-5 所示。

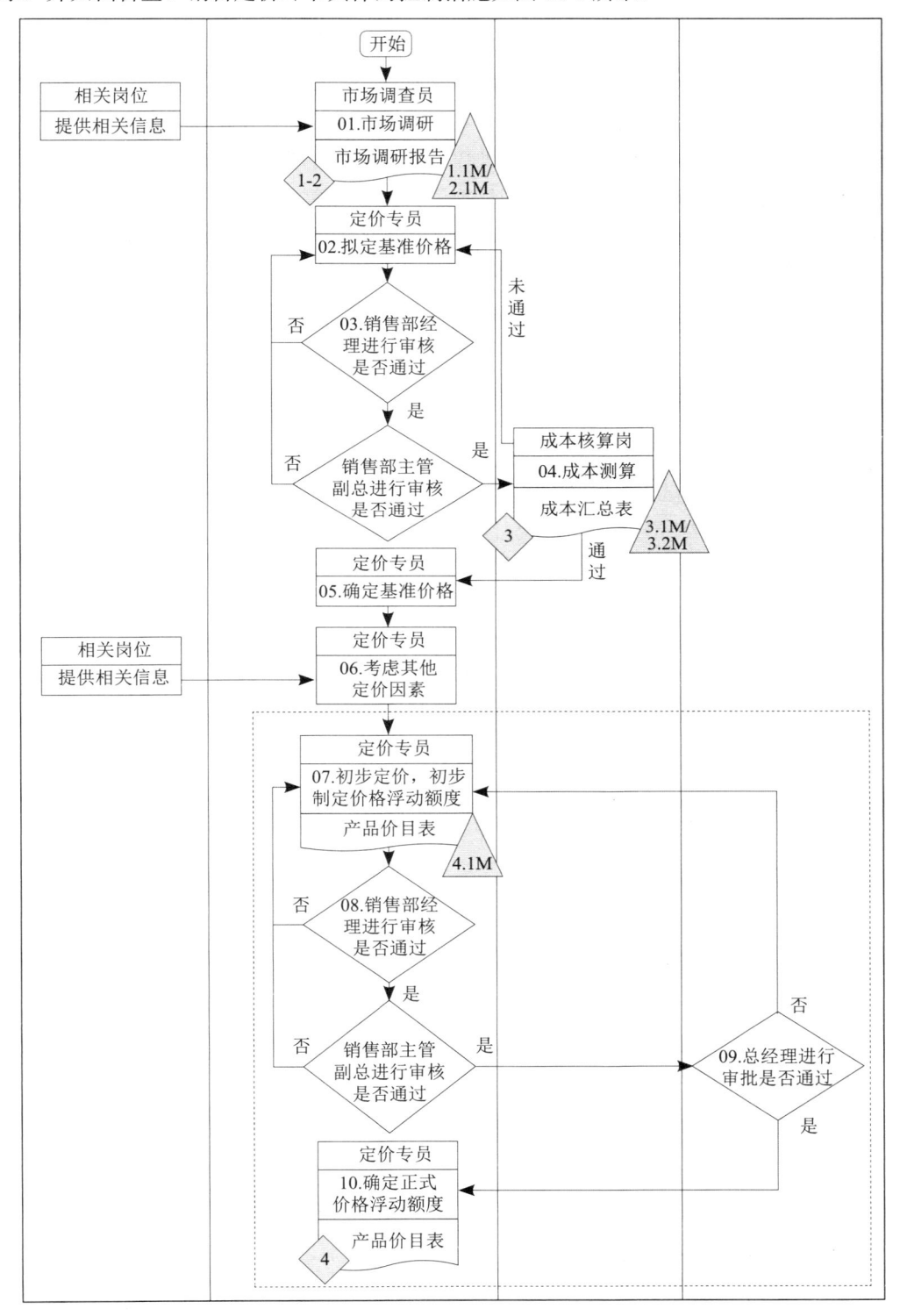

图 13-5 销售定价环节内控措施流程图

13.3.4 订立销售合同环节的内部控制措施

订立销售合同环节的内控措施包括：①订立销售合同前，企业应当指定专门人员与客户进行业务洽谈、磋商或谈判，注明客户信用状况，明确销售定价、结算方式、权利与义务条款等相关内容。重大的销售业务谈判还应当吸收财会、法律等专业人员参加，并形成完整的书面记录。②企业应当建立健全销售合同订立及审批管理制度，明确必须签订合同的范围，规范合同订立程序，确定具体的审核、审批程序和所涉及的部门人员及相应权责。审核、审批应当重点关注销售合同草案中提出的销售价格、信用政策、发货及收款方式等。重要的销售合同，应当征询法律专业人员的意见。③销售合同草案经审批同意后，企业应授权有关人员与客户签订正式销售合同。订立销售合同环节具体的控制措施如图 13-6 所示。

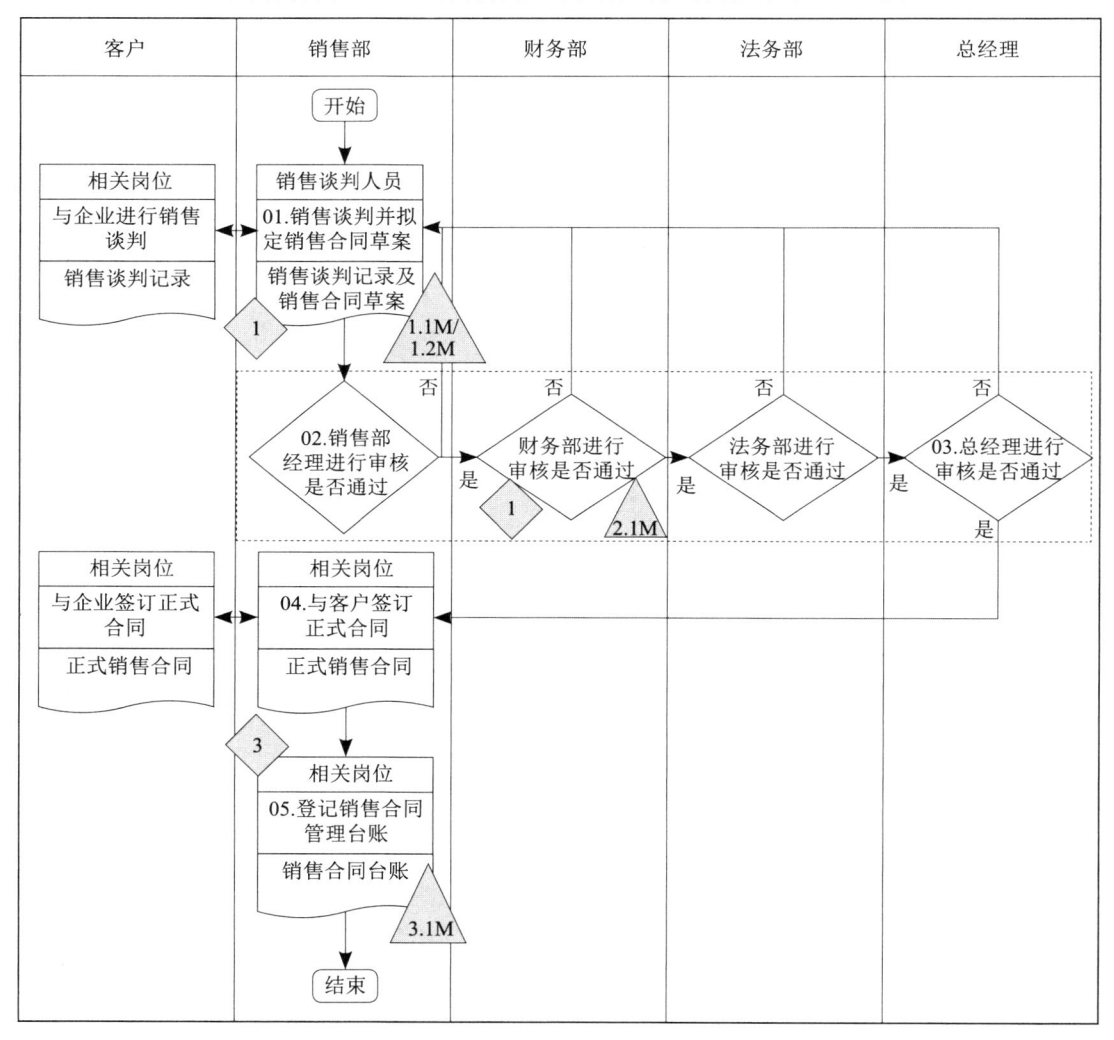

图 13-6 订立销售合同环节内控措施流程图

13.3.5 发货环节的内部控制措施

发货环节的内控措施主要包括：①销售部门应当按照经审核后的销售合同开具相关的销

售通知交仓储部门和财会部门。②仓储部门应当落实出库、计量、运输等环节的岗位责任，对销售通知进行审核，严格按照销售通知所列发货品种和规格、发货数量、发货时间、发货方式、接货地点等组织发货，形成相应的发货单据并连续编号。③应当以运输合同或条款等形式明确运输方式，商品短缺、毁损或变质的责任，到货验收方式，运输费用承担，保险等内容，货物交接环节应做好装卸和检验工作，确保货物的安全发运，并由客户验收确认。④应当做好各发货环节的记录工作，填制相应的凭证，设置销售台账，实现全过程的销售登记制度。发货环节具体的控制措施如图 13-7 所示。

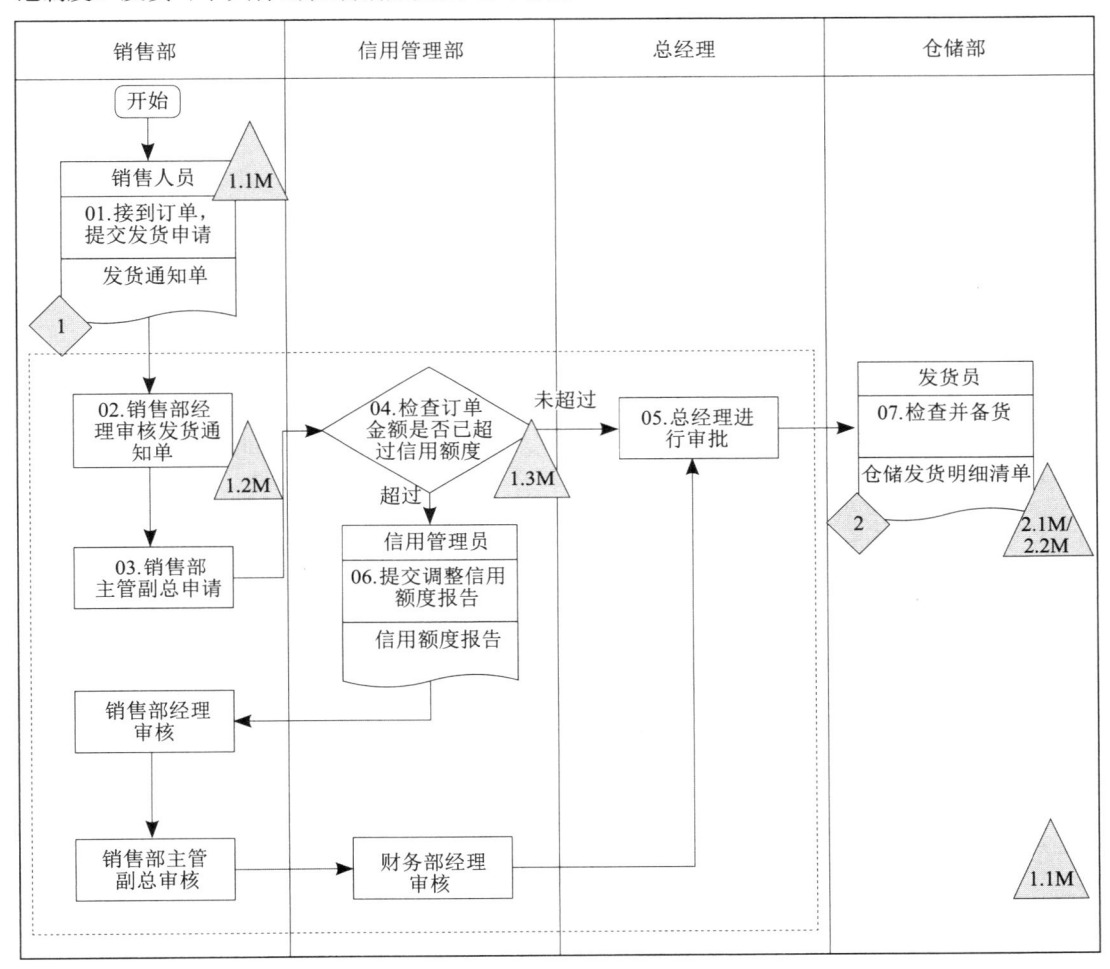

图 13-7　发货环节内控措施图

13.3.6　收款环节的内部控制措施

收款环节的内控措施主要包括：①结合公司销售政策选择恰当的结算方式，加快款项回收，提高资金的使用效率。对于商业票据，结合销售政策和信用政策，明确应收票据的受理范围和管理措施。②建立票据管理制度，特别是加强商业汇票的管理。对票据的取得、贴现、背书、保管等活动予以明确规定；严格审查票据的真实性和合法性，防止票据欺诈；由专人保管应收票据，对即将到期的应收票据，及时办理托收，定期核对盘点；票据贴现、背书应经恰当审批。③加强赊销管理。具体包括需要赊销的商品，应由信用管理部门按照客户信用等级审核，并经具有相应权限的人员审批；赊销商品一般应取得客户的书面确认，必要时还应要求客户办理资产抵押、担保等收款保证手续；应完善应收款项管理制度，落实责任、严格考核、实行奖惩；销售部门负责应收款项的催收，催收记录（包括往来函电）应妥善保存。④加强代销业务款项的管理，及时与代销商结算款项。⑤收取的现金、银行本票、汇票等应及时缴存银行并登记入账。防止由销售人员直接收取款项，如必须由销售人员收取的，应由财会部门加强监控。收款环节具体的控制措施如图 13-8 所示。

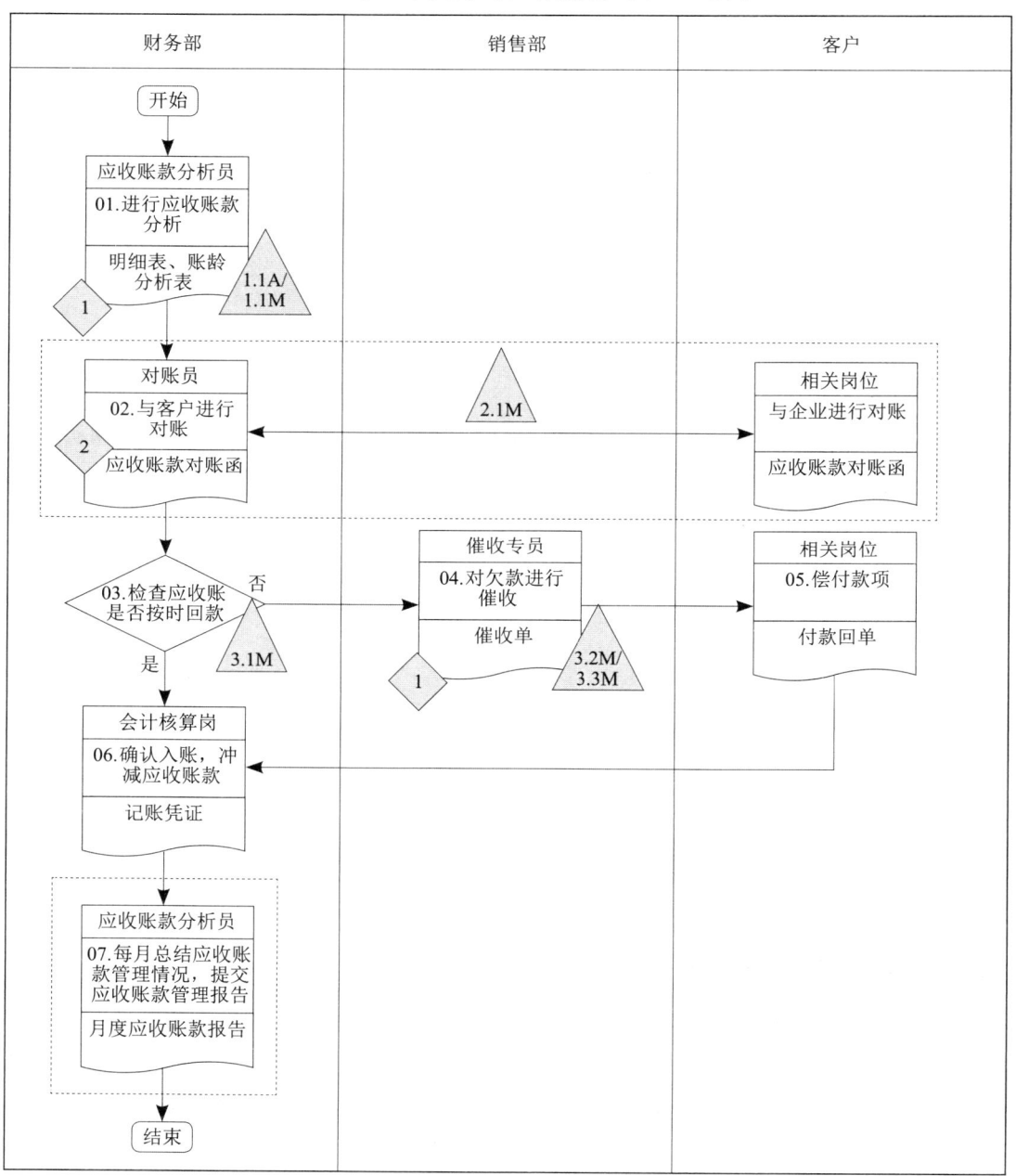

图 13-8　收款环节内控措施流程图

13.3.7 客户服务环节的内部控制措施

客户环节的内部控制措施主要包括：①结合竞争对手客户服务水平，建立和完善客户服务制度，包括客户服务内容、标准、方式等。②设专人或部门进行客户服务和跟踪，有条件的企业可以按产品线或地理区域建立客户服务中心；加强售前、售中和售后技术服务，实行客户服务人员的薪酬与客户满意度挂钩。③建立产品质量管理制度，加强销售、生产、研发、质量检验等相关部门之间的沟通协调。④做好客户回访工作，定期或不定期开展客户满意度调查；建立客户投诉制度，记录所有的客户投诉，并分析产生原因及解决措施。⑤加强销售退回控制。销售退回需经具有相应权限的人员审批后方可执行；销售退回的商品应当参照物资采购入库管理。

13.3.8 会计系统控制环节的内部控制措施

会计系统控制环节的内部控制措施主要包括：①企业应当加强对销售、发货、收款业务的会计系统控制，详细记录销售客户、销售合同、销售通知、发运凭证、商业票据、款项收回等情况，确保会计记录、销售记录与仓储记录核对一致，具体为财会部门开具发票时，应当依据相关单据（计量单、出库单、货款结算单、销售通知单等）并经相关岗位审核；销售发票应遵循有关发票管理规定，严禁开具虚假发票；财会部门审核销售报表等原始凭证中的销售价格、数量等，并根据国家统一的会计准则制度确认销售收入，登记入账；财会部门与相关部门月末应核对当月销售数量，保证各部门销售数量的一致性。②建立应收账款清收核查制度，销售部门应定期与客户对账，并取得书面对账凭证，财会部门负责办理资金结算并监督款项回收。③及时收集应收账款相关凭证资料并妥善保管；及时要求客户提供担保；对未按时还款的客户，采取申请支付令、申请诉前保全和起诉等方式及时清收欠款；对收回的非货币性资产应进行评估和恰当审批。④企业对于可能成为坏账的应收账款，应当按照国家统一的会计准则规定计提坏账准备，并按照权限范围和审批程序进行审批；对确定发生的各项坏账，应当查明原因，明确责任，并在履行规定的审批程序后作出会计处理；企业核销的坏账应当进行备查登记，做到账销案存；已核销的坏账又收回时应当及时入账，防止形成账外资金。

13.4 销售业务方面内部控制案例详解

1. H 企业简介

H 企业始创于 1986 年，占地面积 12 000 m²，是扬州地区一家中小规模的工业制造型企业，现有职工 105 人，财务科员工 3 人，销售部门员工 27 人，技术管理人员 23 人，中高级技术工人占有一定比例。H 企业主要从事电热设备的研究开发及生产销售，主要产品包括各种规格的电加热设备、工业电热管、云母加热器等。

2. 销售循环现状

H 企业的销售活动通常是由企业销售管理部门提交顾客订单，经过部门经理审核后，将销售单交付仓库，仓库的人员按照所收取单据的要求装运货物并发货，财务部门随后向顾客开具发运凭证、货物价目表、销售发票等账单，并对出库的货物进行记录，其销售业务流程概括起来就是接受客户订单、供货与发运、开具销售账单、记录销售、收取货款。H企业销售环节的实施程序规定，企业的赊销交易事项首先要经过营业部门主管的审核，然后再由企业总经理最终审核批准，可是在具体实施过程中，这项规定的执行却流于表面。H企业并未对赊销交易事项的审批标准及审批程序出具明确的文件规定，其业务审批制度的规定不清晰直接导致执行力度大打折扣。H企业总负责人认为，目前影响整体制造业市场的各种因素存在许多不确定性，如果仅用一套固定的模式来处理和决定企业的赊销业务，很有可能会影响公司现有的销售水平，加上营业部门的负责人已经习惯依靠自己的工作经验来处理事务，在许多情况下仅仅只是通过口头约定的方式来决定是否批准。企业缺少一个固定的标准会很容易增大赊销业务的随意性和主观性，如果是同一类销售业务，不同的人员去办理，就会产生不一致的审批结果，长此以往极易造成业务的审批和执行失去控制，企业出现混乱状况。

3. 内部控制方面存在的问题

第一，存在销售管理漏洞。H企业的业务集中，存在较多的应收账款并且超过三个月仍未归还的应收账款的比例较大，目前企业的资金周转存在很大的压力和困难，销售的货款无法收回的可能性增大，坏账风险加剧，从而影响H企业正常的资金运转和业务经营。第二，存在销售佣金管理缺陷。H企业在销售佣金的设计上具有一定的缺陷：为了鼓励业务部人员提高销售的业绩，企业自行设计并施行了一份销售激励方案，该方案规定销售人员可以按照订货金额和回款金额的2.75%的比例来提取销售佣金，但是当初在设计销售佣金制度时，管理层并未将销售退回、现金折扣及销售折让等因素考虑进去，以至于目前企业所负担的支付给销售人员的实际佣金支出已经远远超过设计时所确定的按2.75%的比例计提的金额，造成企业的费用大量增加，并在小规模范围内出现虚假销售等新问题。

4. 完善企业内部控制的对策

H企业针对应收账款的回收期过长，资金流动不畅的情况，应该施行销售方案的改良：首先，将业务部门分组，将总体任务具体分配到各小组的各个业务员，明确每个人的职责，同时派专人负责对收款进程进行跟踪和控制。其次，构建一套销售人员业绩与回款金额相关联的激励机制。为降低坏账损失率，企业应将应收账款的收回放在企业经营的关键位置，规定每项应收账款的回收率要达到既定水平，限定应收账款的最长回收期限。为了提高营业人员的工作效率，企业应增加适度的压力以增强其工作动力，通过建立与收款有关的奖惩方案，将应收账款的回收率作为对营业人员进行考核、评优、升职、加薪的一项重要指标，这种良性的激励，可以加速企业应收账款的收回，同时也会促进企业营业资金的运转。

H企业针对销售佣金制设计上存在的问题，建议可以根据企业前3年的历史数据计算发生的销售退回、现金折扣、销售折让等金额占销售总收入的平均比例，加上其他需要调整的相关因素后，重新确定一个更为合理的销售佣金扣除比例，请示企业总负责人审批后执行。如果销售业务完成后，销售退回、销售折让等事项并未发生，再将暂扣的佣金实际发放给销售人员，此措施既是一种激励措施，也是一项控制活动，能够解决H企业销售佣金实际支出过多，企业费用长期冗余等问题，令企业的销售业绩逐步增长。

5. 结论

销售环节内部控制的完善对于企业，特别是竞争力不强的中小民营企业而言，其效用是绝不能忽视的。企业实行销售业务内部控制制度不仅是为了发现企业在销售管理过程中存在的缺陷，更是为了提高企业的经营效率，增强企业竞争力。企业应当在遵循成本效益原则的基础上，不断对销售业务内部控制流程进行优化。企业制定销售环节内部控制制度，应充分考虑自身的销售业务范围、经营规模大小、国家政策变化等因素，同时要与本企业管理层和治理层对风险的接受程度相适应。除上文提到的针对销售管理和销售佣金管理的改进措施之外，企业还需要优化内部控制环境，管理层和治理层还应加强对销售业务内部控制制度的重视，强化销售业务内部控制管理意识，同时加强对员工内部控制方面的指导和培训，完善销售业务内部控制活动，等等。文中所提到的一些建议，希望能够对H企业及其他类似的中小企业的实际运营起到一定的参考价值。

第 14 章
资产管理方面的内部控制

14.1 资产管理方面内部控制概述

14.1.1 资产范围的界定

资产是企业生产经营活动的物质基础。《企业内部控制应用指引第8号——资产管理》中所称的资产是指企业拥有或控制的存货、固定资产和无形资产。

存货是指企业在日常活动中持有以备出售的产成品或商品、处在生产过程中的在产品、在生产过程或提供劳务过程中耗用的材料和物料，主要包括各类原材料、在产品、半成品、产成品、商品、周转材料等，企业代销、代管存货，委托加工、代修存货也包含在内。为了保证生产经营活动连续不断地正常进行，企业必须不断购入、耗用、销售存货，存货总是处在不断流转过程之中，具有较强流动性，是企业流动资产重要组成部分之一，是企业生产循环中最重要的一环。

固定资产在企业资产总额中一般占有较大的比例，确保企业资产安全、完整，意义重大。固定资产管理是一项复杂的组织工作，涉及基建部门、财务部门、后勤部门等，必须由这些部门共同联手参与管理。同时固定资产管理是一项较强的技术性工作，固定资产管理应配备有工作责任心、工作能力强、懂业务、会计算机操作、会讲肯干的专职人员。固定资产管理一旦失控，其所造成的损失将远远超过一般的商品存货等流动资产。

无形资产是指企业为生产商品、提供劳务、出租给他人或为管理目的而持有的、没有实物形态的非货币性长期资产，包括专利权、非专利技术、商标权、著作权、土地使用权等。现代企业无形资产概念的轮廓，就其本质属性而言，也是具有商品使用价值的属性，它与有形资产一起构成企业资产的总体，是企业生产经营活动中重要的经济资源。

14.1.2 企业资产管理应当重点关注的风险

①存货积压或短缺，可能导致流动资金占用过量、存货价值贬损或生产中断。

②固定资产更新改造不够、使用效能低下、维护不当、产能过剩，可能导致企业缺乏竞争力、资产价值贬损、安全事故频发或资源浪费。

③无形资产缺乏核心技术、权属不清、技术落后、存在重大技术安全隐患，可能导致企业法律纠纷、缺乏可持续发展能力。

14.1.3 资产管理控制的意义

资产作为企业重要的经济资源，是企业从事生产经营活动并实现发展战略的物质基础。资产管理贯穿企业生产经营全过程，就是通常所说的"实物流"管控，不仅包括防范资产被偷被盗、非法占用，还包括提高资产使用效能。加强各项资产管理，保证资产安全完整，提高资产使用效能，对于维持企业正常生产经营，以及促进企业发展战略的实现有重要的意义。

14.1.4 资产管理的总体要求

1. 全面梳理资产管理流程

企业应当加强各项资产管理，全面梳理资产管理流程，包括各类存货、固定资产和无形资产"从进入到退出"的各个环节，如固定资产可以从取得、验收、登记造册、投保、运行维护、更新改造、盘点、处置等环节进行梳理，确保管理流程科学合理、管理要求有效落实。

2. 查找管理薄弱环节

企业应当通过全面梳理资产管理流程，围绕存货、固定资产和无形资产方面的主要风险，全面查找资产管理中的薄弱环节和漏洞，并采取切实有效的措施加以改进，确保资产管理处于优化状态。

3. 健全和落实资产管理控制措施

在资产管理中，应重点关注下列风险：存货积压或短缺，可能导致流动资金占用过量、存货价值贬损或生产中断；固定资产更新改造不够、使用效能低下、维护不当、产能过剩，可能导致企业缺乏竞争力、资产价值贬损、安全事故频发或资源浪费；无形资产缺乏核心技术、权属不清、技术落后、存在重大技术安全隐患，可能导致企业法律纠纷、缺乏可持续发展能力。

4. 重视投保工作

企业应当重视和加强各项资产的投保工作，采用招标等方式确定保险人，降低资产损失风险，同时要防范资产投保舞弊。企业尤其应该注重固定资产的投保管理，严格按照固定资产投保管理制度要求，安全投保。

14.2 存货的内部控制

14.2.1 存货内部控制的概述

存货是指企业在正常生产经营过程中持有以备出售的产成品或商品，或者为了出售仍然处在生产过程中的在产品，或者将在生产过程或提供劳务过程中耗用的材料、物料等。

所谓内部控制是指企业为了保证业务活动的有效进行，保护资产的安全和完整，防止、发现、纠正错误与舞弊，保证会计资料的真实、合法、完整而制定和实施的政策与程序。

存货内部控制是企业为管理存货，针对存货收、发、存与供、产、销各环节的特点，事先制定的一套相互牵制、相互验证的内部监控制度。存货内部控制是企业整个内部控制中的重点内容和中心环节。企业制订存货内部控制的目的在于保障存货资产的安全完整，加速存货资金周转，提高存货资金使用效益。

14.2.2 存货管理的业务流程

存货管理的业务流程主要有存货取得、验收入库、存货保管、领用发出及销售处置等，具体如图 14-1 所示。

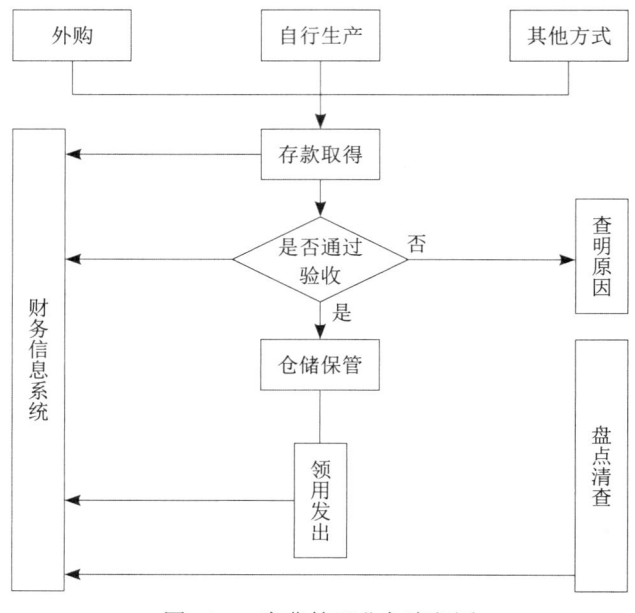

图 14-1 存货管理业务流程图

14.2.3 存货内部控制的关键风险点及控制措施

1. 存货取得

存货取得方式有外购、委托加工、自制等。存货取得环节的主要风险有：存货预算编制不科学、采购计划不合理，可能造成存货积压或短缺；取得方式不合理，不符合成本效益原则。

主要控制措施包括：第一，企业应当根据各种存货采购间隔期和当前库存，综合考虑企业生产经营计划、市场供求等因素，充分利用信息系统，合理确定存货采购日期和数量，确保存货处于最佳库存状态。第二，企业应当本着成本效益原则，确定不同类型存货的取得方式。

为使存货既能满足需要，又能防止由于存货过多而造成的积压风险，企业在确定存货时，必须由其使用部门（如制造企业的生产部门、流通企业的销售部门等）根据未来一定期间的需要量编制"物资需求单"并提交给存货保管部门。当生产所需的数量和仓储所需的后备数量超过库存数量时，存货保管部门主管就应同意进行采购并编制"请购单"；从事大批量生产且产品生产一直比较稳定的企业，存货保管部门也可以在库存物资已达到最低库存量时提出请购单。经过存货保管部门主管批准的请购单还必须送交采购部门，采购部门审查请购单是否合理，并根据市场行情进行采购所需资金的估算，在主管签署同意采购的意见后交资金预算部门审批。预算部门认为该项请购符合经营目标并在指定的资金预算范围之内，签字后可交采购部门办理订货手续。采购部门应将处理过的请购单归档管理并办理招标订货手续。物资请购单格式见表14-1。

表 14-1　物资请购单

请购部门			年　月　日			字第　号	
物资种类		物资代码	品名		规格型号	用途	
请购数量			最低储量		现存数量		
上次购进单价			可替代物资名称		可替代物资单价		
需用日期			预计到货日期		备注		
资金管理部门意见							
采购部门意见							

批准：　　　　审核：　　　　制单：

此单由保管部门填制，一式三联，第一联由保管部门留存，第二、三联交给采购部门，由采购部门负责转交资金管理部门，资金管理部门确认并签署意见后留存第三联，第二联退回给采购部门，由采购部门用于办理招标订货手续并存档。

2. 验收入库

验收入库环节的主要风险有：验收程序和方法不规范、标准不明确，可能造成账实不符、质量不合格等问题。

主要控制措施包括：企业应当重视存货验收工作，规范存货验收程序和方法，对入库存货的数量、质量、技术规格等方面进行查验，验收无误方可入库。企业应针对不同的存货取得方式，关注不同的验收重点。①外购存货的验收，应当重点关注合同、发票等原始单据与存货的数量、质量、规格等的核对是否一致，涉及技术含量较高的货物，必要时可委托具有检验资质的机构或聘请外部专家协助验收。②自制存货的验收，应当重点关注产品质量。只有通过检验合格的半成品、产成品才能办理入库手续，不合格品应及时查明原因、落实责任、报告处理。③其他方式取得存货的验收，应当重点关注存货来源、质量状况、实际价值是否符合有关合同或协议的约定。

3. 存货保管

存货保管环节的主要风险有：存货储存保管方式不当、监管不严，可能造成存货被盗、流失、变质、损坏、贬损、浪费等。

主要控制措施包括企业应当建立存货保管制度，定期对存货进行检查，重点关注下列事项：企业内部除存货管理、监督部门及仓储人员外，其他部门和人员接触存货，应当经过相关部门特别授权；存货在不同仓库之间流动时应当办理出入库手续；应当按仓储物资所要求的储存条件贮存，并健全防火、防洪、防盗、防潮、防病虫害和防变质等管理规范；加强生产现场的材料、周转材料、半成品等物资的管理，防止浪费、被盗和流失；对代管、代销、暂存、受托加工的存货，应单独存放和记录，避免与本单位存货混淆；结合企业实际情况，加强存货的保险投保，保证存货安全，合理降低意外事件造成的存货损失。

4. 领用发出

领用发出环节的主要风险有：存货领用发出审核不严、程序不规范，造成存货流失。

主要控制措施包括：第一，企业应当明确存货发出和领用的审批权限，大批存货、贵重商品或危险品的发出应当实行特别授权。第二，仓储部门应当根据经审批的销售（出库）通知单发出货物。第三，仓储部门应当详细记录存货入库、出库及库存情况，做到存货记录与实际库存相符，并定期与财会等部门进行核对。

5. 盘点清查

盘点清查既要关注数量，又要关注存货质量。该环节的主要风险有：盘点清查制度不完善、盘点计划不合理以及执行不严等，造成盘点工作流于形式，无法查清存货的真实情况。

主要控制措施包括：第一，企业应当建立存货盘点清查制度，结合本企业的实际情况确定盘点周期、盘点方法、盘点流程等相关内容。第二，企业至少应当于每年年度终了开展全面盘点清查，存货盘点前要拟订详细的盘点计划，确定盘点方法、时间、人员等。第三，严格按照盘点计划进行盘点清查，核查存货数量，及时发现存货减值迹象；盘点清查结果应当形成书面报告；盘点清查中发现的存货盘盈、盘亏、毁损、闲置及需要报废的存货，应当查明原因、落实并追究责任，按照规定权限批准后处置。

6. 销售处置

销售处置是指存货的正常对外销售，以及存货因变质、毁损等进行的处置。存货销售环节的控制参照本书的销售业务控制。存货报废处置环节的主要风险有处置责任不明确、审批不严等，可能导致企业利益受损。

主要控制措施包括：企业应定期对存货进行检查，及时了解存货的存储状态，对于存货变质、毁损、报废或流失，要分清责任，分析原因，并编制"存货处置单"，报经批准后及时处置。

7. 会计系统控制

会计系统控制环节的主要风险有：会计记录和处理不及时、不准确，不能反映存货的实际情况，不能起到加强存货管理的作用。

主要控制措施包括：财务部门应根据原始凭证对各环节存货数量和金额进行及时登记；定期与仓储部门等其他相关部门核对，确保账实相符；对于账实不符或减值现象，及时作出账务处理。

14.2.4 存货内部控制相关案例分析——合信木制品公司存货内控失效

1. 案例简介

合信木制品公司是一家外资企业，从1999年到2××4年每年的出口创汇位居全市第三，年销售值达4 300万元左右。2××5年以后该企业的业绩逐渐下滑，亏损严重，2××7年破产倒闭。这样一家中型的企业，从鼎盛到衰败，探究其原因，不排除市场同类产品的价格下降、原材料价格上涨等客观的变化，但内部管理的混乱，是其根本的原因。在税务部门的检查中发现：该企业的产品成本、费用核算不准确，浪费现象严重，存货的采购、验收入库、领用、保管不规范，归根到底的问题是缺乏一个良好的内部控制制度。这里我们主要分析存货的管理问题。

①董事长常年在国外，材料的采购是由董事长个人掌握，材料到达入库后，仓库的保管

员按实际收到的材料的数量和品种入库，实际的采购数量和品种保管员无法掌握，也没有合同等相关的资料。材料的入账不及时，会计自己估价入账，发票几个月以后，甚至有的长达一年以上才回来，发票的数量和实际入库的数量不一致，也不进行核对，造成材料的成本不准确，忽高忽低。

②期末仓库的保管员自己盘点，盘点的结果与财务核对不一致的，不去查找原因，也不进行处理，使盘点流于形式。

③材料的领用没有建立规范的领用制度，车间在生产中随用随领，没有计划，多领不办理退库的手续。生产中的残次料随处可见，随用随拿，浪费现象严重。

2. 案例分析

企业失败的原因包括：

第一，该企业基本没有内控制度，更谈不上机构设置和人员配备合理性问题。企业在内部控制中，对单位法定代表人和高管人员对实物资产处置的授权批准制度作出相互制约的规范，非常必要；对重大的资产处置事项，必须经集体决策审批，而不能搞一言堂、一支笔，为单位负责人企图独断专行设置制度上的障碍。

第二，企业没有对入库存货的质量、数量进行检查与验收，不了解采购存货要求。没有建立存货保管制度，仓储部门将对存货进行盘点的结果随意调整。采购人员应将采购材料的基本资料及时提供给仓储部门，仓储部门在收到材料后按实际收到的数量填写收料单，登记存货保管账，并随时关注材料发票的到达情况。

第三，没有规范的材料领用和盘点制度，也没有定额的管理制度，材料的消耗完全凭生产工人的自觉性。企业应细化控制流程，完善控制方法。我们知道，单位实物资产的取得、使用是多个部门共同完成的，采购部门负责购置，验收部门负责验收，会计部门负责核算，使用部门负责运行和日常维护，可以说，实物资产的进、出、存等都有多个部门参与，为什么还会出现问题？由此看来，问题要么出在控制流程不完备，要么是控制方法没能有效发挥作用。一个人、少数几个人想要为所欲为，在制度面前就根本不可行，除非他买通所有的人。

第四，存货的确认、计量没有标准，完全凭会计人员的经验，直接导致企业的成本费用不实。

正是因为这些原因导致一个很有发展前途的企业最终失败。

14.3 固定资产的内部控制

14.3.1 固定资产内部控制的概述

固定资产，是指为生产商品、提供劳务、出租或经营管理目的而持有的，使用寿命超过一个会计年度的有形资产，主要包括房屋、建筑物、机器、机械、运输工具，以及其他与生产经营活动有关的设备、器具、工具等。固定资产属于企业的非流动资产，是企业开展正常生产经营活动必要的物资条件，其价值随着企业生产经营活动逐渐转移到产品成本中。固定资产的安全、完整直接影响企业生产经营的可持续发展能力。

企业应当根据固定资产特点，分析、归纳、设计合理的业务流程，查找管理的薄弱环节，对固定资产进行严格的控制，保证固定资产安全、完整、高效运行。

固定资产内部控制主要有以下几个方面的目标：第一，保护企业固定资产的安全完整；第二，确保固定资产会计信息的准确性和可靠性；第三，促进企业关于固定资产招标、采购、使用、日常维护、处置等办事效率的提高；第四，保证国家关于固定资产业务有关法规、政策和指令的贯彻执行，保证固定资产业务的合法性。

14.3.2 固定资产管理的业务流程

企业固定资产的业务流程主要包括资产取得、资产验收、登记造册、资产投保、运行维护、定期评估、更新改造及淘汰处置等，具体如图 14-2 所示。

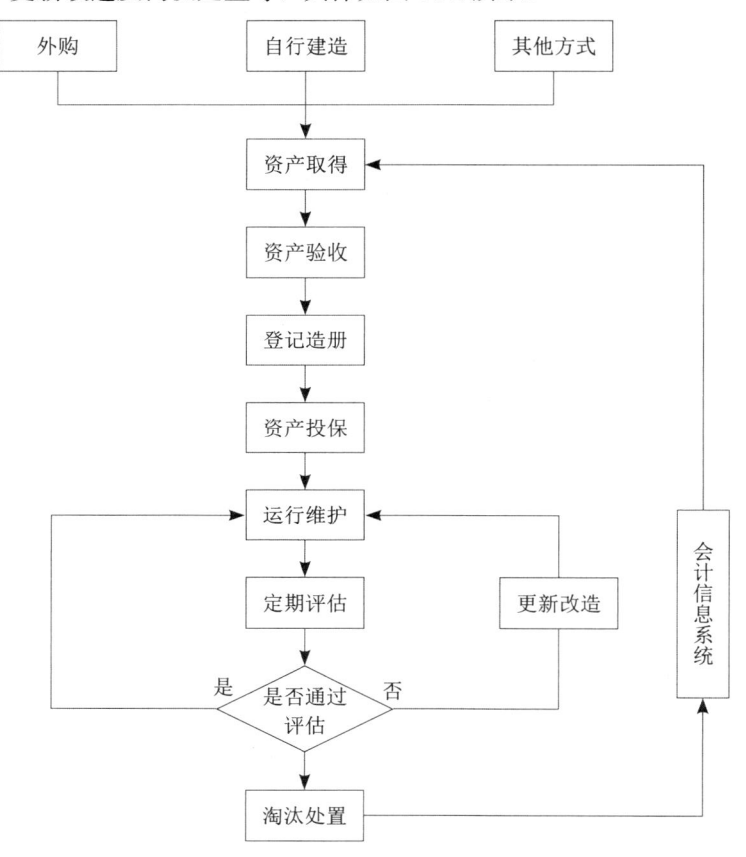

图 14-2 固定资产管理业务流程图

14.3.3 固定资产内部控制的关键风险点及控制措施

1. 资产取得

固定资产的取得方式有投资者投入、外购、自行建造、非货币性资产交换及捐赠等。该环节的主要风险有固定资产预算不科学、审批不严等，造成固定资产购建不符合企业发展战略、利用率不高等问题。

主要控制措施包括：第一，企业应建立固定资产预算制度，固定资产的购建应符合企业发展战略和投资计划。第二，对于固定资产建造项目应开展可行性研究，提出项目方案，报经批准后确定工程立项。

2. 资产验收

不同取得方式及不同类型的固定资产，其验收程序和技术要求也不同。该环节的主要风险是固定资产验收程序不规范，可能造成资产质量不符合要求，影响资产正常运作。企业应当建立严格的固定资产交付验收制度，确保固定资产数量、质量、规格等符合使用要求。固定资产交付使用的验收工作应由固定资产管理部门、使用部门及建造部门共同实施。

主要控制措施包括：第一，外购固定资产验收时重点关注固定资产的品种、数量、规格、质量等是否与合同、供应商的发货单一致，并出具验收单或验收报告。第二，自行建造固定资产应由建造部门、固定资产管理部门和使用部门联合验收，编制书面验收报告，并在验收合格后填制固定资产移交使用单，移交使用部门投入使用。第三，对于需要安装的固定资产，收到固定资产经初步验收后要进行安装调试，安装完成后须进行第二次验收。第四，对于未通过验收的固定资产，不得接收，应按照合同等有关规定办理退货等弥补措施；验收合格的固定资产应及时办理入库、编号、建卡、调配等手续。第五，对于具有权属证明的资产，取得时必须有合法的权属证书。

3. 登记造册

企业取得资产后应编制固定资产目录，建立固定资产卡片。该环节的主要风险是固定资产登记内容不完整，造成固定资产流失、信息失真等问题。

主要控制措施包括：企业应当制定固定资产目录，对每项固定资产进行编号，按照单项资产建立固定资产卡片，详细记录各项固定资产的来源、验收、使用地点、责任单位和责任人、运转、维修、改造、折旧、盘点等相关内容。

4. 资产投保

资产投保环节的主要风险是固定资产投保制度不健全，造成应投保资产未投保、投保舞弊、索赔不力等问题。

主要控制措施包括：第一，企业应健全固定资产投保制度，根据固定资产的性质和特点，确定固定资产投保范围和政策，投保范围和政策应足以应对固定资产因各种原因发生损失的风险。第二，严格执行固定资产投保政策和投保范围，对应投保的固定资产项目按规定程序进行审批，及时办理投保手续。第三，对重大投保项目，应考虑采取招标方式确定保险人，防范投保舞弊。第四，已投保资产发生损失的，应及时调查原因，办理相关索赔手续。

5. 运行维护

运行维护环节的主要风险有固定资产操作不当、维修保养不到位，造成固定资产运作不良、使用效率低下、产品残次率高、生产停顿，甚至出现生产事故等。

主要控制措施包括：第一，企业应对固定资产实行归口管理和分级管理，坚持"谁使用谁管理谁负责"的原则。第二，企业应当强化对关键设备运转的监控，严格遵守操作流程，实行岗前培训和岗位许可制度，确保设备安全运转。第三，严格执行固定资产日常维修和大修理计划，定期对固定资产进行维护保养，切实消除安全隐患。

6. 更新改造

更新改造环节的主要风险有固定资产更新改造不及时、技术落后，造成设备落后、市场竞争力下降。

主要控制措施包括：第一，根据发展的需要，提出技改方案，并经审核批准后执行。第二，根据发展战略，充分利用国家有关自主创新政策，加大技改投入，不断促进固定资产技术升级，淘汰落后设备，切实做到保持本企业固定资产技术的先进性和企业发展的可持续性。第三，管理部门需对技改方案实施过程适时监督，加强管理，有条件的企业可以建立技改专项资金并进行定期或不定期审计。

7. 盘点清查

盘点清查环节的主要风险是清查制度不完善，造成固定资产流失、毁损等账实不符与资产贬值等问题。

主要控制措施包括：第一，企业应当建立固定资产清查制度，至少每年进行一次全面清查。第二，清查结束后应编制清查报告，对清查中发现的问题，应当查明原因，追究责任，妥善处理。

8. 抵押质押

抵押质押环节的主要风险是固定资产抵押制度不完善，可能导致抵押资产价值低估和资产流失。

主要控制措施包括：加强固定资产抵押、质押的管理，明晰固定资产抵押、质押流程，规定固定资产抵押、质押的程序和审批权限等，确保资产抵押、质押经过授权审批及适当程序；同时，应做好相应记录，保障企业资产安全。财务部门办理资产抵押时，如需要委托专业中介机构鉴定评估固定资产的实际价值，应当会同金融机构有关人员、固定资产管理部门、固定资产使用部门现场勘验抵押品，对抵押资产的价值进行评估；对于抵押资产，应编制专门的抵押资产目录。

9. 淘汰处置

淘汰处置环节的主要风险有处置制度不完善、处置方式不合理、处置定价不恰当等，可能给企业造成损失。

主要控制措施包括：企业应建立健全固定资产处置制度，加强对固定资产处置的控制，按规定程序对处置申请进行严格审批，关注固定资产处置中的关联交易和处置定价，防范资产流失。第一，对使用期满、正常报废的固定资产，应由固定资产使用部门或管理部门填制固定资产报废单，经本单位授权部门或人员批准后对该固定资产进行报废清理。第二，对使用期限未满、非正常报废的固定资产，应由固定资产使用部门提出报废申请，注明报废理由、估计清理费用以及可回收残值、预计出售价值等，单位应组织有关部门进行技术鉴定，按规定程序审批后进行报废清理。第三，对拟出售或投资转出的固定资产由有关部门或人员提出处置申请，对固定资产价值进行评估，并出具固定资产评估报告报经企业授权部门或人员批准后予以出售或转让。企业应特别关注固定资产处置中的关联交易和处置定价。

企业的固定资产在未经批准前不得擅自处理。首先，企业应编制固定资产报废通知单。其次，报废按其性质和金额，由不同层次管理人员审批。同资产取得一样，资产报废或清理需要由不同级别的管理人员批准，通常是以资产的金额作为标准。金额较低的资产报废，须经部门经理或其他被授权人批准；而对于金额较大的资产报废，如一个经营工厂、主要生产线等，则需要通过董事会批准。最后，会计部门收到经过批准的固定资产报废通知单后，应审查固定资产报废通知单是否经过执行部门主管的签字认可，并及时注销设备的账面记录。表14-2即为固定资产报废通知单。

表14-2　固定资产报废通知单

年　月　日

资产名称		规格		厂牌		使用单位	
						管理单位	
设计耐用年限		报损（废）原因					
已使用年数							
购置日期							
数量							
已获价值							
账面价值							
估计废品价值							
处理使用							
实际损失额							
使用、填报人							
估计废品价值		处理意见					
处理使用							
实际损失额							
使用、填报人							
总经理	财务单位	使用单位		管理单位			
		经理（厂长）	主管	主办	主管	主办	

10. 会计系统控制

会计系统控制环节的主要风险有会计记录和处理不及时、不准确，不能反映固定资产的实际情况。

主要控制措施包括：财务部门应及时对固定资产增加、处置等变动情况进行会计记录和处理，根据固定资产的实际使用情况合理地确定计提折旧、减值准备的方法，并定期对折旧和减值进行复核。

14.3.4 固定资产计价方面的控制

固定资产不仅要设置总分类账，还应设置固定资产目录和明细账，其分类包括房屋、机器设备、家具、办公设备、运输设备等。每类资产账户都应附有单独的卡片或表单，记录财产各种详细有用的资料。每张卡片或表单应记录每项资产的简要说明、存放地点、购入或建造的日期、相应的凭单或工作单号码、资产的价值、规定的计量单位等资料。此外，固定资产记录还应表明该项财产的维修和保养情况。所有卡片或表单应编上交叉索引号码，以便同控制账户记录相核对，做到账、卡、物相符。表14-3、表14-4为固定资产卡片的正反面。

表14-3 固定资产卡片（正面）

总账科目：＿＿＿＿＿＿＿＿ 本卡编号：＿＿＿＿＿＿＿＿
明细科目：＿＿＿＿＿＿＿＿ 财产编号：＿＿＿＿＿＿＿＿

固定资产编号		日期	凭证	使用和保管单位			
名称							
主要规格							
建筑部门或建筑工厂							
建筑或建造完成日期							
出厂编号		固定资产的原价					
固定资产的原价		日期	凭证	摘要	借方金额	贷方金额	余额
资产来源							
验收日期							
验收凭证号数							
预计使用年限							
折旧率							
备注		报废清理或拨出情况					
		报废清理记录				拨出情况	
		日期	凭证摘要	清理费用	变价收入	日期	凭证	拨入单位
设卡日期							
注销日期							

表 14-4　固定资产卡片（反面）

停用和恢复使用记录					主体及附属配备，以及它们的变更记录						
停用			恢复使用		主体及附属配备			主体及附属配备变更情况				
日期	凭证	原因	日期	凭证	名称及摘要	单位	数量	日期	凭证	名称及摘要	单位	增加数量	减少数量
大修理记录												
完工日期	凭证	摘要	大修理费用								

明细分类账的各种记录至少每年同总分类账控制账户核对一次。公司应该规定，在核对中发现的差异用适当的方法加以揭示；在对差异作出任何调整前应由一名指定的企业高级管理人员负责对差异进行调查，并对调查的结果进行审批。

会计部门在登记各类资产明细账时，应有适当的复核程序来验证各种应计入各资产价值的费用成本，防止多计或少计。

企业应制定区分资本性支出和收益性支出的书面标准，通常需明确资本性支出的范围和最低金额，凡不属于资本性支出的范围及金额低于下限的任何支出，均应列作费用并抵减当期收益。

14.3.5　固定资产内部控制相关案例分析——某员工利用内部控制漏洞骗取国有财产

1. 案例简介

50岁的归某是原上海某技术工程公司轻纺工程部经理，他身为国有企业工作人员，利用职务上的便利，骗取国有财产64万元，面对法院的终审判决，被告人归某最终吞下自己精心隐藏7年的苦果，等待他的将是15年的牢狱生活。

2××0年11月，山东某公司向公司求购精疏机一套，但当时公司没有购买此类机械的配额，头脑活络的归某想出一个好办法，利用其他公司的配额到上海纺机总厂（以下简称"纺机总厂"）定购。随后，归某将本公司的45万元划入纺机总厂。然而，2××1年初，他代表公司到纺机总厂核账时发现，纺机总厂财务出错：把已提走的设备，当作其他公司购买，而他划入的45万元却变为公司的预付款。于是，一场偷梁换柱的把戏开始上演。2××1年3月至4月，归某派人到纺机总厂以公司的名义购买混条机等价值60余万元的设备。因为有了45万元的"预付款"，归某仅向纺机总厂支付了15万元。随后，他找到亲戚经营的某纺织器材公司，开出了公司以67万元的价格购得这批设备的发票。而公司不知内情，向大发公司支付了全部购货款，归某从中得利52万元。同年7月至10月期间，归某又以相同手段骗得公司11万元，占为己有。2××1年底，归某终于梦想成真，开办了自己的公司——某岛纺织机械成套设备公司，并担任法定代理人。

2××8年上半年，纺机总厂发现45万元被骗，向公安机关报案，归某随后被捕。法院认定归某贪污公款 64 万元，构成贪污罪，判处归某有期徒刑 15 年。

2. 案例分析

一个普通的轻纺工程部经理，利用手中的职权和相关内部控制的漏洞，竟采用相同的伎俩两次贪污公款共 64 万元，这个给企业造成沉痛教训的案例不能不引起我们的反思，其内部控制究竟出了什么问题，会给犯罪分子以可乘之机。

（1）从公司角度来看，其采购业务的相关职务未分离

一般而言，健全的采购业务中，采购员、审批人和执行人、记录人应分离。如果其中关键的职务没有分离，那就极有可能发生舞弊，公司就是这样的案例。工程部经理归某，利用手中的职权，未经审批程序就私下决定向纺机总厂购买价值 60 万元的设备，这已经暴露出授权审批控制的弱点。本来应该有第三方执行付款，并与纺机总厂核账，但令人惊讶的是，核账竟然也是归某一人亲手所为，所以，采购、审批、执行和记录的职务分离漏洞给了归某可乘之机，使其掩盖了同纺机总厂的交易问题，从而上演了后来偷梁换柱的把戏。

另外，公司的验收和付款也存在漏洞。付款员明明将 67 万元款项划给了大发公司，这纯粹是归某利用其亲戚关系虚构的交易，如果验收员按照同大发公司签订的购货合同上写明的条款及发货发票来仔细验货，是不难发现归某冒用大发公司的名义却购进了纺机总厂价值仅 60 万元设备的偷梁换柱的把戏的。一般而言，会计部门应该在按购货协议划出款项之后将购货单和购货发票转到验收部门，而验收部门应该收到会计部门转来的购货单和购货发票副联仔细查验其发货单位、收到货物的数量和质量后签收，但是公司没有做到，验收部门根本就没有仔细查验发货单位，以至于归某的把戏得以蒙混过关，使公司支付了 67 万元买进了价值 60 万元的设备，白白损失的 7 万元落入了归某的腰包。

（2）从纺机总厂角度看，其内控存在的问题也不容忽视

从发货通知单的编制和证实制度来看，纺机总厂在这方面也存在漏洞。发货通知单的作用首先是将各种不同的客户订单内容，如货物的货号、数量、价格等以完整和规范的格式反映出来，同时，还能使销售过程中所需的各种授权和批准在发货通知单上能得到证明。发货通知单的另一个作用是使与销售环节有关的各部门在执行发运业务或记录有关账册时有书面依据，并通过各环节的签字来监督每一环节的业务处理工作。如果纺机总厂建立健全了发货通知单的编制和证实制度，并得以真正有效执行，就不可能发生"把已提走的设备，当作其他公司购买，而归某划入的 45 万元却变为公司的预付款"这样的事故。如果有完善健全的内控并得到执行，纺机总厂损失的 45 万元，是完全可以避免的。这个案例再一次告诉我们，每一个环节的内部控制对于企业而言都是至关重要的，丝毫忽视不得。

14.4 无形资产的内部控制

无形资产是指企业为生产商品、提供劳务、出租给他人或为管理目的而持有的、没有实物形态的非货币性长期资产，包括专利权、非专利技术、商标权、著作权、土地使用权等。

现代企业无形资产概念的轮廓，就其本质属性而言，也是具有商品使用价值属性的，它与有形资产一起构成企业资产的总体，是企业生产经营活动中重要的经济资源。

14.4.1 无形资产管理的业务流程

无形资产管理业务流程如图 14-3 所示。

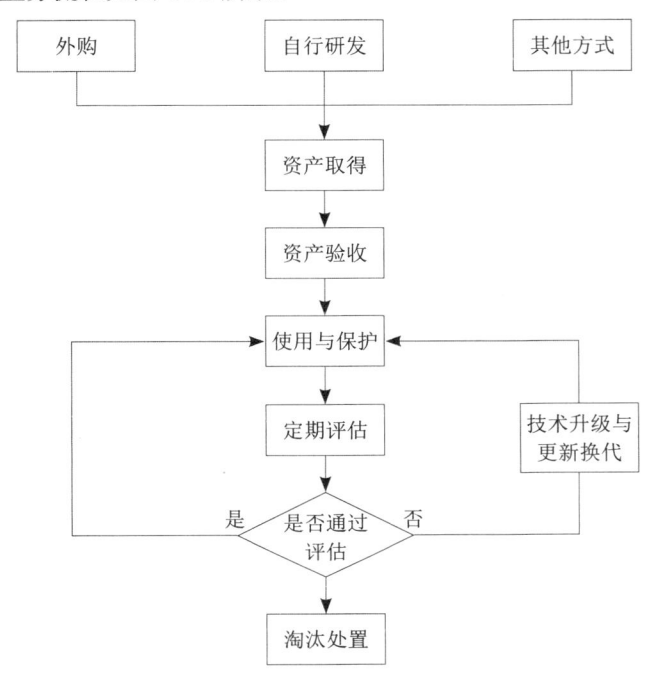

```
    外购          自行研发         其他方式
      \             |              /
       \            |             /
        ─────→ 资产取得 ←─────
                    ↓
                 资产验收
                    ↓
         ┌──→ 使用与保护 ←──┐
         │        ↓         │
         │     定期评估   技术升级与
         │        ↓       更新换代
         │   ◇是否通过◇
         └是── 评估  ──否
                    ↓
                 淘汰处置
```

图 14-3　无形资产管理业务流程图

14.4.2 加强无形资产内部控制的意义

1. 无形资产内部控制制度是企业有效管理无形资产的前提

如何对无形资产的价值进行正确的核算和评估，对无形资产的投资进行严密的管理与评价，是现代企业应该充分关注的问题。一套有效的无形资产内部控制制度，是企业堵塞漏洞、消除隐患、保护无形资产安全的重要保证，是保证企业财务报告的可靠性、确保企业遵循有关无形资产管理的法律法规的重要条件，更重要的是，它是企业进行有效无形资产管理，获得最佳经营效果和效率的前提。

2. 无形资产内部控制制度是无形资产审计的基础

一方面，无形资产内部控制制度的建立和完善与否，直接影响注册会计师无形资产审计工作的效率和质量。另一方面，无形资产内部控制制度也是企业进行无形资产内部审计的前提和基础。无形资产内部审计一项重要的内容就是对无形资产的内部控制进行评审，通过对这些制度进行独立审计和监督，发现企业无形资产管理过程中的漏洞和风险。

14.4.3 无形资产内部控制的目标

无形资产的内部控制应当实现以下目标：保证与无形资产相关的业务活动按照适当的授权进行；保证所有无形资产交易和事项以正确的金额，在恰当的会计期间及时记录于适当的账户，使财务报表的编制符合会计准则的相关要求；保证对无形资产和记录的接触、处理均经过适当的授权；保证账面无形资产与实存无形资产定期核对相符。

14.4.4 无形资产管理的关键风险点及控制措施

1. 无形资产的取得与验收

取得与验收环节的主要风险包括：无形资产购建审批不严、没有自主权、取得的资产不具先进性、无形资产权属不清等，造成购建不符合发展战略、竞争力不强、浪费企业资源、引发法律诉讼等问题。

对此企业应当建立无形资产预算管理制度。企业应根据无形资产的使用效果、生产经营发展目标等因素拟定无形资产投资项目，对项目可行性进行研究、分析，编制无形资产投资预算，并按规定程序审批，确保无形资产投资决策科学合理；

对于重大的无形资产投资项目，应当考虑聘请独立的中介机构或专业人士进行可行性研究与评价，并由企业实行集体决策和审批，防止出现决策失误而造成严重损失。

企业应当严格执行无形资产投资预算。对于预算内无形资产投资项目，有关部门应严格按照预算执行进度办理相关手续；对于超预算或预算外无形资产投资项目，应由无形资产相关责任部门提出申请，经审批后再办理相关手续。

企业对于外购的无形资产应当建立请购与审批制度，明确请购部门（或人员）和审批部门（或人员）的职责权限及相应的请购与审批程序。

无形资产采购过程应当规范、透明。对于一般无形资产采购，应由采购部门充分了解和掌握产品及供应商情况，采取比质比价的办法确定供应商；对于重大的无形资产采购，应采取招标方式进行；对于非专有技术等具有非公开性的无形资产，还应注意采购过程的保密保全措施。

无形资产采购合同协议的签订应遵循企业合同协议管理内部控制的相关规定。

企业应当建立严格的无形资产交付使用验收制度，确保无形资产符合使用要求。无形资产交付使用的验收工作由无形资产管理部门、使用部门及相关部门共同实施。

企业外购无形资产，必须取得无形资产所有权的有效证明文件，仔细审核有关合同协议等法律文件，必要时应听取专业人员或法律顾问的意见。

企业自行开发的无形资产，应由研发部门、无形资产管理部门、使用部门共同填制无形资产移交使用验收单，移交使用部门使用。

企业购入或者以支付土地出让金方式取得的土地使用权，必须取得土地使用权的有效证明文件。除已经确认为投资性房地产外，在尚未开发或建造自用项目前，企业应当根据合同协议、土地使用权证办理无形资产的验收手续。

企业对投资者投入、接受捐赠、债务重组、政府补助、企业合并、非货币性资产交换、外企业无偿划拨转入以及其他方式取得的无形资产均应办理相应的验收手续。

对验收合格的无形资产应及时办理编号、建卡、调配等手续。

2. 无形资产的使用与保护

使用与保护环节的主要风险包括：无形资产使用效率低下；缺乏严格的保密措施，导致商业秘密泄露；其他企业的侵权行为损害企业利益等。

对此企业应加强无形资产的日常管理工作，授权具体部门或人员负责无形资产的日常使用与保全管理，保证无形资产的安全与完整。

企业应根据国家及行业有关要求和自身经营管理的需要，确定无形资产分类标准和管理要求，并制定和实施无形资产目录制度。企业应依据国家有关规定，结合企业实际，确定无形资产摊销范围、摊销年限、摊销方法、残值等。摊销方法一经确定，不得随意变更；确需变更的，应当按照规定程序审批。

企业应根据无形资产性质确定无形资产保全范围和政策，保全范围和政策应当足以应对无形资产因各种原因发生损失的风险。企业应当限制未经授权人员直接接触技术资料等无形资产；对技术资料等无形资产的保管及接触应保有记录；对重要的无形资产应及时申请法律保护。

企业应当定期或者至少在每年年末由无形资产管理部门和财会部门对无形资产进行检查、分析，预计其给企业带来未来经济利益的能力。检查分析应包括定期核对无形资产明细账与总账，并对差异及时分析与调整。

无形资产存在可能发生减值迹象的，应当计算其可收回金额；可收回金额低于账面价值的，应当按照国家统一的会计准则制度的规定计提减值准备、确认减值损失。

3. 技术升级和更新换代

技术升级和更新换代环节的主要风险包括：无形资产未及时更新换代，造成技术落后、自主创新能力低或存在重大技术安全隐患，以及忽视品牌建设、社会认可度低等。

主要控制措施包括：第一，企业应当定期对专利、专有技术等无形资产的先进性进行评估，淘汰落后技术，加大研发投入，促进技术更新换代，不断提升自主创新能力，努力做到核心技术处于同行业领先水平。第二，企业应当重视品牌建设，加强商誉管理，通过提供高质量产品和优质服务等多种方式不断打造和培育主业品牌，切实维护和提升企业品牌的社会认可度。

4. 无形资产处置

无形资产处置环节的主要风险包括：缺乏处置制度、无形资产处置不当等，造成企业资产流失。

主要控制措施包括：第一，企业应建立无形资产处置的相关制度，明确处置程序、审批权限等。第二，合理确定处置价格，按规定程序对处置进行严格审批。第三，重大无形资产处置应委托具有资质的中介机构进行资产评估。

5. 会计系统控制

会计系统控制环节的主要风险包括：会计记录和处理不及时、不准确，不能反映无形资产的实际情况。

主要控制措施包括：财务部门应对无形资产的增加、摊销、处置等及时进行账务处理，及时发现减值情况并进行处理。

14.4.5 无形资产内部控制相关案例分析——XYZ商场无形资产内部控制

1. 案例简介

XYZ商场开业之后仅用7个月时间就实现销售额9 000万元，一年达1.86亿元，实现税利1 315万元，1年就跨入全国50家大型商场行列，六年后达4.8亿元，该商场当年以其在经营和管理上的创新创造了一个平凡而奇特的现象，来自国内 30 多个省市的近 200 个大中城市的党政领导和商界要员纷纷前来参观学习。然而，开业第九年的 8 月 15 日，XYZ 商场悄然关门，面对这残酷的事实，人们众说纷纭。导致商场倒闭的原因是多方面的，而其内部控制的极端薄弱是促成倒闭的主要原因之一。下面仅就其无形资产内部控制方面进行分析。该商场的冠名权属于无形资产，其转让都是由总经理一个人说了算，只要总经理签字同意，别人就可以建一个 XYZ 商场。在经营管理上，XYZ 商场有派驻人员，但由于并不掌控管理，所起的作用不大。这种冠名权的转让，能迅速带来规模的扩张，可也给 XYZ 的管理控制带来了风险。对这些企业的管理上，XYZ 并不严格，导致某些企业在管理方面、服务质量或者产品质量等诸多方面给客户们留下了不好的印象，在社会上造成了不良影响，对 XYZ 这个品牌的影响起了负面作用

2. 案例分析

XYZ 商场没有进行职责分工，权限范围和审批程序不明确规范，机构设置和人员配备不科学不合理。关于无形资产的转让，照理应该经董事会讨论通过，但实际上是总经理一个人说了算，只要他签字同意，别人就可建一个 XYZ，这样不可避免地会导致因一人多权而引发的舞弊现象。

建议商场应该设置专门的无形资产管理部门，配备专门的无形资产管理人员对商场的无形资产进行综合、全面、系统的管理。无形资产管理部门的主要职能包括：对企业所有无形资产的开发、引进、投资进行总的控制；就无形资产在企业生产经营管理中实施应用的客观要求，协调企业内部其他各有关职能部门的关系；协调与企业外部国家有关专业管理机构的关系；协调企业与其他企业的关系；维护企业无形资产资源安全完整；考核无形资产的投入产出状况和经济效益情况。

企业应当建立无形资产业务的岗位责任制，明确相关部门和岗位的职责、权限，确保办理无形资产业务的不相容岗位相互分离、制约和监督，同一部门或个人不得办理无形资产业务的全过程。有效的内部控制制度应该保证对同一项业务的审批、执行、记录和复核人员的职务分离，以减少因一人多权而导致的舞弊现象发生。

企业在授权审批方面要明确授权批准的范围。通常无形资产研究与开发、购置和转让计划都应纳入其范围，授权批准的层次，应根据无形资产的重要性和金额大小确定不同的授权批准层次，从而保证各管理层有权亦有责；明确被授权者在履行权力时应对哪些方面负责，应避免责任不清，一旦出现问题又难辞其咎的情况发生；应规定每一类无形资产业务的审批程序，以便按程序办理审批，以避免越级审批、违规审批的情况发生；单位内部的各级管理层必须在授权范围内行使相应职权，经办人员也必须在授权范围内办理经济业务；审批人应当根据无形资产业务授权批准制度的规定，在授权范围内进行审批，不得超越审批权限；经办人在职责范围内，按照审批人的批准意见办理无形资产业务；对于审批人超越授权范围审批的无形资产业务，经办人员有权拒绝办理，并及时向上级部门报告。

对于重大的无形资产投资转让等项目，企业应当考虑聘请独立的中介机构或专业人士进行可行性研究与评价，并由企业实行集体决策和审批，防止出现决策失误而造成严重损失。

第15章
负债方面的内部控制

本章负债方面的内部控制主要从应付账款、筹资及担保三个方面来分别介绍。

15.1 应付账款内部控制

应付账款是商业信用的一种。商业信用是企业在商品交易中因延期付款或延期交货而形成的借贷关系，它是由商品交换过程中商品与货币的运行在时间上不一致而产生的，即企业先收到商品，然后支付货款。企业利用这种时间差可在特定时间内为自身带来资金来源，因而商业信用是企业筹资的一种来源。

应付账款为采购与付款循环中的付款环节，其内部控制主要包括企业对应付账款的控制和对支付款项的控制。

15.1.1 应付账款控制制度

应付账款构成了流动负债的最主要内容，它对资产负债表能否正确合理地揭示企业的财务状况影响很大。由于应付账款即为债权人的应收账款，债权人备有详细记录，因此，任何应付账款上的不正确记录和不按时偿还该债务，都会导致交易双方不必要的债务纠纷。对应付账款的控制包括：

①应付账款的记录必须由独立于请购、采购、验收、付款的职员来进行，以保证采购环节的控制得到有效实施，防止错误和欺诈行为的发生。

②应付账款的入账还必须在取得和审核各种必要的凭证以后才能进行，这些凭证主要是供应商的发票，以及为核对发票正确性的其他凭证。例如，请购部门的请购单、收货部门的收货报告单、购货部门的购货订单及借项通知单等。负责应付账款的职员必须审核这些原始凭证是否齐全、日期和货物内容是否一致、有无授权人的核准签字、发票的折扣是否与购货订单要求一致，并且验算它们之间的数量、价格、加总合计是否正确，审核后应签字表示这一控制过程已完成。

③对于有预付货款的交易，企业在收到供应商发票后，应将预付金额冲抵部分发票金额后记录应付账款。

④企业必须分别设置应付账款的总账户和明细账。总账户根据汇总的应付凭单登记，明细账分别由债权人根据发票登记。每月末总账和明细账总额应该相等，以防止过账中发生错误。

⑤对于享有折扣的交易，良好的控制制度要求将供应商发票金额扣去折扣金额的净额来登记应付账款，以防日后有人在付款时贪污折扣。

⑥每月末来自供应商的对账单必须同应付账款明细账余额相核对，这项工作应由财务经

理或由其授权的、独立于应付账款明细记录的职员来办理。任何差异都应予以稽查，如稽查结果表明本企业无会计上的记账错误，则必须及时与债权人联系，以便调整差异。

15.1.2 货款支付控制

由采购请购单、订货单和验收单共同构成的收货业务完成后，会计部门就取得了供货方的发票和验收单等表示货物已经验收入库、应支付货款或应付账款已经发生的原始凭证，这些原始凭证经过审核无误后，会计部门应办理货款结算业务。

①对于现金支付的交易，付款部门在付款前必须检查供应商的发票是否盖有"付讫"戳记，以防止已经支付的款项重复支付；还要审查支付款项是否具备与该款项有关并已取得核准认可的验收报告单，以及是否符合供应商发票上的数量、价格、合计数和折扣条件等。

②对于应付账款，付款人应检查付款凭证是否经授权人批准。

③会计部门应定期或不定期地检查应付款项的明细账和有关文件，以防止失去可能的现金折扣。有些企业为了控制负债的及时支付，将应得到但未获得的折扣作为一项费用来处理，以加强会计部门的财务管理。

④对于因退货或者让利而造成的应付款项，在良好的控制制度之下，也可于没有收到供应商的贷项通知单之前，从付款金额中予以扣除。

⑤企业应当按照财政部会计工作规范规定的对账要求，核对相关的总分类账、明细分类账和实物账，以达到账账相符、账证相符、账实相符。如有不符，企业应查明原因，及时处理。

⑥企业应当加强对采购交易凭证和文件的管理，明确各种凭证的登记、领用、传递、保管、注销等环节的职责权限和程序。

15.1.3 应付账款财务方面的内部控制

应付款和应收款一样，都是影响企业资金周转的重要因素。应付款是企业流动资金的一项重要来源，是占用别人的资金。如果从银行或其他方面取得借款，除偿还本金之外还要偿付利息费用，如果占用应付款，就不用付利息，即供货单位为你提供无息贷款，故应付款有"不付息的借款"之称。控制应付款的付出比控制应收款的回收较容易，因为应收款回收的主动权掌握在别人手里，而应付款付出的主动权掌握在自己手里。如果控制得好，企业可以得到较大的好处，流动资金将较为充裕。

1. 控制付款的条件和时机

（1）控制应付款的条件

控制应付款，首先应从付款条件开始，而付款条件是应付款形成的起点。

付款条件一般是伴随采购业务活动产生的。采购材料物品，除了材料物品的品种、规格、价格、质量、数量以外，最重要的莫过于付款条件了。什么时候付款、怎么付、付多少、要不要预付定金或货款、预付定金或货款的比例怎么定等，都是在采购时应认真考虑的事项。

财会部门一定要与采购部门一起商讨，制定有关向各供应商订货时所要求的付款条件。

在制定付款条件时，企业应考虑自身流动资金的现状、流动资金管理的需要，以及企业整体的生产成本，并将应付款与现金预测联系起来考虑，按照采购批量的大小、采购关系的固定与否等方面制定各自的付款要求，这些要求定出后，要让每个采购人员都清楚，使他们在订货时能灵活掌握，以取得最有利的付款条件。

（2）把握应付款的时机

把握付款时机也是掌握应付款主动权的关键。付款时机是指实际付款的时间。把握好付款时机，对于保证应付款控制很重要。提前付款，使客户高兴，但有可能会造成本企业资金周转调度的紧张；拖欠不付，虽然可以一时解决自己的资金问题，却损害了自己的声誉。在什么情况下不付、什么时候付，这都需要恰当的把握。

负债是保证企业正常生产经营的一个重要方面，既无内债又无外债的企业可能是不存在的。有债务不要紧，只要属于正常水平，没有超过本企业的承受能力，就不必担心。利用应付款项开拓和发展企业，是世界通行的举债经营的重要途径，但此时也应把握一个度，不要走向另一个极端：把所有应付款统统拖到最后支付，给人一种"赖账"的感觉，认为是实在赖不下去了才不得不付，这种应付款控制的做法是错误的，如果长期用这种方法对待供应商，公司的信誉必将受损。因此，在付款控制上，既要让供应商看到企业有较强的还款能力，不动摇供应商对企业的信心，又能将账款拖至不损害与供应商关系的最有利时刻再付出，这就是"度"。

2. 利用财会程序延迟付款

利用财会程序延迟付款也是付款控制的一种技巧。任何企业都有一套处理应付账款的程序，利用这套程序来推迟付款时间，也不失为抵挡供应商追收的一个好办法，具体的办法主要有利用承兑汇票、设立零余额账户和远距离付款等方法。以财会程序复杂环节多为理由来为拖延付款作辩解，比其他理由更容易令客户接受，但是，这种办法不能用在长期拖欠上，短期的可以拖至两个月。

另外，对应付账款的管理也可以借鉴存货的 ABC 管理方法，对 A 类应付账款进行重点规划和控制，对 B 类应付账款进行次重要管理，对 C 类应付账就只进行一般管理，这样，企业对年采购金额大的 A、B 类物资及商品可获得较大的数量折扣，以降低采购成本；同时，企业还可获得延长应付款账龄期的优惠条件，从供应商那里争取更多免费商业信用或免费短期融资。

15.2 筹资内部控制

本节的筹资主要指债券和银行借款筹资，即负债筹资。企业所需资金是企业生存和发展的重要基础，企业拥有的大部分资产均来源于债权人和股东提供的资金，正因为筹措的资金构成了企业资产的主要来源，所以筹资理财活动对企业至关重要。筹资业务流程如图 15-1 所示。

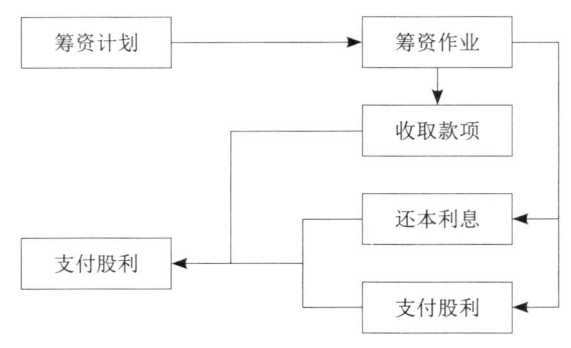

图 15-1　筹资业务流程图

15.2.1 授权审核控制

筹资业务虽然在大多数企业中发生的次数较少，但其一旦发生对企业的财务状况有着很大的影响，因此，在筹资业务发生前，对其进行有效的控制，往往被认为是一个重要的环节。董事会在事先应批准授权一名负责筹资业务的高级管理人员——通常是财务经理，对他所负的责任予以明确。财务经理应在经营活动中预算所需的资金，并编制筹资计划。如果筹资计划是由财务经理授权其他职员拟定的，他必须对最后的审定负责。筹资计划最后必须提呈董事会审核。

董事会在接到筹资计划后，应聘请法律顾问和财务顾问共同审核该项筹资活动使未来净收益增加的可能性及其筹资方式的合理性。如认为筹资必要并且计划可行，董事会应授权财务经理策划具体的筹资业务细节，如拟订债券或股票发行的合同条款及其他准备向证券交易委员会呈报的有关文件，确定债券的面值、利率及利息发放日期等。在具体细节确定后，董事会须逐项加以详细审核。审核的结果应予书面文件记录，这是控制程序手续上的需要，也有利于对筹资计划和实施细则的修改，而且，董事会的决议也是向证券交易委员会必须呈报的文件之一。

15.2.2 债券发行过程控制

债券发行必须经过股东大会讨论同意通过，然后企业证券部门准备申请材料，其中包括公司章程、可行性研究报告等，经资信评估机构评估并出具评估报告后送交银行主管部门审批，审批合格后企业委托证券公司发行，并签订承销协议，承销协议一式两份，一份自留，一份送证券公司。证券公司债券发行结束，将交款清单送交企业证券部门，据以填列应付债券明细表，并将交款清单送交企业会计部门，出纳部门收到证券公司转来的交款清单和银行收款凭证及有关单证送交证券部门，证券部门据以在应付债券明细表中登记发行日期，并将收款凭证和有关单证转送会计部门。该过程控制的具体内容包括：

①债券发行、收款记录职务相分离。
②核对交款清单、应付债券明细账和银行收款通知金额的一致性。

15.2.3 银行借款业务过程控制

企业确定所需的资金额和筹资方式之后，应针对借款拟定借款计划。企业按照对筹资审批权限的安排，报主管总裁批准，然后填写借款申请审批书送交银行审批。银行根据国家产业政策和信贷规模的具体要求及其他有关政策，对企业借款申请进行认真审查。申请被批准后，银行与企业签订借款合同，合同一式两份，一份银行留存，一份企业自留，银行据此办理具体借款业务，进行款项划拨。借款入账时，企业财会部门根据银行收款通知和借款合同等记账。该过程控制内容包括：

①银行借款审批、收款、记录职务相分离。

②借款合同须经主管领导审批。

③核对银行收款通知和借款合同金额的一致性。

15.2.4 债券保管控制

由于债券或股票在法律上代表了债权人或股东对企业资产所拥有的权利，同时由于其具有较强的流动性，所以应视同现金进行保管。

对于已经核准且已印刷但尚未发行的公司债券，应当委托独立的机构代为保管，这是限制性接触控制最为有效的方法，不仅可以避免企业内部人员有机会接触债券，而且由于独立的银行或信托公司有专门的保管设备和接触控制程序，从而使得债券的保存更为安全。

如果自行保管未发行的公司债券，应指定专人存放于保险箱中保管，并详细记录债券簿。保管人不能同时负责债券的发行、现金的收入和账簿记录工作；在该部分债券未交独立发行机构发行之前，其他授权职员不得签字；内部审计人员必须定期清点在库的债券，清点记录应同债券登记簿相核对。

对到期收回的债券，必须于归还本金的同时戳盖作废或注销的记号，在该类债券全部收回后，由财务经理、内部审计人员、债券保管人等组成的小组，应按顺序号清点所有债券，在确认无缺号债券或对缺号债券的原因做调查后，填写包括债券名称数量、编号、面值、焚毁日期等内容的焚毁证书并当场焚毁所有债券，防止其被不合法地再次使用。

15.2.5 还款安排控制

1. 企业负债筹资的还款方式

企业负债筹资的还款方式主要有以下几种：

（1）到期日一次偿还

这种方式还款集中，会加大企业借款到期时的还款压力。

（2）定期偿还相等份额的本金

即在到期日之前定期偿还相同金额，至贷款到期日还清全部本金。

（3）分批偿还

每批金额不等，便于企业灵活安排等。

根据以上几种还款方式的特点，借款企业应按照所借款项的未来使用状况，确定较适宜的还款方式，并与银行协商后写进借款合同。

2. 利息支付控制

为了保证按时偿还利息，企业应安排专门人员负责利息的计算工作，并在不同债券的利息支付日期分别在利息支付备忘录上予以记载，防止可能发生的违约事件，这一制度对于企业在利息支付日前筹备一定数量的现金也能起到保证作用。

对于长期票据，受息人可能只有一个或少数几个，但内部控制仍需保持严谨和规范。负责利息支出业务的职员，根据票据面值和利率计算应付的利息，在得到其他职员的复核和被授权人审核批准后，即可支付利息，其控制程序与其他现金付款相同。

公司债券的受息人较多，企业可以委托代理机构对外偿付利息。企业应根据代理机构交来的利息支付清单作为记账依据，利息支付清单应记载持票人姓名和利息支付金额。

3. 还款规划控制

企业应建立偿债基金制度，按借款合同中规定的还款方式结合企业的经营状况、财务状况、市场变动情况，做好还款计划与还款准备，建立偿债基金制度，以便届时按期如数还款，尤其是发行公司债券的企业，一般为了保障债券持有人的利益，遵守债券发行时公司承诺的条款，确保公司债券在到期日有足够的偿还能力，应在债券到期之前，按期提存一定数额的偿债基金，偿债基金通常由银行或信托公司的受托人保管。

企业对偿债基金的控制主要包括以下三个方面。

①由指定的专门职员，根据债券发行的信托合同，逐期计算应提存的偿债基金，并填制付款凭证，交财务经理审核签字。

②由付款部门职员根据付款凭证，填制支票交财务经理签字后，存入银行或信托公司的专门账号。

③由独立于偿债基金计算和支票填制人的职员，定期核对银行或信托公司偿债基金的对账单和公司偿债基金账余额。内部审计人员应定期检查偿债基金提取的正确性及所签发支票受款人是否为指定的受托人。

4. 应急措施

借款企业如果因暂时出现支付困难，需要延期偿还贷款时，应向借款银行事先提交延期还款计划，经银行审查同意后，续签合同，办理延期业务。由于银行方面通常要加收利息，企业事前应该衡量延期还款的成本收益，以作出最有利的决策。

有条件的企业在实际筹资业务中采用银行综合授信业务（包括信贷、汇票、保函等），用银行信贷额度和循环贷款替代原有的固定贷款模式，这样带来的好处有：一是节约了利息开支；二是通过不同银行贷款授信额度，企业可自主安排还款档期，避免发生不必要的信用危机。

15.2.6　筹资会计记录控制

为有效控制发行在外的债券，发行记名公司债券的企业应在债券存根簿上记载债券持有人的姓名或者名称及住所、债券持有人取得债券的日期、债券编号、债券总额、债券的票面金额、债券的利率、债券还本付息的期限和方式、债券的发行日期；发行无记名债券的公司应当在债券存根簿上记载债券总额、利率、偿还期限和方式、发行日期和债券编号。

在记利息账户前，记账员必须详细审核代理机构交来的利息，然后才能入账。如有未领利息或股利，且当地法令规定它们必须上交政府时，这部分利息或股利也应作为公司的费用或留存收益的减少，但是在账上记录时对它们应单独列示，并应受到财务经理严格的控制，以防止发生冒领。

15.2.7 筹资财务方面的内部控制

1. 资本结构决策与优化

企业应在经营活动中分析企业所需要的资金量，并根据企业的实际情况适时编制筹资计划，计划应包括筹资的理由、数量和筹资方式等内容。因为各种长期资本的筹资方式均有自己的优缺点，所以企业经常是同时采用集中筹资方式来筹集资本，以便于根据具体情况扬长避短，选择最佳的筹资方式。筹集到的资本数额之间的比例就是我们所说的资本结构。资本结构不同，各种筹资方式的优缺点在总体结构中的表现程度也不同。每一个筹资方案都有一个既定的资本结构，筹资方案的好坏主要表现在资本结构的好坏之中，因此，不同筹资方案的比较也就是企业资本结构的决策。

企业在进行资本结构决策时，一般首先要设计筹集所需要资本总额的几个不同资本结构的方案；然后对几个方案进行数据计算和分析，从中选出最佳方案；最后再考察选出最佳方案并改进该方案的资本结构，逐步使其达到最优。这一过程即是资本结构的决策过程。下面从三个方面来讨论有关资本结构的决策。

（1）筹资方案是否有利的考虑

企业考虑筹资方案是否有利时，通常是用各筹资方案的加权平均资本成本率与相应方案的投资收益率进行比较。如果投资收益率大于加权平均资本成本率，则表明该筹资方案是有利的，筹资效益好；如果投资收益率小于或等于加权平均资本成本率，则表明该筹资方案是不利的，筹资效益差。

从财务角度来看，企业在考虑资本结构的决策时，一般首先要确定各备选方案是有利还是不利，然后再将有利的方案做进一步考虑。

（2）筹资方案财务杠杆利益和财务风险的考虑

企业举债经营能够享受债务利息抵税的好处，这就是财务杠杆收益，但企业的负债过大，将会加大企业的财务风险，所以好的筹资方案应是财务杠杆收益与财务风险之间最佳的均衡。

当某一方案确定的资本结构中的负债资本比例在一定范围内增加时，负债资本成本率并不会增大，总资本的平均资本成本率会因负债资本成本率小于主权资本成本率而下降，这时企业可以在较小的财务风险条件下，充分地享受正财务杠杆收益。但当资本结构中的负债资本成本比例超过一定范围时，由于财务风险迅速增大，负债资本成本率会明显上升，总资本的平均资本成本率也会明显上升，这时企业会因为过大的财务风险而蒙受负财务杠杆收益。因此，企业在考虑财务杠杆和财务风险对筹资方案的影响时，最优的资本结构是在它们之间寻求一种最优的均衡。

（3）筹资方案的最低加权平均资本成本率的考虑

在实际筹资方案中，资本结构经常是由多种主权资本和多种负债资本构成，而且，不同的主权资本和不同的负债资本都各有不同的资本成本率和不同的筹资条件与要求，因此，筹资企业对于经过上述两方面考虑后保留下来的筹资方案还需进一步决策和优化。从财务角度来看,决策是要在经过前两方面考虑后保留下来的多个方案中最终选出一个总资本的加权平均资本成本最低的筹资方案;优化是对最终选出的筹资方案的资本结构予以改进,以求使总资本的加权平均资本成本率更低,逐步使筹资方案接近最优。在优化的过程中会出现新的决策,新的决策后又可进行下一轮的优化,决策与优化实际上是个无穷的循环过程,但是筹资企业对筹资方案的决策和优化只能适可而止,因此,最低加权平均资本成本率永远只能是相对最低。

2. 营运资金筹集政策

流动资产按照用途可以分为临时性流动资产和永久性流动资产。临时性流动资产是指那些受季节性、周期性影响的流动资产;永久性流动资产则指那些即使企业处于经营低谷也仍然需要保留,并用于满足企业长期稳定需要的流动资产。流动负债按照用途可以分为临时性负债和自发性负债。临时性负债是指为了满足临时性流动资金需要所发生的负债;自发性负债指直接产生于企业持续经营中的负债。

营运资金的筹集政策,主要是就如何安排临时性流动资产和永久产来源而言的,它一般可以分为三种:配合型筹资政策、激进型筹资政策、稳健型筹资政策。

(1) 配合型筹资政策

配合型筹资政策的特点是:对于临时性流动资产,运用临时性负债筹集资金满足其资金需要;对于永久性资产(包括永久性流动资产、固定资产),运用长期负债、自发性负债和权益资本筹集资金满足其资金需要。这种筹资政策的基本思路是将资产与负债的期间相配合,以降低不能偿还到期债务的风险和尽可能降低债务的资本成本,但是事实上由于资产使用寿命的不确定性,往往达不到资产与负债的完全配合,因此,该筹资政策是一种理想的、对企业有着较高资金使用要求的营运资金政策。

(2) 激进型筹资政策

激进型筹资政策的特点是:临时性负债不但满足融通临时性流动资产的资金需要,还可以满足部分永久性资产的资金需要。由于临时性负债的比重大,所以该种筹资的成本低,但是为了满足永久性资产长期资金的需要,企业必然要在临时性负债到期后重新举债或申请债务展期,这样企业便会经常地举债和还债,从而加大筹资困难和风险,同时还可能面临由于短期负债利率的变动而增加企业资本成本的风险,因此,激进型筹资政策是一种收益性和风险性均较高的营运资金筹资政策。

(3) 稳健型筹资政策

稳健型筹资政策的特点是:临时性负债只融通部分临时性流动资产的资金需要,另一部分临时性流动资产和永久性资产则由长期负债、自发性负债和权益资本作为资金来源,这种做法由于临时性负债所占比重较小,所以企业无法偿还到期债务的风险较低,同时蒙受短期利率变动损失的风险也较低。但是,另一方面,由于长期负债的资本成本高于临时性负债的资本成本,即使在经营淡季企业仍需负担长期负债利息,因此企业的收益会降低,所以,稳健型筹资政策是一种风险性和收益性均较低的营运资金筹集政策。

在选择营运资金筹集政策时，企业应根据自身的实际情况选择恰当的筹集政策，使企业的风险、收益得到合理的权衡。

15.3 担保内部控制

担保，是指法律规定或者当事人约定的保证合同履行、保证债权人利益实现的法律措施。我国担保法规定担保方式有保证、抵押、质押、留置和定金。债务担保有可能形成企业的一项或有负债，因此企业承担履行担保责任的潜在风险。为了保护企业投资者和债权人的利益，企业应当严格控制担保行为，建立担保决策程序和责任制度，以防范潜在的风险，避免和减少可能发生的损失。下面以贷款担保为例，说明担保的业务流程，如图15-2所示。

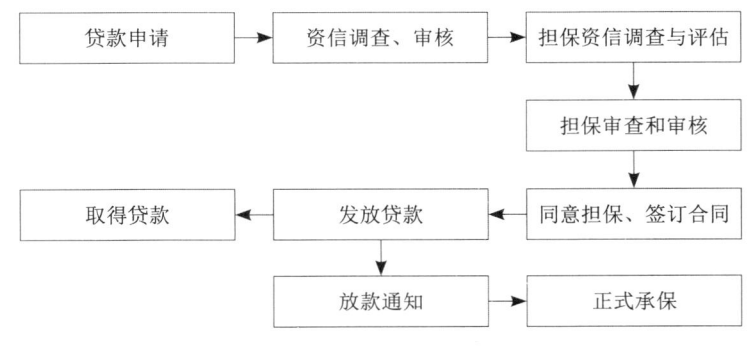

图 15-2　担保业务操作程序简图

15.3.1 职责分离控制

担保业务应适当分离的职务主要包括：

①受理担保业务申请的人员不能同时是负责最后核准担保业务的人员。担保标准和条件必须同时获得业务管理部门与专门追踪和分析受保企业信用情况部门的批准。

②负责调查了解被担保业务经营与财务状况的人员必须同审批担保业务的人员分离。

③拟订担保合同的人员不能同时担任担保合同的复核工作。

④担保责任的记账人员不能同时成为担保合同的核实人员。

⑤担保合同的订立人员不能同时负责履行担保责任垫付款项的支付工作。

⑥审核履行担保责任垫付款项的人员应同付款人员分离。

⑦记录垫付款项的人员不能同时担任付款业务。

⑧审核履行担保责任、支付垫付款项的人员必须同负责从被担保机构或企业收回垫付款项的人员分离。

15.3.2 授权审批控制

有效的授权审批应明确授权的责任和建立经济业务授权审批的程序。对于担保业务而言，其主要存在以下几个关键的审批要点：

①在担保业务发生之前，担保业务经正当审批。

②非经正当审批，不得签订担保合同。

③担保责任、担保标准、担保条件等必须经过审批。

④为受保企业履行债务支付垫付款项必须经过审核。

另外，担保机构或企业还应建立担保限额审批制度，担保机构或企业对符合条件的单个担保项目在总量控制的前提下，依据申保企业资信状况及担保风险的大小数额和性质确定单笔担保金额的授权审批权限，确定总经理和担保部门经理在审批权限上的授权关系。

对于下列情形之一的特殊担保项目实行集体审批制度，由担保机构和企业董事会或管理委员会集体审批：同一担保项目累计担保金额超过限额的；单笔担保金额超过审批限额的；暂不符合担保条件或特殊的担保项目。

15.3.3 担保合同履行控制

担保合同的履行是指担保合同签订后，企业应受保企业和受益人要求对担保合同进行修改或应受益人要求履行担保责任，或在保证期满担保合同注销的过程，具体包括修改、展期、终止垫款、收回垫款等环节。

1. 担保合同的修改

担保期间，受保企业和受益人因主合同条款发生变更需要修改担保合同内容时，应按要求办理。例如，对增加担保范围或延长担保期间或者因变更、增大担保责任的，按拟重新签订的担保合同的审批权限报有权审批部门审批，其中，经办部门应就担保合同的变更内容进行审查，然后形成调查报告，同时要求受保企业提出修改担保合同的意向文件，经批准后，经办部门再重新与受保企业签订担保合同。

2. 担保合同的展期

对于担保合同的展期，应视同新发生的担保业务进行审批，并重新修订担保合同。

3. 担保合同的终止和注销

当出现以下情况时，担保业务经办部门要及时通知受保企业终止担保合同：①担保有效期届满；②修改担保合同；③受保企业和受益人要求终止担保合同。

企业已经承担担保责任的，在垫付款项未获全部清偿前，经办部门不得注销担保合同，并要向受保企业和反担保企业发送催收通知书，通知受保企业还款。

15.3.4 垫付款项及其催收

1. 担保业务垫付款项的前提条件和内部批准手续

担保期间，担保业务执行部门收到受益人的书面索赔通知后，核对书面索赔通知是否有有效签字、盖章，索赔是否在担保规定的有效期内，索赔金额、索赔证据是否与担保合同的规定一致等内容。核对无误后，担保企业经有权签字人同意后对外支付垫付款项。

2. 垫付款项的资金来源

如果核对后需要承担担保责任，企业首先应将被担保业务与本企业的往来款项用于对外履约，支付垫付款项。不足以支付时，则由本企业替受保企业垫付款项，并向受保企业和反担保企业催收垫付款项。担保业务经办部门填写的垫款通知单，除向受保企业及反担保企业索要回执外，还要将复印件送会计核算部门留存，但回执原件必须由担保业务经办部门保存。

3. 垫付款项的催收和处理

担保业务经办人员要在垫款当日或第二个工作日内，向受保企业发出垫款通知书，向反担保企业发送"履行担保责任通知书"，并加强检查的力度，尽快全额收回垫付款项。

15.3.5 内部稽查控制

1. 内部稽核控制

稽查部门应定期对担保部门进行稽查，稽查人员既不参与对受保企业的检查与评估，也不参加担保部门的日常担保工作。

2. 担保业务报告控制

担保部门应定期将担保业务运作情况向董事会或管理委员会报告，报告采取书面总结与当面陈述相结合的形式。报告内容主要包括受保企业信用状况，担保债务种类、金额、期限及使用状况，反担保措施等。

3. 离职审计控制

担保项目审批人员在调离原工作岗位时，由监事会会同同级政府审计部门对其履行现职情况进行审计。审计存在问题的，依责任轻重由有关部门依照规定追究责任。

15.3.6 担保财务方面的内部控制

1. 担保条件

担保条件是对担保对象申请担保获得批准的资格条件，对于担保条件担保单位首先应审查被担保单位提交的文件、资料的种类是否完整、齐全，以及被担保单位提交的文件、资料及担保事项是否真实、可靠、有效，即担保文件的完整性和合法性，它又包括申保条件和限制条件两个方面。属于担保对象范围的企业要现实地取得担保必须符合这些担保条件。

（1）申请担保企业的基本条件

申请担保的企业应当具备产品有市场、生产经营有效益、资金能回笼、恪守信用等基本条件，并且还要符合以下条件：

①在工商行政管理部门登记注册，具有法人资格，经过当年年检。

②依法进行税务登记，正常纳税，通过当年年检。

③具有规定比例的自由资本和合理的现金流量，资产负债率符合相关担保企业的要求，能正常经营，并具有一定的经营管理水平。

④具有规范的财务核算和财务会计制度，配备持有会计上岗证的专职财会人员，或委托经财政部门批准的具有法定资格的代理记账机构代理记账。

⑤依法经营，生产经营范围符合国家或地方产业发展政策，无不良信用记录及重大民事、经济纠纷。

⑥按中国人民银行规定在相关商业银行开立账户。

（2）企业提供担保的限制条件

为了防范和减少担保业务风险、尽可能避免损失，对出现以下情形之一的企业不宜或应暂缓提供担保：

①生产、经营或投资国家明文禁止的产品、项目的。

②生产经营或投资项目未取得环保部门许可的。

③在实行承包、租赁、联营、合并（兼并）、合作、分立、产权转让、股份制改造变更过程中，未清偿或落实原有贷款债务的。

④与担保机构或企业债务关系尚未解除的。

⑤提供虚假的或隐瞒重要事实的财务信息，骗取贷款或担保的。

⑥不按要求提供反担保措施的。

⑦经营状况恶化，经专家咨询诊断难以改变经营状况的。

对于符合上述担保条件和担保标准的企业，在收取一定担保费的基础上，可以给这些企业提供担保。

2. 担保风险

担保风险是风险的一种具体表现形式，是指企业在担保业务运作过程中，由于各种不确定性因素（主观的和客观的）的影响而遭受损失的可能性。按引发风险因素的层次分类，担保风险可分为系统性风险和非系统性风险。按风险暴露程度分类，担保风险可分为隐性担保风险和显性担保风险等。

从风险的来源上看担保风险有内部和外部两方面的风险，从内部即受保企业来看，包括：经营者素质和竞争力风险、信用风险、市场风险、技术风险、"逆选择"与"道德风险"。从外部环境来看，包括：政府部门不适当的干预，担保法律制度不完善、不健全的风险等。

为了防范潜在的风险，避免和减少可能发生的损失，企业应从内部和外部两个方面建立健全担保风险防范体系。

（1）担保风险的内部防范

从内部防范担保风险，主要有以下两个方面：

①建立在保项目风险预警系统。担保机构或企业应建立风险预警系统，对在保项目进行跟踪监测，及时发现和处理风险，将风险消灭在萌芽状态。在前面所述影响担保风险的各种原因中，最主要的仍是来自受保企业方面的因素。尽管担保机构或企业在筛选担保对象或审批担保时，受保企业的状况良好，但随着各种因素的作用，受保企业财务状况、经营管理、还款能力等各种情况也会发生变化，由此引发的贷款风险必然转嫁给担保企业。在实践中，多数受保企业在违约之前，通常会表现出这样或那样的不正常现象，如果担保人能够监测受保企业的各种情况变化，就能把握担保风险的各种预警信号，及时采取措施，防患于未然。表 15-1 至表 15-4 列示了来自受保企业担保风险的各方面早期预警信号。

表 15-1 来自受保企业在银行账户上反映的预警信号表

序号	异常现象
1	经常止付支票或退票
2	经常出现透支或超过规定限额透支

续上表

序号	异常现象
3	应付票据展期
4	银行存款余额持续下跌
5	要求借款偿还旧债
6	用贷款进行投机性活动
7	贷款数量和时间变动无常
8	经常签发空头支票
9	反担保人要求解除担保责任
10	被其他债权人追讨债务或索取赔偿
11	不能按期支付利息或要求贷款展期
12	从多家金融机构取得贷款，特别是抵押贷款
13	在各家银行开户，或故意隐瞒与某些银行的关系

表 15-2　来自受保企业在财务上反映的预警信号表

序号	异常现象
1	不能按期得到企业报表
2	应收账款收账期延长
3	现金状况恶化
4	应收账款和存货剧增
5	成本上升、利润减少
6	销售额大幅度或持续下降
7	销售上升、利润减少
8	不合理地改变或违反会计准则
9	主要财务指标发生异常变化
10	呆账增加，或拒提呆账及损失准备
11	用应收票据代替应收账款或放弃应收款

表 15-3　来自受保企业人事方面的预警信号表

序号	异常现象
1	业主或主要经营负责人或家族成员之间矛盾公开化
2	对担保机构或银行的态度发生变化，不愿合作
3	董事会发生重要的变动

续上表

序号	异常现象
4	业主或主要经营负责人独裁、专制，与员工情绪对立
5	业主或主要经营负责人婚姻、家庭出现重大危机
6	业主或主要经营负责人健康出现问题，且接班人不太明确或能力不足
7	无故更换会计人员或管理人员
8	用人不当，部门之间严重缺乏协调配合

表15-4 来自受保企业经营管理上表现出来的预警信号表

序号	异常现象
1	业主或主要经营负责人投机心理过重
2	缺乏长期的经营战略，急功近利
3	经营管理混乱，环境脏、乱、差，纪律松弛
4	设备陈旧、产品落后、质量低劣
5	销售旺季后存货数额仍然很大
6	丧失一个或多个主要客户
7	主要客户的订货变动无常
8	缺乏市场应变能力，市场份额持续缩小
9	生产规模不适当地扩大
10	主要投资项目失败

②建立反担保措施。反担保是指依照当事人的约定，如果债务人不履行或不全部履行债务时，保证人可以不经过诉讼或仲裁程序，直接从债务人事先提供的某种措施获得履行或经济上的补偿。反担保一般有保证金、抵押和信用反担保三种方式。

③担保机构或企业应按"区别对待，择优扶持"原则，依据申保企业信用等级确定担保项目是否提供反担保措施及反担保方式，具体要求的建议见表15-5。

表15-5 信用等级与反担保建议措施表

申保企业信用等级	AAA级	AA级	A级	BBB级	BB级
反担保措施	不提供反担保	提供反担保人	提供反担保人	提供反担保物	提供反担保人+反担保物

依照《中华人民共和国担保法》规定，反担保人必须是具有代为清偿债务能力的法人或其他组织、国家机关、学校、医院等以公益为目的的事业单位和社会团体、企业法人的分支机构和职能部门等不得作为反担保人。反担保人的担保资格和担保能力经担保企业审查确认后，方可成为正式反担保人。

担保企业选择担保物可依据以下原则来选择：

一是易于变现原则。担保机构或企业接受的反担保物，无论是抵押物还是质押物，都必须具有较强的可流通转让性，这是反担保物变现的基本前提，只有具有较强变现能力的反担保物才有可能抵偿被担保债务的损失。

二是易于评估原则。担保机构或企业接受的反担保物应是那些结构较简单、专用性较低、价格易于确认评定的物品。

三是易于执行操作原则。担保机构或企业接受的反担保物往往带有特定的特殊性，这就要求企业或担保机构在设置反担保物时必须考虑执行过程中可能涉及的方方面面的关系，并以符合相关法律法规规范的形式予以确认。

四是易于触动受保人利益原则。反担保物的设定必须能容易触动受保人的切身利益。

根据上述原则，担保企业接受的反担保物有：企业主要负责人的个人财产，包括个人房产、交通工具、存单、股份、人寿保险单；抵押物有：房产，土地使用权，关键的机器设备，能封存的在产品、半成品、产成品等；质押物有：知识产权、收益权、存单、仓单、商业汇票等。

（2）担保企业自身的风险防范

担保企业由于经营管理水平、内部控制操作规程等原因，以及从业人员政治、业务素质等方面的不完善，都可能引起担保风险。对于担保企业的担保风险，企业可以采取以下措施来防范：

①建立风险分散机制。对于专业的担保机构而言，若所担保的债务越分散意味着担保对象越多，根据独立事件的概率乘法原则，所有担保债务同时发生赔付的概率就越小，而且，由于担保债务分散，使得每笔担保债务的金额较小，即使某笔担保债务发生代偿损失，对担保机构的冲击和影响也不会很大，因此，分散担保债务实际上分散了担保风险，最终能起到控制风险的作用。分散担保风险的途径主要有三种：一是增加担保企业的数量，扩大受保面；二是增加担保品种，优化担保品种组合；三是控制企业担保债务比例。

②建立风险准备金制度。担保机构至少应及时足额提取以下三种准备金：

一是代位代偿准备金。其规模主要取决于在保债务规模大小与担保期限长短，按照一定时点的在保债务总额和逾期担保债务总额的一定比例提取。

二是担保呆账准备金。其规模按照代偿金额的一定比例提取，提取比例依代偿期限的长短而定。担保呆账准备金主要用于弥补由于追偿失败而发生的损失。

三是普通准备金。它主要按担保机构一定时期内（通常为一年）实现的净收益的一定比例提取，用于冲抵担保机构未来可能发生的亏损。

③一些比例的控制。不同行业的企业在担保时应遵循下列规则：担保公司对外担保金额不得大于净资产的五倍；外贸企业对外开立投标保函、预付款保函、履约保函、质量保证保函、运输保函、融资担保等，其担保金额不得超过净资产的三倍；上市公司对外担保金额不得超过流通市值与净资产三倍的孰低金额；房地产开发企业对外担保金额不得超过调整后净资产的（包括已完工验收的库存商品房的市值）一倍；其他企业对外担保金额不得超过调整后净资产（包括拥有产权的不动产的市值）的一倍。

④另外，在实务中，企业之间的互保行为比较普遍，这样易导致企业间套取金融机构的

信用，同时也会带来连锁反应的风险，这应引起担保机构和担保企业的关注。担保机构首先要对担保企业的信用情况进行严格的审查，对于信用情况较好或者有抵押和其他保证措施的担保，则可以批准，要严防企业间套取金融机构的信用问题。对于担保企业来说，要建立互保额度审批制度，签订互保合同或协议，严防投机行为。

（3）信用风险的外部防范

信用风险的多重性决定了仅仅从担保机构或企业内部还不可能完全防范和化解担保风险，还必须在外部控制与外部环境等方面建立健全担保风险的防范机制。

①健全社会信用管理体系。健全社会信用管理体系是从外部防范和控制信用担保风险的基础性环节，也是规范企业信用行为的制约因素。我国应建立以信用记录、信用调查、信用评估、信用发布为主要内容的社会信用管理系统，以共同促进社会信用的完善与发展，制约和惩罚企业的失信行为，将有不良信用记录的企业拒于担保大门之外。

②建立风险转移机制。转移担保风险的有效方式之一是建立再担保体系。所谓再担保，是指对担保机构或企业所承担的风险的担保，是对担保的担保。担保机构或企业在承担担保责任的同时，将已承担的风险按照一定比例进行再次担保，然后由再担保机构承担该部分风险，即当担保机构或企业发生赔付时，由再担保机构按照与担保企业约定的方式和承担再保险的比例予以赔付。同时，再担保机构还可以进行再担保，即再担保机构将已承保风险通过再担保的方式向全国性再担保公司再次转保出去。这样通过多层次转保，使担保机构或企业最后承担的风险被最大限度地转移。再担保机构应按照合理负担的原则处理与各地受保和担保机构之间的关系，要以最大限度转移担保风险、保本运行为目标，确保担保业务的可持续发展。

第16章
所有者权益方面的内部控制

16.1 所有者权益方面内部控制概述

16.1.1 所有者权益控制的主要目标

1. 出资人与经营者权力制衡

实现出资人和经营者权力的制衡是协调企业利益相关者利益，保证企业经营管理目标实现的关键。出资人与经营者通过委托代理这种形式联系起来，双方有不同的利益：作为委托人的出资人，其目标是追求利润最大化；作为代理人的经营者，其目标是个人货币收入和效用的最大化。因此，出资人对于经营者不仅要激励，还要予以监督与约束，以实现权力和利益的制衡。所有者权益控制制度要根据公司治理结构的需要和生产经营活动特征进行设计，以维持公司治理结构中相关利益主体之间的相互制衡。

2. 两权分离下的资产安全保障

在两权分离，即所有权与经营权分离的状态下，保证出资人资产的安全和有效运作，是所有者权益控制的首要目标。这一目标的达成，不仅能够保护所有者权益，还能为全体股东创造更多的财富。确保权益资本的安全和有效运作，是实现资本保值增值的前提和关键。

3. 保证企业能及时发现风险并有效控制风险

所有者权益方面的风险主要体现在财务风险和经营风险上，企业应在投资、筹资、经营管理、提取资本公积和盈余公积、利润分配等各个环节采取必要的措施防范风险，以增强企业适应市场的应变能力和抵抗风险的能力。

4. 保障股东权益，防范舞弊

堵塞漏洞、消除隐患，防止并及时发现、纠正错误及舞弊行为，是保护股东所有者权益不被侵害的重要措施。有效的所有者权益控制体系需要能够及时察觉企业经营运作中的漏洞和舞弊行为，进而消除这些隐患，确保企业的各项经济活动能够健康运行。

5. 保证所有者权益信息的合法性、真实性和完整性

保证所有者权益信息的合法性、真实性和完整性，才能正确反映所有者权益变动情况和企业经营情况，为决策者提供正确的决策依据。

所有者权益控制要保证投入资本，资本公积的形成、增减及其他有关经济业务会计记录的合法性与真实性，为投资者及其他有关方面研究企业的财务结构、进行投资决策提供依据；保证盈余公积和未分配利润的形成和增减变动的合法性、真实性，为投资者及其他有关方面了解企业的增值、积累情况等提供资料；保证会计报表上所有者权益的真实与完整。

6. 确保国家有关法律法规和企业内部规章制度的贯彻执行

所有者权益控制要确保企业的各项经营活动在符合国家有关法律法规的基础上，贯彻执行企业章程和内部规章制度，不损害法律法规和协议章程规定的各利益相关者的利益。

16.1.2 所有者权益控制的特点

1. 所有者权益控制与资产、负债控制具有特殊的关联性

根据资产负债表的平衡原理，所有者权益在数量上等于企业的全部资产减去全部负债后的余额，即企业净资产数额，因此，所有者权益控制与资产、负债控制具有特殊的关联性。所有者权益信息的正确性在某种程度上取决于资产、负债信息的正确性，对企业的资产和负债进行充分的审计，证明二者的期初余额、期末余额和本期变动的正确性，能够从侧面为所有者权益的期末余额和本期变动的正确性提供有力的证据，因此，所有者权益控制应从审核资产、负债开始。

2. 所有者权益控制的主体具有双重性

公司制企业产权关系的主要特征是企业的财产所有权分离为两种权利：出资人的所有权以及企业的法人财产权。拥有所有权的出资人和拥有法人财产权的公司法人在法律上形成了两个对等的权利主体。企业的财产所有者和经营者之间更加复杂的契约关系要求对双方的权利和职能进行合理的分工，以有效协调和制衡双方的关系。出资人成为"外部人"，主要职能是监督经营者；经营者作为企业的"内部人"，主要负责企业的决策和经营活动。

由于两者目标的不一致性，当条件具备时，如委托代理双方信息不对称、两权分离层次多或跨度大，管理者就会背离所有者的目标，而使所有者蒙受损失，因此，作为企业"外部人"的出资人需利用其作为所有者的权利对企业的经营活动实施控制，尽可能使经营者的目标与其达成一致，从而实现股东财富最大化和企业价值最大化。作为企业"内部人"的经营者则需要对所有者权益进行内部控制，以保证所有者权益信息能正确地反映企业股东及利益相关者的利益，保证企业资本的良好运作和经营活动的正常运行。

3. 所有者权益控制的内容具有复杂性

所有者权益控制既包括经营者对所有者权益的控制，也包括出资人（所有者）对所有者权益的控制；既包括对所有者权益会计信息的控制，也包括对所有者权益增减变动活动进行的控制。

从"资产－负债＝所有者权益"这一基本会计等式可以看出，资产、负债等会计要素的计量是以一定的会计原则为依据的。在企业的经营活动中，由于币值、物价、汇率等因素的频繁变动，会导致会计计量结果偏离实际的状况，因此，所有者权益很有可能是一个账面意义上的所有者权益，存在信息失真的可能性和风险加大，所以必须对所有者权益信息和所有者权益变动的环节进行控制，保证所有者权益的各项经济业务真实、合法和正确，保证资产负债表的公允表达。

4. 所有者权益控制的方法具有多样性

所有者权益增减变动的业务较少，但金额较大；同时，企业产权机制功能的残缺、会计政策的灵活性、会计信息的不对称性及利益驱动等主客观原因，为操纵权益信息提供了机会，因此其控制应以授权审批和划分不相容职务相结合、激励机制和约束机制相结合为主，采用多种控制方法相互配合、相互制衡，这样可以保证既定方针政策和决议的执行，限制滥用职权，保证监督的有效性。同时，独立的内审部门负责审查各项内部控制制度的执行情况，并将审查结果向企业董事会或最高管理层报告，更能增强内部控制工作的效率与可靠性。

16.1.3 所有者权益控制的原则

1. 成本效益原则

企业在设计所有者权益控制时，一定要考虑控制投入成本和产出效益之比，一般来讲，应对那些在业务处理过程中发挥作用大、影响范围广的关键控制点进行严格控制；对那些只在局部发挥作用、影响特定范围的一般控制点，其设立只要能起到监控作用即可，而不必花费大量的人力、物力进行控制，防止由于一般控制点设立过多、手续操作繁杂，造成企业经营管理活动不能正常、迅捷地运转。

2. 有效激励与约束相结合原则

激励与约束的有效结合，能使经营者行为与所有者目标实现最大程度的一致，使核心人员及其员工的短期行为长期化。例如，实行股票期权制度可以解决这个问题，重要的是，在具体化操作过程中要掌握好激励和约束的度，使激励和约束相适应。企业通过这种激励和约束，使公司核心人员更关注公司的长远发展，从根源上消除虚假信息的动机，建立良好的人力资源管理机制，提高公司有关培训、待遇、业绩及晋升等政策和程序的合理程度。

3. 权责明确与相互制衡原则

所有者权益控制的主体和组织的执行机构、执行人员之间，通过公司制度形成责权利的合理分派，使各行为人权责明确、相互协调、相互制衡，以此保证公司交易安全，运行平稳、健康，使股东利益及利益相关者的共同利益得到平衡与合法保护。

4. 相互牵制与协调配合相结合原则

协调配合原则要求各部门之间、人员之间应相互配合、协调同步、紧密衔接，避免只管相互牵制而不顾办事效率的做法，导致不必要的扯皮和脱节现象。在所有者权益控制中，相互牵制是基础，协调配合是升华，因此，必须做到既相互牵制，又相互协调，保证所有者权益控制的目标能够顺利实现。

5. 合规合法性原则

所有者权益控制要严格遵守国家的法律、法规和企业内部的各项规章制度，不侵害国家和企业其他利益相关者的利益，保证运作的规范性、合规合法性。

16.1.4 所有者权益组织控制方法

1. 所有者权益组织控制方法

建立所有者权益组织架构控制体系，设立内部审计、稽核等专门的监督机构，并赋予其在业务和财务部门相应的监督权。各组织机构的职责权限必须得到授权，并保证在授权范围内的职权不受外界干预；每类经济业务在运行中必须经过不同部门并保证在有关部门进行相互检查；在对每项经济业务的检查中，检查者不应从属于被检查者，以保证被检查出的问题得以迅速解决。

2. 职责分工与不相容职务分离相结合控制法

企业内部须经管理部门授权并以章程形式明确有关部门与人员的职责并划分不相容职务，如应由不同的部门与人员分别负责签发股利支票等。

按照不相容职务相分离的原则，合理设置财务会计及相关工作岗位，明确职责权限，形成相互制衡的机制。不相容职务包括授权审批、业务经办、会计记录、财产保管、稽核检查等，具体要求是：审批、经办、记录、保管人员的职责权限应明确划分，以确保各司其职，避免因职责不清导致的相互扯皮、推诿甚至越权行事，造成管理失控；实行职务分离、相互制约，可有效防止因权限集中、职务重叠而造成的贪污、舞弊和决策失误。

3. 所有者权益业务授权审批控制方法

企业在筹集资金时，董事会一般都事先授权财务部门经理编制筹资计划，由董事会审批。适当授权审批能明显地提高筹资活动效率，降低筹资风险，防止由于缺乏授权、审批而出现的一系列舞弊现象。

企业成立时资本金的投入，以后的增资、减资或转让，企业在经营结束或破产清算时的结算、分配、归还资本金等业务，以及形成各项资本公积、提取盈余公积及分配利润等业务，都必须经过企业最高权力机构（如董事会）的审核与授权，方可办理，企业的其他行政管理部门无权自行决定；同时，这些资本业务还必须按国家有关法令、制度的规定以及企业的章程、制度办理。

授权审批控制的基本要求有以下几点。

①明确常规授权与特别授权的界限和责任；根据经济活动的重要性和金额大小确定不同的授权审批层次，从而保证各管理层有权亦有责；明确被授权者在履行权力时应对哪些方面负责，应避免授权责任不清的情况发生。

②明确每类经济业务的授权审批程序，以便按程序办理审批，避免越级审批、违规审批的情况发生。

③建立必要的检查制度，以保证经授权后所处理的经济业务的工作质量。

4. 所有者权益稽核清理控制方法

内部稽核主要是对会计事项的审核，包括原始凭证、记账凭证的审核，会计账簿和会计报表的审核。

所有者权益稽核清理控制主要是指企业稽核或内部审计人员对资本金的增减情况和利润的分配应定期进行检查清理，验证所有者权益的会计处理是否真实、合法、正确。

5. 事前、事中监督控制与事后检查考评相结合控制方法

通过对经济活动过程的事前控制，可以防患于未然，对于实施过程可能出现的问题和不利因素，能在事前及时纠正和剔除，避免因预测不准或计划不周而造成经济损失或效益不高。通过事中监督控制能及时采取有效措施加以纠正，确保企业权益资本的安全、完整，并根据实际情况的变化调整和修改计划、预算，使之更加符合客观实际，更加合理。通过事后的检查考评对一定经营期间的经营效益和经营者业绩作出客观、公正和准确的综合评判，发现问题，不断改进，促使经济效益不断提高。

6. 所有者权益评估审核控制方法

资本金的投入和以后的增资或减资，可能会采取各种不同形式，如货币资产、实物资产、证券或无形资产等，这些不同形式的资本金都需经过验证和评估加以决定，以保证其真实、合法、正确。

7. 所有者权益内部审计控制方法

为了确保企业所有者权益控制制度被切实执行、效果良好，企业必须设置内部审计机构或建立内部控制自我评估系统，加强对控制的监督和评估，及时发现漏洞和隐患，并针对出现的新问题和新情况及控制执行中的薄弱环节，及时修正或改进控制政策，做到有章可循、违章必究、违规必罚、以罚促行，提高会计信息质量，以期更好地完成所有者权益控制目标。

规模大、经济业务复杂的企业，应同时在审计委员会和审计部门设置所有者权益审计机构。应当注意的是，审计委员会是董事会的一个下属分支，一般由外部非执行董事组成，这保证了其具有较强的独立性；它对董事会负责，业务上受监事会的指导，这又保证了其具有较高的权威性。其他企业则应根据成本效益原则，选择同时在审计委员会和审计部门设置或仅在审计部门设置所有者权益审计机构。审计部门应当对董事会负责并在业务上受监事会指导。之所以选择这种制度安排，是因为在公司治理的制约机制中，董事会是决策机构，肩负着保证公司管理行为的合法性和可信性的职责，这种制度安排能有效减轻董事会职权弱化、内部人员控制现象严重的局面。另外，在业务上接受监事会指导能够在一定程度上发挥其对董事会的制衡作用。

8. 所有者权益账目体系控制方法

企业应按不同的出资人设置资本投入的明细账和备查簿，将出资人投入的资本，根据评估、验证并核实后的凭证及时地登记入账，对其后所发生的增资、减资变化应及时、完整地登记入账。

16.2 经营者的所有者权益内部控制

16.2.1 实收资本（或股本）的控制

1. 实收资本内部控制要点

实收资本业务的内部控制制度是所有者权益内部控制制度的重要内容，在设计时需注意以下两点：

①凡涉及实收资本的增减业务，应当经过规定的授权批准程序。

②实收资本业务应当有明确的职责分工，充分明确责任。

实收资本的管理架构如图 16-1 所示。

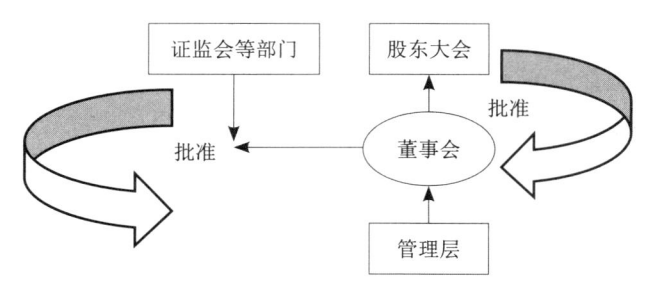

图 16-1　实收资本的管理架构图

2. 股份有限公司实收资本业务控制制度

①股份有限公司设立时，公司的注册资本应等于实收资本总额，且注册资本总额应达到国家的最低标准。

②股东应按照公司章程、合同、协议规定的出资方式出资，各种出资方式的比例必须符合规定，如以无形资产出资的金额不得超过股份公司注册资本的 20%。

③已发行股票的面值与超面值缴入部分应当分别列示。面值形成股本，超面值部分应计入资本公积；公司应按照规定设立股本备查簿，登记股本总额、股份总额、每股面值等。

④股本在资产负债表上予以列示。

⑤股本的增减变动应符合国家有关法律和法规的规定。

3. 一般企业实收资本业务内部控制制度

①企业设立时，应保证实际收到投资者的投资与注册资本和出资协议一致。

②企业增资扩股时，应保证新加入的投资者缴纳的出资额的核算是正确的，计入实收资本的金额为其应当拥有的企业投资比例，而且没有损害原有投资者利益的情况发生。

③企业资本公积、盈余公积转增资本符合公司法的规定。

④减少资本履行了必要的程序。经国家有关部门批准或由董事会批准，可宣告减资，减资后注册资本不得低于法定的最低限额。公司减少注册资本必须编制资产负债表及财产清单，并在作出减少注册资本决定后的 10 日内通知债权人，30 日内在报纸上至少公告 3 次。债权人在一定时期内有权要求公司清偿债务或提出相应的担保。

16.2.2　资本公积的控制

1. 资本公积概述

资本公积是指企业在经营过程中由于接受捐赠、股本溢价及法定财产重估增值等原因所形成的公积金。资本公积是与企业收益无关而与资本相关的贷项。资本公积是指投资者或者他人投入企业、所有权归属于投资者并且投入金额超过法定资本部分的资本。我国会计准则所规定的可计入资本公积的贷项有四个内容：资本溢价、资产评估增值、捐赠资本和资本折算差额。

资本溢价是所有者超面值缴入的资本，即发行价格超过面值的部分，常见于公开发行股票的公司。资产评估增值是按法定要求对企业资产进行重新估价时，重估价高于资产的账面净值的部分（参见资产评估）。捐赠资本是不作为企业资本的资产投入。资本折算差额是外币资本因汇率变动产生的差额。按照我国财务制度规定，资本公积只能按照法定程序转增资本。我国有不少上市公司均有将资本公积转增资本，增发股票的实例。

资本公积的内容包括：

（1）资本（或股本）溢价

资本溢价是指投资者缴付企业的出资额大于其在企业注册资本中所拥有份额的数额。股本溢价是指股份有限公司溢价发行股票时实际收到的款项超过股票面值总额的数额。

（2）接受捐赠非现金资产准备

接受捐赠非现金资产准备，是指企业因接受非现金资产捐赠而增加的资本公积。接受捐赠资产是外部单位或个人赠予企业的资产。

（3）股权投资准备

股权投资准备，是指企业对被投资单位的长期股权投资，采用权益法核算时，因被投资单位接受捐赠等原因增加资本公积，从而导致投资企业按其持股比例或投资比例计算而增加的资本公积。

（4）拨款转入

拨款转入，是指企业收到国家拨入的专门用于技术改造、技术研究等的拨款项目完成后，按规定转入资本公积的部分。

2. 资本公积形成的控制

（1）资本（股本）溢价形成的资本公积

股本溢价，主要指股份有限公司溢价发行股票而产生的，股票发行收入超过所发行股票面值部分扣除发行费后的金额；有时股份有限公司的发起人可能以实物或无形资产作价出资，出资的财产作价高于股票面值的部分作为股本溢价。股份有限公司以外的其他企业（包括有限责任公司），有时也会出现投资者实际缴入的出资额大于注册资本的情况。如果投资者缴入的资本高于该投资者按照公司章程或者投资合同协议规定其应占的出资比例，超出部分应作为资本溢价。

企业在确定这部分资本公积时，必须有专门的人员严格审核投资者合同协议、股本各备查账簿、公司章程及其他文件单据，以确保超面值缴入的股本是在扣除发行费后计入资本公积。其他企业投资者实际投资超过投资合同协议规定比例的份额，作为资本溢价计入资本公积。

（2）接受现金与非现金捐赠形成的资本公积

企业在确认时必须有专门人员严格审核资产移交及验收手续，资产计价必须在有关报价单上，或经有关评估单位评估确认。

（3）外币折算差额形成的资本公积

资本折算汇率的选择应由董事会决定，并由投资各方认可。企业在确认这部分资本公积时，必须拥有投资者合同协议和董事会决议，以及外币折算表等文件，以保证投资的真实性，并由会计人员将上述资料与有关凭证进行核对，以验证外币折算的正确性。

（4）被投资单位接受捐赠等形成的资本公积

企业必须拥有被投资单位的证明文件方可确认这部分资本公积，并由相关人员严格审核后按持股比例或投资比例计算确定；另外，要审查资本公积的种类、金额、形成日期及原因等。审核资本公积明细账借贷方发生额与其相对应的记账凭证、原始凭证核对，查明其是否相符，确定资本公积实有额，在此基础上，对各项资本公积的真实性和合法性作进一步审查。

3. 资本公积使用的控制

按国家有关规定，资本公积只能用作转增资本（或股本）。由于我国采用注册资本制度等原因导致了资本公积的产生，将资本公积转增资本可以更好地反映投资者权益。对资本公积用途的控制，同样是为了保证资本公积的使用在有关法律法规下进行，并保证其使用符合公司章程的规定。

把资本公积转增资本的，必须经过董事会的批准，并在公司登记机关办理变更手续。公司必须在取得董事会决议、公司登记机关文件等证明后确认资本公积转增资本的实现。

因此，需审查资本公积明细账的借方发生额及有关凭证、账户的对应关系，查明资本公积使用的合法性；审查有无挪用资本公积的情况，如将股本溢价收入用来发放现金股利，将资本公积用于福利，或利用资本公积进行各种营私舞弊活动。

16.2.3 盈余公积的控制

盈余公积的提取应符合规定并经过批准，提取依据真实正确，提取项目完整，提取比例合法。股份有限公司盈余公积包括法定盈余公积和任意盈余公积两部分；其他企业的盈余公积主要包括法定盈余公积。法定盈余公积按法定比例和要求提取，任意盈余公积按企业章程或董事会决定提取。

法定盈余公积是指企业按照规定的比例从净利润中提取的盈余公积，它的提取比例一般为净利润的10%；当法定盈余公积累计金额达到企业注册资本的50%以上时，可以不再提取。

盈余公积的使用必须经过一定的授权批准手续，法定盈余公积和任意盈余公积主要用于弥补亏损、转增资本和经特定批准后用于支付股利。

企业提取的法定盈余公积和任意盈余公积的用途，主要用于以下几个方面：

1. 弥补亏损

企业发生的年度亏损，应由企业自行弥补，弥补渠道有三种：①以前年度税前利润；②以后年度税后利润；③盈余公积金。

2. 扩大企业经营规模或者转增资本金

转增资本后，所留有的该资本公积金不得少于注册资本的25%。

3. 分配股利

原则上企业当年没有利润，不得分配股利，维护企业信誉，用盈余公积分配股利，必须符合：①用盈余公积弥补亏损后，该项公积金仍有结余；②用盈余公积分配股利时，股利率不能太高，不得超过股票面值的6%；③分配股利后，法定盈余公积金不得低于注册资本的25%。

16.2.4 未分配利润的控制

未分配利润是企业留待以后年度进行分配的结存利润,也是企业所有者权益的组成部分。

相对于所有者权益的其他部分来说,企业对于未分配利润的使用分配有较大的自主权。未分配利润有两层含义:一是留待以后年度处理的利润;二是未指定特定用途的利润。

从数量上来说,未分配利润是期初未分配利润,加上本期实现的税后利润,减去提取的各种盈余公积和分出利润后的余额,计算公式为

年末累计未分配利润 = 上年末累计未分配利润 + 本年全年实现净利润 − 本年已分配利润

本年已分配利润 = 被没收财产损失和滞纳金及罚款 + 弥补以前年度亏损 + 提取盈余公积 + 分配给投资者的利润

对未分配利润的控制要从利润分配过程的控制开始。

按照现行企业财务制度的规定,企业实现的利润总额,应先按国家规定作相应的调整,然后依法缴纳所得税。

企业内部审计人员或其他相关人员应加强监督审核以下几点:

①审查有无税前支付滞纳金及罚款、税前扣除被没收财物损失的问题,并据此查明企业有无经营不善、控制制度不严的问题。

②审查企业有无超期弥补以前年度亏损的问题,若用税后利润弥补,应查明有无董事会的批准,以及弥补亏损的计算是否正确。

③审查盈余公积的计提是否按规定的比例,计提的基数是否正确,支出是否符合规定程序。

④审核股利分配决议的形成是否符合法定程序,股利分配前盈余公积是否已提足,亏损是否已弥补,股利的分派数额和比例是否符合决议,未分配利润节余是否正确。

未分配利润的控制还包括对未分配利润会计处理的审查;检查利润分配比例是否符合合同、协议、章程及董事会纪要的规定,利润分配数额及年末未分配数额是否正确;确定未分配利润增减变动的记录是否完整;确定未分配利润年末余额是否正确;确定未分配利润在会计报表上的披露是否恰当。

16.3 出资人的所有者权益内部控制

16.3.1 出资人对资本运作的控制

1. 建立基本管理制度,健全内部控制制度

良好的控制来源于科学有效的制度保证,企业应当建立如下基本管理制度:组织机构制度、会计政策、财产物资管理制度、内部牵制稽核制度、决策程序制度等。在建立基本管理制度的基础上,出资人应引导经营者建立内部控制系统,确保企业高效、有序地运行和会计资讯的真实可靠,防止所有者权益流失。良好的内部控制制度能帮助出资人了解企业组织架构、运行程序、管理制度、业务处理方法等经营过程中的基本运行状况,再借助企业财务报告等资料,便能较为清晰地掌握企业的财务状况和经营成果及其发展趋势。

2. 行使监控权力

出资人行使监控权力，对于经营者的财务行为加以约束，以保证资本安全和增值，具体包括：为了防止稀释所有者权益，出资人要对企业筹资尤其是股票筹资作出决策；为了保护出资人财产安全，所有者必须对企业的会计资料和资产状况实施财务监督；为了保护出资人权益不受损失，出资人要对企业的对外投资，尤其是控制权性质的投资进行干预；为了保护出资人的财产利益，出资人对涉及资本变动的企业合并、分立、注销、清算等的财务问题，必须作出决策；为了追求资本增值，出资人必须对企业的利益分配作出决策。出资人决定利益分配政策时既要兼顾企业的短期和长期利益，又要兼顾企业员工、经营者的利益，以保持企业的可持续发展能力。

另外，企业应当在财务管理上建立健全有效的财务运行机制，明确责权分工，规范经济行为，合理划分利益，强化约束机制，在确保资本保值的前提下不断增值，使出资人在企业中的合法利益得到有效的保证和维护。

3. 财务总监参与经营决策

所有者委派财务总监到企业中，对企业经营过程中的财务活动实行监督和控制，使企业在重大决策和财务活动方面最大限度地体现所有者利益。

财务总监代表所有者对经营者进行财务监督，同时在一些重大的财务事项上具有一定的管理职责。由董事会任命并对董事会负责是财务总监履行其职责的必要前提，财务总监有权参与受资企业的经营决策，其监督贯穿企业经营活动和财务收支的全过程，既有事后监督，又有事中、事前监督，使得出资人对财务的监督更加及时、有效。许多企业由于组织规模和经营规模日益扩大和复杂、出资人财务监管滞后，导致多种问题，财务总监的设置实现了对整个企业主动而有序的财务监管。

16.3.2 出资人对经营者的控制

1. 建立业绩评价体系

为了保证经营者在经营管理中切实维护和实现出资人的利益，保证企业资产的保值增值和高效率运转，出资人应当以资本保值增值为核心，明确相应的资本保值增值目标，建立相应的指标考核体系，使经营者围绕这些指标（目标）展开经营工作；在此基础上，建立以资本增值为核心的考评办法，奖惩标准与经营业绩挂钩，合理评价经营者业绩，以激励机制促使经营者维护出资人的利益，同时实现其自身的价值。

资本保值增值结果主要通过资本保值增值率指标反映，同时设置有关分析指标，主要对企本运营水平和质量，以及资本保值增值实际完成情况进行分析和验证。资本保值增值计算与确认结果作为投资方进行经济决策、制定年薪制、持股制、工资分配等收入分配制度和对经营者进行奖惩、任免的重要依据。

基于经济增加值（EVA）的价值评价方法能够有效地衡量企业的价值，评价管理者的工作业绩，使得向管理者提供的报酬与其真实的经营业绩挂钩，从而有效地激励和约束管理者，降低委托代理成本，提高经济运行效率。

从数学角度说，EVA 等于税后经营利润减去债务和股本成本，是所有成本被扣除后的剩余收入。EVA 是对真正"经济"利润的评价，或者说，是表示净营运利润与投资者用同样资本投资其他风险相近的有价证券的最低回报相比，超出或低于后者的量值。为了考核企业全部投入资本的净收益状况，要在资本收益中扣除资本成本，评价企业当前已经实现的收益，其公式为

$$EVA_t = E_{t-r} \times C_{t-1}$$

式中：EVA_t 为公司在第 t 个时间阶段创造的经济增加值；E_t 为公司在第 t 个时间阶段使用该资产获得的实际收益；r 为单位资产的使用成本；C_{t-1} 为第 t 个时间阶段初使用的资产净值。

根据上述公式，当衡量一个公司或事业部的业绩时，如果它们创造的实际收益超过它们在所使用的资产上的平均期望收益值（资产的使用成本），则该公司或事业部在第 t 时间阶段创造了价值，即经济增加值是正的。EVA 管理体系能够很好地解决传统评价指标体系存在的问题，准确地反映企业在一定时期内为股东创造的价值，是一种优秀的企业价值评价方法。

2. 实行股票期权激励

股票期权激励，是指公司给予经营者在一定期限内按照某个既定价格购买一定数量的本公司股票的权利，通过经营者取得该股权的代价与资本市场上该股权的价格差形成的一种对经营者报酬的补充。

股票期权激励将"报酬激励"与"所有权激励"巧妙地结合在一起，一方面对经营者而言使得经营者的长期行为和利益与企业所有者利益休戚相关，并且使得经营者成为企业的所有者之一，拥有部分所有权。另一方面对企业而言，至少有以下几点好处：

①企业形成开放式股权结构，可以不断吸引和稳定优秀管理人才。

②经营者的股票期权收入由证券市场提供，可以减轻企业支付现金报酬的负担，节省大量营运资金，使企业在不支付资金情况下，实现对经营者的激励。

③可以减少非对称信息，降低代理成本。

④可以矫正经营者的短视心理，使经营者不但关心企业的现在，更关心企业的未来。

股票期权也有一定的弊端。由于股票期权是持有人在未来的特定时间可以按预先所规定的认购价购买一定数量的本公司的股票，所以，认购价与股票市价之间的差距越大，期权持有人的利益就越大，不断推高股票市价就会使期权持有人的财富不断增加，这种关联性使公司管理层作假产生了内在的驱动力，在巨大的利益驱动下，有可能导致期权持有者为赢得激励性报酬不惜弄虚作假虚报利润。例如，一些大公司往往通过收购、兼并等资本运作活动来推高公司股价，或采用激进的会计政策来抬高股价。

因此，在使用股票期权激励机制时应避免发生的问题是：股票期权的发放和分配要保持合理比例，不能过多、过滥，应避免财富的过分集中诱发作假动因。另外，在两权分离的经营模式下，要同等重视监督与激励机制，片面地强调某一方面，都将受到惩罚。

16.3.3 出资人对盈余管理行为的控制

1. 盈余管理行为产生的条件及动机

盈余管理是企业管理层为了误导其他会计信息使用者对企业经营业绩的理解或影响那些

基于会计数据的契约的结果,在编报财务报告和"构造"交易事项以改变财务报告时作出判断和会计选择的过程,是企业管理层追求自身利益或企业利益最大化的一种行为。

由于会计准则等会计法规本身的不完善,会计准则与会计制度的缺位使得企业在准则外会计事项的确认和计量等方面由于"无法可依"而带有很大的弹性;同时现行会计理论与方法的缺陷性以及委托代理关系导致的信息不对称性,也为盈余管理行为的产生提供了很大的空间和可能。盈余管理行为的动机主要有管理人员追求自身利益最大化、上市公司首发股票及上市后争取配股资格、规避债务契约约束、缓解政治成本压力、节约税收、树立公司良好形象等。

2. 盈余管理的类型

(1) 利润最大化盈余管理

当企业管理层倾向于提高当期的利润时,提前确认收入,推迟结转成本,将长期借款费用记挂在长期待摊费用账上,通过资产置换、股权转让、出售资产等方式进行资产重组以获得巨额利润,与关联方之间的高价出售产品、低价收购材料等关联交易调节利润等,这些都是上市公司为了实现利润最大化而常采取的方法。

(2) 利润最小化盈余管理

公用事业企业为了避免较高的利润率,会通过各种会计方法多确认损失,少确认利润。另外,上市公司为了降低上缴税收,也会采取措施降低当期利润。当企业达不到经营目标,或上市公司可能出现连续三年亏损而面临被摘牌时,也可能采用先在当期降低利润然后在未来期间抬高利润的方式,实现企业的未来经营目标或避免被摘牌。在这种类型的盈余管理下,其典型做法是推迟确认收入、提前结转成本、通过转移价格向关联方转出利润、预提利息费用、固定资产修理费用等。

在利润最小化的盈余管理方式下,存在一种极端形式,即亏损清洗或巨额冲销,这种行为多出现在上市公司更换总经理,或企业已有一年亏损时,新更换的总经理尽可能地更换当期确认各项费用成本,以使在以后的经营中易于取得较高利润。同样,当上市公司将出现亏损时,就可能采取巨额亏损的方式,将次年的费用项目纳入当期,递延确认当期收入,从而在次年扭亏为盈,避免划入ST(特别处理)板块或PT(特别转让)板块后带来的不良后果。这种盈余管理方式,其典型做法是将坏账、积压存货、长期投资损失、待处理流动资产和固定资产等一次性处理为损失。

3. 利润平滑盈余管理

一般而言,股东总是期望企业能够获得稳定的增长,并且将此与管理人员的奖金挂钩。而一个规避风险的管理层为了获得稳定的奖金,就会通过选择会计政策或其他措施来塑造一种稳定发展的企业形象。另外,银企之间订立的契约也要求企业的各项财务指标保持在要求之内。为了不至于偏离既定的范围,导致银企之间的关系紧张,管理层也会努力采取各种措施使得企业利润呈现一种平稳的态势,借以获得良好的信用等级。除此之外,管理层为了塑造良好的市场形象,会在披露年度财务报告时调节盈余,使各年度的变动幅度不致过大。企业管理人员通过选择会计方法或改变企业筹资、投资、经营决策方案,使各期收益保持稳定增长。在这种类型的盈余管理下，企业将利用其他应收款、其他应付款、应收账款、应付账款等往来账项，以及长期待摊费用等账户进行利润调节，精心策划利润稳步增长的趋势。

4. 盈余管理的弊端

如果在一定范围内允许存在盈余管理，可以降低契约成本，使企业管理层对预期或突发事件作出快速反应，从而较好地克服合同的不完备性和固定性，保护企业及经营者自身的利益；同时通过利润"平稳化"手段传递企业原本无法传递的内部信息，有助于减少因资本市场激烈波动对投资者行为的影响。

但是盈余管理的弊端是很明显的，主要有以下几个方面：

（1）降低了财务报表信息的可靠性

企业管理层通过内部人控制的便利条件对会计信息按照其管理目标的需要进行"加工改造"，使其披露的会计信息往往缺乏充分性和全面性，甚至缺乏客观真实性，从而使整个财务报告的可靠性大打折扣，对外部会计信息使用者也失去了有效性。

（2）对企业的发展具有一定的风险性

盈余管理虽然能够在一定程度上维护经营者和企业的利益，但是也存在较大风险。一旦投资者和债权人发现企业进行了对他们不利的盈利管理，就会对企业管理层的道德和履行责任与义务的能力失去信任，导致资本市场和借贷市场失灵，不仅使企业管理层的预期目标难以实现，还会影响企业的声誉，给企业以后的发展带来负面影响。

（3）损害投资者、债权人与国家的利益

由于盈余管理主要来自企业管理层的经济利益驱动，而企业管理层的经济利益与投资者、债权人及国家的利益又存在不一致性，因此在许多情况下，盈余管理的存在会促使企业管理层为了维护自身的经济利益而损害投资者、债权人和国家的经济利益。

因此，应当对不当的盈余管理进行规范治理。

5. 不当盈余管理的控制

根据盈余管理存在的条件及企业管理层进行盈余管理的动机，规范盈余管理可从以下方面着手。

（1）完善会计规范

①要求企业在改变会计方法和原则时，应尽可能详细地披露其改变对利润的影响，包括增加财务报表附表，详细列示所有调整项目。

②坚决反对以重要性为借口，为故意虚报业绩开脱责任。

③对收入确认提出严格要求，特别要避免收入的提前确认。

（2）加强审计监控，加大监管力度

注册会计师行业应明确对被兼并公司研究与开发费用的审计原则，对公司兼并中有关巨额冲销、资产重组以及收入确认等事项的规则应加以补充、完善。外部审计师必须把信息的完整性放在首位，不允许以追求效率而忽视效果的审计方法取代完整的审计程序。

监管机构应将那些重组过程中进行巨额冲销的公司，列入重点核查范围，发现问题应进行严厉的处理，加大惩罚力度。同时，监管机构还应加强正确引导，使企业经营者建立公允、合法、一贯的会计盈余报告的理念。

(3) 明晰产权，设计有效的约束激励机制

产权制度对会计信息的生成过程具有先天的规范和界定功能，因为产权的明晰为会计信息系统目标的实现创造了两个重要条件：第一，股东追求资本收益的最大化；第二，各利益相关者与管理层之间存在经济上的合同关系。因此，只有产权界定清楚，会计准则的运行和会计信息的生成才会有效率，才能既允许和鼓励企业根据会计交易费用的高低进行会计政策选择，又可发挥会计准则的激励约束和资源配置的作用。

在产权明晰的基础上，产权所有者还应当针对企业管理层设计一套有效的激励约束机制。一方面，要承认经营者的管理人力资本的产权，具体可实行年薪制和经营者股权，同时辅以非货币激励方式，使企业管理层能够充分得到与其经营业绩相匹配的收益和荣誉；另一方面，要充分发挥股东会、监事会等内部监督机构的监督作用，对企业所选择的会计政策及其变更、变更的理由以及由此而产生的会计影响应向各利益相关者披露，各利益相关者或监事会对所采用的不合理的会计政策有权要求企业管理层作出解释或予以调整，并强化外部监控，对实施不当盈余管理行为的管理人员实行市场禁入制度等，从根本上切断企业管理层机会主义行为的退路，使不当盈余管理的成本大大超过其获得的收益。

16.4 所有者权益方面内部控制案例详解

1. W 股份有限公司简介

W 股份有限公司，成立于 1984 年 5 月，1988 年进入房地产行业，是中国最大的专业住宅开发企业之一，1991 年成为深圳证券交易所第二家上市公司，也是股市里的代表性地产蓝筹股，总部设在广东深圳，至 2009 年已在 20 多个城市设立分公司。

2. 筹资方式及股本规模的控制

W 股份有限公司的融资决策一般是按照成本——收益分析的思路，在投资项目的风险和营利性既定，并且在最终假定代理人与股东行为目标一致的前提下，比较不同渠道融资方式的筹资成本，从而进行融资决策。这里所说的融资成本，不仅包括需要实际支付的、可以计入公司会计账户的有形成本和直接成本，而且包括诸如机会成本、商誉损失等无法在会计账户上反映出来的，但会对公司长远经营利益产生影响的无形成本和间接成本。

股权融资与债权融资互有优劣。股权融资具有股息支付风险，且存在信息不对称的问题，成本小，但鉴审成本高；债权融资尽管利息支付硬化，但是，当前利息率较低，破产成本和代理成本较小。W 企业结合自己的实际情况（包括企业的资本结构及资金的市场供应情况等），确定股权融资筹资方式。

确定使用股票筹资后，W 企业结合企业特点和投资者偏好，考虑发行普通股还是优先股。

普通股筹资没有固定的股利负担，筹资的风险小；股本没有固定的到期日，无须偿还，可看作公司的永久性资本（除非公司清算时才有可能予以偿还），另外，发行普通股筹集自有资本能增强公司的信誉，其缺点是：资本成本较高；可能降低每股净收益，引起股价下

跌；分散控股权。另外，上市交易的普通股股票增加了对社会公众股东的责任，其财务状况和经营成果都要公开，接受公众股东的监督。一旦公司经营管理出现问题或遇到财务困难，公司有被他人收购的风险。优先股的股息固定，优先股筹资有财务杠杆作用，又不减少普通股股票收益和控制权，其缺点是：资本成本较高（优先股股票股利不能抵减所得税，因此其成本高于债务成本），股利支付的固定性成为一项财务负担，影响企业扩大再生产；优先股筹资后对公司的限制较多。

确定所有者权益筹资的规模，首先得从权衡负债规模开始，然后在负债与所有者权益之比达到最优的基础上，再确定所有者权益筹资规模，通常的做法是：将企业资产盈利率与负债成本率相比较，如企业资产盈利率大于负债成本率，借债可取，企业资产盈利率越高于负债成本率，并且越稳定，扩大借债规模就越可取；反之，则不可取。

确定普通股股票发行规模，必须考虑优先股股票的发行规模，在确定优先股股票和普通股权益的最佳比例之后，再确定普通股票的筹资规模。将企业净资产盈利率与优先股股息率相比较，如果企业净资产盈利率大于优先股股息率，那么发行优先股股票筹资可取，前者越大于后者，且稳定程度越高，优先股权益与普通股权益之比越大就越可取；反之，则不可取。

3. 股票发行方式、发行价格和发行时机的选择

股票发行分为公开发行和不公开发行。发起人设立的公司，公司股份由发起人认购，采取的是不公开发行方式。募集式设立的公司，发起人认购一定量的股份后，其余部分应采用公开发行方式。公开发行股票，按照我国法律规定应由证券经营机构承销。至于采用何种委托发行方式应视具体情况权衡以下因素而定：

①如果发行人有良好的社会声誉、较高的知名度、较高的股票质量，可以选择代销方式，反之，则考虑助销和包销方式。

②如果发行人急需资金，可考虑包销方式。

③如果发行人对发行成本的承受能力较强，则可考虑包销方式，因为包销时须支付较高的发行费用且股票的发行溢价收入将归属于包销机构，反之，则考虑发行费用较低的助销和代销方式。

综合考虑以上因素后，W企业选择了发行费用较低的助销和代销方式。

股票发行价格分为溢价发行、平价发行和折价发行。一般新设立的公司，宜采用平价发行。我国法律不允许折价发行。根据我国证券法的规定，股票的发行价格由发行人与承销的证券公司协商确定，并报中国证监会核准。发行公司应当参考公司经营业绩、净资产、发展潜力、发行数量、行业特点、股市状态，提供定价分析报告，说明确定发行价格的依据。

上市公司在选择股票上市的时机时，要综合考虑以下几方面的因素：

①在筹备的当时及可预计的未来一段时间内，股市行情看好。

②要在为未来一年的业务做好充分铺垫、使公众普遍能预计企业来年比今年会更好的情况下上市。

③要在公司内部管理制度，派息、分红制度，职工内部分配制度已确定，未来发展大政方针已明确以后上市，这样会给交易所及公众一个稳定的感觉，否则，上市后的变动不仅会

影响市值，严重的还可能造成暂停上市。

④要尽量选择银行利率水平低、社会闲散资金较多的时机，这样会有较多的资金投入投资领域。

4. 股票的签发与发行控制

股票正式发行的日期以及发行方式往往需根据具体的市场情况而定，发行日期与董事会核准的发行日期往往不一致。为防止发生错误，公司也可设置会签制度，即已经董事会核准发行的股票发行前必须经董事会指定两个以上的高级管理人员进行会签。会签前，会签人员应检查将要发行的股票是否与董事会核准的一致；各种应办理的手续和文件是否齐全；其他为股票发行所需的文件和材料，包括到签发日为止的证券市场行情的分析报告是否完整。经指定的高级管理人员会签后，股票才能正式发行。

为加强股票发行的内部控制，可要求企业委托公立机构来负责发行与过户事务，这样可使企业内部控制延伸到外部。一项经济活动由两个经济实体来完成，能够加强控制的有效性，从而有助于揭示企业在发行股票中产生的错误、疏漏及违反法律的不当行为；此外，这些机构所拥有的大量行情信息以及在承办业务中所履行的一系列程序，如取得准发股份的全部文件、登记股份证书、设置股东名录、核定股份转移等，也将有助于较快地实现筹资目标。

5. 股票的保管和记录控制

企业有时为增加每股盈余、每股股利，或者为了抬升股价、调度资金余缺等，会重新收回已发行在外的且尚未注销的股票作为库藏股。库藏股不是公司的一项资产，而是股东权益的减项。库藏股仍属于发行在外的股票，但不参与每股收益的计算和分配，其日后可移作他用（如实行员工股票期权计划、发行可转换公司债券等），或在需要资金时将其出售，因此，加强库藏股控制十分必要。企业要对库藏股设置单独的账簿来记录重新取得和再发行的情况；定期清点库藏股；非有关人员不得接触库藏股；库藏股重新发行前，必须由具有会签资格的高级管理人员会签并取得批准文件。

另外，企业必须设置股票簿以及股东明细账，以对股票持有人加以适当的记录，从而有效地控制发行在外的股票。股东明细账上必须详细记录股东姓名、持股份数、票面值。股东明细账、股票存根、股本总账必须定期核对。

第 17 章
收入方面的内部控制

17.1 收入方面内部控制概述

17.1.1 收入流程内涵

由国际会计准则理事会（IASB）与美国财务会计准则委员会（FASB）两大重要机构经过多年共同努力研究，最终对收入准则达成一致修订意见，并2014于年5月28日颁布了新收入准则《国际财务会计报告准则第15号——与客户之间的合同产生的收入》。新收入准则要求会计主体应当按照"五步法"模型对收入进行确认和计量。

1. 识别与客户订立的合同

客户，是指与企业有经济业务往来，并支付货款的群体，包括企业组织或个人。合同，是指彼此之间订立的协议，包括书面协议、口头协议和其他协议，这些协议是具有法律约束力的权利义务的。企业若要确认收入，应当让客户取得相关商品控制权。

2. 识别合同中的单项履约义务

该商品或服务是否可明确区分是决定性因素，即该商品或服务是否可单独销售。履约义务的内容包括两个方面：①该商品或服务是否可以明确区分；②转让该商品的承诺是否可明确区分。

3. 确定交易价格

确定交易价格过程中，需要考虑可变对价、非现金对价、重大融资成分、应付客户对价等情况。

4. 将交易价格分摊至各单项履约义务

如果存在多项履约义务时，企业应当将交易价格按照各项履约义务的售价比例，分摊至各单项履约义务。

5. 履行每一单项履约义务时确认收入

如果履约义务属于某一时段内履行，企业应恰当确定履约进度；如果履约义务属于某一时点履行，企业应当综合分析控制权转移的迹象，判断其转移时点。

"五步法"模型如图17-1所示。

收入流程是企业出售商品或提供劳务，以及收取货款等行为。收入流程主要有：接收订单、客户信用评估、签订销售合同、发货、收入确认、开具发票、收款、坏账处理等。收入流程的每个环节有序循环，可以给企业产生源源不断的现金流入，促进企业发展，企业的发展又能促进企业销售的增长，这是一个良性循环。

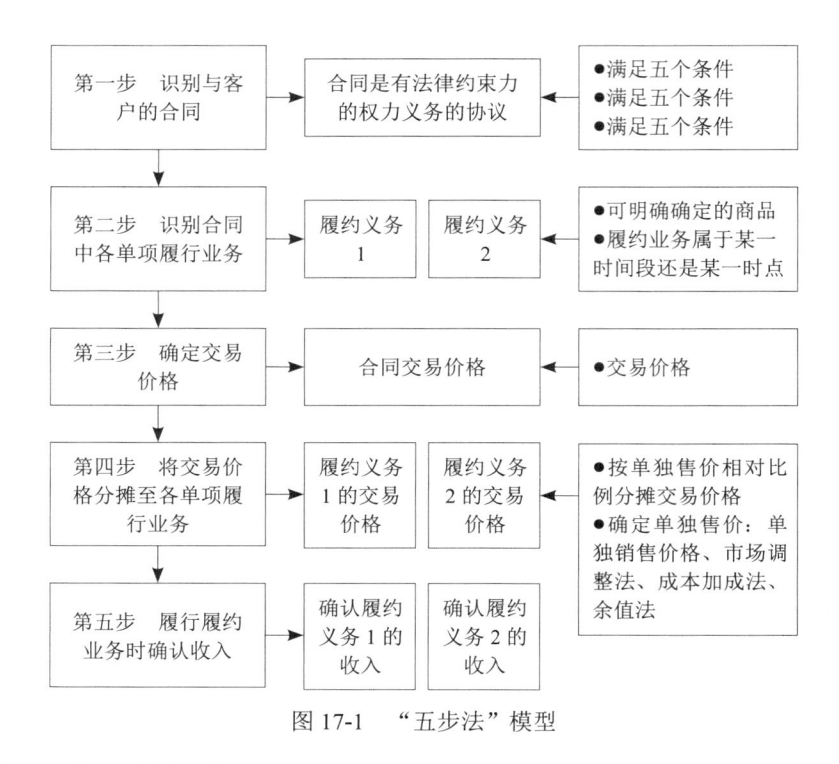

```
┌─────────────────┐      ┌─────────────────┐      ● 满足五个条件
│ 第一步  识别与客 │ ───→ │ 合同是有法律约束力│ ───  ● 满足五个条件
│ 户的合同        │      │ 的权力义务的协议 │      ● 满足五个条件
└────────┬────────┘      └─────────────────┘
         │
         ↓
┌─────────────────┐      ┌──────┐ ┌──────┐      ● 可明确确定的商品
│ 第二步  识别合同 │ ───→ │履约义务│ │履约义务│ ───  ● 履约业务属于某一
│ 中各单项履行业务 │      │  1   │ │  2   │      时间段还是某一时点
└────────┬────────┘      └──────┘ └──────┘
         │
         ↓
┌─────────────────┐      ┌─────────────────┐
│ 第三步  确定交易 │ ───→ │  合同交易价格   │ ─── ● 交易价格
│ 价格            │      │                │
└────────┬────────┘      └─────────────────┘
         │
         ↓                                        ● 按单独售价相对比
┌─────────────────┐      ┌──────┐ ┌──────┐         例分摊交易价格
│ 第四步  将交易价 │ ───→ │履约义务│ │履约义务│ ───  ● 确定单独售价：单
│ 格分摊至各单项履 │      │1的交易│ │2的交易│         独销售价格、市场调
│ 行业务          │      │ 价格 │ │ 价格 │         整法、成本加成法、
└────────┬────────┘      └──────┘ └──────┘         余值法
         │
         ↓
┌─────────────────┐      ┌──────┐ ┌──────┐
│ 第五步  履行履约 │ ───→ │确认履约│ │确认履约│
│ 业务时确认收入  │      │义务1的│ │义务2的│
│                │      │ 收入 │ │ 收入 │
└─────────────────┘      └──────┘ └──────┘
```

图 17-1 "五步法"模型

17.1.2 收入内部控制的目标

收入流程内部控制主要是对收入相关业务流程进行控制，对业务的相关审批权限进行明确，对收入流程可能会产生的风险进行防范，以及对收入相关业务开展的过程进行监督。收入流程内部控制的目标有如下几点：

1. 保护企业有关资产的安全与完整

企业相关资产包括货币资金、原材料、库存商品等，这些资产金额占比较大，在生产经营中具有重要作用，同时，这些资产比较容易被偷盗、损毁，所以，公司需要建设相关内部控制制度来保护这些资产不受非法侵害。

2. 确保销售行为符合法律法规

国家会根据市场情况更新收入流程相关的法律法规，公司应积极学习相关的法律法规及其变动，并使自身的销售行为符合国家法律法规。

3. 保证收入与相关成本费用的确认和计量的真实与完整

销售商品或提供劳务是企业创收的主要来源，而与销售相关的成本费用占企业运营成本较大比重，销售收入和对应的成本费用的确认和计量影响财务报表披露信息的真实性与完整性，因此，企业要准确记录收入和相关的成本费用，健全收入流程内部控制制度是很有必要的。

4. 提升客户满意度和忠诚度，扩大产品市场份额

在收入流程中，如果想要提升客户满意度和忠诚度，以及扩大产品市场份额，完善相关内部控制就至关重要，只有这样才能保证与客户建立长期友好合作关系，并加强彼此沟通，

及时收集客户反馈的信息，并进行分析，对存在的缺陷之处及时整改。

上述目标可以概括为企业的资产目标、合规目标、报告目标、经营目标，具体见表 17-1。

表 17-1　公司收入的内部控制目标表

目标类型	主要内容
资产目标	保障投资人、债权人和其他利益相关者的利益不受损失
合规目标	遵守国家法律法规，在守法的基础上开展经营活动，实现自身发展
报告目标	为企业管理者提供准确完整的财务信息；保证对外披露的信息报告真实、完整
经营目标	降低经营风险，提高工作效率

17.1.3　收入内部控制的风险点

1. 客户信用评估风险点

客户对于企业来说是十分重要的利益相关者，是企业销售商品的直接对象，如果没有客户也就谈不上销售，企业就很难有较大的发展，因此，企业应当不断地扩大自己的市场份额，维护老客户，并发展新客户。同时，对已有的客户应建立客户档案，并进行信用评估，根据他们对风险的接受程度来确定不同的信用等级。在这一环节中，企业需要做好客户管理控制和客户信用管理控制，对不同的客户指定不同的价格机制和信用方式，建立客户信用档案，建立赊销过限的审批机制。

这一环节的内部控制主要的风险点有两个方面：一是对客户的信用评估不当，存在一些信用等级较差的客户，造成大量的坏账。二是未与客户对账或对账不及时，催收回款力度不大等，这些都可能使公司无法按时收回款项，造成资金压力增加，从而给公司造成部分损失。

2. 销售定价风险点

商品的价值通过价格来体现。企业在销售商品之前，会制定与发展目标相一致的价格，产品价格的高低会直接影响产品的销售数量，从而影响经营利润，这关系企业的生存和发展。这一环节主要的控制包括价格政策管理、浮动价格控制等方面，企业需要综合考虑各种因素来制定合理的销售价格，并且定期对价格进行调整和评估，这一过程的定价和调价都需要经过相关人员的授权和审批。此外，企业应当根据实际情况制定合适的销售折扣和销售折让等。

这一环节主要的风险点包括：销售过程中销售人员吃回扣，与客户勾结舞弊的行为，且公司未能及时发现并采取措施，可能导致企业利益受损；企业制定的价格或者调整的价格没有考虑整个市场的需求状况，价格过高或者是过低；销售价格的制定或者调整没有经过适当层级的授权和审批，存在一定的控制风险。

3. 收款环节的风险点

收款环节是企业与客户进行最后结算的一个过程。企业结算的方式包括赊销和现销两种，这就要求企业根据不同客户的信用状况以及自身的销售政策来采取不同的结算方式，提高资金的利用效率。一般来说，收款环节主要的流程为：销售部门在取得销售收款的相关原始凭证之后，交由部门经理进行审核，审核完成之后交由财务部对相关的原始单据进行审核，确实无误后对相关的收入情况予以确认。

收款环节的主要风险有：企业的信用管理存在一定的问题，结算方式选择不当，导致账款回收较慢，甚至形成大量的呆账和坏账，资金的流动性受到较大的影响。

17.2 收入方面的主要内部控制措施

17.2.1 收入内部控制制度要点

主营业务收入的内部控制制度要点主要包括四个方面：

1. 要完善合同

企业针对大额的销售业务需要制定相应的合同订货制度，同时要确保专人登记和管理已签署的订货合同；此外，还应确保合同订立符合相关法律法规和企业规章制度的要求。

2. 要完善结算手续

涉及企业销售活动和收入确认方面，分别包括填写销货通知单、销售发票和严格登记收到的支票和汇票。此外，企业应确保结算收款、销货、记账等不相容职务严格分离。

3. 要完善销售退回的审核制度

企业应在发生销售折扣、销售折让和销售退回时都有严格的审批手续，比如实行凭单提货或者发货的办法，只有在办理验收入库手续之后才可以进行销售退回。

4. 要建立收入核算制度

企业在销货业务发生的时候，会计部门需要对取得的有关凭证及时登记入账；对主营业务收入及时复核和牵制；严格审核取得的收入凭证，如汇票和支票；要设置不同的收入分类账户，分别核算收款凭证、送款凭证同时保证收入凭证的顺序编号。

17.2.2 收入内部控制制度流程

1. 编制销售计划

编制销售计划的工作主要由销售部门完成，其销售计划是综合考虑企业产能和未来期间销售量的估算而编制的，主要包括编制总体销售额及各产品的分项销售额等内容，通过确立相应的生产及销售策略，从而保障目标的实现。

2. 评定客户信用

企业的信用管理部门通过将顾客已授权的信用额度和企业的赊销政策进行比较来赊销批准，信用部门人员在收到销售单管理部门的销售单后，需要把应收账款余额与买方已授权的赊销信用额度进行核对。为了避免公司承担过高的财务风险，信用审查时，需要适当地分割工作责任。公司在签署授权信用意见之前，需要获取信用评定机构对买方信用等级的评定报告，之后再对每个顾客进行信用调查，最后再将签署意见后的销售单送回销售单据管理部门。

3. 销售谈判与销售合同的订立

首先企业要确定、调整及审批货物的价格，企业在考虑产品成本、自身行业状况和买方的需求后，确定售价并作出审批授权；再由专人与客户在产品价格、信用政策、发货及收款方式等具体事项进行谈判后，与买方签订销售合同。合同的签署不但要满足《中华人民共和国民法典》的相关规定，还需要审批完售价、信用政策、现金折扣等内容。销售合同中需要明确企业买方的权利和义务，这是企业开展销售活动的基本依据。

4. 发送货物

企业订立销售合同之后需要及时按约定向顾客配送货物，销售部门根据销售合同的约定数量和规格向发货部门下达销售通知单。在细致审核销售发货单据之后，仓库需要根据约定好的发货时间、货物规格和数量组织发货。

5. 开具销售发票和账单

在完成发货后，财务部门根据销售部门开具的销售发票通知单开具销售发票，依照已发运的装运凭据、已标注的发运销售单编制连续编号的销售发票，而为客户填写、寄送销售发票的过程就是开具账单。

6. 收款

根据在发货时是否收到款项，销售业务被分为现销和赊销，也就是说，收款直接体现了企业销售成果。现销业务的收款方式较简单，它是指发货后马上收款或者收到预收款后发货，它只需要在销售完成后办理相关收款入账手续即可。不同于现销业务，赊销业务是一个动态跟踪与管理的过程。在赊销业务下，客户有一定的信用期限，结算收款需要在到期之后进行，所以为了避免坏账的风险，要定期核对赊销账户货款，在到期之后要及时催收。

7. 核算会计系统

会计系统核算包括记账、核对、职务间相互分离、档案管理、岗位职责落实和工作交接。完成发货和开具销售发票后，企业会计部门把收到的销售合同、运输单据销售通知单、发货凭据等进行会计核算，主要涵盖现金和商业折扣的计算、对主营业务收入的核算、坏账准备的计提等；此外，在发生销售退回时应及时冲销主营业务成本、应收账款、主营业务收入；同时，在发生无法收回货款之后应及时核销坏账的金额。会计人员在进行记账时需要参考各种票据，如有效装运凭证、销售单和销售发票，以此来确认销售的金额、日期等；保证所有的销售发票都事先连续编号；记录销售的职责应与前面说明的处理销售交易的其他功能相分离；检查已处理发票的总数同记录的金额的一致性；定期独立检查应收款明细分类账同总账的一致性；每日与买方送对账单，并向会计主管报告在对账过程中所发现的例外情况，具体如图17-2所示。

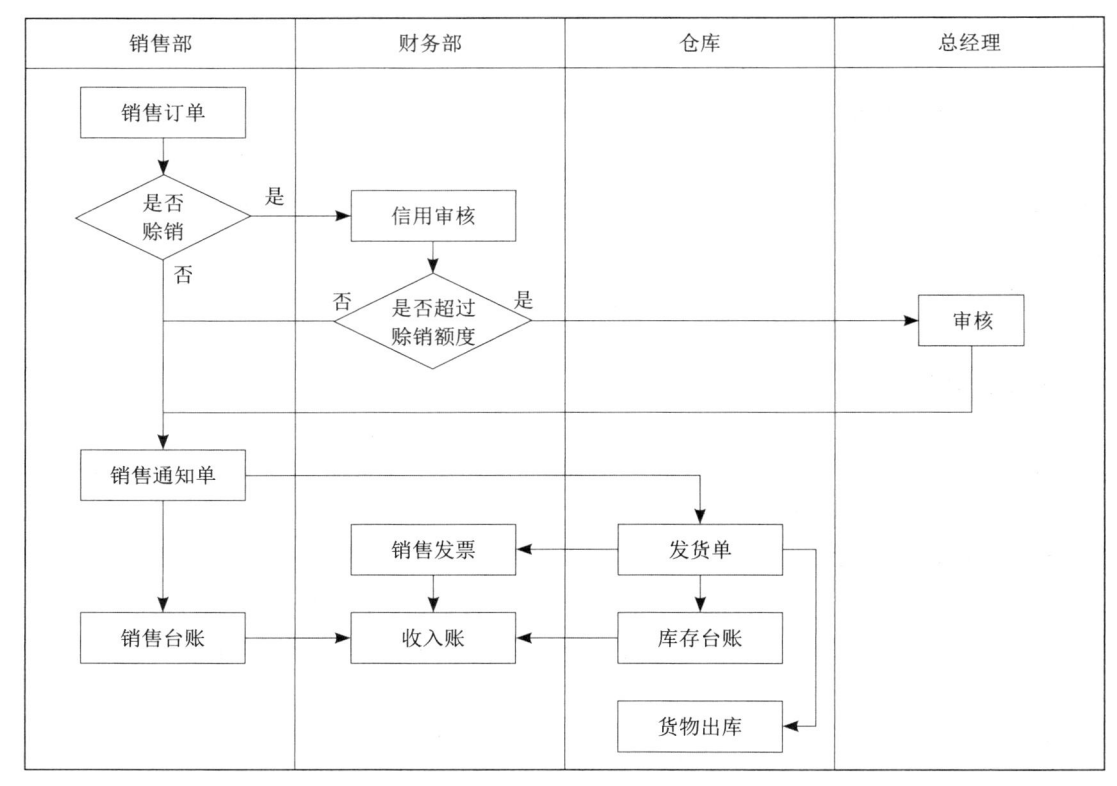

```
销售部              财务部              仓库              总经理
  │
销售订单
  │
  ▼
是否赊销 ──是──▶ 信用审核
  │否              │
  │                ▼
  │         是否超过赊销额度 ──是──────────────────────▶ 审核
  │          否    │
  ▼
销售通知单 ──────────────────────▶ 发货单
  │                销售发票 ◀──────┤
  ▼                  │             ▼
销售台账 ────────▶ 收入账 ◀────── 库存台账
                                   │
                                   ▼
                                  货物出库
```

图 17-2　主营业务收入流程图

17.3　收入方面内部控制案例详解

1. LT 机械制造公司简介

LT 机械制造公司成立于 2005 年，公司主要的业务包括设计、生产各种标准和非标准的油压机。此外，为了拓展公司的业务，自 2014 年以来公司与外贸公司进行合作在美国、墨西哥、阿根廷等国家进行液压机销售业务。

2. 收入问题的现状

（1）收入的"扑朔迷离"

2017 年临近第三个季度末的一天，销售部门经理刘某急匆匆地赶到公司的财务部。刚从销售部调到财务部的会计小凌看到着急的刘经理便问问来意，经过一番交谈之后小凌才明白刘经理的目的。刘经理因为季度业绩的原因，希望小凌能尽快在账目上确认与合作伙伴尹总的交易，但是因为货物刚刚出库，按照财务部经理的要求，由于与货物所有权相关的风险还没有完全转移到买方的手里，所以不能够在这种条件下确认为 LT 机械制造公司的主营业务收入。但是刘经理一再解释道最后公司还是会收到这笔钱的，而且这个工作都是小凌在做，只要他们都不说，谁也不会知道。同时，刘经理又强调了这次的业绩评价对他自己的重要性，并表示这一季度的业绩直接关系刘经理能不能再接手公司一个新项目。考虑与刘经理的交情，小凌只好在违背公司规定的情况下，将这笔钱确认为公司的主营业务收入。

（2）货款的"不翼而飞"

2017年6月23日，负责财务的李经理在突然检查该公司的账本时发现了一些账务上的问题。账本上确认的该月的货款收入是200万元，然而从银行的对账单上却只有172万元，他们之间的差额竟达到了18万元。李经理百思不得其解，会计主管小王自从公司成立以来就一直负责担任公司的会计，从最初的出纳一直到现在的会计主管，在这些年的会计工作中一直兢兢业业，恪守作为一名会计从业人员应遵守的职业道德。意识到问题的严重性，同时考虑只有会计部门的人员才能直接接触这些会计账簿之后，李经理迅速召集会计部的员工进行询问。经过一番激烈的交锋，最终会计主管小王承认由于最近投资失利，便采取截留销售款、联合会计人员张某利用财务造假等方式将公司银行账户上的钱用于购买股票。在发生会计主管私自挪用公司货款的事件之后，公司接到员工的举报，举报称负责会计部门的出纳华某和记账员张某作弊，偷窃公司货款。经过调查他们本身是多年的好朋友，于是他们借职务之便，串通舞弊将货款据为己有。总经理接到举报之后，及时组织相关部门人员对公司的主营业务收入进行核对，并分别与华某、张某二人进行访谈。最终初步查证华某、张某利用职务之便盗取公司货款达50 000元。总经理依法报备，将这两人移交公安机关继续处理。但是考虑事件给公司带来的负面影响，公司及时召开各部门会议，严厉杜绝类似事件的发生，同时鼓励员工之间的互相监督。

（3）小李的"困惑"

LT机械制造公司缺少专人对往来账款进行管理，更缺少对往来账款的专业分析活动，这是公司自成立以来就存在的问题，问题产生的原因有很多。首先，管理层不重视。LT机械制造公司作为一家典型的机械加工与制造公司，它主要的关注在产品的质量及对市场的份额方面。公司员工一直受公司"以质量取胜"的企业价值观念的熏陶，从而致力于提高产品质量，生产出令买方满意的产品。但是，管理层很少关注对主营业务收入的管控，这使得企业的坏账急剧增加，不良资产及坏账的比率上升，造成这个现象的原因主要是公司缺少对应收账款周转天数的计算、对账龄的及时分析。此外，公司还需要及时关注是否及时给主管领导进行反馈的问题，这些都是企业必须解决的问题。由于是多年的生意伙伴，所以LT机械制造公司对于主要客户MH公司和ST公司的应收货款并没有加以特别关注，从而导致近年来LT公司的坏账急剧增加。

同时，针对公司的主营业务收入，会计部门应该有相关的人员定时进行核对，更重要的是确保出纳不能兼任稽核、会计档案保管和收入、支出、费用、债权债务账目的登记工作，从而保证会计人员的独立性、减小财务舞弊的风险。然而在LT机械制造公司，2017年5月末公司的记账人员小冯休病假，而会计部门的人手又有限制，最后经理临时让出纳华某在小冯休假的期间接替记账的工作，但是华某一直在自己的岗位上工作，对于别的业务并不熟悉，面对上级领导的指派华某只能接受，所以在此期间华某一直是兼任两个工作的。与此同时，近几年公司销售部门经理与外贸公司合作，不断拓宽公司业务，在美国、墨西哥、巴西等国家进行销售。目前国内机械加工与制造市场竞争激烈，并且已经出现饱和，国际业务可以开拓新的市场、缓解公司压力。LT机械制造公司凭借过硬的产品质量和较高的性价比迅速吸引了众多外商。2016年LT机械制造公司30%的收入来自对外贸易，但是由于接触海外市场的时间比较短，所以公司的会计部门并没有及时地针对收入的汇率波动风险进行及时的评估和控制。此外，会计部门的员工没有相关的专业知识，也不懂得如何应对公司的外汇变动对公司主营业务收入所带来的风险，因此企业收入受汇率波动的影响很大。

（4）信用评级的真真假假

LT机械制造公司只是在销售部门设置账目，在对应收账款追讨方面缺乏有效的控制，会计部和销售部会定期核对主营业务收入明细账。法务部门对三年以上的应收账款和有争议的货款进行管理而销售部才对账款进行催收。通过对公司的应收账款周转天数进行分析，我们可以看出它呈现逐年递增的趋势，由2014年的94天增加到2017年的138天，这和公司对应收账款缺少追讨控制有很大的关系。LT机械制造公司的业务比较繁忙，而且应收账款的份额较大，目前企业存在很大的资金周转压力和困难，应收账款无法收回的可能性变大，从而加剧了坏账风险，进一步影响LT机械制造公司资金正常运转和业务经营。

同时，经过了解发现，公司每个销售经理都有自己相应的业绩要求，而销售经理又把这种压力转移到业务员身上。对此，销售部门魏经理在内部会议上对大家说："这三个月，我们只看结果不看办法，没有按照业绩要求完成任务的员工，一律扣30%的工资。"业务员们一听这话可不敢掉以轻心，急忙回到自己的办公桌前，开始跟客户联系。既然魏经理都说了只看结果不看办法，他们就完全不考虑信用标准和客户信用额度，对于那些不符合信用条件的买方他们也是睁一只眼闭一只眼，对他们放宽信用政策并不断降低信用标准，对原本授信额度大的客户更是加大了额度。此外，他们还加大了对液压机的促销力度，比如各种现金折扣和商业折扣。随着活动的开展，公司的销售量逐渐攀升市场份额也不断扩大，销售收入直线上升，利润眼看着也是要比去年增加许多，整个销售部门都沉浸在喜悦之中。

公司在了解了销售部门的肆意妄为和财务部门、法务部门的不作为的情况后，王总对这些部门很不满意，通过询问各部门相关下属人员发现，销售人员是根据销售主管的命令，忽略了信用审查，对大部分客户和经销商的信用情况没有进行详细的分析和调查。面对应收账款的不断反常增加，法务部门和财务部门认为是销售部门的行为导致了销售质量的下降，所以应收账款不断增加的责任应由销售部门负责，而销售部门认为应由财务部门和法务部门负责应收账款的管理与催收以及坏账的处置，于是各部门之间互相推卸责任，最终导致了公司的财务风险。

3. 内部控制问题分析

第一，不相容职位未分离。LT机械制造公司中会计人员仅有6人，并且有一名员工因病假长期在家休养，于是剩下的5名会计员工在出纳、记账、档案保管的职务上分配不均，为以后的财务风险埋下了祸根。第二，LT机械制造公司在签订和管理合同时缺乏风险意识，比如合同订立时未充分考虑突发情况，导致合同条款不完善。第三，票据和货币控制的缺失。由于与客户之间的交易十分频繁，LT机械制造公司的会计部门人员又比较少，在这种繁重的工作压力下，会计部门的人员并没有及时核对客户发票，同时也没有及时编制现金和银行存款日记账目，这就导致了公司不能及时发现发票和现金存在的问题，同时也给了公司个别会计人员以可乘之机。第四，应收账款资金难以收回。企业在销售过程中忽略了回款风险，认为抢占先机做出业绩是首要目标，打着先占领市场再考虑后续问题的算盘，导致大量的产品虽然在账面上已经销售出去却没有收到货款。对客户的审查标准的放低，授信额度的剧增，更造成企业长期利益受损，甚至产生大量的财务费用和坏账损失。第五，外汇风险预警程序不足且反应迟滞。LT机械制造公司的外汇风险识别程序与外汇风险预警程序是一起开展的，所以公司缺少与业务相关的外汇风险预警程序。

4. 完善企业内部控制的对策

为了应对在主营业务收入内部控制方面存在的问题，LT机械制造公司需要从以下七个方面进行完善。

（1）改善主营业务收入内部控制环境

改善主营业务收入内部控制环境可以从以下三个方面进行：一是完善人力资源政策；二是改进绩效考核制度；三是提高员工风险管理意识。

（2）建立有效的监督机制

实行岗位轮换制度既能够确保企业内部监督机制的建立，同时对于提高企业管理人员和员工综合素质有举足轻重的作用。部门的通力协作是公司持续经营的保证与依靠，但从LT机械制造公司的现实情况来看，公司各部门间配合度不高、内耗现象严重。岗位轮换制度可以使员工体验了解其他部门的具体工作，更好推进企业发展。

（3）增强企业内部之间的沟通

从LT机械制造公司当前的状况可以看出，信息沟通机制的缺失是其存在的主要问题，所以LT机械制造公司应建立有效的信息控制系统，加快建设畅通的沟通制度；与此同时为了避免由于信息缺失而导致的不适当的赊销行为，增强销售部门对客户资信水平的全面掌握，LT机械制造公司还应当建立客户信息档案，这就要求在信息系统的建立过程中，LT机械制造公司能够及时、准确地进行信息流通。因此公司需要有良好的信息沟通机制，这样在搜集材料时能够确保信息的完整性和真实性。

（4）改进合同订立流程

针对合同订立流程不规范的现象，LT机械制造公司应对公司的合同签订流程进行改进。如图17-3所示，为了规范公司销售合同签订的流程，LT机械制造公司需要完善销售合同签订流程，防止在合同内容方面的遗漏。

（5）加强对票据和货币的控制

企业在进行销售活动中必须按照合同的相关规定和要素签订有效的销售合同，以此作为销售的直接依据。在销售行为发生时开票员根据已签订的销售合同开出销售发票作为发货依据。每日下班前，开票员将收员退回的发票记账联与存根联进行核对后根据发票记账联编制销售日报表，并在月末报送财务部门核对销售情况。

（6）控制应收账款

一方面，要制定完善的收款制度，有效的应收账款制度能够保障企业的资金回笼。另一方面，建立收款监督制度。建立收款监督制度首先要及时与客户沟通；其次监控应收账款的动态；再次及时分析新的客户资料来确定是否接受顾客的购货申请；然后要及时进行对账提醒；最后，要完善销售业绩评价制度。

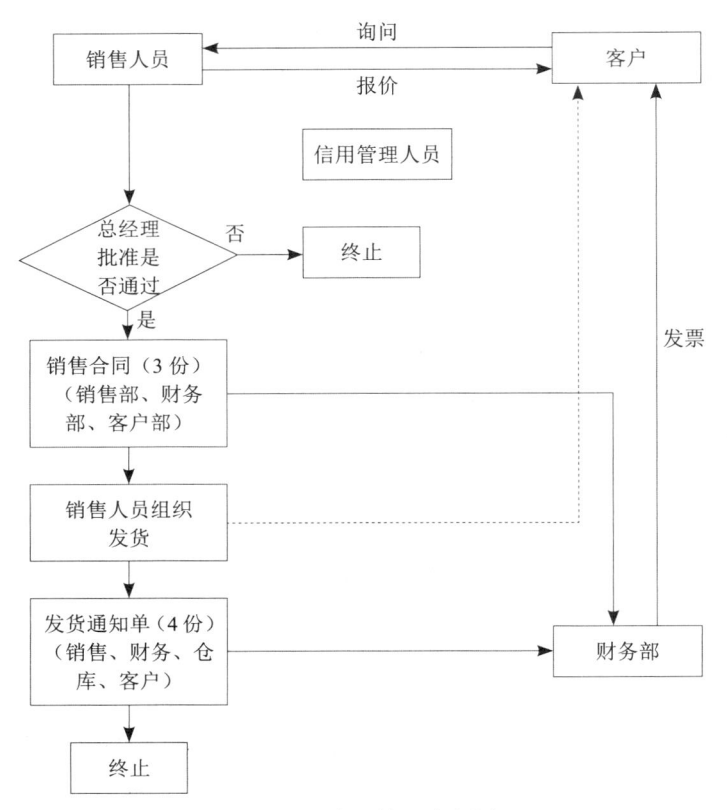

图 17-3　合同签订流程图

（7）控制外汇风险

LT 机械制造公司在对外汇进行风险管理时最主要的任务是设立专门的外汇管理部门，它能够为企业的外汇管理工作指明方向，同时也利于企业达到管理外汇风险的效果。为了能够及时应对 LT 机械制造公司面临的外汇风险，企业需要从宏观和微观两个方面进行应对。从宏观上，相关外汇管理人员要实时关注国际形势及国内货币政策、各主要经济体的形势及各国政策的变化尤其是货币政策；从微观上，注意企业生产成本及销售价格的变化，关注企业内部外汇管理工作的实施情况，分析企业的管理是否达到目的，此外还需要不断了解银行推出的新的外汇产品。

5. 结论

通过对 LT 机械制造公司主营业务收入内部控制的案例研究得出，首先，LT 机械制造公司应将不断加强企业各层级的风险意识水平，构建完备的主营业务收入控制体系和严格的员工约束机制作为内部控制的着眼点，兼顾主营业务收入各个阶段的控制从而有效降低潜在风险，为 LT 机械制造公司未来的经营活动保驾护航。其次，为了贯彻执行公司主营业务收入管理内部控制制度，LT 机械制造公司需要加强相应的内部监督。可以说没有监督，现有内控制度是无法被贯彻执行下去的。再次，要加强公司文化建设，听取员工的意见，培养员工的主人翁意识。然后，为了提高各职能部门的工作效率，LT 机械制造公司需要通过完善权责机制、规范业务流程来明确职责分工。最后，要改进企业激励制度，完善 LT 机械制造公司的业绩考核制度。

第18章
成本费用方面的内部控制

18.1 成本费用方面内部控制概述

公司成本费用是公司生产经营活动中活劳动和物化劳动耗费的货币表现，是反映公司生产经营活动的综合指标，是制定业务资费标准、投资决策、营销政策和完成工作清算的重要依据。

为加强公司成本管理，提高经济效益，公司应当通过对成本费用的预测、计划、核算、控制、分析和考核，正确反映公司经营成果，不断降低成本费用，挖掘潜力，提高经济效益，保护投资者权益。公司应实行成本费用管理责任制，严格成本费用节奖超罚制度，在成本费用管理中必须贯彻执行国家的财经方针、政策，遵守财政法规和财经纪律，接受国家财政、审计、税务机关和上级主管部门的监督和检查。

18.1.1 成本费用控制的内涵

根据《中华人民共和国会计法》和《企业内部控制基本规范》等规定，企业的成本被定义为除第三方或客户垫付的款项之外，可归属于产品成本、劳务成本的直接材料、直接人工和其他直接费用等支出，包括：直接材料、直接人工、制造费用等。费用是除成本之外的，企业在日常活动中发生的、可能导致所有者权益减少的、与所有者分配利润无关的、其他经济利益的总流出，包括：管理费用、销售费用、财务费用，等等。企业应当将当期已销产品或已提供劳务的成本转入当期损益；商品流通企业应将当期已销商品的进价转入当期损益。

就企业的日常经营来说，成本费用内部控制是非常重要的组成部分。企业生产过程中能够体现价值控制核心的就是成本费用内部控制，它可以为企业带来更高的经济效益，而且对于企业在国内外的竞争力，可以起到加强的作用，更是提升企业经营运转的有力手段。当今社会，市场竞争激烈非凡，一个企业如果想要占据一定的市场份额，那么就要提升自己的综合能力，加强企业的自身实力，并且在成本费用控制方面进行严格的控制、核算、执行，使得成本费用产生的各种风险可以减至可承受的范围之内，对于成本费用运营方面存在的失误可以做到及时改正，使自己的管理条例更加严谨和规范。

成本费用管理的主要内容：建立健全成本费用管理责任制，加强成本费用管理的基础工作，进行科学的成本预测和决策，确定目标成本，编制成本费用计划，实行严密的成本费用控制，按财务会计制度和成本费用核算办法，及时正确核算成本和费用，分析、考核成本费用指标的完成情况。

成本费用内部控制是企业在生产经营过程中，为了控制成本费用的消耗水平，降低成本费用方面可能给企业带来的风险，所采取的各种控制措施，它是按照既定的目标，通过对发生成本费用耗费的各类各项活动进行规划、组织、计算、调节和监督，及时揭示偏差，并采取有效措施纠正不利差异，发展有利差异，发掘内部潜力，将成本费用控制在预定的目标范围之内，从而促进企业改善经营管理，以最小的消耗来实现最大的经济效益，使企业在市场竞争的环境下生存、发展和壮大。成本费用的内部控制需要企业全员参与，在涉及成本费用的各级管理人员的带领下，由全体职工积极主动地进行相关的控制活动。

成本费用内部控制可能涉及的主要风险包括：违法违规风险，导致企业遭受外部处罚、经济损失和信誉损失；未经适当人员分配及审批流程，导致重大差错、舞弊、欺诈等；成本费用预测不科学，可能导致成本费用支出超出预算导致企业权益受损；成本费用的核算和相关会计信息不合法、不真实、不完整，可能导致企业财务报告失真。

18.1.2 成本费用控制的目标

公司在经营管理中，一定要有战略保证、资产安全、利益收入，以及合法合规的发展前景，那么为了给这些方面提供更好的保障，公司一定要把内部控制建立得更加合理合法，使其适合公司的现实情况。成本费用内部控制就包括其中，当然它对于公司的未来发展也是必不可少的部分，而且也是非常重要的一部分。成本费用的内部控制具体如下：

1. 利润最大化目标

要避免浪费频繁发生，企业在成本费用的支出方面要做到有效控制，从而把公司的收入带动起来，增加公司的利润。

2. 会计核算目标

为了保证企业成本费用记录的真实性和核算的准确性，财务部门要尽量避免多记、少记、漏记等记录错误，这些都会对财务报表的质量和真实性造成影响，使得核算不够准确。

3. 合理合法目标

对于国家的法律法规，企业要做到严格执行、严格遵守，避免由于违反国家法律法规带来的经营风险。

为了使企业各个部门的成本费用更加规范，企业一定要建立一套完善的成本费用内部控制制度，使它的实施范围更加广阔，涵盖每一个部门、每一个员工、每一个生产环节。当然还需要每一位员工都有成本费用内部控制的理念，让这种意识扩散到每一个部门，而且企业也要进行这方面的学习培训，调动员工的积极性，让员工知道成本费用内部控制实施的好处，让员工知道成本费用控制不仅可以为企业带来效益，还可以为他们提供更高的收入，两者是相辅相成的，这样就可以形成一个良性的循环。

18.1.3 成本费用控制的原则

1. 成本最低原则

成本最低原则是内部控制的根本目标，换句话说，就是将人力、物力、财力，最大程度地节约，整体上降低成本费用水平，从根本上增加公司的盈利水平。企业在施行成本最低的原则时候，不可盲目追求目标，而忘记采用科学的方法，要从企业的实际情况出发，找到可以降低成本费用的关键之处，这样就可以有针对性地采取措施，达到目的。

2. 全方位控制原则

企业应该对成本费用方面高标准，严要求，因为它既关系各个部门的工作业绩，而且也关系每个职工的工资和福利。食品加工企业成本的关键在于所有员工的群策群力和共同关心。成本费用从预测到执行然后核算，都是成本控制不可缺少的部分。

3. 目标管理原则

目标管理包括目标的建立、分配和执行，目标的管理原则要求目标要清楚明确，要能够量化，而且必须是经过各部门的努力才可以实现，应该与降低成本费用有关，具有一定的时限性。为了更好地管理人、物、财和各种重要的经济指标，企业就要预先设定目标，并细化到每个部门和个人。

4. 成本责任原则

就成本费用控制的方法来说，如果希望利益最大化，那么就要严格按照经济责任制的规定，将责、权、利结合的理念渗透公司的每个角落。在食品加工过程中，项目经理、加工技术人员、业务管理人员，以及各个生产组都要承担一定的成本控制责任，从而逐渐形成整个加工业的责任网，严格遵守"谁控制、谁负责、谁承担、谁受益"的责任到家原则，以及"工资与成本，利润与成本"的奖惩机制。

18.2 成本费用方面的主要内部控制措施

财政部制定的《企业内部控制具体规范第9号——成本费用》，明确了企业在建立和实施成本费用内部控制制度的过程中，至少应当对若干关键方面和关键环节的风险进行控制，其中包括：①权责分配和职责分工应当明确，机构设置和人员配备应当科学合理；②成本费用定额、成本计划编制的依据应当充分适当，成本费用事项和审批程序应当明确；③成本费用预测、决策、预算、控制、核算、分析、考核的控制流程应当清晰，对成本费用核算、内部价格制定和结算办法、责任会计及有关成本费用考核等应当有明确的规定。

同时企业应制定以下几个方面的成本费用内控措施。

18.2.1 岗位分工及授权批准（不相容岗位分离制度）

企业应当建立成本费用的岗位责任制，明确相关部门的岗位职责、权限，确保办理成本费用业务的不相容岗位分离、制约和监督。与成本费用相关的不相容岗位包括：成本费用预算的编制与审批；成本费用支出的审批与执行；成本费用支出的执行与相关会计记录。不相容岗位的分离是企业搞好内部控制的基础条件，无论在企业管理过程中的哪个部分，不相容岗位分离都是防范风险、提高经营效率、保护企业财产安全和增强企业会计信息可靠性的重要保障。

此外，为了保证授权审批的有效性，企业应当建立成本费用控制组织机构；配备合格的人员办理成本费用业务；建立严格的授权审批制度，明确授权方式、权限、程序、责任和相关控制措施，规定职责范围和工作要求。授权审批是指企业各项业务在办理的过程中，必须经过专门人员的审核批准方能执行。授权审批包括常规授权和特殊授权两种形式。常规授权遵循企业授权既定程序和职责；特殊授权则是在一些特殊条件下临时、紧急的一种授权方式，必须有相应的规定作为前提条件。

各个部门都要明确工作安排，同时对于工作权限的设置也要一一到位，而且从公司的整体而言，需要有严格的考核制度。岗位分工与授权审批具体工作权限可参考表18-1。

表18-1 岗位分工与授权审批环节示例

类别	项目	备注	金额限额（元）	申请/经办人	部分负责人	公司分管领导	总经理	财务部主任	总会计师
费用报销	国内差旅费报销	部门副职及以下员工	预算内	①	②			③	
			预算外	①	②	③		③	
		部门副职及以上员工	预算内		①	③		③	
			预算外		①	③	③	③	
	出国差旅费报销	专项事前审批	预算内	①	②			③	
			预算外			③	③	④	③
	邮政通信费报销	快递、固话、宽带费	预算内	①	②			③	
		手机费（每位员工仅限一个号码。公司统一按部门报销）	预算内	①	②			③	
			预算外	①	②	③		③	
	全员或团体发放的人工支出	工资、奖金、福利、社保、公积金等人工成本（需由人力资源部签字）	预算内	①	②	③			
	医药费、零星福利及竞赛评比奖励等（人工成本）	各类医药类报销、探亲、零星慰问、个人培训取证费用	预算内	①	②				
			预算外	①	②	③			
	业务招待礼品费、员工餐费（以上按单次消费总额）	同一招待事项酒水、餐饮等视同单次消费；团队建设费、部门及个人的评比奖励、公司会议费和出差报销	预算内	①	②			③	
			预算外	①	②	③		③	
			超出额度高	①	②	③	③	③	③
	日常办公、后勤、车辆、咨询、广告宣传研发类费用	日常办公费、公司运转水电费、物业、人员的商业保险、报刊费、后勤维修费、车辆燃油费及维修费、车辆保险、宣传与咨询、招聘员工、产品质量检测费等其他专项活动管理类费用支出	预算内	①	②			③	
			预算外	①	②	③		③	
			超出额度高	①	②	③	③	③	

续上表

类别	项目	备注	金额限额（元）	申请/经办人	部分负责人	公司分管领导	总经理	财务部主任	总会计师
费用报销	捐赠、赞助、罚款	专项审批。互助款由工会审核	预算内	①	②	③	③	④	③
	预算外或超预算费用	年度预算未报或已超支	预算外	①	②	③	③	④	③
	公司领导费用报销及特殊资金申请（总经办指定转让办理）	副总、总助		①			③	④	③
		总会计师		①			③	④	
		总经理		①				④	③

审批权限代号：①申请/经办；②审核；③审批；④复核。

18.2.2 成本费用预算控制

成本费用的预算控制应当包括预测、决策和预算三个部分。

成本费用的预测是指企业根据历史数据、同行业相似度高的企业数据、未来原料和人工价格的变动趋势、企业自身的人财物资源及预计销售状况等，采用目测法、账户分类法、高低点法、技术测量法和回归分析法等专门方法对企业未来的成本费用消耗水平进行科学的预估。

成本费用的决策是在科学合理的预测之后，对所提方案进行对比，选择能为企业成本费用控制提供帮助的最优方案，并据此确定企业的预算目标。

成本费用的预算就是在预测和决策的基础上进行分析，最终确定企业的成本费用总目标，并对目标进行分解。企业运用弹性预算、零基预算、滚动预算等方法进行预算编制，同时根据各部门的实际情况进行职责划分，最终对成本费用预算指标进行分解并落实到成本费用相关部门。

成本费用预算管理的出发点是销售额预算，即按照本期的销售量来预计下一期会发生的销售额。一般情况下，成本费用预算是采用上一年的成本费用数额加上或减去一定的数值，或者依照比例进行计算。第一，销售部门和进出口部门对年度商品的销售额和成本区间进行准确的预测；第二，生产部门要根据往年产品的销售额来预计本年的产量，还要根据销售部门所要完成的销售额度和做出的销售计划来进行综合考虑，对生产成本进行合理的预测；第三，各个部门要将上一年度实际发生的成本费用与各个部门预测的费用支出额度进行整理，将预算的标准和上一年实际发生的费用进行对比分析，预测还有可能出现的问题，编制期间费用预算表格。成本费用预算控制流程如图18-1所示。

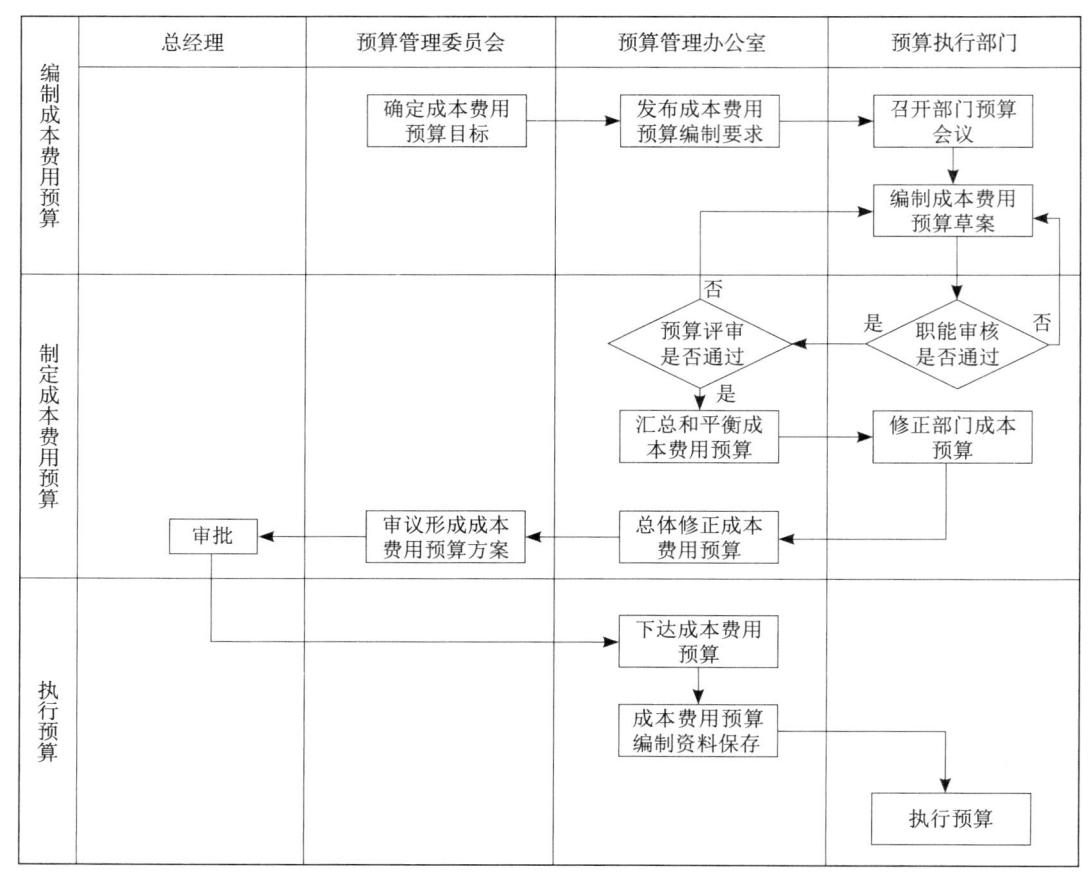

	总经理	预算管理委员会	预算管理办公室	预算执行部门
编制成本费用预算		确定成本费用预算目标	发布成本费用预算编制要求	召开部门预算会议 → 编制成本费用预算草案
制定成本费用预算	审批 ←	审议形成成本费用预算方案 ←	预算评审是否通过 否→ 是↓ 汇总和平衡成本费用预算 ← 总体修正成本费用预算 ←	职能审核是否通过 是→ 否↑ 修正部门成本预算
执行预算			下达成本费用预算 ↓ 成本费用预算编制资料保存	执行预算

图 18-1 成本费用预算控制流程图

18.2.3 成本费用的执行控制

成本费用的执行就是在成本费用预算确定之后，企业制定成本费用的控制标准，由相关部门分配给各预算执行部门的具体目标和任务，这些目标和任务通常是根据企业的整体情况和部门情况进行分配的。此后在各部门的经济活动发生的过程中，大家都应当将其成本费用控制在预算开支之内。对于支出范围和标准，企业应当在预算之外同时规定弹性预算的具体标准和范围，弹性预算特别适用于不可控的成本费用部门。此外，超出预算的部门或项目，应当由当事人或部门与其他成本费用相关部门共同调查、分析超预算部分的原因，并及时采取相应的改进措施。

18.2.4 成本费用核算控制

成本费用的核算是指企业对各项经济活动中发生的各种成本费用在进行规范审核之后，对实际发生的成本费用进行详细计算、分配，然后由记账人员根据会计制度基本规范作出相应的账务处理。成本费用核算人员在核算的过程中应当注意：第一，成本费用的核算应当与客观经济事项一致，以实际发生的金额计价；第二，成本费用的归集分配保证重要性原则，成本费用应当与收入相配比；第三，注意成本费用的界限划分，核算方法的前后一致性。

成本费用核算流程如图 18-2 所示。

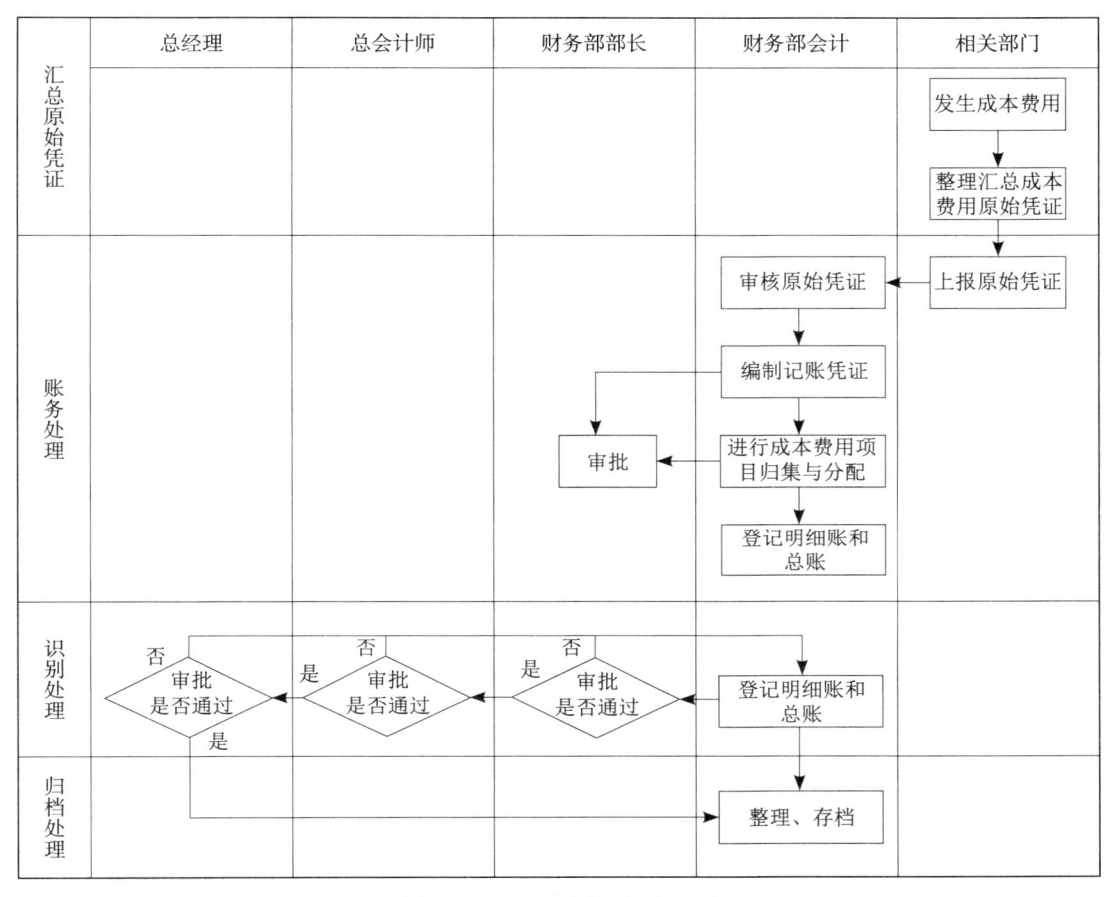

	总经理	总会计师	财务部部长	财务部会计	相关部门
汇总原始凭证					发生成本费用 → 整理汇总成本费用原始凭证
账务处理			审批	审核原始凭证 ← 上报原始凭证；编制记账凭证；进行成本费用项目归集与分配；登记明细账和总账	
识别处理	否／是 审批是否通过	否／是 审批是否通过	否／是 审批是否通过	登记明细账和总账	
归档处理				整理、存档	

图 18-2 成本费用核算流程图

18.2.5 监督检查（成本费用的分析与考核）

当企业的成本费用核算完成后，应当及时进行相应的总结工作，由审计部门、预算部门、财务部门等相关部门进行成本费用相关数据的收集，并加以分析。成本费用的分析应当包括与当期预算标准的对比、与上年同期执行情况的对比，找出存在的差异并分析差异原因，便于企业提出相应的改进措施以降低未来的成本费用，提高企业经济效益。

此外，企业应当制定相应的成本费用考核制度，通过各部门对成本费用的完成情况对相应的部门（人员）进行公平公正的考核评估，必要时作出相应的奖惩，从而激励员工积极主动地参与企业的成本费用控制。成本费用分析与考核流程如图 18-3 所示。

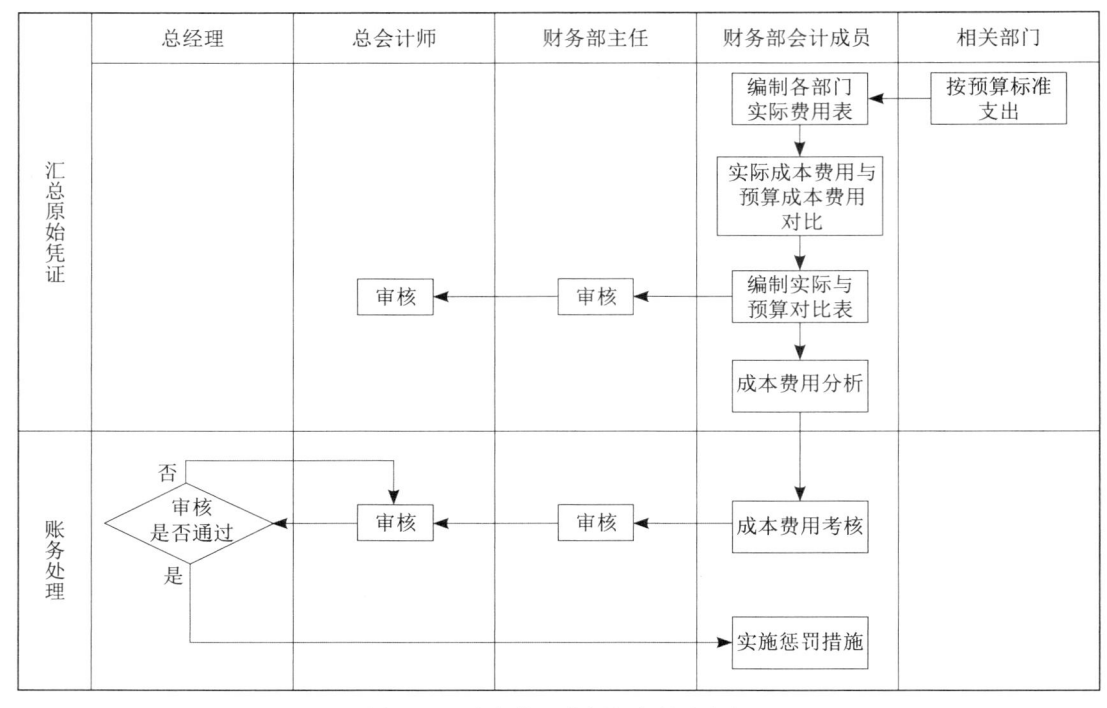

	总经理	总会计师	财务部主任	财务部会计成员	相关部门
汇总原始凭证		审核	审核	编制各部门实际费用表 ← 按预算标准支出 实际成本费用与预算成本费用对比 编制实际与预算对比表 成本费用分析	
账务处理	审核是否通过 否/是	审核	审核	成本费用考核 实施惩罚措施	

图 18-3 成本费用分析与考核流程图

从《企业内部控制具体规范第 9 号——成本费用》的角度，我们列举成本控制系统关键控制点见表 18-2。

表 18-2 成本控制系统关键控制点一览表

控制点	控制目标	控制措施
审批	保证生产业务是根据管理当局一般或特定的授权进行	生产计划部门下达生产指令，生产部门负责人核实生产指令；有关部门负责人签字批准领料单；工资、薪酬或佣金的授权批准
核算	保证记录的成本为实际发生的，而非虚构的	成本的核算以经过审核的以下原始凭证为依据：①经过生产部门负责人核实的生产通知单；②经过有关部门签字批准并由仓储部门核实签章的领发料凭证；③经过生产部门负责人审核及仓储部门核实的产量记录；④经过有关部门审核的工时记录；⑤经生产部门负责人审核的人工费用分配汇总表、材料费用分配汇总表、制造费用分配汇总表
记账	保证所有耗费和物化劳动均已反映在成本中	生产通知单、领发料凭证、产量和工时记录、人工费用分配表、材料费用分配表、制造费用分配表均事先顺序编号；成本核算员及时登记成本明细账
复核	保证成本以正确的金额，在恰当的会计期间及时记录于适当的账户	采用适当的成本核算方法，并且前后各期一致；采用适当的费用分配方法，并且前后各期一致；采用适当的成本核算流程和账务处理流程；稽核人员定期进行内部核查
保管	保证存货的安全、完整	存货保管人员与记录、批准人员职务相分离，相互独立
盘点	保证账面存货与实际存货定期核对相符	定期进行存货盘点，查明账面存货与实际存货差异原因，对存货的盘盈盘亏应经审批后及时处理

列举工薪控制系统关键控制点见表 18-3。

表 18-3 工薪控制系统关键控制点一览表

控制点	控制目标	控制措施
审批	保证工薪账项均经适当的授权	批准上工；工作时间特别是加班时间的授权批准；工资、薪酬或佣金的授权批准；代扣款项经过批准
考核	保证记录的工薪为实际发生的，而非虚构	工时卡经领班核准；用生产记录钟记录工时；绩效表现经有关部门授权考核；工资表由人事劳动部门制表并经审核
记账	保证工薪记录正确，核算真实	会计人员根据人事劳动部门提供的工资单制作工资分配表、汇总表，分摊工资费用
复核	保证记录的工时与支出的工薪相对应	稽核人员审核业务部门工时明细表与财务部门工资分配表和工资汇总表，误差报批后进行处理
审核	保证工薪的发放真实	会计主管人员审核工薪汇总表及所附原始凭证，并签章
结算	保证工薪的发放真实、合理	出纳或银行根据工资分配表发放工资，编制填写结算凭证及结算登记簿；代扣款项如期扣缴，并获得相关原始凭证
核对	保证账账相符，会计核算正确	非记录人员审核工时明细表、工资分配表、工资汇总表、工资费用分摊表、结算登记簿等，误差报批后进行处理

18.3 成本费用方面内部控制案例详解

1. Z 公司简介

Z 公司是我国西部地区一家以润滑油生产销售为主的实业公司，成立于 1995 年。Z 公司从 1997 年开始，在业务上按照新的营销策略，迅速扩大销量，当年企业销售收入从 200 万元跃升到 500 万元，职工人数从 9 人增加到 20 多人。2000 年，公司确立了以润滑油为主营业务、服务石油工业的产业多元化和专业化并举策略。公司现在可生产四大系列 600 多个品种规格的产品，并通过了 ISO 9001 质量体系认证、HSE（health 健康、safety 安全、environment 环境）认证。公司现有注册资本金 3 100 万元，员工 280 人，年营业总收入 7 000 万元。Z 公司拥有自己的企业技术中心，有专业的研发团队、分析检测中心，分析检测设备 50 台。公司有润滑油、润滑脂、化工产品生产分装车间五座，生产装置 14 套，分装设备 8 套，生产面积 3 500 平方米；库房面积 8 000 平方米，存储罐 40 个，存储能力 5 000 吨。Z 公司的服务范围涉及石油、机械、航空航天、汽车制造、重型机床、纺织、电子、矿山等行业，已发展成科技、生产、销售、服务为一体的集团化企业，在我国西部地区多个城市建立了配送中心和品牌形象店，享有西部地区著名润滑油公司的盛誉。

随着公司的不断发展，公司管理者对于内部管理问题的改进日渐重视起来，近年已自主研究了多个企业管理改进项目，对公司的发展壮大颇有帮助。目前，随着经济形势波动，市场竞争的日益激烈，Z 公司早已意识到成本费用控制对于提高企业效益的重要性，并处于不断改进的状态之中。

2. 成本费用现状

Z公司作为一家中型民营制造类企业，润滑油的生产与销售是其主要业务。近年来，随着工业智能化的推行，润滑油的市场前景也日益受到关注，但与此同时，也迎来了诸多国际知名油品公司的加入，原油价格持续波动，人工成本逐年上涨。对于Z公司而言，如何控制好润滑油的产销成本不仅决定其利润空间的大小，还决定其在润滑油市场中的地位及份额。

对于Z公司而言，成本费用的支出贯穿生产、销售以及管理的各个过程。目前公司主要的成本支出在技术、生产部门，费用支出来自业务部门和职能部门。Z公司具体的成本费用支出如图18-4所示。

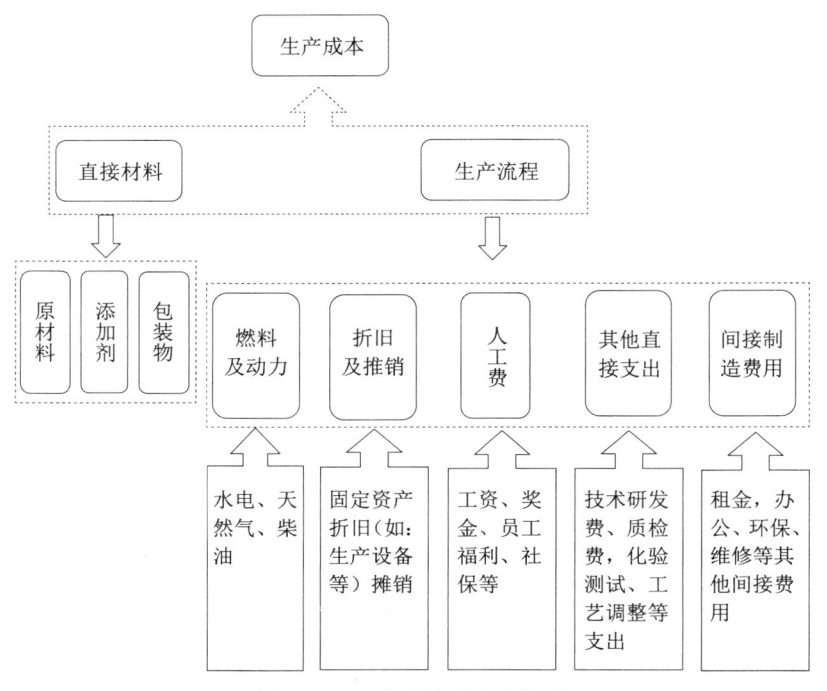

图18-4 Z公司生产成本构成

①Z公司生产成本，主要由直接成本和制造费用两个部分构成，其中直接成本可细分为直接材料、直接人工和其他直接支出，具体包括原材料、添加剂、包装物、各个生产线小组人工费及其他直接支出等。制造费主要来自生产运营管理及技术管理过程中发生的员工工资福利、办公费、租金、折旧、交通费、电费、修理费、燃料费及其他制造费用等。

②费用如图18-5所示，主要包括销售费用、管理费用、财务费用以及其他营业外支出费用等，其中销售费用包括销售人员的工资福利费、办公租金折旧费、修理费以及市场开发费、促宣费、客户服务、产品积压及销售折让等；管理费用包括管理部门、财务部门、物业部门人员的工资福利费、办公租金折旧费、修理费，以及公共福利、公司经费等；财务费用主要包括手续费、委贷利息收支、利息等与银行业务相关的费用支出；其他业务费用包括采购部门的员工工资福利、办公租金折旧费、修理费及其他相关费用，以及公司在科研项目、机械项目、合作单位等业务中发生的费用支出。

```
                            ┌──────┐
                            │ 费用 │
                            └──────┘
                               ▲
        ┌──────────┬───────────┼───────────┬──────────┐
   ┌─────────┐ ┌─────────┐ ┌─────────┐ ┌──────────┐
   │ 销售费用 │ │ 管理费用 │ │ 财务费用 │ │营业外支出│
   └─────────┘ └─────────┘ └─────────┘ └──────────┘
```

| 销售人员薪资福利、办公费、租金费、折旧费、维修费、运费、市场开发费、差旅费、交通费、促销费、宣传费、客户服务费、产品积压及销售折让费 | 职能部门员工薪资福利、办公费、租金费、折旧费、维修费、培训费、公关费、公开福利及公司经费等 | 手续费、委贷利息收支、利息及银行业务相关的其他费用 | 采购部门员工薪资福利、办公费、租金费、折旧费、修理费、接卸费、采购运费，以及公司科研项目、机械项目、合作单位等业务中的费用支出 |

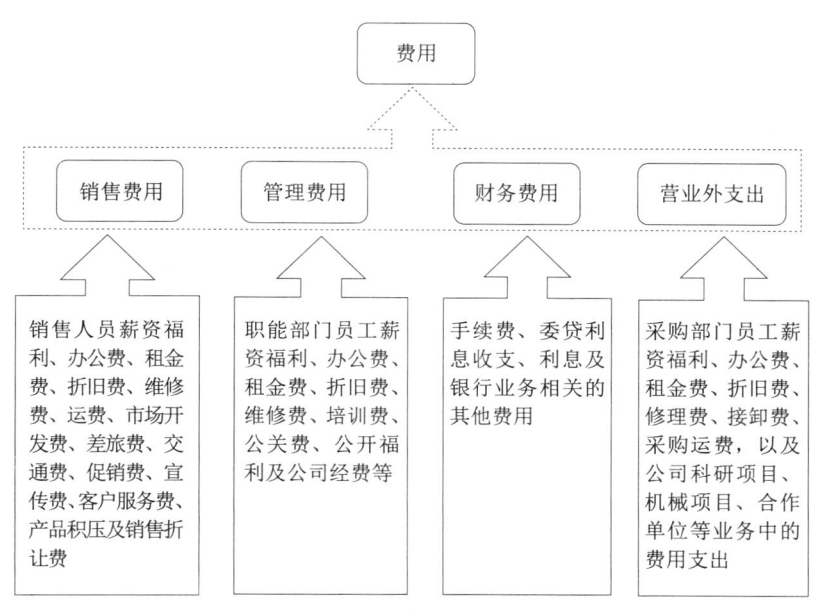

图 18-5　Z 公司费用构成

2013 年至 2015 年 Z 公司的成本费用占收入的比重在不断增长，其成本占收入的比重由 71% 上涨至 80%，而费用占收入的比重由 11% 上涨至 18%，而 2015 年成本费用的总和几乎消耗了公司每年收入的 98%，也就是说 Z 公司在这样的成本费用现状下，每年的获利空间非常小。每年 6 000 多万元的主营业务收入，却因为极高的成本费用占比，使得公司一整年的努力看似付诸东流。从财务指标成本费用利润率的角度来看，Z 公司近三年的成本费用利润率均在 1% 以下。成本费用利润率是财务管理中一项十分重要的指标，该指标表明每付出一元的成本费用可获得多少利润，体现了经营损耗所带来的经营成果，该指标越高，利润越大，反映企业的经济效益越好。而从 Z 公司的目前状况来看，其成本费用的支出并未对公司的经营效果起到推动的作用，如果不能够及时改变这一现状，Z 公司将很难在行业市场上站稳脚跟。

3. 成本费用控制制度

成本费用控制的目的不仅在于降低企业的成本费用，更是要帮助企业建立和保持行业市场中的长期竞争优势。Z 公司为了能够更好地发展，降低企业成本费用，提高经营效益，提升自身的竞争能力，自业务大量发展以来，公司管理层对于成本费用的控制一直较为重视，近三年来做了许多关于成本费用控制的改进。

目前 Z 公司在成本费用控制的相关规定中，内部控制的相关内容在成本费用控制相关文件规定中均有体现，从我国内控制度《企业内部控制具体规范第 9 号——成本费用》中提到的具体要求来看，Z 公司的成本费用内部控制目前主要体现在：岗位分工及授权审批根据"岗位职责说明书"的规定执行；成本费用预算控制根据"预算与费用控制管理规定（试行）"执行；成本费用执行控制根据"现金与报销管理规定"及"票据及凭证管理规定"执行；成本费用核算及分析考核则依据"财务管理规定"执行等。

从《企业内部控制具体规范第 9 号——成本费用》中的相关要求以及内部控制相关理论

可知，企业要想做好内部控制，最重要的一点是人员职责的分配问题，特别在财务工作中，不相容职责的岗位划分是规避内部风险的基本要求。

（1）不相容岗位职责分离

岗位职责划分方面，Z公司主要是通过"岗位职责说明书"和"现金与报销管理规定"进行了相应的规定，特别是针对部分业务流程的具体工作职责范围。目前规定中的成本费用相关流程涉及的岗位基本都能够达到不相容岗位的分离，其中：成本费用支出的申请由申请人提出，部门负责人审批，高管审批，财务会计审核票据，出纳人员支付相应款项。

（2）授权审批

成本费用内部控制过程中除了不相容岗位的细分，授权审批的控制也是十分重要，特别是对于大额的成本费用支出的控制。

Z公司在"预算与费用控制管理规定（试行）"中对授权审批进行了如下规定：机械项目、采购付款等由总经理审批授权；财务人员报账、各业务板块人员报账、基础油添加剂付款及10万元以上的外购付款、销售折让，以及月度付款计划由业务副总审批授权；包材、促销品、宣传材料采购等由总调度审批授权；小额采购、10万元以下的采购项目由采购经理审批授权；基建项目报销、生产设备改造等由技术副总审批授权等。但从目前的报销审批表来看，Z公司的授权审批制度仅仅是按照部门或项目划分给了不同的副总进行审批授权。

此外，因销售需要而产生的其他费用支出，如：季节性市场促销活动、针对特殊客户的特殊销售政策等，在年初销售政策中有预算、未超标的部分由板块负责人向财务部提交书面备案文件，报销时由板块负责人或经授权的销售支持部负责人决策；销售政策中没有预算、未体现的内容，尤其是超预算的促销活动，必须有书面计划并经主管副总组织评审后方可执行，否则财务部有权拒绝核销。对于各业务板块临时的客户拜访、节庆拜访等活动，必须事先提出申请及费用预算，经销售板块评审后上报主管副总，批准后方可进行。

（3）成本费用预算控制流程

对于成本费用的预算控制，Z公司在"预算与费用控制管理规定（试行）"中也进行了相关规定，包括预算的编制、审核、批准、汇总、确定、分配等一系列流程。整体规定可总结如下：

①每年年初由公司经营管理委员会汇总相关历史信息及未来可能存在的变化因素，提出新一年的战略计划，告知各个部门。部门根据上一年度的历史数据分析，制定本部门的费用支出预算。

②对于业务部门而言，每年初制定年度营销计划时，要按照公司的要求对年度销售业绩、拜访客户及产品毛利率、销售费用率等各项销售费总额进行预测；对销售费用进行分解，并尽可能明确费用控制目标、费用控制权限，尽可能制定年度计划预算方案，上交主管副总组织评审。

③生产部门则要参照生产计划，汇总各作业组业务量，预估燃料动力、机修、接卸、运费等重点指标数值，明确年度工作量、产量当量、费用率、摊销标准；技术质量部要根据业务目标预测化验、检测工作量，根据项目计划预测技术储备工作量；明确工时标准，化验、检测费用摊销标准，费用率标准；采购部、财务部以及管理部门同样根据上年度的相关历史

数据进行分析，结合未来的市场变化提出部门的费用支出预算。

④部门编制预算申请之后，交给财务部门进行审核，由相关领导和经营管理委员会共同进行讨论分析，联合财务部门提出相应的建议，交总经理初次审核；之后，再将审核意见及相关改动意见分发给各个部门，由部门进行修改，再次提交，由财务部门复核，交由经营管理委员会和总经理审批；审批通过之后，由财务部门确定成本费用预算的最终方案，并对各个部门进行成本费用目标分配，最终下达控制目标给各个部门，由部门控制执行。

⑤对于个别可能需要进行调整的预算支出，公司规定在执行中由于市场环境、经营条件、政策法规等发生重大变化，致使计划的编制基础不成立需要调整的应当由各部门向销售财务部提出书面报告，阐述财务预算执行的具体情况、客观因素变化情况及其对财务预算执行造成的影响程度，提出财务预算的调整幅度。没有预算的，各部门要坚决控制其发生，各主管副总要严格控制。对费用预算实行不可突破法，节约奖励。Z公司的具体成本费用预算控制流程如图18-6所示。

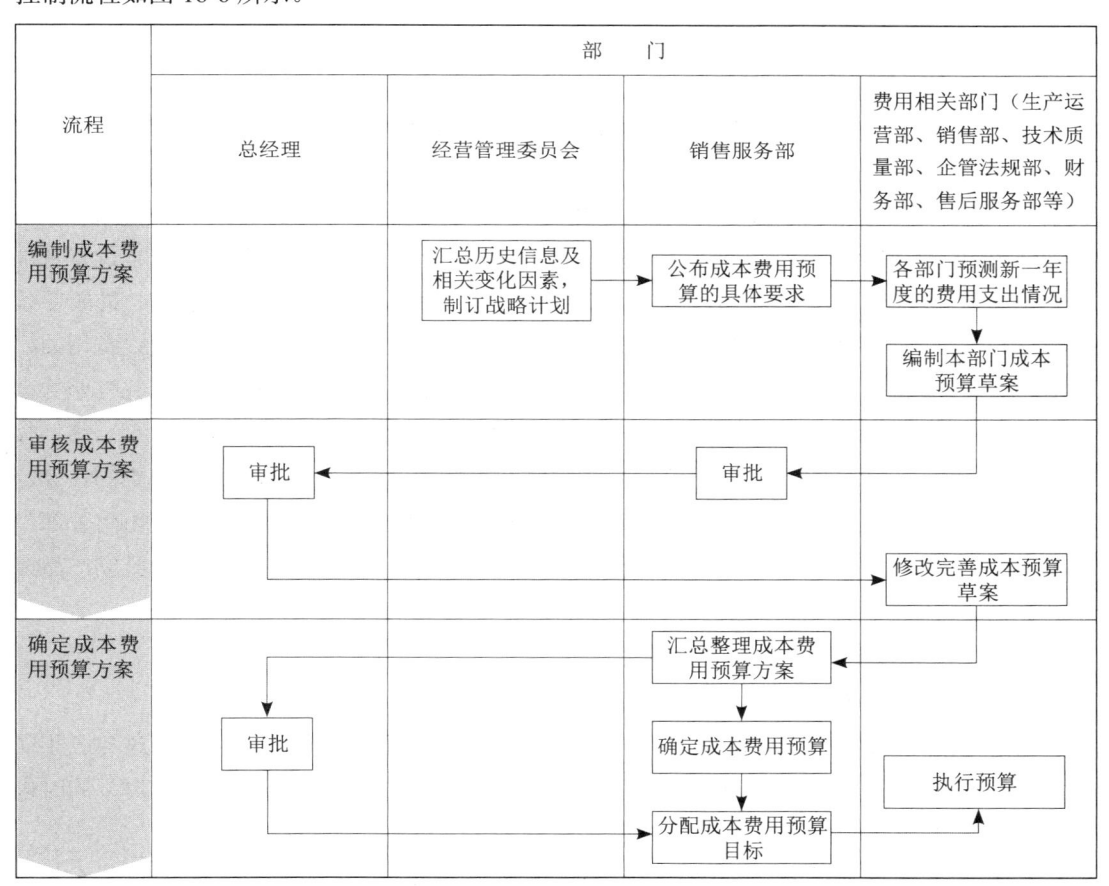

图18-6 Z公司成本费用预算控制流程图

（4）成本费用报销审批流程

在成本费用的报销审批流程中，Z公司的规定是由报销人整理单据，填写报销单，由部门负责人审核确认报销事项和金额的真实性、合理性，签证明，再由主管副总复核，最后由出纳复核票据事项的合规性等并予以报销。

在此过程中，对于出现超预算的情况，公司规定根据不同情况进行处理，如销售采购过程中出现的必须费用，通过书面申请及相关责任人的审批可以予以报销；对于其他预算外支出，财务部有权拒绝。对于额外的成本费用支出，规定称要记录在案并分析超额原因。

Z公司的成本费用报销审批流程如图18-7所示。

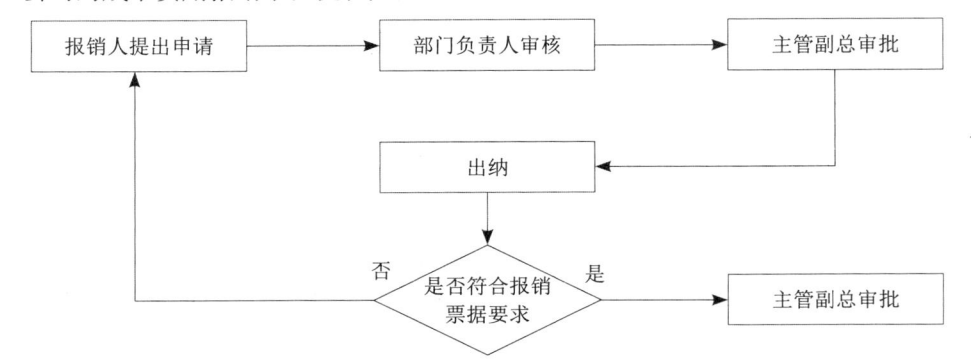

图 18-7　Z公司的成本费用报销审批流程图

（5）Z公司的成本费用核算

Z公司目前的成本费用分为销售费用、财务费用、管理费用、制造费用以及生产成本，其中，营销中心及业务部门发生的费用计入"销售费用"，技术中心发生的费用计入"制造费用"，职能部门的相关费用计入"管理费用"，与产品生产相关的支出计入"生产成本"。

公司主要采用"品种法和分步法"进行成本的核算。根据油品制造的生产流程设置基础油、添加剂、内燃机油、液压油、齿轮油、抽油机油、工业设备用油、润滑脂类、外购原装润滑油等九个成本中心，分别核算内燃机油、液压油、齿轮油、抽油机油、工业设备用油、润滑脂类、外购润滑油的完工成本（包括直接材料、直接人工和制造费用等），并按照约当产量法在完工产品和在产品之间进行分配，其中油品类成本通过"基本生产成本"科目核算，井下设备、测井设备等设备配件类成本通过"辅助生产成本"科目核算。成本的核算，目前是由生产部门、技术部门根据产品种类生成生产作业单，提交给财务部门，由财务部门根据既定的费用分配比例和方法进行制造费用的分摊，然后分配至各个产品，形成产品成本。成本费用核算具体流程如图18-8所示。

（6）Z公司成本费用的分析与考核

①成本费用的分析如下：

为了从已发生的成本费用支出中查找存在的问题及可改进的部分，Z公司通过与去年同期和本年预算进行比对，发现问题并及时调整，从事中对成本费用的支出进行控制，同时也为下一年度的成本费用预算提供参考。

目前，Z公司对成本费用分析的规定为，分别由各部门负责人对本部门每月、每半年、年度的成本费用支出情况进行分析；同时由财务部每半年、年终对公司整体成本费用支出进行年度分析，同时进行业绩核算，对各部门在各个环节发生的费用支出进行汇总。

②Z公司成本费用考核如下：

成本费用预算的考核不仅是对预算执行效果的一个认可过程，同时也是对过去一年数据的总结。建立完善的成本费用考核体系，不仅能够对公司年度成本费用支出的具体情况了如指掌，同时也是对员工工作的一种认可。好的考核体系搭配相应的奖惩措施，能够使得员工在未来的工作中更加重视成本费用的控制，同样有利于激励员工积极主动地参与到公司的成本费用控制活动中去。

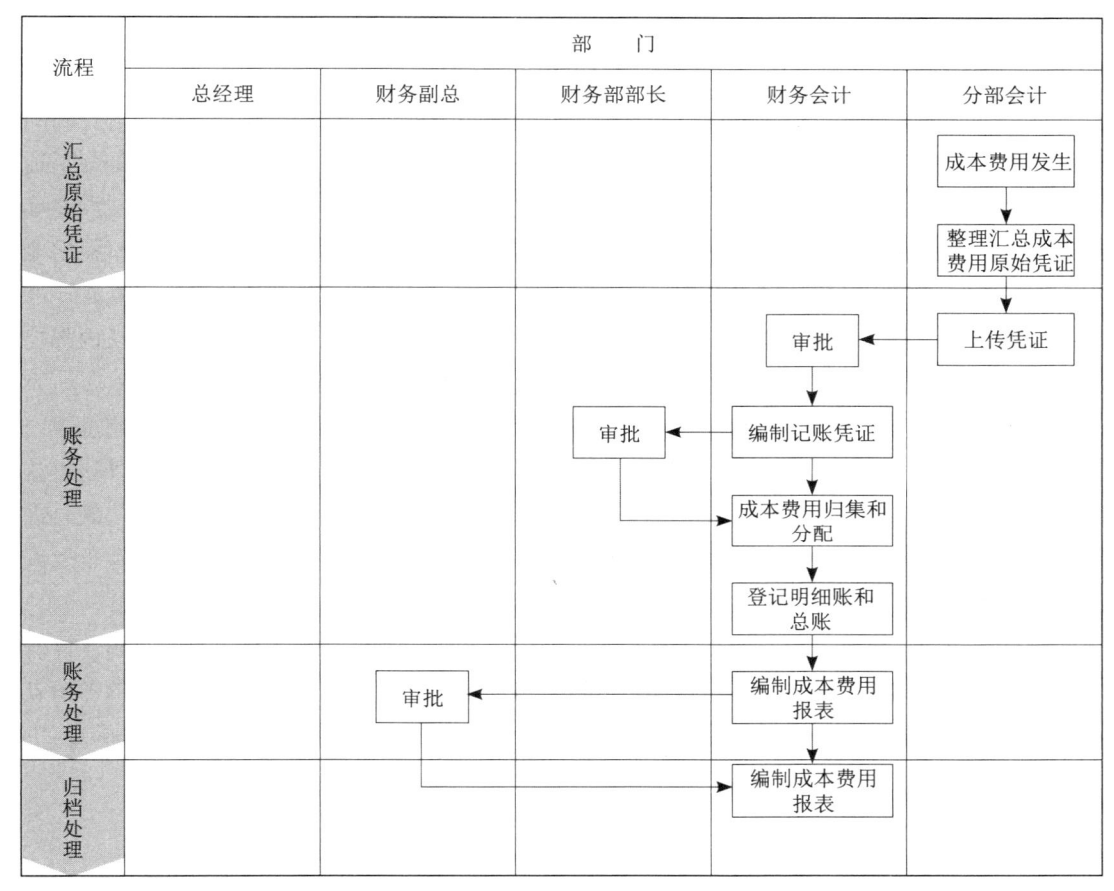

图 18-8　Z 公司成本费用核算具体流程图

Z 公司目前的预算考核采取月度、季度、年度考核方式进行动态考评，每期预算执行完毕应及时进行相应的考核。以预算目标为基准，根据预算与执行结果的差异水平对各预算责任部门的执行情况进行评价，评价结果作为各部门负责人年度工作业绩考核的重要依据；同时对于不同部门的考核制定了相应的模板，能够更加科学地对不同部门的成本费用支出情况进行把握。表 18-4 是摘录的 Z 公司生产部门加工组成本费用考核的相关模板。

表 18-4　Z 公司生产运营部加工组成本费用考核模板

考核指标（权重）	权　　重
人数	
人均有效工作量	0.35
加工组费用分摊标准	0.15
无法分摊的费用比例	0.3
加工组分摊后费用总收入比	0.2

4. 成本费用控制制度评价

从以上六个方面对 Z 公司制度及流程的介绍不难看出，Z 公司在成本费用控制的基本制度及流程设计方面还是较为完善的，特别是对于授权审批和成本费用预算的编制、执行以及分析考核，但是从内部控制的角度来讲，似乎这些制度的执行缺乏一定的保障措施，即监督及奖惩。

首先，制度是为了达成某一目标而为特定的人群制定的行为规范，成本费用内部控制制度的制定就是为了降低企业的成本费用水平，提高企业的运营效率，具体的目标便是为了达到企业的成本费用预算，但是从 Z 公司在成本费用预算方面的相关制度来看，似乎并没有具体地规定成本费用预算的编制要求。从部门的角度来讲，没有专业的财务知识，很难科学地编制合理的成本费用预算。同样，在预算执行的过程中，没有好的内部控制环境做基础，严格的监督体系做保障，很难做到全员控制，控制执行效果也就很难保证了。因此，从内部控制的角度来说，Z 公司目前的成本费用控制制度和流程的设计还存在一定的缺陷。

其次，从 Z 公司的报销流程和授权审批规定来看，公司在成本费用报销方面的制度规定做得还不够具体。目前，仅仅对于采购方面进行了金额的具体规定，10 万元以上的外购付款由业务副总审批，10 万元以下由采购经理审批，而其他部门的任何支出报账均由部门副总进行审批。而授权审批作为控制活动中的一项重要措施，只有明确了具体的授权范围及审批流程才能够保证控制措施的执行效果，最终达到控制的目的。

最后，公司在核算方面的规定比较科学。但是从最后的考核制度来看，成本费用预算控制在考核指标中的偏重点在于部门费用的分摊，虽然从管理会计的角度来讲，这样的考核方法能够帮助员工提高工作效率，但从成本费用控制目标的角度来讲，其效果未必令人满意。

第 19 章
利润方面的内部控制

19.1 利润方面内部控制概述

19.1.1 利润控制的内容

利润控制的内容主要包括利润总额控制、净利润控制、利润构成控制和利润分配控制。

1. 利润总额控制

利润体现了企业的综合经济效益,它反映企业生产经营活动、投资活动和非生产经营活动的成果,同时反映企业的成本费用情况。利润总额是企业在一定时期内实现盈亏的总额,集中反映企业生产经营活动各方面的效益,是企业最终的财务成果,是衡量企业生产经营管理的重要综合指标,也是国家考核企业经济效益最常用、最主要的综合经营指标之一。利润总额若为正数,则表示企业为盈利企业;若为负数,则表示该企业为亏损企业。如果亏损的企业不能够及时消除不利因素扭亏为盈,最终将难以逃脱破产或者被兼并的悲惨命运,因此,企业要对利润进行财务控制,首先要把握对利润总额的控制。任何一个单位在生产经营活动中都不可能失去利润总额这一重要经济指标的财务控制。

2. 净利润控制

企业的净利润为利润总额减去所得税后的余额,净利润计算公式为:

$$净利润 = 利润总额 - 所得税$$

因此,对净利润进行控制主要就是要对所得税进行控制。按现行财务制度规定,企业利润总额按照国家规定的调整项目作相应调整后,要依法缴纳所得税。所得税是对企业生产经营税前所取得的经营所得征收的一种税收。所得税的负担主要取决于纳税人有无所得和所得多少,实行所得多的多征、所得少的少征、无所得的不征的原则,税负不易转移,符合公平负担原则。

3. 利润构成控制

企业的利润就其构成来说,既有通过生产经营获得的,也有通过投资活动获得的,还包括那些与生产经营活动无直接关系的事项所引起的盈亏。根据我国《企业会计准则》的规定,企业的利润总额一般包括营业利润、投资净收益、营业外收支净额等。

营业利润来自企业生产经营活动的经营成果,由主营业务利润、其他业务利润和期间费用构成。主营业务利润是指企业经营活动中主营业务所产生的利润。其他业务利润是指企业经营主营业务以外的其他业务活动所产生的利润。主营业务利润与其他业务利润之和再减去期间费用为营业利润。

投资净收益是企业向外投资所获得的投资收益扣除投资损失后的余额。投资收益包括对外投资分得的利润、股利和债券利息、对外投资到期收回或者中途转让取得款项高于账面价值的差额，以及按照权益法核算的股权投资在被投资单位增加的净资产中所拥有的数额等。投资损失包括对外投资到期收回或者中途转让取得款项低于账面价值的差额，以及按照权益法核算的股权投资在被投资单位减少的净资产中所分担的数额等。

营业外收支净额是指与企业的生产经营活动无直接关系的各项收支，它虽然与企业生产经营活动没有多大关系，但从企业主体来讲，同样会带来收入或形成企业的支出，也是增加或减少利润的因素，对企业利润总额产生较大的影响，因此在控制中也应引起重视。

4. 利润分配控制

利润分配是指企业依法对税后利润的用途所做的安排。企业年度净利润，除法律、行政法规另有规定外，按照以下顺序分配：

（1）弥补以前年度亏损

（2）提取 10% 法定公积金

法定公积金累计额达到注册资本 50% 以后，可以不再提取。

（3）提取任意公积金

任意公积金提取比例由投资者决议。

（4）向投资者分配利润

企业以前年度未分配的利润，并入本年度利润，在充分考虑现金流量状况后，向投资者分配。属于各级人民政府及其部门、机构出资的企业，应当将应付国有利润上缴财政。

国有企业可以将任意公积金与法定公积金合并提取。股份有限公司依法回购后暂未转让或者注销的股份，不得参与利润分配；以回购股份对经营者及其他职工实施股权激励的，在拟订利润分配方案时，应当预留回购股份所需利润。企业弥补以前年度亏损和提取盈余公积后，当年没有可供分配的利润时，不得向投资者分配利润，但法律、行政法规另有规定的除外。

必须指出，从提取盈余公积金开始，到向普通股股东分配利润为止，所有这些工作都属于公司利润分配的范畴。对于公司而言，真正可以自主决策的部分是可供投资者分配的利润。对这部分利润的决策，是企业利润分配工作的重点。

利润分配工作关系企业各个股东之间的利益安排，关系国家、股东、债权人、经营者和员工等各方面相关者的利润安排，关系企业的长远发展和社会形象，因此，企业必须认真、稳妥地进行利润分配的各项工作。

19.1.2 利润控制的特点

1. 利润控制是企业经营管理的综合反映

企业实现的利润是企业生产经营成果的综合反映，包括企业经营过程中的营业利润、投资收益和营业外收支净额等，它实际上是生产经营活动和理财活动的效率与效益的综合表现，因此利润不仅是企业经营管理水平、获利水平高低的标志，而且是考核、衡量企业经营成果与效益的综合尺度。而为了保证目标利润实现所进行的利润控制也综合反映了企业管理层的经营管理水平。

2. 利润控制要体现投资者的权益

投资者对企业投资的最终目的是取得投资收益,因此企业取得的利润首先应按国家规定的税率缴纳所得税,其次按规定提取公积金,最后剩下的就是投资者的权益,投资者有权作出用于发展企业或分配利润的决定。所以,企业管理层在制定利润分配的控制措施时,除了要综合考虑企业发展的需要,更重要的是,要充分尊重投资者的意愿,并体现投资者的权益。

3. 利润控制具有可变性

企业从事产品生产经营活动,取得一定的营业收入,与产品生产经营过程中耗费的成本费用相抵减后,就是企业某一时期的利润额,因此,利润额是一个综合性指标,受多种因素的影响。例如,营业收入受市场供求关系、产品质量信誉、流转税负等因素的影响;成本费用又受原材料价格、企业管理水平、企业生产技术水平等因素的影响。这些因素又受其他因素(如国家经济政策、社会环境等)的影响。综合这些主观、客观影响因素,企业的利润额往往不会一成不变。一个盈利企业可能因为市场因素或管理水平跟不上社会的发展而变成一个亏损企业;相反,一个亏损企业可能因为加强管理,改变策略或生产适销对路的产品而转为盈利企业。总之,企业利润随着企业生产经营状况的好坏而相应地升降,具有明显的可变性。相应的,企业对利润进行财务控制也具有明显的可变性。

19.1.3 利润控制的目标

1. 保证目标利润的实现

目标利润是企业在未来一定时期内通过努力应当达到的利润水平,是企业经营业绩的最终目标,也是企业全体人员和全体部门共同奋斗的目标。通过最优目标利润的制定,一方面可以明确目标,使企业全部经营活动围绕目标利润有效地展开;另一方面可以为企业经营成果的考核提供标准。

企业应当在分析产品的市场结构情况、自身的生产技术条件和材料供应状况等具体条件的基础上,通过对产品的销售量、价格、成本等情况进行分析测算,合理地制定目标利润,只要保证目标成本和目标经营收入的实现,就能够实现单位的经营业绩目标。

2. 保证利润构成的合理性

企业利润主要由营业利润、投资净收益、营业外收支净额和补贴收入构成。企业在利润控制过程中要合理安排其收入来源,以保证利润构成的合理性,即一般情况下,营业利润这一指标能够比较恰当地代表企业管理者的经营业绩,是利润的主要构成内容,在利润总额的构成中应该占主要地位。

对于工业企业来说,对外投资业务不是其主要业务,因此投资净收益在利润总额的构成中所占比例不宜太大(但对于专门从事对外投资业务的企业来说,投资净收益在企业利润构成中的比例就应该占主要地位),营业外收支净额与企业的生产经营活动无直接关系,在利润总额中的比例只应占较小的比例,补贴收入通常不应作为企业利润的重要来源。

3. 保证利润分配的合法性和合理性

由于利润分配涉及各方面的利益关系,因此各国法律都对企业利润分配问题有着详略程度不同的规定。《中华人民共和国公司法》《企业财务通则》《中华人民共和国证券法》等也都对企业利润分配的各个项目和程序作了明确、具体的规定，因此，遵守国家的财经法规是企业进行利润分配工作的前提。

对缴纳所得税以后的利润，企业必须按照规定的项目和程序进行分配；同时，向股东分配利润时，必须考虑全体投资者的利益，保证资本金的完整，不得用资本金支付股利，也不能影响企业的偿债能力，即要合理处理股东当前利益和企业长远发展之间的关系。

4. 保证企业依法纳税和合理节、避税

在企业的利润构成中，税收是较大的一块抵减项目。实现企业最大限度的投资收益，是企业经营理财的外显目标，但税收的无偿性使企业财务目标实现与国家征税制度产生了不能消除的矛盾，因为纳税就意味着企业既得利益的损失，因此，企业必须在遵守税法及其他法规的前提下，对自身的经济活动进行事先的筹划和安排，以达到涉税零风险与减轻税收负担的目的。

这里的涉税零风险，是指纳税人首先必须依法纳税，要做到账目清楚，纳税申报正确，缴纳税及时、足额，以避免因行为不合法而遭受税收方面的处罚，而减轻税收负担则是在实现涉税零风险基础之上尽量少缴税。

19.1.4 利润控制的原则

1. 维护股东利益、保证企业可持续发展

股东利益是企业最重要的利益，企业的利润分配通过留存收益和分配股利的方式，维护股东的当前利益和长远利益。企业的留存收益能够为企业的再投资提供资金来源，保证企业的长远发展，从根本上代表股东的长远利益；分配股利代表股东的当前利益。由于留存收益与分配利益之间的矛盾性，企业要合理地确定两者之间的比例关系，在维护股东当前利益的基础上保证企业的长远发展。同时，利润分配要兼顾经营者与员工的利益，充分调动经营者与员工的积极性，促进企业可持续发展。

2. 科学预测、合理规划

企业在规划最优目标利润时，要综合分析和预测销售情况，如产品价格、生产成本、生产能力和产品结构等因素对目标利润的影响，合理地制定目标利润。过高的目标利润，超出企业的实际能力，不具有可行性；过低的目标利润，企业可以轻易实现，不利于调动企业员工的积极性，失去了制定目标利润的意义。因此，目标利润规划要以企业的实力为基础，综合分析各方面因素，保证目标利润的合理性。

3. 开源节流、讲求实效

企业应采取各种措施增加利润，提高经济效益。一方面从企业内部出发，优化资源配置，加强资产管理，控制并降低产品成本、期间费用，不断降低利润的抵减项目；另一方面从市场的角度出发，确保产品质量，调整产品结构，不断推出新产品，采取合理的营销策略，开拓市场，不断提高企业的收入水平。

4. 促进资本结构优化

公司的股利政策可以直接影响其资本结构，而合理的资本结构对企业生产经营和资金周转起着重要的促进作用，因此股利政策的制定必须有利于资本结构的优化。

如果公司的资产负债率过高，或者具有良好的投资机会，公司可以少分甚至不分现金股利而保留较多的现金，以降低财务风险，满足投资需要；反之，如果公司的资产负债率过低，则可以派发较多的现金股利，同时考虑增加负债，以提高企业的财务杠杆。合理的资本结构可以在一定的风险范围内使公司的资本成本达到最低，从而提高公司价值，保证公司的持续健康发展，最终实现股东利益最大化的财务目标。

5. 保持股利政策相对稳定

稳定的股利政策有利于塑造公司持续稳定发展的良好形象，从而提高投资者和社会各方对公司发展的信心，并有利于上市公司股价的稳定。同时，股利收入是一部分股东生活和消费经费的来源，持续稳定的股利政策有利于保证该部分股东的正常生活，因而对他们有较大的吸引力。所以，公司应尽量采取相对稳定的股利政策，避免股利发放水平的大起大落，只有确信在未来能够维持新的、更高的股利水平时，才提高股利。

6. 合法合规

企业各项税收的缴纳必须遵守国家的财经法规，即企业的纳税筹划必须是在遵循税法及其相关法规，以及符合政府的法律政策导向的前提下进行的。

另外，国家的财经法规对企业利润分配的顺序和原则也作了规定，企业的利润分配必须严格遵守这些法规的规定。企业在依法缴纳所得税后，需严格按照规定的利润分配顺序对税后利润进行分配，按法定比例提取盈余公积金；进行股利分配时，必须保证资本金的完整，不得使用资本金支付股利，也不得影响企业的偿债能力。

19.2 利润方面的主要内控措施

19.2.1 目标利润控制法

目标利润的预测建立在销售预测的基础上，存在很多可变因素，因此，企业制定目标利润后，要对影响目标利润的各项因素进行控制。企业的计划、生产、销售、技术和财务等各部门应通力合作，采取各项措施，增加企业利润，保证目标利润的实现。

企业增加利润的措施有以下几个方面。

1. 确保产品质量

产品质量是企业信誉的基础，是企业生存与发展的保证。企业应将质量管理纳入企业的战略管理，根据市场的变化制定质量战略，包括制定质量方针、质量目标和质量规划等。在制定质量战略的基础上，企业还应建立和实施质量管理体系，采用科学的方法和先进手段，保证各项活动有组织、有计划、高效率的开展。良好的产品质量将大大增加企业的竞争力，提高企业的市场占有率，增加销售收入，有助于目标利润的实现。

2. 不断开发新产品

开发适销对路的新产品，是企业占领市场和扩大销售收入的重要途径，也是企业实现目标利润的重要手段。企业应建立高效的新产品开发系统，认真策划和实施新产品的开发计划,并根据市场情况和环境的变化,对新产品的开发作出调整。

3. 改进营销策略

营销策略是影响企业利润的一个重要因素,它包括四个方面:产品策略、定价策略、分销策略和促销策略。企业应在制定合理的产品策略的基础上,通过调整产品价格,选择适当的销售渠道,加强广告宣传,利用多种促销方式,使用公关营销、人员销售等手段提高市场占有率,树立产品形象,增加产品销售量,以提高企业利润,保证目标利润的实现。

4. 控制成本费用

控制成本费用是实现目标利润的重要手段。根据成本性态的不同,企业的成本控制可以分为变动成本控制和固定成本控制。

变动成本控制可以从以下几方面进行:

①加强材料质量控制,改进和优化材料的采购、收发、验收、挑选、分拣等一系列工作过程,保证材料的质量。

②不断改进新产品设计、工艺,改进操作方法。

③提高材料利用率,节约材料消耗。

④提高生产设备利用率,充分发挥现有设备的能力。

⑤提高产品的合格率,减少修复费用,减少生产过程中的废品损失和停工损失。

固定成本控制可以从以下几方面进行:

①企业应对销售费用、管理费用和财务费用中属于固定成本的部分,编制相应的预算,并随时反映和监督各项费用预算的执行情况。

②企业应审核费用支出是否符合开支范围和开支标准。

③建立费用的审批制度,严格规定各种费用的审批单位和审批权限。

5. 优化资本结构

优化资本结构是指合理确定企业资金来源中负债与股东权益之间的比例关系。在盈利状况较好、现金流充足的情况下,企业可以适当地提高负债比例,以降低资金成本,充分发挥财务杠杆的作用,增加企业利润。

6. 增加和改善现金流量

现金流量的增加和改善,能够增加企业的利润额,有助于目标利润的实现。一方面,企业可以通过编制合理的资金预算,控制现金的流入和流出,保证企业的资金需要;另一方面,企业可以通过控制应收账款和压制存货,调节企业的现金流量。

在企业的利润构成中,一般情况下,营业利润所占的比重最大。现通过营业利润中的产品销售利润来介绍目标利润控制的几种方法:比率分析控制法、利润增长比率控制法、本量利分析控制法、比例控制法、利润分配控制法。

19.2.2 比率分析控制法

企业的利润额与销售收入、资金占用情况紧密相关,财务分析中用专门的比率式如销售利润率等表示这种关系。比率分析控制法是利用销售利润率、资金利润率等比率式预测目标利润的一种方法。

1. 销售利润率法

销售利润率是企业的销售利润与销售收入的比值，反映销售收入和销售利润之间的关系，它表明每一元销售收入的实现可以得到多少销售利润。企业根据销售利润率的比例式预测目标销售利润。

目标销售利润 = 计划期销售收入总额 × 基期销售利润率 ×（1 ± 变动百分比）

其中，计划期销售收入总额是企业根据计划期的市场供求趋势、本企业产品的销售单价、推销活动、产品改进和分销途径等方面的计划安排预测所得；基期销售利润率是以基期的实际比率为基础，根据计划期的相关预测资料调整所得。

资金利润率是利润总额与平均资金占用的比值，表明每一元的资金占用可以产生多少利润，反映企业资金占用与财务成果之间的关系。

2. 资金利润率法

企业资金分为流动资金和固定资金。固定资金一般采用固定资产原价或固定资产净值的平均余额；流动资金可以采用全部流动资金的平均余额。

预测目标利润的计算公式为

资金利润率法目标利润 = 计划期平均资金占用 × 基期资金利润率 ×（1 ± 变动百分比）

其中，计划期平均资金占用是计划期内平均资金占用的预测额；基期资金利润率是以基期的实际比率为基础，根据计划期有关因素的变动调整后所得。

【例 19-1】A 公司 20×8 年的资金利润率为 10%，预计 20×9 年的资金平均占用额为 8 000 万元，预计 20×9 年的资金利润率与 20×8 年相同，求 20×8 年的目标利润。

目标利润 = 8 000 × 10% = 800（万元）

19.2.3 利润增长比率控制法

利润增长比率控制法是利用企业基期发生的实际利润额和过去若干年间利润平均增长幅度，并全面考虑未来影响利润的有关因素变动情况，来预测目标利润的一种方法。

目标利润 = 基期利润总额 ×（1+ 利润增长百分率）

【例 19-2】A 公司 20×8 年度实现利润 100 万元，过去连续数年间的利润平均增长率为 8%，预计 20×8 年企业利润增长可以较过去年度增加 3%，求 20×9 年度的目标利润。

目标利润 = 100 ×（1+8%+3%）= 111（万元）

19.2.4 本量利分析控制法

本量利分析控制法是研究成本、销售量和利润三者之间相互关系的一种方法，这种方法以研究成本对销售量的依存关系为基础，因此也称成本性态研究。将成本依据形态分类，本量利之间基本的关系式如下：

1. 基本损益等式

利润 = 销售收入 − 总成本
　　 = 销售收入 −（变动成本 + 固定成本）

= 单价 × 销售量 – 单位变动成本 × 销售量 – 固定成本

=（单价 – 单位变动成本）× 销售量 – 固定成本

根据这个公式，可以预测目标利润，其中，销售量根据以前经营年度的企业销售量水平和市场供求状况预测得出；单价是根据国家的价格政策和产品的市场供求情况制定的；单位变动成本和固定成本依据企业有关的成本、费用的资料确定。

【例 19-3】 A 公司生产一种产品，单价为 20 元，单位变动成本为 12 元，预计计划期销售产品 5 000 件，固定成本为 4 000 元，求计划期内目标利润。

将有关数据代入上述公式，可得：

目标利润 =5 000 ×（20-12）- 4 000=36 000（元）

基本损益方程式变形后，可以得出实现目标利润的产品销售量的计算公式为

目标利润销售量 =（目标利润 + 固定成本）÷（单价 – 单位变动成本）

其中，单价减去单位变动成本后的余额称为单位边际贡献。

边际贡献总额是指产品销售收入超过变动成本的部分。边际贡献首先弥补固定成本，如有再剩余，则成为企业的利润；如仅能弥补固定成本，则利润为零，表明企业处于盈亏临界状态，产品的收入只能保本；如不足以弥补固定成本，则表明企业处于亏损状态。

假设例 19-3 中，A 公司计划期目标利润 80 000 元，计划期单位变动成本、固定成本均不变，求实现目标利润需要的产品销售量。

目标利润销售量 =（80 000+4 000）÷（20-12）=10 500（件）

2. 盈亏临界点的销售量

盈亏临界点是企业的收入与成本相等时的状态，此时边际贡献全部弥补固定成本，利润确定盈亏临界点销售量时，只要将求目标利润销售量公式中的目标利润计为零即可。

盈亏临界点销售量 = 固定成本 ÷（单价 – 单位变动成本）

= 固定成本 ÷ 单位边际贡献

盈亏临界点销售量是企业经营需要达到的最低销售水平。在这个销售量上，企业收入仅可以弥补固定成本和变动成本，没有盈利；只有超过这个销售量，企业才会盈利。

企业的正常销售额超过盈亏临界点销售额的部分称为安全边际，安全边际的边际贡献完全是利润，只有安全边际才能为企业提供利润。

因此，利润计算公式也可表示为

利润 = 安全边际 × 边际贡献率

【例 19-4】 A 公司生产某产品，其单位变动成本为 20 元，固定成本总额为 40 000 元，市场上该产品售价为 25 元。

①求 A 公司的盈亏临界点销售量；

②若预计销售 9 000 件，求其安全边际与目标利润。

解：

①盈亏临界点销售量 =（0+40 000）÷（25-20）=8 000（件）

②安全边际 =（9 000-8 000）×（25-20）=5 000（元）；边际贡献率 =（25-20）÷25=20%；

目标利润＝（25-20）×9 000-40 000=5 000（元）

综上，用本量利预测目标利润时，可以用以下公式计算：

目标利润＝销售收入－（变动成本＋固定成本）

＝（单价－单位变动成本）×销售量－固定成本

＝单位边际贡献×销售量－固定成本

＝安全边际×边际贡献率

19.2.5 比例控制法

比例控制法是指企业根据其所处的行业，在利润控制的过程中，不断使这些比例向更有利于企业发展的方向发展，以保证企业各期利润持续稳定发展的能力，这里的比例是指利润的各构成要素（营业利润、投资净收益和营业外收支净额等）在利润中所占的比例。

1. 营业利润

营业利润是企业在一定时期内获得利润中最主要、最稳定的来源，它预示企业盈利能力的高低和稳定程度，所以，这一部分利润额在利润中所占比例的大小和前后各期的变动趋势对于保证企业的长期利润质量至关重要。一般情况下，这一比例应在80%以上，所以，为了保证利润的质量，企业在利润控制过程中要时刻注意调整相关的经营政策，保证营业利润在利润中所占的绝对优势比例。

营业利润作为利润主体，又由主营业务利润、其他业务利润、财务费用、管理费用、销售费用等因素构成，其中，主营业务利润应是企业利润形成的主要来源，这样才能说明企业的经营业绩好，盈利水平高。但是，如果一个企业不能严格控制成本，降低各项费用，即便有再高的主营业务收入，也会被成本费用所侵蚀，不能形成较高的主营业务利润，所以较高的利润取决于企业扩大销售规模和严格的成本费用控制。如果一个企业的主营业务利润较小，甚至亏损，企业应从自身的生产规模、销售规模、成本费用控制上找原因，只有找准原因，才能采取相应措施，改变亏损局面，提高主营业务利润。企业可以通过采取措施增加主营业务利润或缩减费用来保证营业利润持续增长。

2. 投资净收益

投资净收益是企业对外投资如债券投资、股票投资中取得的收益扣除损失后的净额。债券投资，风险相对较小，收益相对较低但较稳定；股票投资，特别是短期股票投资，风险较高，收益也较高但不稳定，会给企业带来较大的风险。当一个企业的投资收益成为利润主要来源，即在利润中占较大比重时，则意味着企业潜伏着较大风险，因为企业花费了主要人力、财力、精力去精心经营的主业，其取得的利润还不能高于对外投资取得的收益，这是值得企业深思的问题。作为企业，经营目标不能也不应该立足于冒着极大风险去追求最大收益，但是企业也不能因为有风险而放弃投资，对于它应占的比重，则应区分投资目的进行分析。如果企业只是将暂时闲置的资金用于投资以获取短期收益，因其短期与非经常性而不应在利润总额中占较大比重；如果企业出于长远的经营战略考虑，进行长期的股权或债券投资，则因其长期性和对未来获利能力的相关性，其投资收益应该在利润总额中占一定的比例。事实上，盈利能力质量高的企业，其投资收益往往能够保持一定的水平。

从财务管理角度看，任何经营都应以相对较低风险取得相对较高收益，这就要求企业的对外投资应从量和质两方面把关。量即对外投资总量要适度，应根据投资报酬、经营目标、市场规模、产业政策、筹资能力、自身素质等确定合理投资规模。质即对外投资应控制风险，提高收益，这就需要权衡投资的收益和风险关系，进行组合投资，以提高投资收益，分散和弱化投资风险。主业不主是我国上市公司长期存在的症结之一，在业绩大幅提升的上市公司中，也有部分是依赖投资收益获得大幅增长的。

3. 营业外收支净额

营业外收支净额是企业在非生产经营中取得的所得，如固定资产出售、盘盈、罚款收入等，这些都带有很大的偶然性。营业外收支净额大，可以增加企业的总利润，但不能说明企业的经营业绩好，相反收支净额为负数时，则应引起管理者的重视，分析造成的原因。如果主要是固定资产盘亏、企业经营中违约支付赔偿金和违约金造成的，那么，管理者应采取相应措施，加强管理，杜绝不必要的损失发生。所以，在企业的利润控制中，营业外收支净额在利润总额中的比例也应该较小。

19.2.6 利润分配控制法

企业在制定利润分配政策时，不应该只考虑企业内部的意见，还要估计外界环境的要求。

1. 制定合理的利润政策

利润政策，也称股利政策，是指税后收益在股东所得股利和留存收益之间进行合理分配的策略。提高留存收益比例使企业有较多的发展资金，减少外部融资，降低融资成本，但是，提高留存收益比例必然降低股利支付率，减少股东的收益，致使股票价格下降，企业形象受损。

而提高股利支付率，企业留存收益减少，影响企业未来的发展。因此，如何制定股利政策，选取何种股利政策对企业的发展至关重要，也是管理层追求的终极目标。

一般而言，利润政策主要有以下几种：

（1）剩余股利政策

剩余股利政策是指企业生产经营所获得的税后利润首先应较多地考虑满足企业投资项目的需要，即增加资本或公积金，只有当增加的资本额达到预定的目标资本结构（最佳资本结构）时，才能派发股利。这种股利政策的优点是有利于优化资本结构，降低综合资本成本，实现企业价值的长期最大化；其缺点表现在，使股利发放额每年随投资机会和盈利水平的波动而波动，不利于投资者安排收入与支出，也不利于企业树立良好的形象。剩余股利政策一般适用于企业初创阶段。

（2）固定股利或稳定的股利政策

固定股利或稳定的股利政策是指企业将每年派发的股利额固定在某一特定水平上，不论企业的盈利情况和财务状况如何，派发的股利额均保持不变。这种股利政策的优点是：有利于稳定企业股票价格，增强投资者对企业的信心，有利于投资者安排收入与支出；其主要缺陷表现为企业股利支付与企业盈利相脱离，造成投资的风险与投资的收益不对称，它可能会给企业造成较大的财务压力，甚至可能侵蚀企业留存收益和企业资本。固定股利或稳定的股利政策一般适用于经营比较稳定或正处于成长期、信誉一般的企业。

（3）固定股利支付率政策

固定股利支付率政策是指企业确定固定的股利支付率，并长期按此比率支付股利的政策。这种股利政策的优点是：使股利与企业盈余紧密结合，以体现多盈多分、少盈少分、不盈不分的原则，保持股利与利润间的一定比例关系，体现了投资风险与投资收益的对称性；其不足之处表现为企业财务压力较大，缺乏财务弹性，确定合理的固定股利支付率难度很大。固定股利支付率政策只适用于稳定发展的企业或企业财务状况较稳定的阶段。

（4）低正常股利加额外股利政策

低正常股利加额外股利政策是企业事先设定一个较低的经常性股利额，一般情况下，企业每期都按此金额支付正常股利，只有企业盈利较多时，才根据实际情况发放额外股利。这种股利政策的优点是股利政策具有较大的灵活性，既可以维持股利的一定稳定性，又有利于优化资本结构，使灵活性与稳定性较好地相结合；其缺点是股利派发仍然缺乏稳定性，如果企业较长时期一直发放额外股利，股东就会误认为这是"正常股利"，一旦取消，容易给投资者造成企业"财务状况"逆转的负面印象，从而导致股价下跌。

企业股利政策的选择要受以下几方面因素的影响。

（1）法律限制

法律为股利政策限定了一个范围，在这个范围内，决策者再根据其他因素决定其具体的股利政策。法律对股利政策的规定是很复杂的，国与国之间的条例也有差别。例如，美国法律对股利分配的规定有三项原则：

①股利必须从企业现在或过去的盈利中付出。

②股息不可用企业的资本支付。

③当企业的债务超过其资产，而无力偿付债务时，企业不得派发股息。

除此之外，一些国家为了防范企业低额发放股利而超额积累利润，帮助股东避税，往往从法律上规定超额累积要加征额外税款。我国目前有关的法规没有关于超额累积利润的限制，对股利发放的规定，与美国基本相同。

（2）契约限制

当企业通过长期借款、债券、优先股、租赁合同等形式向外部筹资时，常应对方要求，接受一些约束企业派息行为的限制条款。例如，规定只有在流动比率和其他安全比率超过规定的最小值后，才可支付股利；优先股的契约通常也会声明在累积的优先股股息付清之前，企业不得派发普通股股息。这些契约的限制都将影响企业的股利政策。确立这些限制性条款，限制企业股利支付，其目的在于促使企业把利润的一部分按有关条款的要求进行再投资，以增强企业的经济实力，保障债款的如期偿还。

（3）企业变现能力

企业的变现能力是影响股利政策的一个重要因素。企业资金的灵活周转是企业生产经营得以正常进行的必要条件。企业现金股利的分配自然也应以不危及企业经营资金的流动性为前提。如果企业的现金充足，资产有较强的变现能力，则支付股利的能力也比较强；如果企业因扩充或偿债已消耗大量现金，资产的变现能力较差，大幅度支付现金股利则非明智之举。企业现金股利的支付能力，在很大程度上受其资产变现能力的限制。

（4）筹资能力

企业如果有较强的筹资能力，则可考虑发放较高股利，并以再筹资来满足企业经营对货币资金的需求；反之，则要考虑保留更多的资金用于内部周转或偿还将要到期的债务。一般而言，规模大、获利丰厚的大企业能较容易地筹集所需资金，因此，它们较倾向于多支付现金股利；而创办时间短、规模小、风险大的企业，通常需要经营一段时间以后，才能从外部取得资金，因而往往要限制股利的支付。

（5）资本结构和资金成本

在最优化资本结构上，企业价值最大，资金成本最低。股利政策和留存收益的不同，使得企业资本结构中权益资本比例偏离最优资本结构，从而对企业股利政策的选择产生制约。另外，不同的股利政策还会影响企业的未来筹资成本。留存收益是企业内部筹资的一种重要方式，同发行新股或举债相比，成本较低。但股利支付与企业未来筹资成本之间存在矛盾，这就要求企业财务人员权衡股利支付与筹资要求之间的得失，制定适合企业实际需要的股利政策。

（6）股权控制要求

如果企业大量支付现金股利，再发行新的普通股以融通所需资金，现有股东的控股权就有可能被稀释；另外，随着新普通股的发行，流通在外的普通股股数必将增加，最终会导致普通股的每股盈利和每股市价下降，从而影响现有股东的利益。

（7）投资机会的制约

如果企业有较多的有利可图的投资机会，则往往采用低股利政策。

另外，所得税负、通货膨胀因素和股利政策的惯性也是影响股利政策的因素。确定股利政策要考虑许多因素，而这些因素之间往往是相互联系和相互制约的，其影响也不可能完全用定量的方法来分析。所以，股利政策的制定主要依赖对具体企业所处的具体环境进行的定性分析，以实现各种利益关系的均衡。

2. 制定合理的利润发放形式和支付形式

（1）利润的发放形式

企业在确定发放利润之后，接下来就是决定发放利润的形式。利润发放形式是指利润支付的方式，一般有以下四种形式。

①现金利润。企业以现金支付给投资者投资的报酬。发放现金利润，投资者注重的是眼前的利益。现金利润的发放会使企业财产减少，现金流出量剧增，因此，在作现金利润发放的决策时，要注意企业应有足够的未指定用途的保留盈余，还要有足够的现金。

②股票股利。股票股利是指企业增发股票作为股利支付给股东，它是企业价值的再资本化，股东所有权的比例仍未改变。企业管理层往往利用股票股利来"保全现金"，当利润增加时，它也不愿意增加现金股利，而想保留大部分利润。股票股利还降低了股利支付率，因

为利润增加了，而现金股利仍与以前一样，股利支付率必然下降。股票股利与现金股利一样，是企业经常使用的股利支付形式。

③财产利润。财产利润是企业以实物产品、实物财产或其他企业有价证券发给投资者，这种利润发放形式对企业财务的影响是使企业的资产减少。

④负债利润。企业用应付票据等证券代替现金发放利润，称为负债利润。例如，发给投资者本企业发行的债券，对投资者来说，到期时才能收到货币收益，比现金利润时间延长了很多，但投资者也可以在这段时间获得额外的利息收益。企业利用负债利润解决了暂时的现金短缺，但这种利润形式使企业的留存收益减少、负债增加，从而增加潜在的财务风险，因而不可大量采用。

（2）股利的支付形式

股利支付有企业自行办理或委托代理机构代理两种形式。为加强对股利发放的控制，减少发放股利时发生欺诈舞弊或错误的可能，企业应尽量委托代理机构代为发放股利。由委托代理机构代为发放股利时，企业除向委托代理机构开出一张应付股利总额的支票外，不再接触大量地向每位股东签发的支票。企业只需在股利支付后核对委托代理机构所编制的股利支付清单，并在会计记录上加以控制即可。如果企业自行办理股利的支付，那么控制机制与程序如下：

①根据董事会宣布的每股股利和发行在外的股份总数确定应发放的股利总额。

②根据股东明细账上记载的每位股东持有的股份数和每股股利，计算每位股东应得的股利，并开列股利支付清单。

③支付清单由其他职员进行复核。

④根据股利支付清单，按股东名册逐一填制股利支票，支票上应列明受款人姓名和金额，严禁无受款人支票，股利支付清单编制人应同支票填制人在职务上分离。

⑤授权财务部门经理或其他职员签发支票，财务部门经理或其他被授权签发支票的职员应将所有需签字的支票金额合计数同确定的应付股利总额相核对，并检查是否有无受款人支票，核对无误后，再在每张支票上签字。

⑥指派专人直接向每位股东邮寄或递交签字后的支票，签字后的支票，不得交回填写人。

⑦编号保存邮局或股东开具的收据，对于邮局退回或无法递交的支票加盖戳记作废。股利的发放必须由董事会决定。董事会应根据法律的规定范围、企业章程和企业当年的收益情况，表决是否发放股利、股利发放时间以及每股的股利数。没有董事会发放股利的决议不得发放股利，这样可以避免不恰当的股利发放给企业未来经营发展带来困难。

3. 附加知识：保本点的计算

保本点是指企业收入和成本相等的经营状态，是边际贡献等于固定成本时企业所处的既不盈利又不亏损的状态。计算保本点是企业进行经营决策的重要依据。

（1）计算单一产品保本点

保本点作为企业计算盈利的基础，便于企业管理者了解企业在何时保本不亏损；同时便于进行目标利润的预测，衡量企业经营的风险程度以及深入分析影响利润变动的四大因素，为企业经营决策提供必要的数据。企业在预测保本点时，通常假设有关的产销数量保持一致，成本、价格、产销结构保持不变，在这种线性条件下计算保本点，使得所计算出的保本点，正好是贡献毛益总额等于固定成本总额时的销售量和销售额。单一产品保本点的计算有如下两种方法：

①实物量保本点的计算公式为

实物量保本点＝固定成本总额÷单位边际贡献＝固定成本总额÷（销售单价－单位变动成本）

②全额量保本点的计算公式为

金额量保本点＝固定成本总额×销售单价边际贡献率＝固定成本总额×（销售单价－单位变动成本）

（2）计算多种产品保本点

大多数企业都同时进行多种产品的生产和经营。由于各种产品的销售单价、单位变动成本、固定成本不一样，从而造成各种产品的边际贡献或边际贡献率不一致，因此，对多种产品进行保本分析时，应在单一产品保本分析公式的基础上，根据企业产销产品的具体情况灵活确定本企业适用的方法。多种产品保本点的计算方法主要是销售数量配合法。销售数量配合法是根据销售数量总和中各产品数量之间的比例，来测算各产品保本或保利点的一种方法，这种方法主要用于多种产品在销售时具有数量配比关系的企业，在这样的企业中，可以先计算各种产品的综合保本点或保利点，然后再按比例分配给各种产品。

（3）分析保本点影响因素

在实际生产经营活动中企业测算的保本点不是静止不动的，而是随着各种因素的变化而变化，因此，需要对各个因素作更进一步的分析，以便查明原因，采取果断措施，从而提高企业的经济效益。

①单位变动成本对保本点的影响分析。在其他因素不变的情况下，单位变动成本提高，保本点上升；单位变动成本下降，保本点下降，企业的盈利能力将有所提高。

②固定成本对保本点的影响分析。在其他因素不变的情况下，固定成本提高，导致总成本提高，保本点上升，盈利将减少；反之，保本点下降，盈利将增加。

③单价对保本点的影响分析。在其他因素不变的情况下，单价提高，单位贡献毛益随之增加，盈利增加；反之，保本点上升，盈利减少。

④产品品种构成对保本点的影响分析。当企业同时生产、销售多种产品时，其品种构成将对品种条件下的保本额产生影响。由于每种产品的贡献毛益大小不同，而且每种产品占总产品的销售比重也不同，因此，综合贡献毛益率水平的高低与产品品种构成有很大的关系。企业提高贡献毛益率水平较高的产品的销售比重，降低贡献毛益率水平较低的产品的销售比重，就可以提高企业的综合贡献毛益率水平，从而达到降低保本额的目的。

以上是计算保本点的一些基本内容，企业在财务控制过程中要充分使用保本点的计算和分析方法，提高企业经营决策水平和决策质量。

19.3 利润方面内部控制案例详解

1. 三沟酒业公司介绍

辽宁三沟酒业有限责任公司(以下简称"三沟酒业")始建于1862年(清朝同治元年),如今已经发展成为一个由辽宁三沟酒业有限责任公司、阜新三沟酒业销售有限公司、内蒙古三沟酒业有限责任公司、阜新蒙古贞酒业有限责任公司、阜新瑞应酒业有限责任公司、阜新市三沟职业培训学校、三沟工业园、三沟酿酒基地等组成的集团公司。集团拥有纯粮固态发酵老窖泥池1 000多个、现代化的灌装生产线20多条,总资产达到6亿元,员工达到1 100人。

三沟酒业于2009年在辽宁省白酒行业率先荣获中国驰名商标。如今,三沟酒业拥有东北地区最大的纯粮酿酒基地、最大的酒工业,产量、销量、纳税量、品牌影响力位居辽宁第一。三沟系列酒以当地的红高粱为原料,延用百年窖池进行发酵,利用传统的工艺和现代的过滤灌装技术,形成了独具一格的工艺特色,主要优势在于巧妙地在浓香型白酒生产中使用了酱香型白酒的高温堆积工艺,创新浓香型白酒使用多粮配料,采用高温回酒技术、双轮底技术,增加所产酒复合香味的成分,从而大幅度提高了三沟酒的品质,体现了酒香浓郁、入口绵甜、落口爽劲、余味悠长的特点。

三沟酒业在历史上大体经历了三次主要转制:

第一次转制,从国有到租赁制。

1987年10月,经反复酝酿,以冯树成、夏延昌等为法人代表的六人租赁了阜新民族酒厂,实行租赁制经营,在所有制性质未改变的条件下,实现所有权和经营权完全分离,在三沟酒业的历史上,从国有制向租赁制迈出了改革的一大步。租赁制在一定程度上调动了企业领导的积极性,为企业带来生机和活力,销售额和利润出现快速上升,年利税达330万元。

第二次转制,向民营股份合作制转变。

1998年4月,确定阜新民族酒厂实行整体出售的改制方案,集体购买组建股份合作制企业,按股份合作制企业规程运作,顺利地实现了从国有企业向民营企业的转制,这次转制主要有三点变化:一是阜新民族酒厂改名为阜新三沟酒业有限责任公司;二是国有资产全部退出;三是三沟酒业变成了一个股份制民营企业。吴铮以满票当选董事长和总经理、法人代表。

第三次转制,从股份合作制到公司制。

2003年鉴于均股制的弊端,打破均股体制,三沟酒业由股份合作制转制为"法人代表控股"的股份制公司。转制后,三沟酒业及时抓住一些好的商机,无论是质量管理、生产管理、现场管理还是销售管理,都得到了巨大提高,使百年老厂彻底从计划经济的束缚中破茧而出,再次焕发出生机勃勃的朝气,实现了高速的发展。

2. 不分配利润政策的制定

1997年前后,三沟酒业还叫阜新民族酒厂。作为一家国有企业,同时作为阜新蒙古族自治县(以下简称"阜蒙县")的税收支柱企业,阜新民族酒厂一个企业的税收占全县税收的10%。阜新民族酒厂无法摆脱政府干预带来的束缚与影响。阜蒙县有许多"婆婆"对阜新民族酒厂施加影响和干预：阜蒙县糖厂因为高额负债无法清偿，阜蒙县便让阜新民族酒厂贷款400万元给糖厂，结果糖厂榨期过后不但没有赚，而且还赔了600万元，糖厂只能用其部分产品还一部分借款，其余的大部分借款随着糖厂的倒闭破产而"一去不复返"，阜新民族酒厂也因此背上了沉重的债务包袱；阜蒙县工业局的某企业被拉闸停电，为了保生产，局里让阜新民族酒厂拿出10万元；造纸厂急需原料，服装厂搞分离重组启动生产……这10万元，那20万元，几乎每一笔账都成了呆账死账，到年底，企业的债务包袱高达3 000多万元，负债率130%，已经到了崩溃的边缘。

1997年，全国开始推行股份制改革。面对阜新民族酒厂严峻的形势，厂长吴铮、党委书记陶国元审时度势，果断决定顺应形势求发展，冲破旧体制的束缚，建立现代企业制度，他们通过各种形式对职工进行宣传教育，使转制成为全体员工的共识。由于阜新民族酒厂的净资产已经为负数，阜蒙县政府同意对企业实行"零"价出售，一分不要地交给全厂职工，当然，也包含三千多万元的债务。

3. 利润分配政策

利润分配政策是企业的自主行为，各个企业应当根据自身的财务状况，以及企业所处的发展阶段来制定相应的分配方案。

由于三沟酒业历史沿革复杂，经历了国有企业转制为租赁制，由租赁制转为"均股制"股份合作制，由"均股制"股份合作制转变为"法人代表控股"的有限责任公司，不同的历史阶段呈现不同的利润分配政策特点，具体见表19-1。

表19-1 三沟酒业不同阶段的利润分配政策

所处阶段	利润分配政策	特点
租赁制	完成基数利润。承租方得本人原工资和厂内职工全年平均奖金的报酬。超基数利润部分，税后承租者与企业4:6分成，40%为承租者劳动报酬。企业留利部分可按4:3:3的比例，作为生产发展基金、福利基金和奖励基金。完不成利润基数，所欠部分由承租者的抵押金、工资、奖金和中保人保证金抵补	1. 在缴纳企业所得税后进行利润分配 2. 利润分配划分公积金（基金）
"均股制"股份合作制	不分配利润政策	未进行利润分配
有限责任公司	不分配利润政策	未进行利润分配

租赁制阶段，公司仍属于国有性质，利润分配在企业所得税后进行；"均股制"和"法人代表控股"的有限责任公司阶段，公司因企业发展之需，执行不分配利润政策。

4. 利润分配控制框架

利润分配的两个关键问题是：在满足未来发展所需的资本支出需求和营运资本需求之后，有多少现金可用于利润分配，实际支付的又是多少？与利润分配政策相关的公司投资项目效益如何？通常用股权现金流量来反映公司分配利润的能力，当公司分配利润的能力和项目质量得到了有效的度量时，两者结合就形成了利润分配的控制框架，企业利用对利润分配情况的度量可以知道公司利润分配是否超过了它的股权自由现金流量，而对投资项目质量的度量就可以分析公司投资的收益是否良好。三沟酒业利润分配控制具体框架如图19-1所示。

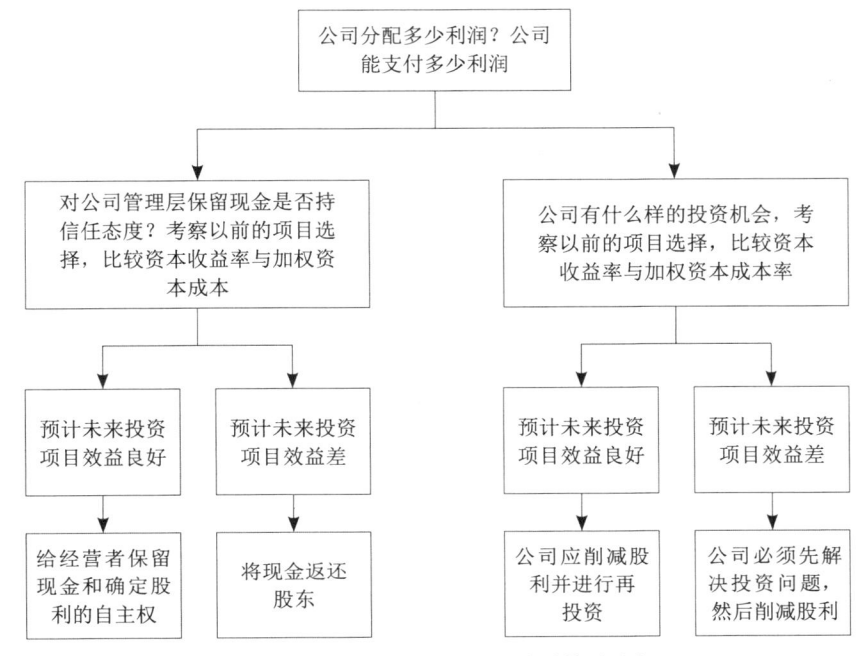

图 19-1　三沟酒业利润分配控制框架图

```
                  公司分配多少利润？公司
                    能支付多少利润
              ┌──────────────┴──────────────┐
     对公司管理层保留现金是否持               公司有什么样的投资机会，考
     信任态度？考察以前的项目选               察以前的项目选择，比较资本
     择，比较资本收益率与加权资               收益率与加权资本成本率
     本成本
     ┌────┴────┐                           ┌────┴────┐
  预计未来投资  预计未来投资              预计未来投资  预计未来投资
  项目效益良好  项目效益差                项目效益良好  项目效益差
     │            │                           │            │
  给经营者保留  将现金返还                公司应削减股   公司必须先解
  现金和确定股  股东                      利并进行再     决投资问题，
  利的自主权                              投资           然后削减股利
```

财务管理的目标是企业价值最大化或者股东利益最大化，利润分配管理作为财务管理的重要组成内容，其最终的也是实现股东利益最大化。

三沟酒业在其发展壮大的初期，资金积累主要依靠股东牺牲现实利益。目前，在已经完成原始积累，大踏步向未来发展的过程中，三沟酒业还需要重新考虑利润分配政策，构建财务管理新机制，加强财务管理，确立其在企业管理中的中心地位，从财务管理的角度保障企业能够与时俱进。

5. 不分配利润行为的信号传递

不同的企业会采取适合自身的利润分配政策，同一企业不同的发展阶段也会采取不同的利润分配政策。

企业在成立初期，企业收益较低且不稳定，还存在风险高，融资渠道不畅，资金成本高的情况，内部的留存收益对某些企业来说可能是唯一的资金来源，而留存收益的多少直接取决于企业的股利政策，因此，这个时期的企业多采用不支付股利的政策。

对于进入高速扩张处于成长阶段的企业来说，企业发展前景良好、投资机会多、收益水平有所提高，但现金流量可能不稳定、财务风险也比较高，为了增强企业的融资能力，企业不应该采用大量支付现金股利的政策，而应采取"低股利加额外股利"的股利政策。

总的原则应当是，企业一定要保护有利于企业扩张成长的投资机会的资金支持，并且以此来制定企业最佳的投资预算，在该投资预算的基础上，建立企业最佳资本结构（即负债与权益资金的比例）目标，以此推出企业所需的权益资金规模并尽可能地使用留存收益来融通投资方案中所需的权益资金，以降低企业的财务风险及资金成本。在满足企业投资所需的权益资金以后如果还有剩余，企业才可以将其作为股利支付给股东。

对于成熟期的企业来说，其筹资能力比较强，可以随时筹集到经营所需的资金，资金积累规模比较大，具备了较强的股利支付能力，所以，应当采取稳定的股利分配政策。

从信号传递理论角度，不分配利润有时会传递企业盈利不佳的信号，也可能传递企业有更好的投资和注重未来发展，有发展潜力的信号。本案例中，由于三沟酒业一直处于高速扩张成长阶段，需要大量资金，所以，其不分配利润政策更多传递的是正能量信号。

6. 利润分配进一步建议

（1）适当进行利润分配

在企业完成原始积累和发展壮大到一定程度以后，一般来讲，利润分配的数量应当与公司整体经营业绩联系在一起的，应当体现多盈多分、少盈少分的原则，通过利润分配方式回报股东。

准确界定利润分配与薪酬的关系、明确职工与股东的身份、规范利润分配的管理和核算，构建财务管理新机制，加强财务管理，确立其在企业管理中的中心地位，从财务管理的角度保障企业能够与时俱进。

（2）优化股权结构，降低企业风险

完善公司治理结构，解决"一股独大"的问题，或者建立对大股东有效制衡的机制，这样公司在决策过程中就会更加科学、更加民主。

（3）拓展筹资渠道，提高筹资能力

利润分配是公司在留存收益与投资、融资所需现金之间的权衡的结果，三沟酒业多年来不进行利润分配，导致的结果就是有大量的留存收益，所以保留盈余用于扩大再生产也成为三沟酒业主要的拓展模式。选择保留盈余作为企业发展资金的来源，无疑节约了外部筹资方式所产生的高额筹资费用。

但是，以留存盈余作为主要的发展资金来源，束缚了公司发展步伐，毕竟对于公司的长远发展来说，盈余的资金非常有限。短期来看，较少利润分配可以将更多的资金保留下来，用这些资金进行投资可暂时节约外部筹资所付的高昂代价，但其对今后较长时期开拓有利的筹资环境，拓展筹资渠道、提高筹资能力将造成不良影响。

（4）利用公司章程对公司利润分配合理规划

股东作为自身利益的最好判断者，在权衡利益后作出的投资决策往往是最佳选择，而对公司运营中可能发生的争端的事先防范，无疑是理性的股东在充分协商后的理性选择。"在市场经济中体现当事人意志的，主要有两个，交易行为体现为合同，投资行为体现为章程。章程是由投资人制定的，它不能违背公司法强制性规定，但仍可作出许多自己的决定。所以，在市场经济下，公司法仍要贯彻股东、当事人意思自治的原则，否则会变成僵化的公司法。"所以，尽管各国要求成立公司时提交公司章程，但是对于公司章程的具体内容，则在不损害社会利益的前提下，一般都体现了股东高度的意思自治，即使提供示范性的章程文本供当事人选择，也允许股东自由协商。建议三沟企业，在章程中合理规划利润的分配方案，并规定在利润分配发生冲突时的救济途径，尤其是在股东需要退出公司时规定其股份转让的合理条件，包括公司股东优先购买时的价格。

第 20 章
财务报告方面的内部控制

20.1 财务报告方面内部控制概述

财务报告是企业对外提供的重要文件，反映了企业在某特定日期的财务状况，以及某一会计期间的经营成果和现金流量等会计信息。它不仅综合体现了企业的经营效果和效率，还是检验其他内部控制制度运行是否有效的综合指标。其编制和披露内控制度的完善，确保了会计信息的准确性、实用性、及时性和完整性，同时也构成了企业风险控制的关键环节。不真实、不完整的财务报告常常成为企业风险的源头。

对于企业的投资者和债权人而言，财务报告是他们做出科学投资和信贷决策的重要依据。回顾近年来国内外发生的如安然、世通、银广夏、琼民源等财务丑闻事件，其严重后果的部分原因正是企业财务报告内部控制的缺失或不完善。为了防范和化解由此带来的法律责任，确保所提供信息的真实可靠，进而提升企业治理与经营管理水平，并推动资本市场和市场经济的健康可持续发展，加强财务报告的内部控制显得尤为重要。

20.1.1 财务报告内部控制的目标

企业编制财务报告内部控制的目标通常有五个：

①保护企业资产的安全、完整及对其的有效使用，使企业各项生产和经营活动有秩序、有效地进行，避免可能遭受的经济损失。

②保证会计信息及其他各种管理信息真实、可靠和及时提供，避免因虚假记载、误导性陈述、重大遗漏和未按规定及时披露导致损失。

③保证企业管理层制定的各项经营方针、管理制度和措施的贯彻执行。

④尽量压缩和控制成本、费用，减少不必要的成本、费用，以求企业达到更大的盈利目标。

⑤预防和控制且尽早、尽快查明各种错误和弊端，及时准确地制定和采取纠正措施，避免因重大差错、舞弊、欺诈而造成损失。

20.1.2 财务报告应关注的风险

企业编制、对外提供和分析利用财务报告，至少应当关注下列风险：

①财务报告编制违反会计法律法规和国家统一的会计准则制度，可能导致企业承担法律责任、遭受损失及声誉受损；

②对外提供的财务报告审核不严或审计不当，出现报告虚假和重大遗漏，可能误导投资人等报告使用者，造成决策失误，干扰市场秩序；

③财务报告未能充分利用，信息资源浪费，不利于揭示经营管理中的问题，可能导致企业财务和经营风险失控。

20.1.3 财务报告内部控制的总体要求

1. 健全财务报告各环节授权批准制度

企业应当健全财务报告编制、对外提供和分析利用各环节的授权批准制度，具体包括：编制方案的审批、会计政策与会计估计的审批、重大交易和事项会计处理的审批、对财务报告内容的审核审批等。

2. 建立日常信息核对制度

企业应当从会计记录的源头做起，建立日常信息定期核对制度，以保证财务报告的真实、完整，防范出于主观故意的编造虚假交易、虚构收入、费用的风险，以及由于会计人员业务能力不足导致的会计记录与实际业务发生的金额、内容不符的风险。

3. 规范企业财务报告控制流程，明晰各岗位职责

企业应当制定明确的财务报告编制、报送及分析利用等相关流程，职责分工、权限范围和审批程序应当明确规范，机构设置和人员配备应当科学合理，并确保全过程财务报告的编制、披露和审核等不相容岗位相互分离。企业总会计师或分管会计工作的负责人负责组织领导财务报告编制和分析利用工作，企业负责人对财务报告的真实性和完整性承担责任，企业财会部门负责财务报告编制和分析报告编写工作，企业内部参与财务报告编制的各部门应当及时向财会部门提供编制财务报告所需的信息，参与财务分析会议的部门应当积极提出意见和建议以促进财务报告的有效利用，企业法律事务部门或外聘律师应当对财务报告对外提供的合法合规性进行审核。

4. 充分利用会计信息技术

企业应当充分利用会计信息技术，提高工作效率和工作质量，减少或避免编制差错和人为调整因素。同时，企业也应当注意防范信息技术所带来的特有风险，为此应做好以下几项工作：

第一，建立访问安全制度，操作权限、信息使用、信息管理应当有明确规定，确保财务报告数据安全保密，防止对数据的非法修改和删除。

第二，做好数据源的管理，保证原始数据的真实、准确、完整，满足财务分析的需要。

第三，定期更新和维护会计信息系统，确保取数、计算公式以及数据钩稽关系准确无误。

第四，制定业务操作规范，保证系统各项技术和业务配置、维护符合会计准则要求和内部管理规定，月结和年结流程规范、及时，等等。

第五，指定专人负责信息化会计档案的管理，定期备份，做好防消磁、防火、防潮和防尘等工作，对于存储介质保存的会计档案，应当定期检查，防止由于介质损坏而使会计档案丢失。

第六，对正在使用的会计核算软件进行修改、对通用会计软件进行升级和对计算机硬件设备进行更换时，企业应有规范的审批流程，并采取替代性措施确保财务报告数据的连续性。

20.1.4 财务报告的编制流程

企业在实际操作中，应当充分结合自身业务特点和管理要求，构建和优化财务报告编制流程。财务报告的通用编制流程如图 20-1 所示。

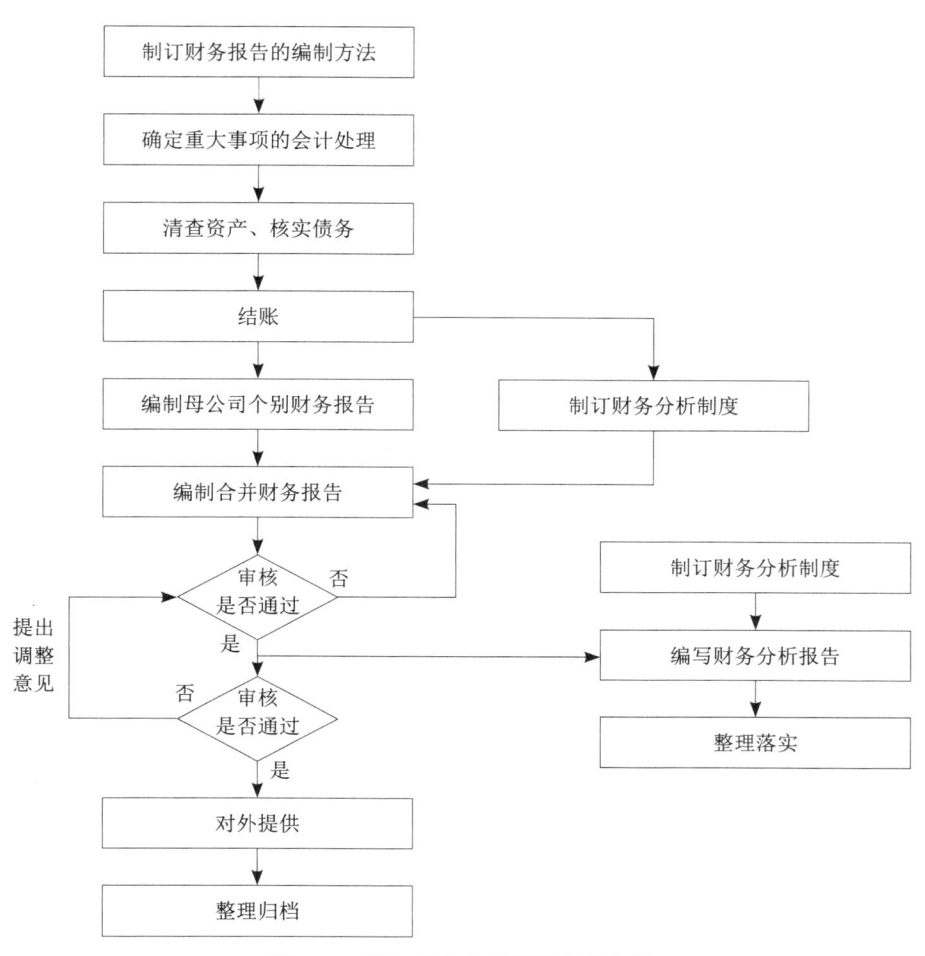

图 20-1 财务报告的通用编制流程图

20.2 财务报告方面的主要风险与内部控制措施

20.2.1 财务报告编制阶段的主要风险及内部控制措施

1. 制定财务报告编制方案

财务报告编制方案应明确财务报告编制方法、编制程序、职责分工、编报时间安排等相关内容。

主要风险：

会计政策未能有效更新，不符合有关法律法规；重要会计政策、会计估计变更未经审批，导致会计政策使用不当；会计政策未能有效贯彻、执行；各部门职责、分工不清，导致数据传递出现差错、遗漏、格式不一致等；各步骤时间安排不明确，导致整体编制进度延后，违反相关报送要求。

主要内部控制措施：

第一，会计政策应符合国家有关会计法规和最新监管要求的规定。第二，会计政策和会计估计的调整应按照规定的权限和程序审批。第三，企业的内部会计规章制度至少要经财会部门负责人审批后生效，财务报告流程、年报编制方案应经公司分管财务会计工作的负责人审核后签发。第四，企业应建立完备的信息沟通渠道，将内部会计规章制度和财务流程、会计科目表和相关文件及时有效地传达至相关人员，使其了解相关职责要求，掌握应了解的会计知识、会计政策并加以执行。第五，应明确各部门的职责分工，总会计师或分管会计工作的负责人负责组织领导工作；财会部门负责财务报告的编制工作；各部门应及时向财会部门提供编制财务报告所需的信息，并对所提供信息的真实性和完整性负责。第六，企业应根据财务报告的报送要求倒排工时，为各步骤设置关键时间点，并由财会部门负责督促和考核各部门的工作进度并及时提醒，对未能及时完成工作的部门及人员进行相应处理。

2. 确定重大事项的会计处理

主要风险：

重大事项，如债务重组、非货币性交易、公允价值计量、收购兼并、资产减值等的会计处理不合理，会导致会计信息扭曲，无法真实反映企业实际情况。

内控措施：

第一，企业应对重大事项予以关注，企业应制定重大事项处理流程，报相应管理层审批后予以执行。第二，如遇重大会计事项应及时与相关人员沟通并确定相应会计处理。

3. 清查资产、核实债务

主要风险：

资产、负债账实不清，虚增或虚减资产、负债；资产计价方法随意变更；提前、推迟甚至不确认资产、负债等。

内部控制措施：

第一，确定具体可行的资产清查、负债核实计划，安排合理的时间和工作进度，配备足够的人员，确定实物资产盘点的具体方法和过程，同时做好业务准备工作。第二，做好各项资产、负债的清查、核实工作。第三，对清查过程中发现的差异，应分析原因，提出处理意见，取得合法证据和按照规定权限审批，将清查、核实的结果及处理办法向企业董事会或相应机构报告，并根据国家统一的会计准则制度的规定进行相应的会计处理。

4. 结账

主要风险：

账务处理错误导致账证、账账不符；虚列或隐瞒收入；推迟或提前确认收入；随意改变费用、成本的确认标准或计量方法，虚列或多列部分费用；结账的时间、程序不符合相关规定，关账后又随意打开已关闭的会计期间等。

主要内控措施：

第一，核对各会计账簿记录与会计凭证的内容、金额等是否一致，记账方向是否相符。第二，检查相关账务处理是否符合国家统一的会计准则制度和企业制定的核算方法。第三，调整有关账项，合理确定本期应计的收入和应计的费用。第四，检查是否保存了需取得和保留的审批文件，以保证调整有据可依。第五，不得为了赶编财务报告而提前结账，或把本期发生的经济业务事项延至下期登账，也不得先编制财务报告后结账。第六，若发生关联事项需重新打开已关闭的会计期间，须填写相应的申请表，经总会计师或分管会计工作的负责人审批后进行。

5. 编制个别财务报告

主要风险：

提供虚假财务报告，误导财务报告使用者，造成决策失误，干扰市场秩序；报表数据不完整、不准确；报表种类不完整；附注内容不完整等。

内部控制措施：

第一，企业财务报告列示的资产、负债、所有者权益金额应当真实可靠。第二，企业财务报告应如实列出当期收入、费用和利润。第三，企业财务报告列示的各种现金流量由经营活动、投资活动和筹资活动的现金流量构成，应当按照规定划清各类交易和事项的现金流量界限。第四，按照岗位分工和规定的程序编制财务报告。第五，按照国家统一的会计准则制度编制附注。

6. 编制合并财务报告

主要风险：

合并范围不完整；合并内部交易和事项不完整；合并抵销记录不准确。

内部控制措施：

第一，编报单位财会部门应依据经同级法律事务部门确认的产权结构图，并考虑所有相关情况确定合并范围是否符合国家统一的会计准则制度的规定，由财会部门负责人审核、确认合并范围是否完整。第二，财会部门收集、审核下级单位的财务报告，并汇总本级次的财务报告，报汇总单位财会部门负责人审核。第三，财会部门制定内部交易和事项核对表及填制要求，报财会部门负责人审批后下发纳入合并范围各单位。第四，合并抵销分录实行交叉复核制度，具体编制人完成调整分录后即提交相应复核人进行审核，审核通过后才可录入试算平衡表。

20.2.2 财务报告对外提供阶段的主要风险及内部控制措施

1. 财务报告对外提供前的审核

主要风险：

在财务报告对外提供前未按规定程序进行审核，对内容的真实性、完整性及格式的合规性等审核不充分。

内部控制措施：

第一，企业应严格按照规定的财务报告审批程序，由各级负责人逐级把关，对财务报告内容的真实性、完整性，格式的合规性等予以审核。第二，企业应保留审核记录并建立责任追究制度。第三，财务报告在对外提供前应装订成册，加盖公章，并由企业负责人、总会计师或分管会计公章的负责人、财会部门负责人签名并盖章。

2. 财务报告对外提供前的审计

主要风险：

财务报告对外提供前未经审计，审计机构不符合相关法律法规的规定，审计机构与企业串通舞弊。

内部控制措施：

第一，企业应根据相关法律法规的规定，选择符合资质的会计师事务所对财务报告进行审计。第二，企业不得干扰审计人员的正常工作，并应对审计意见予以落实。第三，注册会计师及其所在的事务所出具的审计报告应随财务报告一并提供。

3. 财务报告的对外提供

内部控制措施：

第一，企业应根据相关法律法规的要求，在企业相关制度中明确负责财务报告对外提供的对象，并由企业负责人监督。第二，企业应严格按照规定的财务报告审批程序，由财务部门负责人、总会计师或分管会计工作的负责人、企业负责人逐级把关，对财务报告内容的真实性、完整性、格式的合规性等予以审核。第三，企业应严格遵守相关法律法规和国家统一的会计准则制度对报送时间的要求，对财务报告编制、审核、报送的每一步设置时间点，对未能按时完成的相关人员进行处罚。第四，企业应设置严格的保密程序，对接触财务报告信息的人员设置权限，保证财务报告信息在对外提供前控制在适当的范围内。第五，企业对外提供的财务报告应及时整理归档，并按有关规定妥善保存。

20.2.3 财务报告分析利用阶段的主要风险及内部控制措施

1. 制定财务分析制度

主要风险：

制定的财务分析制度不符合企业实际情况，财务分析制度未充分利用企业现有资源，财务分析的流程、要求不明确，财务分析制度未经审批等。

内部控制措施：

第一，企业在对基本情况进行分析时，应重点了解企业的发展背景，熟悉企业的业务流程，分析研究现有的资产及财务管理活动。第二，企业在制定财务报告分析制度时，应重点关注财务报告分析的时间、组织形式、参加的部门和人员，财务报告分析的内容、分析的步骤、分析的方法和指标体系，财务报告分析报告的编写等。第三，财务报告分析制度草案经财会部门负责人、总会计师或分管会计工作的负责人、企业负责人检查、修改、审批后，根据制度设计的要求试行，发现问题及时总结上报。第四，财会部门根据财务报告分析制度的试行情况进行修正，确定最终的财务报告分析制度文稿，并报财会部门负责人、总会计师或分管会计工作的负责人、企业负责人进行最终审批。

2. 编写财务分析报告

内部控制措施：

第一，编写时要明确财务分析的目的，运用正确的财务分析方法，并充分、灵活地运用各项资料。第二，总会计师或分管会计工作的负责人要审核财务分析报告的准确性，判断是否需要对特殊事项进行补充说明，并对财务分析报告进行补充说明。第三，企业财务分析会议应吸收有关部门负责人参加，对各部门提出的意见，财会部门应充分沟通、分析，从而修改、完善财务分析报告。第四，修改后的分析报告应及时报送企业负责人，企业负责人负责审批，并据此进行决策，对存在的问题及时采取措施。

3. 整改落实

主要风险：

财务分析报告的内容传递不畅，不能及时使有关各部门获悉；各部门对财务分析报告不够重视，未对其中的问题进行整改落实。

内部控制措施：

第一，将定期的财务分析报告构成内部报告的组成部分，并充分利用信息技术和现有内部报告体系在各个层级进行沟通。第二，根据分析报告的意见，明确各部门职责。

20.3 财务报告方面内部控制案例详解

20.3.1 案例1：B公司财务报告内部控制制度

1. 业务目标

（1）战略目标

树立公司遵纪、守法和维护公司股东、债权人及其他利益相关人合法权益的公众公司的良好形象。

（2）经营目标

保证及时满足公司会计信息使用者的需要。

（3）财务目标

保证财务报告的真实、完整、准确与适当披露。

（4）合规目标

①保证财务报告的编制符合国家规定及上级部门的要求。

②保证财务报告的编制符合公司内部会计政策、会计制度的要求。

2. 风险评估

（1）战略风险

未按要求编制财务报告损害了公司遵纪、守法和维护公司股东、债权人及其他利益相关人合法权益的公众公司的良好形象。

（2）经营风险

财务报告编制不及时，导致信息披露的延误和未能满足各方信息使用者的需要。

（3）财务风险

①报表内容不完整、不真实，数字计算不准确，报送不及时。

②操作失误，导致财务报告存在错误以及信息失真。

（4）合规风险

不符合规定编制财务报告，导致相关部门处罚。

3. 业务流程步骤与控制点

（1）布置、落实编制工作

财务总监每年12月中旬根据上级会议精神组织召开公司年度财务决算会议，具体布置和落实年度决算工作；月度、季度财务报告按照有关要求进行。

①明确财务报告编制工作的要求。

②布置财务报告编制工作，明确各职能部门的职责以及相互间的配合、责任人、具体联系人等。

③讨论财务核算方面的相关会计政策和信息披露等监管政策方面的变化及其对财务报告的影响。

④与会计师事务所讨论确定年度财务决算报告审计的时间安排等。

（2）重大事项上报核准

①计划财务部应在决算期末一个月前将拟在本年决算中处理的重要的会计政策和会计估计变更，以及重大会计差错的更正等会计调整事项，经财务总监审核批准。

②计划财务部应在决算期末一个月前将拟在本年度决算中处理的清查盘亏损失等，经财务总监审核批准，总经理、董事长签字后，报税务部门核准、备案。

（3）全面进行财产清查，核实账目并进行相关账务处理

①计划财务部清查核实货币资金、应收票据、应付票据、应交税费等。

②生产部和资产占用部门盘点核实固定资产及其他占有和使用的实物资产。

③财务部、市场部（含物资采购中心）等部门函证、核实各项往来账项。

④计划财务部核实长、短期投资并正确计算权益。

⑤计划财务部核实银行借款并预计应付利息。

⑥计划财务部核对总账和明细账，保证账实相符。

⑦清查盘点、核实结果报公司审核批准后，计划财务部进行相关账务处理。

（4）编制财务报表

①计划财务部报表编制人员根据《企业会计准则》及上级部门的具体要求，编制财务报表草表。

②财务报表草表经计划财务部负责人对照年度预算以及各项经济指标完成情况进行审核、修改后，报财务总监审核。

③总经理、董事长审定签字形成正式财务报表。

（5）财务报告的审计

①财务报告完成后，计划财务部应当按照公司的规定和财务报表审计工作方案，配合审计中介机构做好财务决算审计工作，及时研究审计查出的问题。

②计划财务部应做好审计查出问题的整改工作。

③会计师事务所的审计报告征求意见稿应报公司财务总监和董事长审阅，并签署意见。计划财务部负责人根据有关意见与会计师事务所沟通、交流，并将沟通情况向财务总监和董事长反馈。

（6）财务报告的审定和上报

财务报告完成后，计划财务部应将月报报公司财务总监或总经理、董事长审批，季报和年报报公司财务总监或董事会审批，经审定后由计划财务部负责人、财务总监、董事长签字并加盖公章后上报。

（7）监督与检查

①对财务报告编制情况进行专项检查，也可结合财务检查、审计等工作进行。

②对财务报告编制情况进行专项检查的内容包括但不限于：

a. 财务报告编制业务相关岗位及人员的设置情况。重点检查有关财务报告。

b. 编制是否存在不相容职务混岗的情况。财务报告编制业务不相容岗位一般包括个别财务报告的编制与审核；合并抵销分录的编制与审核等。

c. 财务报告编制授权批准制度的执行情况。重点检查财务报告编制业务的授权批准手续是否健全，是否存在越权审批行为。

d. 财务报告编制责任制的建立及执行情况。重点检查责任制度是否健全，奖惩措施是否落实到位。

e. 检查计划财务部是否作为财务报告编制的归口管理部门，并评估其管理效果。

f. 审计监察室应在财务报告编制的过程中进行不定期或定期的检查，并将检查情况和有问题单位的整改情况上报董事会。

g. 董事会对审计监察室上报的检查情况通报公司各部门，对存在问题的单位，在公司内部通报批评，下达整改通知，有关单位应采取有效措施进行整改，确属相关人员工作不力的应及时调离岗位。

20.3.2 案例2：M公司财务报告编制内部控制流程

1. 概述

流程规定了M公司集团总部及其下属公司（下属公司包括M公司投资参股或控股的公司、M公司托管的公司，以及由上海××有限公司托管的公司）财务报告分析过程，旨在明确财务报表的内容、填报方式、报送时间，规范公司财务报表的编制与管理，保证财务报告的编制符合国家法律、法规及企业内部相关规章制度的要求。

2. 适用范围

适用于M公司集团总部及其下属公司。

3. 相关制度

财务报告管理制度；

会计核算管理制度；

财务信息系统管理制度；

会计档案管理制度。

4. 职责分工

财务部：负责制定会计政策及财务报告编制方案；在编制年度财务报告前，进行资产清查、减值测试和核实债务，负责财务报表的编制工作；负责财务报表的分析工作。

财务负责人：负责对公司会计政策的审批及财务报告的审核。

审核委员会：安排并督促外部审计师开展审计工作，与审计师沟通调整财务报表。

董事会：负责对财务报表的最后审批，负责财务报表的对外披露工作。

5. 流程图

M公司财务报告编制内部控制流程如图20-2所示。

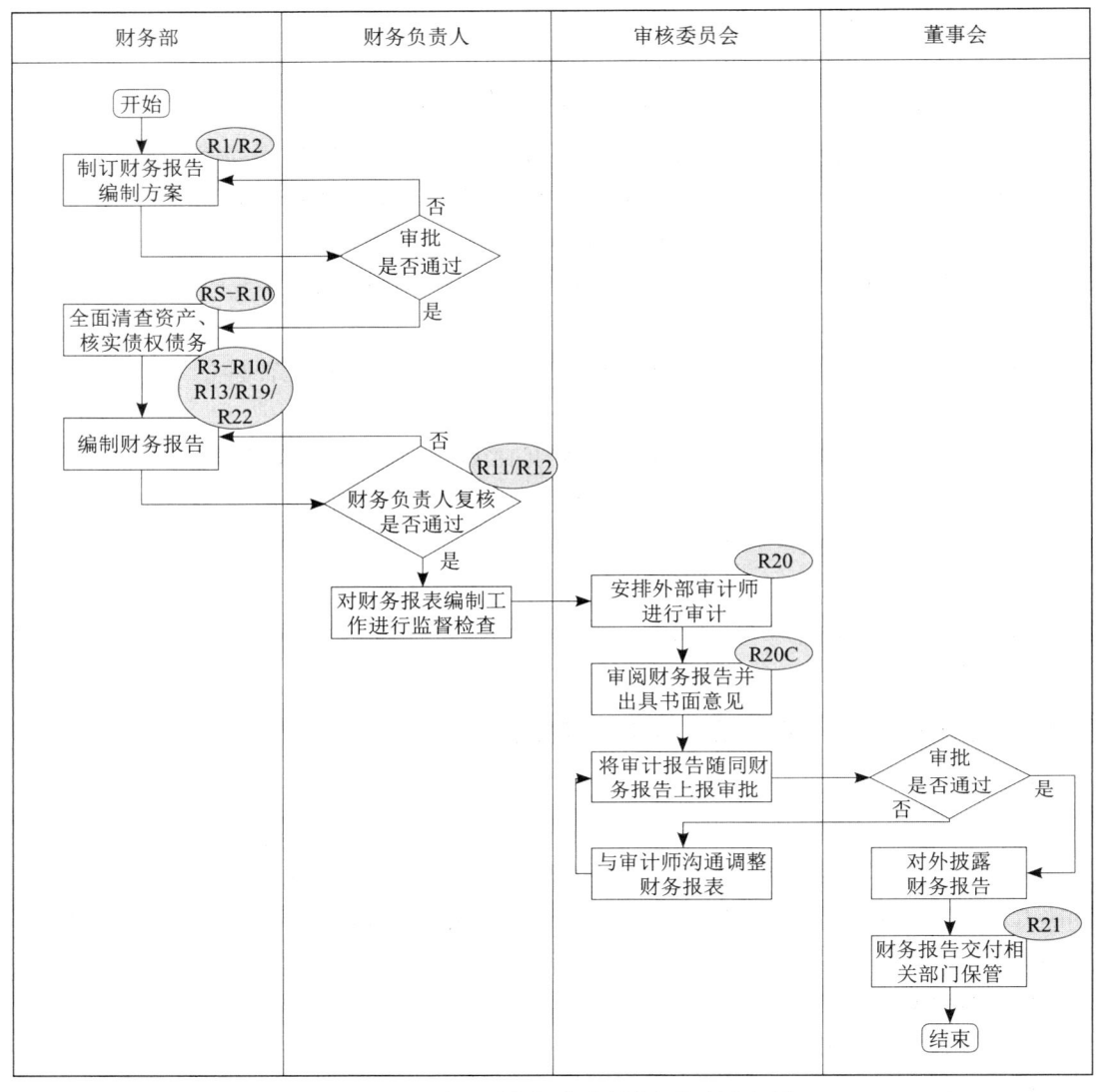

图 20-2　M 公司财务报告编制内部控制流程图

6. 控制目标

M 公司财务报告编制内部控制的控制目标见表 20-1。

表 20-1　M 公司财务报告编制内部控制的控制目标

序号	内控手册唯一具体控制目标编号	控制目标	目标类别
1	20.3.2-CT1	确保制定合理财务报表编制方案与流程	财务信息真实性目标
2	20.3.2-CT2	确保按照财务报表编制方案进行财务报表编制工作	财务信息真实性目标
3	20.3.2-CT3	确保财务报表信息真实可靠	财务信息真实性目标
4	20.3.2-CT4	确保财务报表妥善保管	经营效率目标
5	20.3.2-CT5	确保对财务信息进行有效分析	经营效率目标

7. 控制矩阵

M公司财务报告编制内部控制的控制矩阵见表20-2。

表20-2 M公司财务报告编制内部控制的控制矩阵

风险编号	风险描述	对应控制目标编号	关键控制措施编号	关键控制措施	不相容职务	控制活动类型	对应制度	控制痕迹	会计报表认定 1.存在和发生/真实性；2.完整性；3.权利与义务；4.估价或分摊；5.表达和披露					会计报表项目
									1	2	3	4	5	
20.3.2-R1	未明确财务报表编制方案，包括财务报告编制方法、会计政策调整与编制原则、财务报告编制流程、责任与分工，编报时间安排等，导致财务报表编制不合理，影响财务报告的完整性，影响公司财务信息真实性目标	20.3.2-CT1	20.3.2-CA1	财务报表根据《企业会计准则》及《企业财务会计报告条例》规定的编制基础、编制依据、编制原则和方法进行编制		预防型	财务报告管理制度	财务报告部署通知	√	√	√	√	√	各会计科目
		20.3.2-CT1	20.3.2-CA2	财务部签事前部署报表编制工作，明确各部门的职责、责任人等		预防型	财务报告管理制度	财务报告部署通知	√	√	√	√	√	各会计科目
		20.3.2-CT1	20.3.2-CA3	明确公司及下属单位各类财务报告报送的时间及要求		预防型	财务报告管理制度	与事务所沟通记录	√	√	√	√	√	各会计科目

续上表

风险编号	风险描述	对应控制目标编号	关键控制措施编号	关键控制措施	不相容职务	控制活动类型	对应制度	控制痕迹	会计报表认定 1.存在和发生/真实性；2.完整性；3.权利与义务；4.估价或分摊；5.表达和披露					会计报表项目
									1	2	3	4	5	
20.3.2-R2	结账程序不明确，操作不规范，导致财务报表不符合实际情况，影响公司财务报告准确性	20.3.2-CT1	20.3.2-CA4	明确财务报告编制前的结账流程		预防型	财务报告管理制度	会计核算管理制度	√	√	√	√	√	各会计科目
		20.3.2-CT1	20.3.2-CA5	财会人员严格按照结账流程进行财务报表编制前的各项工作		预防型	财务报告管理制度	会计核算管理制度	√	√	√	√	√	各会计科目
		20.3.2-CT1	20.3.2-CA6	对于需要调整的项目，需取得和保留审批文件，以保证调整有据可依	申请/审批	预防型	财务报告管理制度	调账申请表	√	√	√	√	√	各会计科目
		20.3.2-CT1	20.3.2-CA7	公司须在当期所有交易事项处理完毕并经财务经理审核签字确认后，实施关账和结账操作	经办/审核	预防型	财务报告管理制度	月结检查表	√	√	√	√	√	各会计科目

续上表

风险编号	风险描述	对应控制目标编号	关键控制措施编号	关键控制措施	不相容职务	控制活动类型	对应制度	控制痕迹	会计报表认定 1.存在和发生性；2.完整性；3.权利与义务；4.估价或分摊；5.表达和披露					会计报表项目
									1	2	3	4	5	
20.3.2-R3	账务处理不规范，难以保证财务报告的完整性和准确性，导致财务报表不能符合规范要求，影响公司财务信息真实性目标	20.3.2-CT2	20.3.2-CA8	公司使用统一的财务信息系统，并通过信息系统对账务处理的控制措施进行自动控制，表现如下：①每月的全部会计记录均由系统自动生成电子凭证，凭证全部由系统自动校验编号保证完整性。②系统自动凭证无法保存，且如不平衡凭证无法保存，以确保借贷平衡录入正确。③自动控制系统要限制凭证的编制人与审核人不能为同一人，以确保职责分离，以避免未经授权的凭证更改、删除。④财务信息系统限制已过账的凭证不可删除或修改，以保证账务数据不可随意更改。⑤财务信息系统完成的期末转入当期报告，无法结账，以确保所有凭证均能入当期进行该期间的账务处理，期末结账后不能再进行业务记录恰当的会计期间。⑥关键的系统权限被适当赋予指定人员		预防型	会计核算管理制度、财务信息系统管理制度	财务系统设置	√	√	√	√	√	各会计科目
		20.3.2-CT2	20.3.2-CA9	对于财务信息系统的控制措施设计有效性，以及执行有效性进行定期检查或审计		发现型	财务信息系统管理制度	定期审计报告	√	√	√	√	√	各会计科目

277

续上表

风险编号	风险描述	对应控制目标编号	关键控制措施编号	关键控制措施	不相容职务	控制活动类型	对应制度	控制痕迹	会计报表认定 1.存在和发生/真实性；2.完整性；3.权利与义务；4.估价或分摊；5.表达和披露					会计报表项目
									1	2	3	4	5	
20.3.2-R4	未对以前年度财务报告中所指出的影响公司财务状况及正常生产经营的问题进行原因分析并制定合理的解决方案，导致以前年度发生的问题重复出现，影响公司经营效率目标	20.3.2-CT2	20.3.2-CA10	公司财务部需对以前年度财务报告中所指出的影响公司财务状况及正常生产经营的问题及时进行分析调查，查找问题的原因，提出解决方案并报财务经理及分管领导审批	经办/审批	预防型	会计核算管理制度	财务分析报告；领导审核意见	√	√	√	√		各会计科目

278

续上表

风险编号	风险描述	对应控制目标编号	关键控制措施编号	关键控制措施	不相容职务	控制活动类型	对应制度	控制痕迹	会计报表认定 1.存在和发生/真实性；2.完整性；3.权利与义务；4.估价或分摊；5.表达和披露					会计报表项目
									1	2	3	4	5	
20.3.2-R5	未及时上报会计事项变化情况，包括以前年度审计调整以及期间相关事项对当期情况的影响，会计政策的变化及对会计报表的影响，新增业务及对会计报表有重大影响的其他事项，新发生的事项，影响财务报告的真实性，准确性，从而影响公司财务信息真实性目标	20.3.2-CT2	20.3.2-CA11	各公司会计核算按照公司统一的会计政策的要求统一进行，如境外公司遇到公司的会计政策和会计期间对其财务报表进行必要的调整；对于没有规定统一核算方法的交易、事项，按照《企业会计准则》会计核算的一般原则进行确认、计量和报告。对于新增需要专业判断的重大会计事项，公司统一的会计政策尚未作相关规定的，各公司不得自行处理，需将业务情况和处理方案的说明上报集团财务部审核，集团财务部结合咨询外部中介机构的专业意见，制定统一的会计处理方法，履行审批程序后下达公司执行	经办/审批	预防型	财务报告管理制度	领导审核意见	√	√	√	√	√	各会计科目

续上表

风险编号	风险描述	对应控制目标编号	关键控制措施编号	关键控制措施	不相容职务	控制活动类型	对应制度	控制痕迹	会计报表认定 1.存在和发生/真实性；2.完整性；3.权利与义务；4.估价或分摊；5.表达和披露					会计报表项目
									1	2	3	4	5	
20.3.2-R6	财务部对于需要专业判断的重大会计事项未制定合理合法的会计核算办法并经财务主管及相关领导审核，导致会计核算不准确，影响财务报告的真实性、准确性，从而影响公司财务信息真实性目标	20.3.2-CT3	20.3.2-CA12	对于新增需要专业判断的重大会计事项，公司统一的会计政策尚未作相关规定的，各公司不得自行处理，需将业务情况和处理方案说明上报集团财务部审核，集团财务部结合咨询外部中介机构的专业意见，制定统一的会计处理方法，履行审批程序后下达各公司执行	经办/审批	预防型	财务报告管理制度	领导审批意见	√	√	√	√		各会计科目

续上表

风险编号	风险描述	对应控制目标编号	关键控制措施编号	关键控制措施	不相容职务	控制活动类型	对应制度	控制痕迹	会计报表认定 1.存在和发生/真实性；2.完整性；3.权利与义务；4.估价或分摊；5.表达和披露					会计报表项目
									1	2	3	4	5	
20.3.2-R7	重大影响交易披露不规范、不合理，可能因虚假性记载、误导性陈述、重大遗漏和未按照规定及时披露而导致损失，影响公司财务信息真实性目标	20.3.2-CT3	20.3.2-CA13	建立公司信息披露管理制度，并严格按照监管部门重大事项披露要求进行信息披露		预防型		信息披露管理制度					√	各会计科目
20.3.2-R8	财务报告编制前期准备工作不充分，可能导致结账前未能及时发现会计差错，影响公司财务信息真实性目标	20.3.2-CT2	20.3.2-CA14	明确财务报告编制的计划和职责		预防型	财务报告管理制度		√	√	√	√	√	各会计科目
		20.3.2-CT2	20.3.2-CA15	财务部在编制年度财务报告前，必须全面清查核实账目，并报相应人员审核	经办/审核	预防型	财务报告管理制度	审批单	√	√	√	√	√	各会计科目

续上表

风险编号	风险描述	对应控制目标编号	关键控制措施编号	关键控制措施	不相容职务	控制活动类型	对应制度	控制痕迹	会计报表认定 1.存在和发生/真实性；2.完整性；3.权利与义务；4.估价或分摊；5.表达和披露					会计报表项目
									1	2	3	4	5	
20.3.2-R9	在未确认公司各项经济业务（包括对账、调账、差错更正等业务）是否已经处理完毕的情况下编制财务报告，导致编制财务报告，信息不完整，影响财务报告的完整性，从而影响公司财务信息真实性目标	20.3.2-CT2	20.3.2-CA16	在编制财务报告前，除全面清查资产、核实债务外，还需完成下列工作：①依照规定的结账日进行结账，结出有关会计账簿的余额和发生额，并核对各会计账簿之间的余额；②检查相关的会计核算是否按照公司会计制度的规定进行；③检查各项交易、事项是否按照会计核算的一般原则进行确认、计量，以及相关账务处理是否合理；④检查是否存在因会计差错、会计政策变更等原因需要调整前期或本期相关项目		预防型	财务报告管理制度		√	√	√	√		各会计科目

282

续上表

风险编号	风险描述	对应控制目标编号	关键控制措施编号	关键控制措施	不相容职务	控制活动类型	对应制度	控制痕迹	会计报表认定 1.存在和发生/真实性；2.完整性；3.权利与义务；4.估价或分摊；5.表达和披露					会计报表项目
									1	2	3	4	5	
20.3.2-R10	财务报告中未披露影响公司重大财务状况及生产经营情况的事项，影响财务报告的真实性、完整性，从而影响公司财务信息真实性目标	20.3.2-CT3	20.3.2-CA17	财务部对所有在会计年度内发生的影响公司财务状况的重大事项，包括公司重大投融资事项、资产重组，并购，相关或有事项及可能影响公司正常经营产生的事项等，必须在财务报表中披露		预防型	财务报告管理制度	公司年度财务报告	√	√	√	√	√	各会计科目
20.3.2-R11	财务报告编制未经适当审核或超越授权审批，可能会产生重大差错或舞弊行为而使企业遭受损失，从而影响公司财务信息真实性目标	20.3.2-CT2	20.3.2-CA18	月度财务报告，经财务负责人审批，法定代表人或授权人员；季度、半年度、年度财务报告经财务负责人审批，提交董事会审议后方可对外提供	编制/审核	预防型	财务报告管理制度	公司财务报告	√	√	√	√	√	各会计科目

283

续上表

风险编号	风险描述	对应控制目标编号	关键控制措施编号	关键控制措施	不相容职务	控制活动类型	对应制度	控制痕迹	会计报表认定 1.存在和发生/真实性；2.完整性；3.权利与义务；4.估价或分摊；5.表达和披露					会计报表项目
									1	2	3	4	5	
20.3.2-R12	财务报表编制完成后未经财务主管及相关领导审核，导致财务报表数据不准确，影响财务报告的真实性、准确性，从而影响公司财务信息真实性目标	20.3.2-CT2	20.3.2-CA18	月度财务报告，经财务负责人审核，法定代表人或授权人审批后，报送相关人员；季度、半年度、年度财务报告经财务负责人审核，法定代表人审批，提交董事会审议后方可对外提供	编制/审核	预防型	财务报告管理制度	公司财务报告	√	√	√	√	√	各会计科目
20.3.2-R13	公司财务管理部未对各下属单位上报的财务报告进行合理复核，不能确保各下属单位财务报告的准确性、完整性、合理性，从而影响公司财务信息真实性目标	20.3.2-CT3	20.3.2-CA19	财务部指定人员对各下属单位按期上报的财务报告进行汇总和各下属单位的体合并层面上分析的财务复核，以确保各下属单位的总体合理性。对各下属单位的报告有异议的，要求提供分析说明及说明	编制/复核	发现型	财务报告管理制度	报告分析性复核记录	√	√	√	√	√	各会计科目

续上表

风险编号	风险描述	对应控制目标编号	关键控制措施编号	关键控制措施	不相容职务	控制活动类型	对应制度	控制痕迹	会计报表认定 1.存在和发生/真实性；2.完整性；3.权利与义务；4.估价或分摊；5.表达和披露					会计报表项目
									1	2	3	4	5	
20.3.2-R14	公司合并财务报表的编制未关注准确性、合理性，导致财务报表不够准确，影响公司财务信息真实性目标	20.3.2-CT2	20.3.2-CA20	明确公司合并报表的范围。公司收集全部被投资公司名单，根据控制条件，进行专业判断筛选满足合并范围条件的子公司，将所有纳入合并范围的子公司最新名单和子公司增减变动的原因说明，经财务负责人审批后，纳入合并范围	经办/审批	预防型	财务报告管理制度	财务报告管理制度	√	√	√	√	√	各会计科目
		20.3.2-CT2	20.3.2-CA21	明确合并报表编制过程中的岗位职责及编制流程	编制/复核	预防型	财务报告管理制度	财务报告管理制度	√	√	√	√	√	各会计科目
20.3.2-R15	合并报表编制范围更改的审议工作不规范，可能导致会计处理不当，使企业受到重大影响，影响公司财务信息真实性目标	20.3.2-CT3	20.3.2-CA22	公司收集全部被投资公司名单，根据控制条件，进行专业判断筛选满足合并范围条件的子公司，将所有纳入合并范围的子公司最新名单和子公司增减变动的原因说明，经财务负责人审批后，纳入合并范围	经办/审核	预防型	财务报告管理制度	合并报表编制范围更改申请报告	√	√	√	√	√	各会计科目

285

续上表

风险编号	风险描述	对应控制目标编号	关键控制措施编号	关键控制措施	不相容职务	控制活动类型	对应制度	控制痕迹	会计报表认定 1.存在和发生/真实性；2.完整性；3.权利与义务；4.估价或分摊；5.表达和披露					会计报表项目
									1	2	3	4	5	
20.3.2-R16	合并报表编制披露不规范、不合理，可能因虚假记载、误导性陈述、重大遗漏或未按规定及时披露而导致公司损失，影响公司财务信息真实性目标	20.3.2-CT3	20.3.2-CA23	明确合并报表范围及合并报表的内容		预防型	财务报告管理制度	领导审批记录	√	√	√	√	√	各会计科目
		20.3.2-CT3	20.3.2-CA24	建立合并报表编制流程并严格执行		预防型	财务报告管理制度		√	√	√	√	√	各会计科目
		20.3.2-CT3	20.3.2-CA25	公司指定专人对合并报表编制进行复核	编制/复核	预防型	财务报告管理制度	公司年度财务报告	√	√	√	√	√	各会计科目

续上表

风险编号	风险描述	对应控制目标编号	关键控制措施编号	关键控制措施	不相容职务	控制活动类型	对应制度	控制痕迹	会计报表认定 1.存在和发生/真实性；2.完整性；3.权利与义务；4.估价或分摊；5.表达和披露					会计报表项目
									1	2	3	4	5	
20.3.2-R17	未以经过核对确认的各下属单位财务报表为基础编制公司合并财务报表，导致合并财务报表基数不准确，影响财务报告的真实性、准确性，从而影响公司财务信息真实性目标	20.3.2-CT3	20.3.2-CA26	各公司上报的财务报表须经本公司财务负责人及集团财务部审核通过后，纳入合并财务报表编制		预防型	财务报告管理制度	上报的财务报告	√	√	√	√	√	各会计科目

续上表

风险编号	风险描述	对应控制目标编号	关键控制措施编号	关键控制措施	不相容职务	控制活动类型	对应制度	控制痕迹	会计报表认定 1.存在和发生/真实性；2.完整性；3.权利与义务；4.估价或分摊；5.表达和披露					会计报表项目
									1	2	3	4	5	
20.3.2-R18	未对经授权批准的合并抵销分录的录入与实际抵销分录进行核对并生成合并工作底稿，且核对与录入工作由同一会计人员完成，影响合并财务报表的真实性、准确性，从而影响公司财务信息真实性目标	20.3.2-CT3	20.3.2-CA27	公司合并财务报表编制人员核对公司与合并报表单位的内部交易金额，编制内部交易表及内部交易抵任表，发现差异应及时查明原因并进行调整		预防型	财务报告管理制度	内部交易抵任表	√	√	√	√	√	各会计科目
		20.3.2-CT3	20.3.2-CA28	公司财务经理审核内部交易表及内部交易抵任表	编制/审核	预防型	财务报告管理制度	财务经理审核意见	√	√	√	√	√	各会计科目
		20.3.2-CT3	20.3.2-CA29	公司合并财务报表编制人员根据《企业会计准则》、《企业会计准则——应用指南》、公司财务制度及编制财务报告的有关规定编制合并抵销分录，报公司财务经理审核确认	编制/确认	预防型	财务报告管理制度	抵销分录确认	√	√	√	√	√	各会计科目
		20.3.2-CT3	20.3.2-CA30	公司财务报表编制人员按核准的合并抵销分录编制合并工作底稿，并形成合并财务报表初稿		预防型	财务报告管理制度	合并财务报表初稿	√	√	√	√	√	各会计科目
		20.3.2-CT3	20.3.2-CA31	合并财务报表初稿经公司财务经理审核后，方可出具正式报表	编制/审核	预防型	财务报告管理制度	财务报表管理制稿	√	√	√	√	√	各会计科目

第20章 财务报告方面的内部控制

续上表

风险编号	风险描述	对应控制目标编号	关键控制措施编号	关键控制措施	不相容职务	控制活动类型	对应制度	控制痕迹	会计报表认定 1.存在和发生/真实性；2.完整性；3.权利与义务；4.估价或分摊；5.表达和披露					会计报表项目
									1	2	3	4	5	
20.3.2-R19	财务报表附注编制不规范，影响财务报表的真实性、准确性，从而影响公司财务信息真实性目标	20.3.2-CT3	20.3.2-CA32	财务部人员负责编制合并财务报表附注，对在资产负债表、利润表、现金流量表和所有者权益变动表等报表中列示项目的文字描述或期末调整准备，能在这些报表中列示项目进行说明	编制/审核	预防型	财务报告管理制度	财务报告					√	各会计科目
20.3.2-R20	年度财务报告审计调整过程讨论不充分及时确认，影响财务报表的真实性、准确性，从而影响公司财务信息真实性目标	20.3.2-CT3	20.3.2-CA33	对于涉及计算的调整事项，应加以准确核实，保证计算依据客观，计算过程准确，计算结果真实；对于各项减值准备的预计负债等，要逐一核实，特别是各项减值准备的预计负债等，要逐一核实，对于因事实不清而产生的判断差异，需提供进一步的信息。审计调整事项必须经外部审计师进行充分沟通审批		预防型	财务报告管理制度	审计调整事项确认函	√	√	√	√	√	各会计科目

289

续上表

风险编号	风险描述	对应控制目标编号	关键控制措施编号	关键控制措施	不相容职务	控制活动类型	对应制度	控制痕迹	会计报表认定 1.存在和发生/真实性；2.完整性；3.权利与义务；4.估价或分摊；5.表达和披露					会计报表项目
									1	2	3	4	5	
20.3.2-R21	年度财务报表未及时交付档案室保管，造成重要财务资料遗失，影响财务审计工作，影响公司经营效率目标	20.3.2-CT4	20.3.2-CA34	明确财务报表归档时间、归档类别等级及保管期限	编辑/审核	预防型	会计档案管理制度	会计档案管理制度		√				
20.3.2-R22	财务报告未有效利用，导致公司无法及时分析经营管理的状况及存在的问题，影响公司管理水平的提升	20.3.2-CT5	20.3.2-CA35	公司定期编制财务分析报告。财务分析报告可以使用各项财务指标反映公司目前的盈利水平、偿债能力和资产规模等现状。财务分析报告结果及时传递给企业内部有关管理层级，充分发挥财务报告在企业生产经营管理中的重要作用		发现型	财务报告管理制度	财务分析报告				√	√	

290

20.3.3 案例3：H市公司退市，源于财务造假

H实业股份有限公司以定向募集的方式设立，主要从事珠宝、玉器的加工和销售，1996年在上交所挂牌上市。

然而，八年之后，该公司却因无法披露定期报告而遭退市。从上市到退市，该公司极尽造假之能事，不断变换造假手法，持续编造公司经营业绩和生产记录，从股市和银行骗取资金高达30多亿元，给投资者和债权人造成了严重损失。

1. 虚增销售收入，虚构公司经营业绩和生产记录

H实业股份有限公司所有的采购、生产、销售基本上都是在虚拟的状态下进行。每年，该公司都会制订一些所谓的经营计划，然后组织有关部门根据指标，按照生产销售的各个环节，制作虚假的原料入库单、生产进度报表和销售合同等，为了做得天衣无缝，该公司对相关销售发票、增值税发票的税款也照章缴纳，还因此被评为当地的先进纳税户。

2. 虚假采购，虚增存货

H实业股份有限公司的虚假采购是通过关联公司和形式上无关联的壳公司来实现的，这样做既配合了公司虚构业绩的需要，又达到了转移资金的目的。

3. 虚构往来，虚增在建工程、固定资产和对外投资

为了伪造公司盈利的假象，该公司的销售收入要大大高于销售成本与费用，对这部分差额，除了虚构往来外，该公司大量采用虚增在建工程和固定资产，伪造对外投资等手法来转出资金，使公司造假现金得以循环使用；此外，该公司还通过这种手段掩盖资金真实流向，将上市公司资金转存到个人账户，据为己有。

4. 伪造与公司业绩相关的资金流并大量融资

为了使公司的虚构业绩看起来更真实，该公司配合虚构业务伪造相应的资金流，从形式上看，公司的购销业务都有资金流转轨迹和银行单据。为此，H实业股份有限公司设立大量壳公司，并通过融资获取大量造假所需资金。

虽然H实业股份有限公司退市了，但是如果证券市场没有完善的舞弊防范和处罚机制，下一个类似的骗局可能还会上演，这一案例值得我们深思。要防范此类问题，可以从以下五个方面着手：第一，完善公司治理；第二，完善银行等金融机构的治理结构和内部控制，加强金融联手监督；第三，加强货币资金审计，甄别现金流的真伪；第四，关注上市公司的实质性风险；第五，加强上市公司的担保监管。

第 21 章
内部信息传递方面的内部控制

21.1 内部信息传递方面内部控制概述

信息资源是一个企业赖以生存的重要因素之一，企业在制定决策和日常运作中需要各种形式的信息。内部信息传递是企业内部各管理层级之间通过内部报告形式传递生产经营管理信息的过程。企业的内部控制活动离不开信息的沟通和传递。信息在企业内部进行有目的的传递，对贯彻落实企业发展战略、执行企业全面预算、识别企业生产经营活动中的内外部风险具有重要作用。

21.1.1 内部信息传递应关注的风险

企业内部信息传递至少应关注下列风险：
①内部报告系统不健全，内容不完整，可能对整个生产经营管理造成负面影响；
②内部信息传递不及时、不通畅，可能导致决策失误、相关政策措施难以落实；
③内部信息传递中泄露商业秘密，可能削弱企业核心竞争力。

21.1.2 内部信息传递的总体要求

企业内部信息有来自业务第一线人员根据市场或业务工作整理的信息，也有来自管理人员根据相关内部信息对所负责部门形成的指示或情况通报，尽管有关信息的来源、内容、提供者、传递方式和渠道等各不相同，但收集和传递相关信息一般应遵下列三大原则：

1. 真实准确性原则

虚假或不准确的信息将严重误导信息使用者，甚至导致决策失误，造成巨大的经济损失。内部报告的信息应当与所要表达的现象和状况保持一致，若不能真实反映所计量的经济事项，就不具有可靠性。

2. 及时有效性原则

如果信息未能及时提供，或者及时提供的信息不具有相关性，或者提供的相关信息未被有效利用，都可能导致企业决策延误，经营风险增加，甚至可能使企业较高层次的管理陷入困境，不利于企业对实际情况进行及时有效的控制和矫正，同时也将大大降低内部报告的决策相关性。只有那些切合具体任务和实际工作，并且能够符合信息使用单位需求的信息才是具有使用价值的。

3. 遵守保密原则

企业内部的运营情况、技术水平、财务状况，以及有关重大事项等通常涉及商业秘密，内幕信息知情者（包括董事会成员、监事、高级管理人员及其他涉及信息披露有关部门的涉密人员）都负有保密义务，这些内部信息一旦泄露，极有可能导致企业的商业秘密被竞争对手获知，使企业处于被动境地，甚至造成重大损失。

21.1.3 内部信息传递的流程

企业应当加强内部报告管理制度，全面梳理内部信息传递过程中的薄弱环节，建立科学的内部信息传递机制，明确内部信息传递具体要求，关注内部报告的有效性、及时性和安全性，促进内部报告的有效利用，充分发挥内部报告的作用。图21-1所示的内部信息传递流程具有普适性。企业在实际操作中，应当充分结合自身业务特点和管理要求，构建和优化内部信息传递流程。

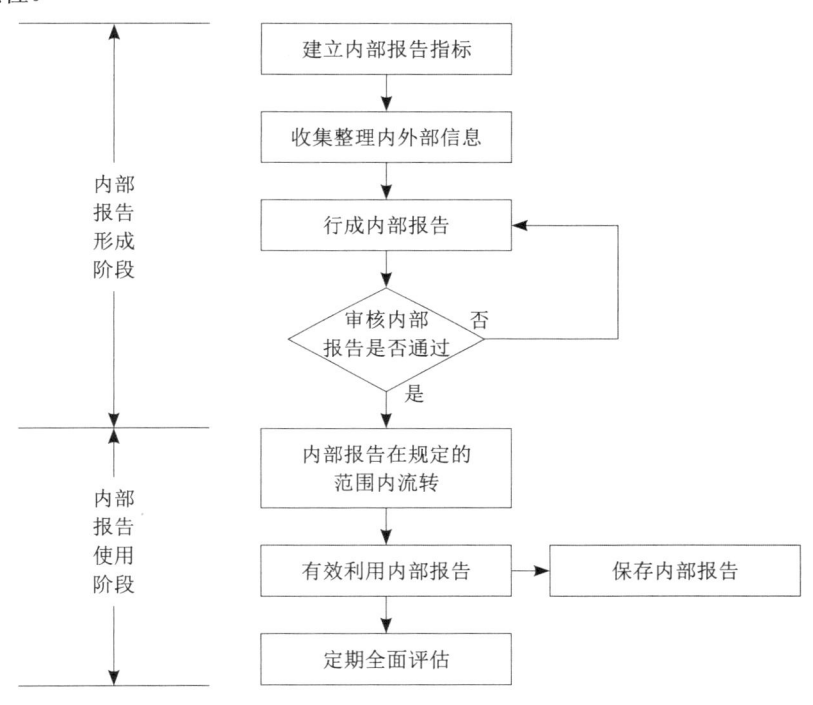

图 21-1 企业内部信息传递流程图

21.2 内部信息传递方面的主要风险点与内部控制措施

21.2.1 建立内部报告指标体系

内部报告指标体系是否科学直接关系内部报告反映的信息是否完整和有用，这就要求企业应当根据自身的发展战略、风险控制和业绩考核特点，系统、科学地规范不同级次内部报告的指标体系，合理设置关键信息指标和辅助信息指标。在设计内部指标体系时，企业应当根据内部各信息用户的需求选择信息指标，以满足其经营决策、业绩考核、企业价值与风险评估的需要，该环节的主要风险点和内控措施主要有以下几个方面：

1. 主要风险

内部报告指标体系的设计未能结合企业的发展战略，指标体系层级混乱，与全面预算管理要求相脱节，设定后未能根据环境和业务变化有所调整。

2. 主要的内部控制措施

第一，企业应认真研究自身的发展战略、风险控制要求和业绩考核标准，根据各管理层级对信息的需求和详略程度，建立一套级次分明的内部报告指标体系。企业明确的战略目标和具体的战略规划为内部报告控制目标的确定提供了依据。

第二，企业内部报告指标确定后，应进行细化，层层分解，使企业中各责任中心及其各相关职能部门都有自己明确的目标，以利于控制风险并进行业绩考核。

第三，内部报告需要依据全面预算的标准进行信息反馈，将预算控制的过程和结果向企业内部管理层报告，以有效控制预算执行情况，明确相关责任，科学考核业绩，并根据新的环境和业务，调整决策部署，更好地规划和控制企业的资产和收益，实现资源的最有效配置和管理的协同效应。

21.2.2 收集外部信息

为了随时掌握有关市场状况、竞争情况、政策变化等外部环境，保证企业发展战略和经营目标的实现，企业应当完善内外部重要相关信息的收集机制和传递机制，使重要信息能够及时获得并向上级呈报。企业可以通过行业协会组织、社会中介机构、业务往来单位、市场调查、来信来访、网络媒体及有关监管部门等渠道，获取外部信息；通过财务会计资料、经营管理资料、调研报告、专项信息、内部刊物、办公网络等渠道，获取内部信息。

主要风险：

收集的内外部信息过于散乱，不能突出重点；信息内容准确性差，据此作出的决策容易误导经营活动；获取内外部信息的成本过高，违反了成本效益原则。

主要的内部控制措施：

第一，根据特定服务对象的需求，选择信息收集过程中重点关注的信息类型和内容。

为特定对象、特定目标服务的信息，具有更高的适用性，对于使用者具有更现实、重要的意义，因此需要根据信息需求者的要求按照一定的标准对信息进行分类汇总。

第二，对信息进行审核和鉴别，对已经筛选的资料做进一步的检查，确定其真实性和合理性。企业应当检查信息在事实与时间上有无差错，是否合乎逻辑，其来源单位、资料份数、指标等是否完整。

第三，企业应当在收集信息的过程中考虑获取信息的便利性及其获取成本高低，如果需要较大代价获取信息，则应当权衡其成本与信息的使用价值，确保所获取信息符合成本效益原则。

21.2.3 编制及审核内部报告

企业各职能部门应将收集的有关资料进行筛选、抽取，然后，根据各管理层级对内部报告的信息需求和先前制定的内部报告指标，建立各种分析模型，提取有效数据并进行反馈汇总，在此基础上，对分析模型进一步改造，进行资料分析，起草内部报告，形成总结性结论，并提出相应的建议，从而为企业的发展趋势、策略规划、前景预测等分析提供重要的指导，为企业的效益分析、业务拓展提供有力的保障。通常会把内部报告分为四类：一是与对外合同相关的内部报告；二是管理类报告；三是研究调查类报告；四是完成经营计划情况类报告。

主要风险：

内部报告未能根据各内部使用单位的需求进行编制，内容不完整，编制不及时，未经审核即向有关部门传递。企业内部报告因报告类型不同、反映的信息特点不同，内部报告的格式不尽一致。

主要的内部控制措施：

第一，企业内部报告的编制单位应紧紧围绕内部报告使用者的信息需求，以内部报告指标体系为基础，编制内容全面、简洁明了、通俗易懂的内部报告，以便于企业各管理层级和全体员工掌握相关信息，正确履行职责。

第二，企业应合理设计内部报告编制程序，提高编制效率，保证内部报告能在第一时间提供给相关管理部门。对于重大突发事件应以速度优先，要尽可能快地编制内部报告，向董事会报告。

第三，企业应当建立内部报告审核制度，设定审核权限，确保内部报告信息质量。企业必须对岗位与职责分工进行控制，内部报告的起草与审核岗位分离，内部报告在传递前必须经签发部门负责人审核。

21.2.4 构建内部报告流转体系及渠道

企业应当制定严密的内部报告传递流程，充分利用信息技术，强化内部报告信息集成和共享，将内部报告纳入企业统一信息平台，构建科学的内部报告网络体系。企业内部各管理层级均应指定专人负责内部报告工作。企业应当拓宽内部报告渠道，通过落实奖励措施等多种有效方式，广泛收集合理化建议。

主要风险：

未制定内部报告传递流程，内部报告未按传递流程进行传递，内部报告流转不及时。

主要的内部控制措施：

第一，企业应当制定内部报告传递制度。企业可根据信息的重要性、内容等特征，确定不同的流转环节。

第二，企业应严格按设定的传递流程进行流转。企业各管理层对内部报告的流转应做好记录，对于未按照流转制度进行操作的事件，应当调查原因，并作相应处理。

第三，企业应及时更新信息系统，确保能够有效安全地传递内部报告。

21.2.5 内部报告有效使用及保密要求

企业各级管理人员应当充分利用内部报告进行有效决策，管理和指导企业的日常生产经营活动，及时反映全面预算执行情况，协调企业内部相关部门和各单位的运营进度，严格绩效考核和责任追究，确保企业实现发展战略和经营目标。企业应当有效利用内部报告进行风险评估，准确识别和系统分析企业生产经营活动中的内外部风险，确定风险应对策略，实现对风险的有效控制。企业对于内部报告反映的问题应当及时解决。企业应当制定严格的内部报告保密制度，明确保密内容、保密措施、密级程度和传递范围，防止泄露商业秘密。

主要风险：

企业管理层在决策时并没有使用内部报告提供的信息，内部报告未能用于风险识别和控制，商业秘密通过企业内部报告被泄露。

主要的内部控制措施：

第一，企业在预算控制、生产经营管理决策和业绩考核时充分使用内部报告提供的信息。企业应当将预算控制和内部报告接轨，通过内部报告及时反映全面预算的执行情况；要求企业尽可能利用内部报告的信息对生产、购售、投资、筹资等业务进行因素分析、对比分析和趋势分析等，发现存在的问题，及时查明原因并加以改进。

第二，企业管理层应通过内部报告提供的信息对企业生产经营管理中存在的风险进行评估，准确识别和系统分析企业生产经营活动中的内外部风险，涉及突出问题和重大风险的，应当启动应急预案。

第三，企业应从内部信息传递的时间、空间、节点、流程等方面建立控制，通过职责分离、授权接触、监督和检查等手段防止商业秘密泄露。

21.2.6　内部报告的保管

企业的经营管理活动，会产生大量的数据信息，管理好这些资料，对于分析和解决企业管理中的问题至关重要。

主要风险：

企业缺乏内部报告的保管制度，内部报告的保管存放杂乱无序，对重要资料的保管期限过短，保密措施不严。

主要的内部控制措施：

第一，企业应当建立内部报告保管制度，各部门应当指定专人按类别保管相应的内部报告。

第二，为了便于内部报告的查阅、对比分析，改善内部报告的格式，提高内部报告的有用性，企业应按类别保管内部报告，对影响较大的、金额较高的一般要严格保管。

第三，企业对不同类别的报告应按其影响程度规定其保管年限，只有超过保管年限的内部报告方可予以销毁。对影响重大的内部报告，应当永久保管。

第四，企业应当制定严格的内部报告保密制度，明确保密内容、保密措施、密级程度和传递范围，防止泄露商业秘密。有关公司商业秘密的重要文件要由企业较高级别的管理人员负责，具体至少由两人共同管理，放置在专用保险箱内。

21.2.7　内部报告评估

企业应当对内部报告是否全面、完整，内部信息传递是否及时、有效，对内部报告的利用是否符合预期做到心中有数，这就要求企业建立内部报告评估制度，通过对一段时间内部报告的编制和利用情况进行全面的回顾和评价，掌握内部信息的真实状况。企业对内部报告的评估应当定期进行，具体由企业根据自身管理要求作出规定，至少每年度对内部报告进行一次评估。

主要风险：

企业缺乏完善的内部报告评价体系，对信息传递环节和传递方式控制不严，针对传递不及时、信息不准确的内部报告缺乏相应的惩戒机制。

主要的内部控制措施：

第一，企业应建立并完善自身对内部报告的评估制度，严格按照评估制度对内部报告进行合理评估，考核内部报告在企业生产经营活动中所起的真实作用。

第二，为保证信息传递的及时准确，企业必须执行奖惩机制。对经常不能及时或准确传递信息的相关人员应当进行批评和教育，并与绩效考核体系挂钩。

21.3 建立反舞弊机制

21.3.1 舞弊存在的领域

舞弊是指以故意行为获得不公平或非法的收益，其存在的领域主要如图21-2所示。

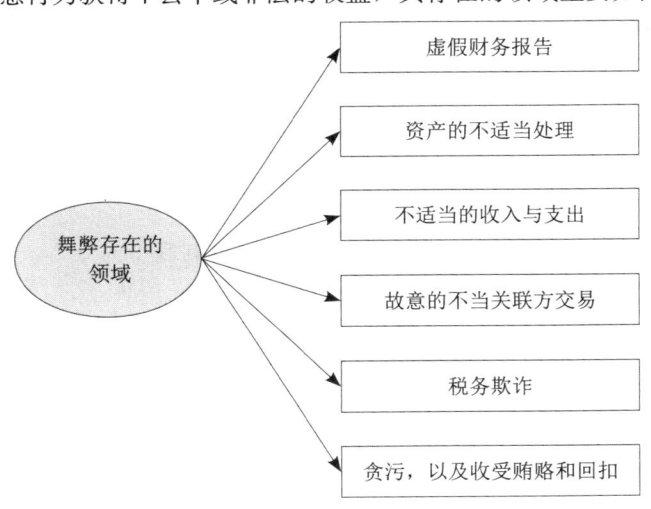

图 21-2 舞弊所存在的领域

21.3.2 反舞弊的主要风险与内部控制措施

有效的反舞弊机制，是企业防范、发现和处理舞弊行为、优化内部环境的重要制度。有效的信息沟通又是反舞弊程序和控制成功的关键。如果信息交流机制不畅通，就会产生信息不对称的问题，舞弊行为产生的机会就会增大。

企业应当建立反舞弊机制，坚持惩防并举、重在预防的原则，明确反舞弊工作的重点领域、关键环节和有关机构在反舞弊工作中的职责权限，规范舞弊案件的举报、调查、处理、报告和补救程序。该环节的主要风险与内控措施主要体现在以下几个方面。

主要风险：

忽视对员工道德准则体系的培训，内部审计监察不严，内部人员未经授权或采取其他不法方式侵占、挪用企业资产；在财务会计报告和信息披露等方面存在虚假记录、误导性陈述或重大遗漏等；董事、监事、经理及其他高管人员滥用职权，相关机构或人员串通舞弊；企业对举报人的保护力度小，信访事务处理不及时，缺乏相应的舞弊风险评估机制。

主要内部控制措施：

第一，企业应当重视和加强反舞弊机制建设，对员工进行道德准则培训，通过设立员工信箱、投诉热线等方式，鼓励员工及企业利益相关方举报和投诉企业内部的违法违规、舞弊和其他有损企业形象的行为。

第二，企业应通过审计委员会对信访、内部审计、监察、接收举报过程中收集的信息进行复查，监督管理层对财务报告施加不当影响的行为，以及管理层进行的重大不寻常交易和企业各管理层级的批准、授权、认证等，防止侵占企业资产、挪用资金、编制虚假财务报告、滥用职权等现象的发生。

第三，企业应当建立反舞弊情况通报制度。

第四，企业应当建立举报人保护制度，设立举报责任主体、举报程序，明确举报投诉处理程序，并保存好投诉记录。

21.4 内部信息传递方面内部控制案例详解

21.4.1 案例1：A公司内部信息传递管理制度

A公司内部信息传递管理制度

第一章 总则

第一条 为了促进生产经营管理信息在内部各管理层级之间的有效沟通和充分利用，结合公司实际，制定本制度。

第二条 本制度所称"内部信息传递"，是指公司内部各管理层级之间通过内部报告形式传递生产经营管理信息的过程。

第三条 公司内部信息传递注重防范下列风险：

（一）内部报告系统缺失，功能不健全，内容不完整，影响生产经营有序运行；

（二）内部信息传递不通畅、不及时，导致决策失误，相关政策措施难以落实；

（三）内部信息传递中泄露商业秘密，削弱公司核心竞争力。

第四条 公司通过建立科学的内部信息传递机制，全面梳理内部信息传递过程中的薄弱环节，强化内部报告管理，明确内部信息传递的内容、保密要求及密级分类、传递方式、传递范围，以及各管理层级的职责权限等，促进内部报告的有效利用，充分发挥内部报告的作用。

第二章 内部报告的形成

第五条 公司依据发展战略目标、年度经营计划和风险控制要求，针对各管理层级对信息需求的详略程度，建立以业绩考核标准为中心的层次分明的内部报告指标体系，具体包括：

（一）满足使用者信息需求的统计报表和分析报告；

（二）过程导向指标，包括工程进度偏差、应急响应速度、客户满意度指数、安全事故数、员工培训率和年均培训时间、员工满意度指数等；

（三）结果导向指标，包括销售收入、应收账款回收率、运营维护成本、利润总额、每股收益等。

第六条 以内部报告指标系统的统计分析为中心，明确收集和报送内部报告信息的归口责任部门或责任人，确定定期报送信息的内容和时间要求，促进建立标准化的报告数据收集流程并尽可能实现自动化。信息管理的原则如下：

（一）为使收集的信息更具真实性和有效性，要求信息收集的表格标准化，规定采集信息的统一口径和频率方式；

（二）收集处理信息的人员要统一培训，以在思想、方法和行动上保持一致性和协调性，为保证信息流的畅通和有效，要落实具体的负责人、内容和时间；

（三）处理信息的使用者要对信息的真实性、可靠性从多方面进行印证和质询，并关注异常信息。

第七条 负责信息报送的各管理层级负责人对报送信息具有审阅责任，对报送信息的质量、及时性和合规性负责。信息上报的质量、及时性和合规性应列入信息上报人员及其直接主管领导的考核指标。信息报送归口部门包括：

（一）董事会办公室。负责与董事会决议执行有关的内部信息报告。

（二）总经理工作部。负责与年度经营计划执行、工作总结（述职报告）相关的内部信息报告。

（三）生产技术部。负责生产信息子系统的内部信息报告。

（四）营销部。负责营销信息子系统的内部信息报告。

（五）财务部。负责财务信息子系统的内部信息报告。

（六）人力资源部。负责以绩效考核为中心的内部信息报告。

第八条 为支持公司非执行董事更有效地履行战略决策、风险控制和监控公司长期健康状况的职责，增加行业动态、公司经营状况、针对未来运营的前瞻性、非财务指标等方面的信息具体包括：

（一）战略类信息，包括本地区经济发展趋势、电力需求增长状况、市场竞争状况、人才梯队等；

（二）董事会决议执行情况；

（三）公司的月度/季度经营计划和分析报告及关键业绩指标表现；

（四）季度/年度工作总结；

（五）财务预算、预算调整和月度/季度财务报告；

（六）内控评价报告、内审计划和工作报告、专项审计报告；

（七）重大项目可行性研究摘要及项目进度月报/季报；

（八）重大人事变动；

（九）重要的公司级文件和会议纪要。

第九条　公司通过落实奖励措施等有效方式广泛收集合理化建议，加强反舞弊机制建设，通过员工信箱、投诉电话等方式，鼓励员工及公司利益相关方举报和投诉公司内部的违法违规、舞弊和其他有损公司形象的行为。

第三章　内部报告的使用

第十条　公司各级管理人员应充分利用内部报告管理和指导生产经营活动，及时反映全面预算执行情况，协调内部相关部门和各单位的运营进度，严格绩效考核和责任追究，确保实现战略及年度运营目标。

第十一条　公司应有效利用内部报告进行风险评估，准确识别和系统分析生产经营活动中的内外部风险，确定风险应对策略，实现对风险的有效控制，对于内部报告反映的问题应当及时解决，涉及突出问题和重大风险的，应启动应急预案。

第十二条　公司制定严格的内部报告保密制度，明确保密内容、保密措施、密级程度和传递范围，防止泄露商业秘密。

第十三条　为保障内部报告的及时性、安全性和有效性，公司将内部报告的评估与绩效考核系统相结合，促进对内部报告的形成和使用的定期评估，及时发现内部报告形成和使用过程中的问题并进行修正。

21.4.2　案例2：R股份有限公司及其下属公司内部信息沟通流程

1. 概述

规定了R股份有限公司及其下属公司内部信息沟通管理，旨在确保公司及子公司内部信息沟通及时、通畅，公司各项信息传递高效、准确。

2. 适用范围

适用于R股份有限公司及其下属公司。

3. 相关制度

R股份有限公司内幕信息知情人登记制度。

会议管理制度。

证通电子邮件信息管理规定。

重大事项报告制度。

4. 职责分工

总经理：过程负责人。

接口部门：负责公司内部信息传递、各部门工作衔接及信息反馈等工作。

责任部门：负责本部门在信息沟通中不符合事项的改善。

相关部门：负责本部门内、外部的信息沟通，信息的宣传。

内审部：负责公司内部信息传递监督管理职能，建立并执行公司内部反舞弊及信息保密管理机制。

（1）信息沟通流程图

R 股份有限公司及其下属公司内部信息沟通流程如图 21-3 所示。

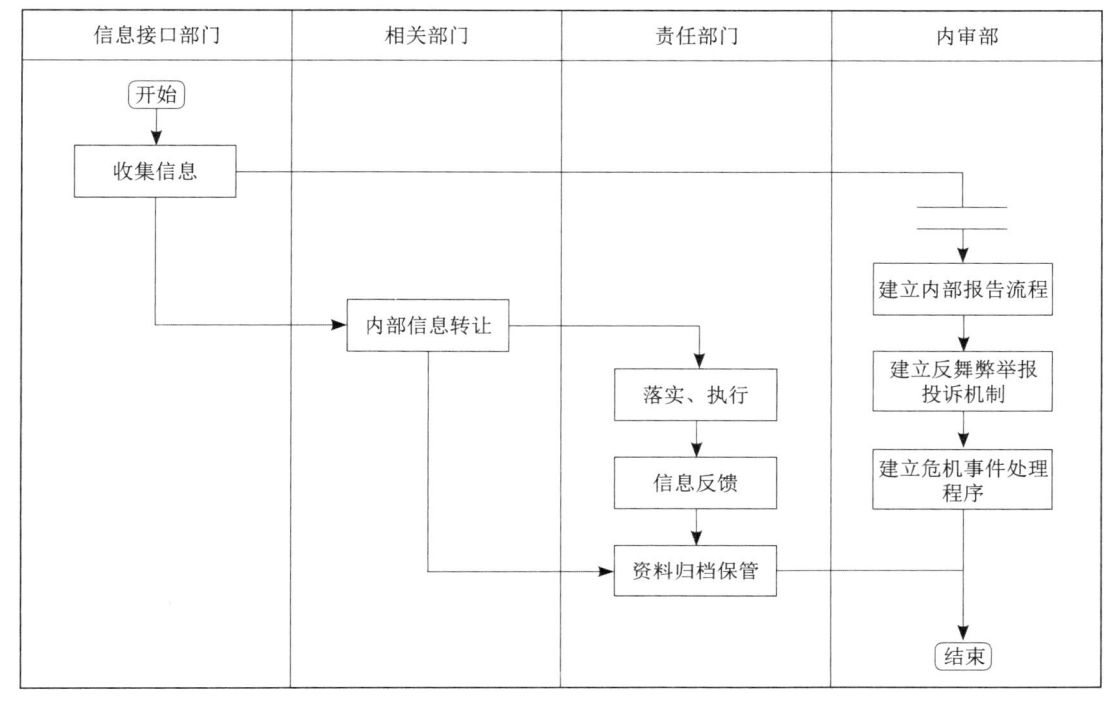

信息接口部门	相关部门	责任部门	内审部
开始 ↓ 收集信息	内部信息转让	落实、执行 ↓ 信息反馈 ↓ 资料归档保管	建立内部报告流程 ↓ 建立反舞弊举报投诉机制 ↓ 建立危机事件处理程序 ↓ 结束

图 21-3　R 股份有限公司及其下属公司内部信息沟通流程图

（2）控制矩阵

R 股份有限公司及其下属公司内部信息沟通控制矩阵见表 21-1。

表21-1　R股份有限公司及其下属公司内部信息沟通控制矩阵

风险编号	风险描述	控制措施编号	控制类型	控制措施	应用系统控制			控制频率（随时/日/周/月/季/年）	控制实施证据	对应制度/管理办法
					应用系统控制所属模块	系统控制措施				
21.4.2-R1	文件控制人员电脑未设置密码且离开座位时未锁定桌面，无关人员可在电脑上进行查看、更改、下载等操作，可能导致无关人员乘文件控制人员不在时窃取公司相关技术资料，造成公司机密泄露，从而影响企业核心竞争力	21.4.2-C1	预防性	文件控制电脑应设置密码，并且控制人员在离开座位时或出门时，应检查并锁定电脑。定期做好资料备份工作，确保重要资料的安全			随时		
21.4.2-R2	文件控制资料通过文件共享在各部门内可进行资料查阅，但是文件共享未进行权限设置，公司范围内各部门人员均可点击查看并下载，可能导致公司受控文件资料保管及阅览权限设置不当，不利于公司资料的保管与保密，损害企业利益	21.4.2-C2	预防性	受控文件的共享应该根据使用范围，设置合理的权限控制（如：根据文件资料的保密程度进行分级，机密层级别的只能有总经理、副总经理级别的才能有阅览等）			随时		

302

续上表

风险编号	风险描述	控制措施编号	控制类型	控制措施	应用系统控制			控制频率（随时/日/周/月/季/年）	控制实施证据	对应制度/管理办法
					应用系统控制所属模块	系统控制措施			
21.4.2-PR1	未建立公司内部重要信息汇报制度，可能导致公司重要信息不能及时传递，或各部门信息不对称，影响公司经营效率	21.4.2-C5A	预防性	公司根据发展战略、风险控制、业绩考核要求，科学规范不同级次内部报告的指标体系，采用报告件的方式，全面反映各种内外部信息生产经营管理相关的内外部信息，并与全面预算管理相结合，随着环境和业务的变化不断修订和完善内部报告的指标体系			年	内部报告管理办法	
		21.4.2-C5B	预防性	公司制定严密的内部报告流程，充分利用信息技术，强化内部报告信息集成和共享，将内部报告纳入企业统一信息平台			年	内部报告管理办法	
21.4.2-PR2	公司内部信息传递管理机制不明确，不及时，不完整，影响公司经营效率	21.4.2-C6	预防性	公司内部需要主动对内、外部沟通的信息，如方针、目标、关于环境保护的公函、承揽商入厂作业协议书等，公司对外接口部门应确保该信息传达到相应的部门			随时		

303

续上表

风险编号	风险描述	控制措施编号	控制类型	控制措施	应用系统控制		控制频率（随时/日/周/月/季/年）	控制实施证据	对应制度/管理办法
					应用系统控制所属模块	系统控制措施			
21.4.2-PR3	内部信息沟通的方式不恰当，可能导致各部门间信息沟通不畅，影响公司各部门办事效率	21.4.2-C7A	预防性	公司内部信息沟通应采用适当的方式，对于重大的事项应当采用纸质书面方式传达到各部门，并在公司网站主页发布，对于相对次要的信息才可以用电子化的邮件等形式			随时	信息沟通文件	
		21.4.2-C7B	预防性	可采用的沟通方式和工具有公告板、展板、电话、E-mail（电子邮件）、便条、信件、报告、传真等书面信息，总经理信箱、员工座谈会、公司网络、受控文件的发放、公司内部刊物、培训、会议、调查表、内外部审核及管理评审等			随时	信息沟通文件	
21.4.2-PR4	相关部门信息接收后回复不及时，可能影响沟通效果及公司各部门的办事效率	21.4.2-C8	预防性	相关信息接收后各部门应当作及时的回复，以便信息可以得到妥善的处理			随时		

304

续上表

第21章　内部信息传递方面的内部控制

风险编号	风险描述	控制措施编号	控制类型	控制措施	应用系统控制		控制频率（随时/日/周/月/季/年）	控制实施证据	对应制度/管理办法
					应用系统控制所属模块	系统控制措施			
21.4.2-PR5	公司未建立反舞弊举报投诉机制，未能及时发现并处理舞弊隐患，采取防范措施，可能造成公司经济损失或法律风险	21.4.2-C9A	预防性	公司建立反舞弊举报投诉机制，规范举报、调查、处理、报告和补救程序等，并对举报投诉进行有效宣传，确保举报、投诉成为公司有效掌握信息的重要途径			随时	舞弊举报投诉机制	
		21.4.2-C9B	预防性	设立举报热线和举报信箱、邮箱等			月		
		21.4.2-C9C	预防性	在公司内部和对利益相关通过各种形式宣传举报投诉机制，以便使全体员工和利益相关方了解该机制			月		
		21.4.2-C9D	预防性	贯彻举报人保护制度，以使其无后顾之忧，确保公司获取真实信息			月		
		21.4.2-C9E	预防性	将所有举报进行连续编号，并以情况说明书的形式对事件进行记录和归档保存			月	举报投诉保管资料	

305

续上表

风险编号	风险描述	控制措施编号	控制类型	控制措施	应用系统控制		控制频率（随时/日/周/季/年/月/季/年）	控制实施证据	对应制度/管理办法
					应用系统控制所属模块	系统控制措施			
21.4.2-PR6	公司未建立危机处理程序，可能导致危机事件发生时处理不当，造成公司财产或名誉损失	21.4.2-C10A	预防性	公司对各类可能对经营连续性造成重大影响的危机事件进行识别与定义，建立事先预警机制，规划此类事件发生的报告方式和处理程序，以确保在危机发生时公司迅速作出反应，减少公司的利益和声誉损失			年	公司危机事件处理程序	
		21.4.2-C10B	预防性	定义对应危机事件的管理指标，并对这些管理指标建立持续不断的检测机制，及时发布预警信息，从而及时发现危机事件的发生			年	公司危机事件处理程序	
		21.4.2-C10C	预防性	明确危机事件发生时公司对内和对外的处理程序。公司内部：明确规定危机事件发生后负责报告的部门或人员，以及报告的途径、时限与方式。公司外部：明确规定危机事件发生后对外发布信息的责任部门，以及信息发布前的审批程序等			年	公司危机事件处理程序	
		21.4.2-C10D	预防性	公司针对可能发生的危机事件定期开展应急演练以确保真正发生时能够快速应对			年	公司危机事件处理程序	

续上表

| 风险编号 | 风险描述 | 控制措施编号 | 控制类型 | 控制措施 | 应用系统控制 || 控制频率（随时/日/周/月/季/年） | 控制实施证据 | 对应制度/管理办法 |
					应用系统控制所属模块	系统控制措施			
21.4.2-PR7	未建立公司内部报告保密制度，可能导致内部报告涉密信息泄露，造成公司经济损失	21.4.2-C11A	预防性	公司制定严格的内部报告保密制度，明确保密内容、保密措施、密级程度和传递范围，防止泄露商业秘密			年	内部报告保密制度	
		21.4.2-C11B	预防性	公司要求每位在岗人员均须签署保密承诺书，使每位员工明确有关保密法规和应当承担的保密义务及法律责任			年	保密承诺书	
21.4.2-PR8	未建立公司内部报告评估制度，没有对内部报告的内容及具体情况进行分析并及时作出调整，影响公司各部门办事效率	21.4.2-C12A	预防性	公司建立内部报告的评估制度，定期对内部报告的形成和使用进行全面评估，重点关注内部报告的及时性、安全性有效性			年	内部报告的评估制度	
		21.4.2-C12B	预防性	公司各部门严格按照内部报告评估制度的要求执行，保证内部报告能够及时有效地传递至管理层			年		

21.4.3　案例 3：HB Gary Federal 公司信息失窃

随着为美国政府和 500 强企业提供信息安全技术服务的加里·联邦（HB Gary Federal）公司首席执行官（CEO）的黯然辞职，人们骤然醒悟，云时代保障企业信息资产安全的核心问题不是技术，而是人，不是部门职能，而是安全意识，企业门户大开的原因不是没有高价安全技术，而是缺乏一道"人力防火墙"。

2011 年 2 月 6 日，在美式橄榄球超级碗决赛之夜，HB Gary Federal 公司创始人尝试登录谷歌（Google）企业邮箱的时候，发现密码被人修改了，这位以研究"特殊恶意软件（rootkit）"而著称的安全业内资深人士立刻意识到事态的严重性：作为一家为美国政府和 500 强企业提供安全技术防护的企业，自身被黑客攻陷了！更为糟糕的是，HB Gary Federal 企业邮箱里有涉及包括美商会、美国司法部、美洲银行和维基泄密的大量异常敏感的甚至是见不得光的"商业机密"。

对 HB Gary Federal 公司实施攻击的黑客组织"匿名者"随后将战利品 6 万多封电子邮件在互联网上公布，直接导致 HB Gary Federal 公司 CEO 引咎辞职，由于此次信息泄露涉及多家公司甚至政府部门的"社交网络渗透""商业间谍""数据窃取""打击维基泄密"计划，HB Gary Federal 公司的员工还纷纷接到恐吓电话，整个公司几乎一夜间被黑客攻击彻底击垮。

安全公司 HB Gary Federal 宣布打算披露关于离经叛道的 Anonymous（匿名）黑客组织的信息后不久，这家公司就遭到了 Anonymous 组织成员的攻击。Anonymous 成员通过一个不堪一击的前端 Web 全球（广域网）应用程序，攻入了 HB Gary Federal 的内容管理系统（CMS）数据库，窃取了大量登录信息。之后，他们得以利用这些登录信息，闯入这家公司的多位主管的电子邮件、推特（Twitter）和领英（Linkedin）账户。他们还利用 HB Gary Federal 的安全漏洞，得以进入 HB Gary Federal 的电子邮件目录，随后公开抛售邮件信息。

第 22 章
信息系统方面的内部控制

22.1 信息系统方面内部控制概述

22.1.1 信息系统与内部控制

信息系统自行开发流程与风险控制如图 22-1 所示。

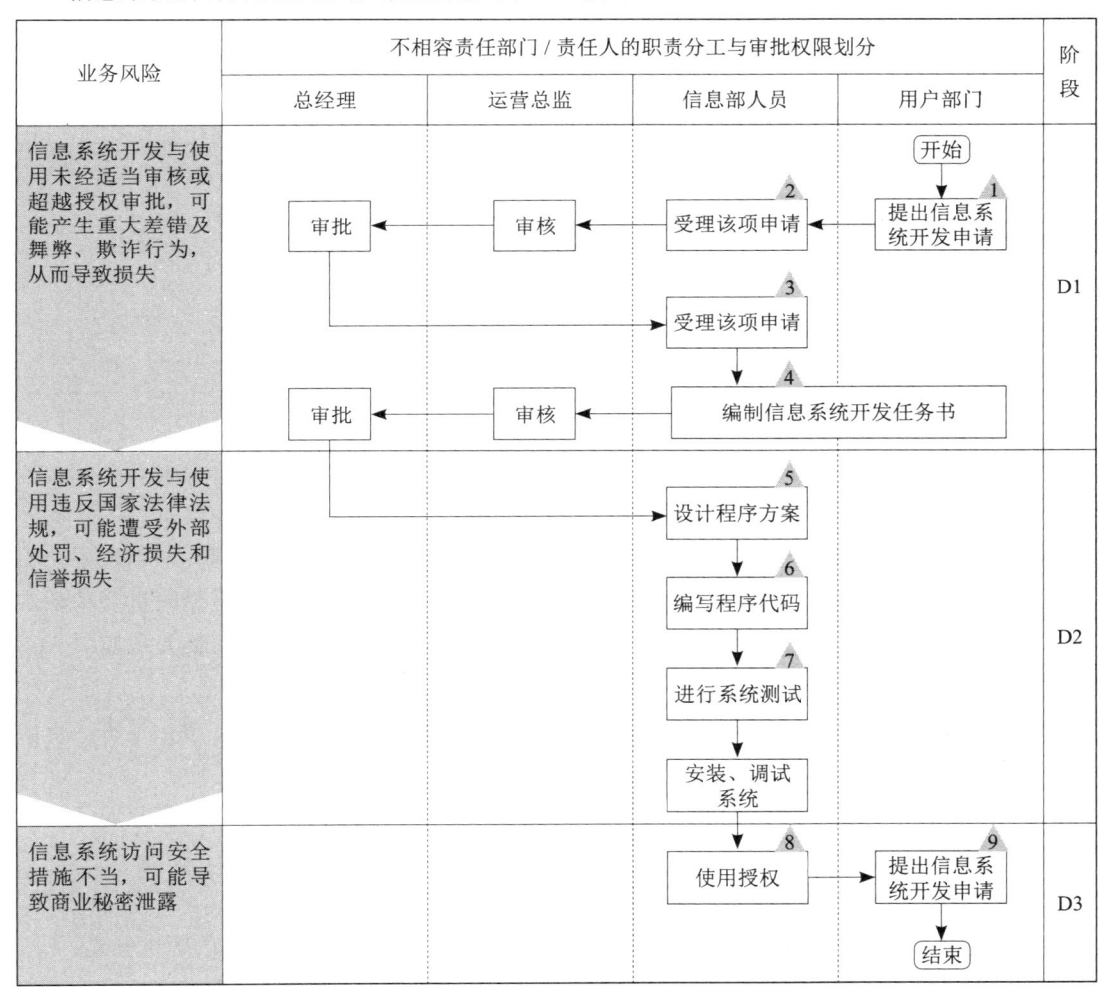

业务风险	不相容责任部门/责任人的职责分工与审批权限划分				阶段
	总经理	运营总监	信息部人员	用户部门	
信息系统开发与使用未经适当审核或超越授权审批，可能产生重大差错及舞弊、欺诈行为，从而导致损失	审批 ←	审核 ←	② 受理该项申请 ← ③ 受理该项申请 ↓ ④ 编制信息系统开发任务书	① 开始 提出信息系统开发申请	D1
信息系统开发与使用违反国家法律法规，可能遭受外部处罚、经济损失和信誉损失	审批 ←	审核 ←	⑤ 设计程序方案 ↓ ⑥ 编写程序代码 ↓ ⑦ 进行系统测试 ↓ 安装、调试系统		D2
信息系统访问安全措施不当，可能导致商业秘密泄露			⑧ 使用授权	⑨ 提出信息系统开发申请 ↓ 结束	D3

图 22-1 信息系统自行开发流程与风险控制图

信息系统自行开发流程控制见表 22-1。

表 22-1 信息系统自行开发流程控制表

控制事项		详细描述及说明
阶段控制	D1	1. 企业生产、销售、仓储、财务等信息系统使用部门根据实际工作需要提交信息系统开发申请 2. 信息部仔细核对用户部门提交的申请，审核无误后提交运营总监审核、总经理审批 3. 信息系统开发申请通过审批后，信息部根据企业相关规定及用户部门的实际情况，分析信息系统需求 4. 在分析需求的基础上编制"信息系统开发任务书"，提交运营总监审核、总经理审批，"信息系统开发任务书"包括信息系统名称、应达到的技术性能、操作环境、具体工作计划、开发人员及费用预算等内容
	D2	5. 系统分析人员设计信息系统开发的具体方案 6. 信息部的程序员编写代码 7. 信息部的测试员进行测试
	D3	8. 安装、调试后，系统最终上线，信息部设置用户部门的使用权限 9. 用户部门在信息部的授权下使用信息系统
相关规范	应建规范	◆ 信息系统管理制度 ◆ 信息系统开发管理办法
	参照规范	◆ 企业内部控制应用指引
文件资料		◆ 信息系统开发任务书 ◆ 信息系统设计方案
责任部门及责任人		◆ 信息部、财务部、生产部、销售部、仓储部 ◆ 总经理、运营总监、编程员、设计员、测试员、信息部人员

信息系统开发招标流程与风险控制如图 22-2 所示。

随着企业业务及日常管理的信息化程度逐步提高，企业的业务、财务流程对信息系统的依赖日益加深，如图 22-2 所示，信息技术已成为支持公司业务、财务、管理的重要基础构架，提供内部、外部、第三方等用户对公司信息的访问。信息系统内部控制关系如图 22-3 所示。

在信息技术环境下，传统的手工控制越来越多地被自动化控制所替代，概括地讲，自动控制能为企业带来以下好处：

①自动化控制能够有效处理大流量交易及数据，因为自动信息系统可以提供与业务规则一致的系统处理方法；

②自动化控制比较不容易被绕过；

③自动信息系统、数据库及操作系统的相关安全控制功能可以实现有效的职责分离；

④自动信息系统可以提高信息的及时性、准确性，并使信息更易被获取；

⑤自动信息系统可以提高管理层对企业业务活动及相关政策的监督水平。

同时，对自动化控制的依赖也可能给企业带来下列财务报表重大错报风险：

①信息系统或相关系统程序可能会对数据进行错误处理，也可能会处理本身存在错误的数据。

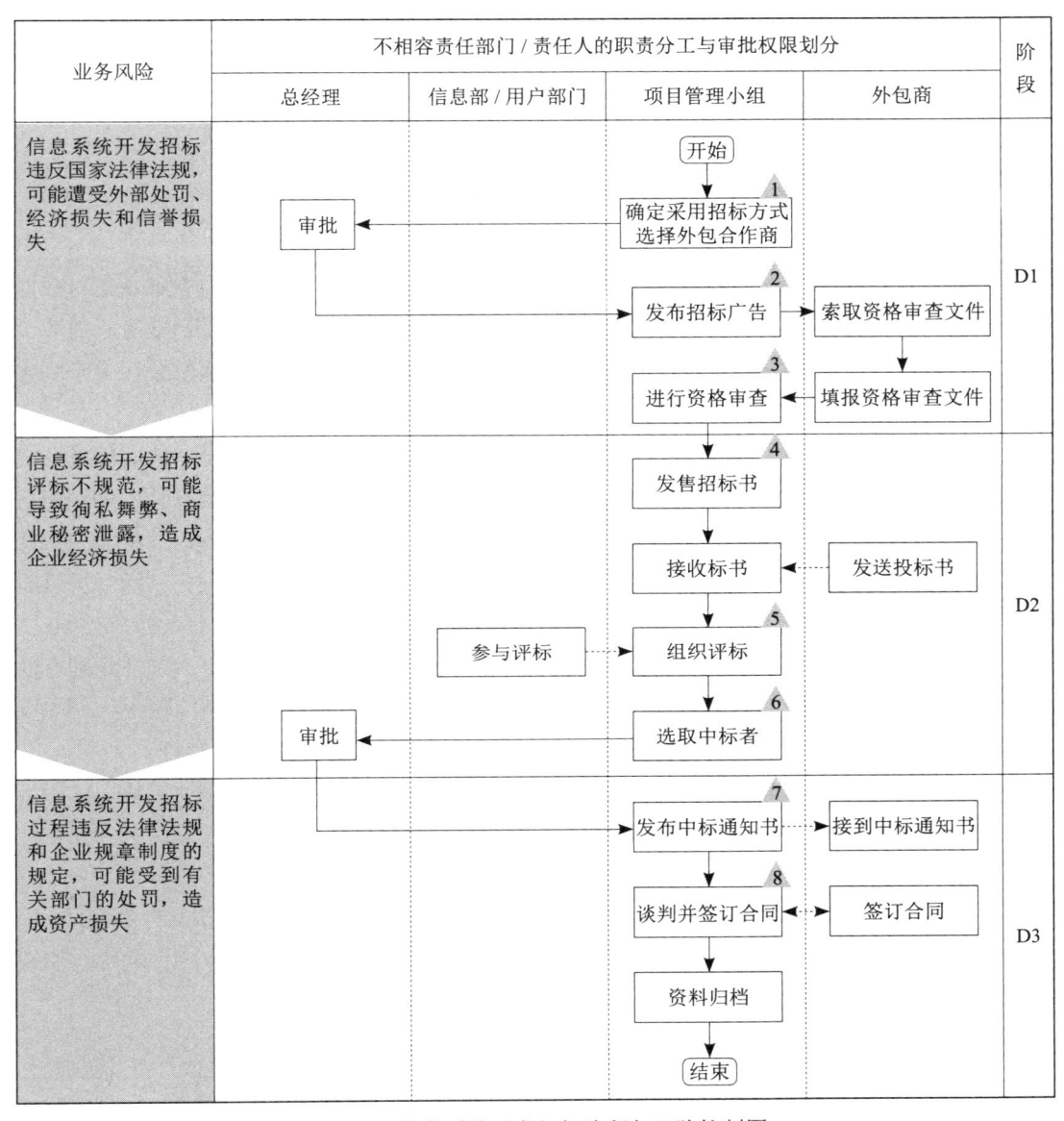

图 22-2 信息系统开发招标流程与风险控制图

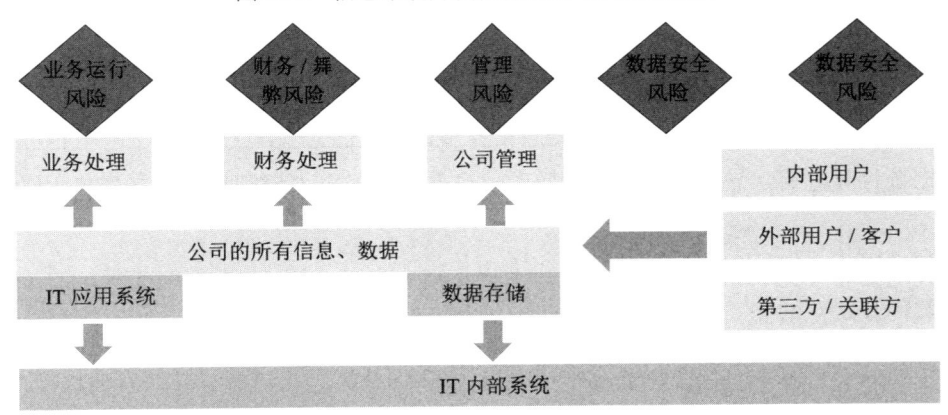

业务风险	不相容责任部门/责任人的职责分工与审批权限划分				阶段
	总经理	信息部/用户部门	项目管理小组	外包商	
信息系统开发招标违反国家法律法规，可能遭受外部处罚、经济损失和信誉损失	审批 ←		开始 ↓ 1 确定采用招标方式选择外包合作商 ↓ 2 发布招标广告 ↓ 3 进行资格审查	索取资格审查文件 ↓ 填报资格审查文件	D1
信息系统开发招标评标不规范，可能导致徇私舞弊、商业秘密泄露，造成企业经济损失	审批 ←	参与评标	4 发售招标书 ↓ 接收标书 ↓ 5 组织评标 ↓ 6 选取中标者	发送投标书	D2
信息系统开发招标过程违反法律法规和企业规章制度的规定，可能受到有关部门的处罚，造成资产损失			7 发布中标通知书 ↓ 8 谈判并签订合同 ↓ 资料归档 ↓ 结束	接到中标通知书 ↓ 签订合同	D3

图 22-3 信息系统内部控制关系图

业务运行风险 → 业务处理 → IT应用系统
财务/舞弊风险 → 财务处理
管理风险 → 公司管理
数据安全风险 → 公司的所有信息、数据 ← 数据存储
数据安全风险 → 内部用户 / 外部用户/客户 / 第三方/关联方
→ IT内部系统

②自动信息系统、数据库及操作系统的相关安全控制如果无效，会增加对数据信息非授权访问的风险，这种风险可能导致系统内数据遭到破坏和系统对非授权交易或不存在的交易作出记录，系统、系统程序、数据遭到不适当的改变，系统对交易进行不适当的记录，以及信息技术人员获得超过其职责范围的过大系统权限等。

③数据丢失风险或数据无法访问风险，如系统瘫痪。

④不适当的人工干预，或人为绕过自动化控制。

公司最重要的资产之一就是信息和数据，如果没有适当的IT内部控制，例如缺乏对数据修改的严格管理或对数据库访问用户的不合适授权、未使用入侵检测系统等，业务、财务、客户数据信息则有可能被未授权的用户或者入侵者修改、删除、复制，从而给公司带来巨大的损失。

因此，被审计单位采用信息系统处理业务，并不意味着手工控制被完全取代。信息系统对控制的影响，取决于被审计单位对信息系统的依赖程度。例如，在基于信息技术的自动信息系统中，系统进行自动操作来实现对交易信息的创建、记录、处理和报告，并将相关信息保存为电子形式（如电子的采购订单、发运凭证和相关会计记录），但相关控制活动也可能同时包括手工的部分，比如，订单的审批和事后审阅，以及会计记录调整之类的手工控制。

⑤舞弊风险。信息化加快了公司的效率，使业务处理更加方便，同时，必须注意到在信息化的公司环境中，舞弊也因为信息系统而变得更加容易。如果缺乏适当的IT控制，例如没有严格责任分离或者进行了不适当的用户授权，都将增加舞弊现象存在的可能性。

因此，与财务报告相关的控制活动一般由一系列手工控制和自动化控制所组成。由于被审计单位信息技术的特点及复杂程度不同，被审计单位的手工及自动化控制的组合方式往往会有所区别。

根据一家国际机构的数据统计，自2004年至2008年6月30日，在内部控制无效的美国上市公司中，有17%～25%的公司在IT内部控制方面存在重大缺陷。信息系统内部控制缺陷与内部控制无效占比分析见表22-2。

表22-2　信息系统内部控制缺陷与内部控制无效占比分析

项　　目	2004年	2005年	2006年	2007年	2008年
存在信息系统内部控制缺陷公司个数	101	95	70	76	7
当年内部控制无效公司个数	438	476	395	309	28
比　　例	23.06%	19.96%	17.72%	24.60%	25.00%

根据统计和分析，导致内部控制无效的信息系统方面重大控制缺陷主要来源于以下几种类型：

①程序控制上的缺陷；

②软件开发/实施；

③职责分离；

④用户对系统的访问授权；

⑤对数据访问的监管和控制。

例如，H公司上线了ERP（企业资源计划）系统，并根据系统维护要求设计了新产品主文档维护流程，由专职人员负责接收相关部门提出的主文档变更需求，需求经过适当审批后由该专职人员负责实施具体的变更操作，但相关流程实际上未得到落实，相关部门如研发部门、生产管理部门、采购部门或客服部门均可通过邮件或电话的方式通知该专职人员在系统内录入新产品编号。另外，系统管理员还把新产品编号录入权限开放给部分频繁提出变更需求的部门及个人，这个过程同样也缺乏适当的文档记录及审批过程。最终在内部审计时发现，系统中拥有新产品编号录入权限的人员共17人，且存在同一个产品多个编号的情况。

上述案例暴露了H公司在信息系统管理、权限设置、保密性等方面都存在缺陷，为此，公司应当制定信息系统工作程序、信息管理制度及各模块子系统的具体操作规范，以保证信息系统操作人员不得擅自进行系统软件的删除、修改等操作；不得擅自升级、改变系统软件版本；不得擅自改变软件系统环境配置。公司应建立用户管理制度，加强对重要业务系统的访问权限管理，定期审阅系统账号，避免授权不当或存在非授权账号。公司建立信息系统安全保密和泄密责任追究制度，对专业机构进行系统运行与维护管理的，应审查该机构的资质，并与其签订服务合同和保密协议。

22.1.2 公司层面的信息系统控制

图22-4中反映了信息系统内部控制的主要内容。

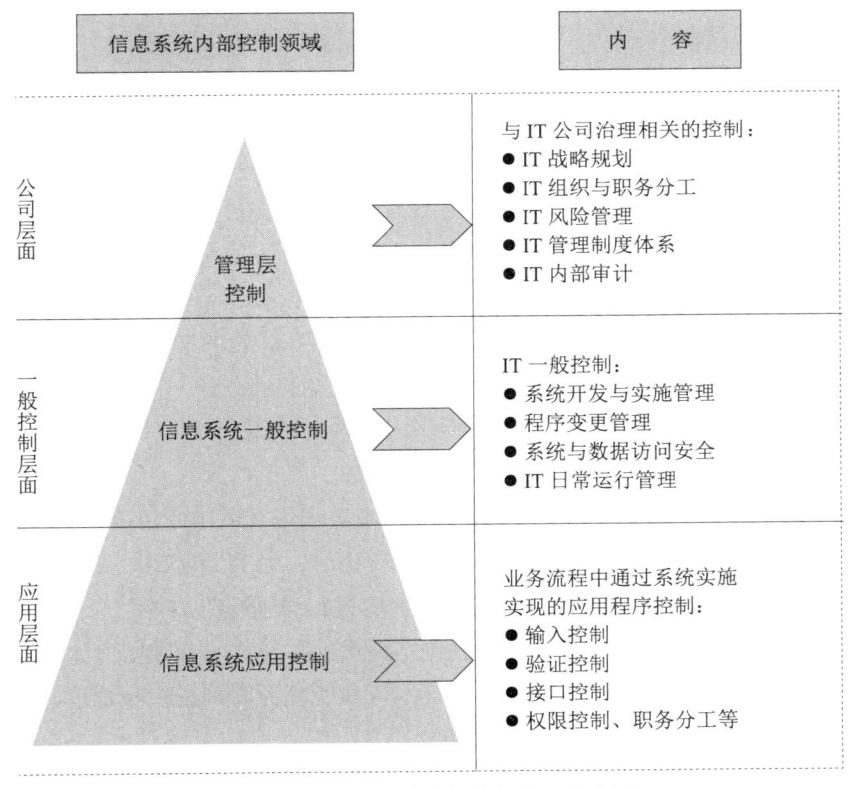

层面	信息系统内部控制领域	内容
公司层面	管理层控制	与IT公司治理相关的控制： ● IT战略规划 ● IT组织与职务分工 ● IT风险管理 ● IT管理制度体系 ● IT内部审计
一般控制层面	信息系统一般控制	IT一般控制： ● 系统开发与实施管理 ● 程序变更管理 ● 系统与数据访问安全 ● IT日常运行管理
应用层面	信息系统应用控制	业务流程中通过系统实施实现的应用程序控制： ● 输入控制 ● 验证控制 ● 接口控制 ● 权限控制、职务分工等

图22-4 信息系统内部控制主要内容图

1. 公司层面的信息系统控制范围

信息系统公司层面控制如图 22-5 所示。

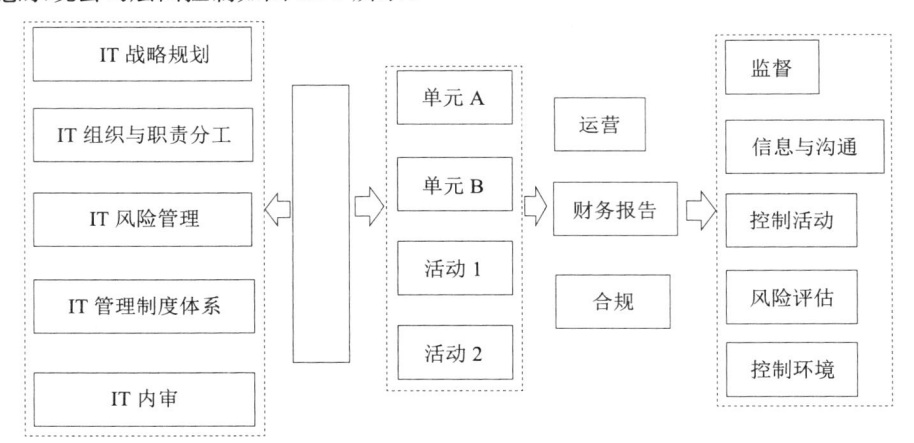

图 22-5 信息系统公司层面控制图

（1）IT 战略规划管理

IT 战略规划管理，是指根据企业业务发展战略规划，评估现有 IT 组织、流程及 IT 基础架构现状，制定和实施具有前瞻性、可操作性并与公司目标、行业发展方向相适应的 IT 发展战略及规划，并基于此对企业未来的信息系统实施、IT 组织变革、IT 管理流程优化等工作内容提供行动纲领和指导。

IT 战略规划管理的目的是通过有效的 IT 战略规划制定、审核、执行与监督操作，为企业 IT 管理方向、IT 资源使用提供前瞻性的指导和有效管理，为业务拓展提供相适应的 IT 系统基础，以更好地促进、支持公司业务发展目标，其具体控制领域包括以下几个方面。

①IT 战略的制定与审批。在 IT 战略制定过程中，应充分考虑业务发展规划、IT 管理现状、行业最佳实践与 IT 发展方向等因素，充分听取管理层、业务团队的需求与意见，制定 IT 发展战略与规划，并经过董事会审批后颁布执行。

②IT 战略规划执行效果的持续监控。根据企业颁布和实施的中长期 IT 战略规划，管理层定期通过报告、研讨会、IT 审计等手段对 IT 战略规划执行效果、进度、质量进行持续监督和管理。

（2）IT 组织与职责分工

IT 组织与职责分工，是指根据企业组织架构、业务层级及系统使用情况，建立明确的 IT 组织架构，定义 IT 组织的章程、工作内容及职责等内容；对 IT 组织内的管理人员、技术人员的岗位职责与分工、绩效考评标准、报告线等内容进行详细规定。

IT 组织与职责分工管理的目的，是通过建立正式的、规范的 IT 组织机构、人员分工及职责定义、考评机制，实现对企业 IT 管理与运维工作职责的明确授权和管理，保证 IT 员工胜任能力、职责分离等要求，具体控制领域包括：

①明确的 IT 组织与职责分工定义。对 IT 组织架构、章程、职责、管理团队与分工、汇报线等内容进行明确规范；建立正式的 IT 员工岗位职责描述，定义关键 IT 岗位工作内容、范围及承担职责。

②有效的IT员工绩效管理。建立正式的员工绩效考评体系，定期对员工工作质量、技能等方面进行正式考核，建立有效的激励机制，提高IT员工工作积极性、胜任能力，有效提升企业整体的IT服务质量。

（3）IT风险管理

IT风险管理，是指企业建立和实施正式的IT风险管理机制，形成有效的IT风险识别、风险评估等操作流程，并根据风险识别、评估结果，综合成本效益与企业风险偏好等诸多因素，制定具体的风险应对策略，并加以实施，实现对IT风险的有效管理，确保公司信息系统、数据及IT服务的持续、安全、有效、完整。

IT风险管理，是通过建立有效的IT风险评估体系并有效运行，确保能够及时发现、评估、预防和管理相应关键IT风险，确保IT系统、数据安全、完整，确保提供持续、高效的IT服务，具体控制领域包括：

①有效的IT风险评估体系。企业建立正式的IT风险管理机构，选择适合的IT风险评估方法、手段、技术，覆盖企业范围内关键信息系统、数据、IT基础架构、组织与人员、管理流程等；保证IT风险评估体系运行有效。

②建立健全IT风险应对策略。根据IT风险评估结果，与相关流程负责人、经理层进行沟通和建立IT风险应对策略、活动，通过技术、管理手段，实现对IT风险的有效管理和应对。

（4）IT管理制度体系

IT管理制度体系，是指企业根据现有的IT基础架构、关键系统运行情况、IT组织与人员等客观情况，结合IT风险评估结果，建立健全正式的IT管理流程和相应制度、文档，对企业范围内关键系统、数据与IT基础架构的日常管理操作进行明确规范和定义、指导。

IT管理制度体系的目的是通过建立覆盖关键IT基础架构、系统、数据和操作流程的规章制度文件，提高IT管理工作成熟度，指导和规范具体IT操作行为，优化IT管理实践，提高IT服务质量，确保数据和系统安全性、可用性，具体控制领域包括：

①IT管理制度制定与审核发布。根据企业IT管理实际情况和管理层期望，在考虑成本效益、可执行性、IT风险管控等目标的基础上，建立健全覆盖关键IT操作领域的IT管理制度文档，并经过管理层审批后在企业范围内颁布实施。

②IT管理制度更新管理。根据企业业务操作、IT基础架构、信息系统风险的变化，适时更新或修订IT管理制度，确保IT管理制度能够适应目前IT管理操作实践，满足现有业务部门、IT基础架构、系统、数据管理的要求。

（5）IT内部审计

IT内部审计，是指企业引入独立于信息系统管理部门之外的专业人士或机构，对企业范围内关键信息系统、数据及IT基础架构运行安全性、可用性进行审核与测试，对企业IT组织与人员、IT风险管理、IT管理制度体系运行等领域的IT管理操作的合规性、有效性进行鉴定，协助企业管理层发现IT管理活动中存在的问题，提出改进建议。

IT内部审计的目的是通过建立有效的监控手段，对企业范围内信息系统、数据管理操作有效性、合规性、IT风险管理机制运行情况进行持续跟踪和监督，具体控制领域包括：

①IT内部审计组织机构与人员。企业外聘或组建具有专业技能、了解企业IT管理情况的IT内部审计人员机构，定义IT内部审计章程，批准IT内部审计计划，确保IT内部审计组织、人员能够充分行使IT内部审计工作职责。

②审计结果的上报与沟通。IT内审机构根据IT内审执行过程中的情况，编制IT审计报告，与管理层、流程负责人沟通缺陷内容并提出改进建议；建立管理层与IT内审机构定期沟通机制。

③IT内审人员独立性：由独立于信息系统管理部门、业务部门的人员承担IT内审职能，确保IT内审人员具有独立性，可以客观、公正的履行IT内审职责，避免职责不分离、利益冲突等情况。

2. 公司层面信息系统控制举例

①IT战略规划管理的控制点包括但不限于以下两点：

a. IT战略规划内容应满足企业业务发展需要和信息技术发展方向，并且经过管理层正式审批颁布。

例如，计算机专业李博士从国外某著名大学毕业后，加入一家高速成长中的电子商务公司担任首席技术官。入职之初，李博士在没有充分了解企业发展战略、行业特点的情况下，根据国外学到的知识，在未经董事会授权和批复的情况下，匆忙编制和实施了企业中长期IT发展战略。随着企业发展，董事会发现根据该IT发展战略实施的信息系统，与企业业务发展方向不相适应，导致已部署的IT系统荒废，造成IT投资浪费，并极大地阻碍了业务发展。

b. 企业管理层应对IT战略规划执行情况进行持续监控和管理。

例如，某生物制药企业在2005年聘请外部IT顾问，结合行业特点、企业战略与IT技术发展方向编制了为期5年的信息系统发展规划及实施方案。编制完成后，管理层立即授权信息技术中心实施，但未对实施过程进行有效管理。在5年期间，因信息技术中心负责人的频繁更换，导致IT发展规划实施断断续续。当2010年底规划实施期满时，管理层发现实施成果远远低于期望，导致IT系统与业务发展契合度不够，造成企业在行业竞争中处于劣势，影响了业务发展。

②IT组织与职责分工管理的控制点包括但不限于以下两点：

a. 企业管理层应对IT组织机构、工作职责、员工岗位分工等内容进行明确定义和规范。

例如，某高速公路企业原隶属于事业单位，实现政企分开后，企业未根据现在企业管理模式对各部门职能进行规范和定义，IT人员依然隶属于办公室管理。IT人员除了承担信息系统管理职责外，还经常承担其他行政类工作职责，导致信息系统管理无序、员工对IT服务质量怨声载道的不良局面，也进一步影响了新的系统、技术在该企业的推广和使用，从而影响了企业业务操作信息化、自动化发展。

b. 建立有效的IT员工绩效考评体系，对IT员工工作质量、技能、满意度进行评价和考核。

例如，某港航管理机构将IT工程师纳入普通行政人员范畴，未建立科学的工作绩效考核体系，年底仅从出勤率等传统角度对其年度工作进行评价，这种情况，对 IT 工程师造成了负面激励，形成了"吃大锅饭"的局面，促使经验丰富、有能力的 IT 工程师陆续辞职，造成了信息技术水平、IT 服务质量每况愈下，直接影响了机构的信息系统运行效果和信息化发展。

③ IT 风险管理的控制点包括但不限于以下两点：

a. 企业应建立有效的 IT 风险评估体系，并保证其持续、有效运行。

例如，某企业针对该企业信息系统依赖程度高、IT 使用情况复杂等情况，早在 2005 年即开展信息系统风险评估操作，并根据企业信息系统使用现状和发展，逐步健全和完善 IT 风险评估体系、范围和方法，逐步摸索出一条适用本企业的 IT 风险评估与管理之路。该企业针对 IT 风险评估结果，结合成本效益原则、企业风险偏好等客观因素，建立了有效风险应对策略，有效地应对了多次网络攻击、计算机病毒爆发及信息系统故障等极端情况，确保了企业系统及数据安全和 IT 服务的持续性。

b. 企业应建立健全 IT 风险应对策略，实现对潜在 IT 风险的有效管理和对应。

例如，某企业在监管部门的要求下，虽然建立了 IT 风险管理机制，但实际上未对企业内部存在的 IT 风险进行有效管理，没有建立具有针对性的 IT 风险应对策略和管控措施。2009 年初，在企业网络升级期间，黑客通过关键网络设备配置漏洞，成功入侵企业主文件服务器，窃取了大量机密信息，给企业造成了巨大损失。

④ IT 管理制度体系的控制点包括但不限于以下两点：

a. 企业应建立覆盖关键信息系统、数据、IT 基础架构的信息系统管理制度体系，覆盖关键控制领域、IT 风险。

例如，某企业作为国内领先的企业级 SaaS（软件运营服务）服务提供商，专注于为客户提供在线客户关系管理系统。2010 年，某世界 500 强企业对该企业服务内容很感兴趣，欲达成合作意向，该 500 强企业代表在考察了该企业内部管理情况时发现，该企业没有建立正式的 IT 管理制度体系和流程，系统开发、变更及数据安全、日常运行管理操作多依赖员工自发行为，处于 CMM（能力成熟度模型）中"初始级"，无法确保对外提供的 IT 服务质量和数据的安全性、系统可靠性。该企业因没有建立和实施有效的 IT 管理制度体系，错失一次良好的合作机会。

b. 由专职人员或部门负责维护、更新 IT 管理制度体系，确保其适用于业务操作、IT 基础架构等要求。

例如，某大型港口企业针对自身信息系统多、数据重要性水平高、数据接口复杂等实际情况，在 2004 年初就集中力量，建立健全了覆盖关键信息系统、数据及 IT 基础架构的 IT 管理制度体系，并专设了 IT 流程管理岗，由资深的 IT 人员担任。当信息系统、IT 基础架构、业务流程发生变更时，IT 流程管理人员适时更新、完善 IT 管理制度体系，确保其与 IT 管理现状相适应，能够持续地指导、规范和管理信息系统日常管理操作实践，维持较高的 IT 管理水平和客户满意度。

⑤ IT 内部审计相关控制要求举例：

a. IT 内部审计组织、职责、章程应由企业管理层正式批准建立和授权，确保其可以充分行使 IT 内审职能。

例如，某企业在海外上市后，根据资本市场监管要求设置了 IT 内部审计机构，直接隶属于审计委员会，并由其批准并颁布了 IT 内部审计章程，对其职责、授权进行了正式定义，该企业 IT 内部审计机构根据 IT 内部审计章程要求，每年制订并执行具体的 IT 内部审计计划，对集团范围内各分支机构的 IT 管理操作有效性、合规性及信息系统风险管理情况进行审核与评估，并根据审计发现，编制正式年度 IT 内部审计报告及管理建议书，上报审计委员会，抄送至相关管理层，协助企业完善与提升 IT 管理水平，确保信息系统运行有效、关键数据准确、完整。

b. 建立有效的沟通机制，确保管理层能够及时了解 IT 日常运行中存在的问题或缺陷。

例如，某企业建立了 IT 内部审计机构后，但并未建立有效的向上沟通、汇报机制。每次 IT 内部审计项目完成后，IT 内部审计人员编制 IT 内部审计报告书仅呈报至系统管理部门负责人，导致管理层对目前 IT 管理工作中存在的问题缺陷缺乏必要的了解，对 IT 缺陷的整改及 IT 管理优化操作缺少指导、支持和监督。缺乏有效的沟通、上报机制，使 IT 内部审计机构处于非常尴尬的位置，导致 IT 内部审计流于形式，无法对提升 IT 管理水平、促进 IT 工作有序发展提供帮助。

c. 通过有效的授权机制和管理架构，确保 IT 内部审计人员的独立性。

例如，某企业根据监管机构要求，建立了 IT 内部审计机构，但是却由信息技术部负责人吴某兼任 IT 内部审计机构主管，不符合独立性要求。吴某在履行 IT 内部审计负责人职能时，因怕对其 IT 工作能力造成不良影响，对发现的 IT 管理、操作方面的问题及缺陷，采用回避态度，只报喜、不报忧，使管理层无法真实地了解目前 IT 控制及管理方面存在的问题。外部审计师执行审计时，才发现了隐瞒很久的 IT 管理和控制方面存在的缺陷，并在对外报告中进行了披露。

22.2 信息系统方面的主要内部控制措施

在信息技术环境下，手工控制的基本原理与方式并不会发生实质性的改变，注册会计师仍需要按照标准执行相关的审计程序，而对于自动化控制，就需要从信息技术一般控制测试与信息技术应用控制测试两方面进行考虑。

信息化会计档案的管理流程与风险控制如图 22-6 所示。

业务风险	不相容责任部门/责任人的职责分工与审批权限划分				阶段
	信息部经理	会计档案管理员	财务部经理	会计	
信息化会计档案管理未经适当审核或超越授权审批，可能产生重大差错及舞弊、欺诈行为，从而导致损失	审批 ←	开始 → 拟定信息化会计档案管理制度 ① → 严格执行 → 收集会计档案 ←	审批 ←	② 形成会计档案	D1
信息化会计档案管理程序不规范，可能导致企业资产或股东权益受损	审批 ←	③ 进行档案鉴定 → ④ 分类整理 → 磁性介质或光盘介质的会计数据 / 书面形式储存的会计数据			D2
信息化会计档案保管不善，可能导致会计档案丢失		⑤ 做好防消磁、防火、防潮和防尘等工作 → ⑥ 定期检查存储介质保存的会计档案 → 结束			D3

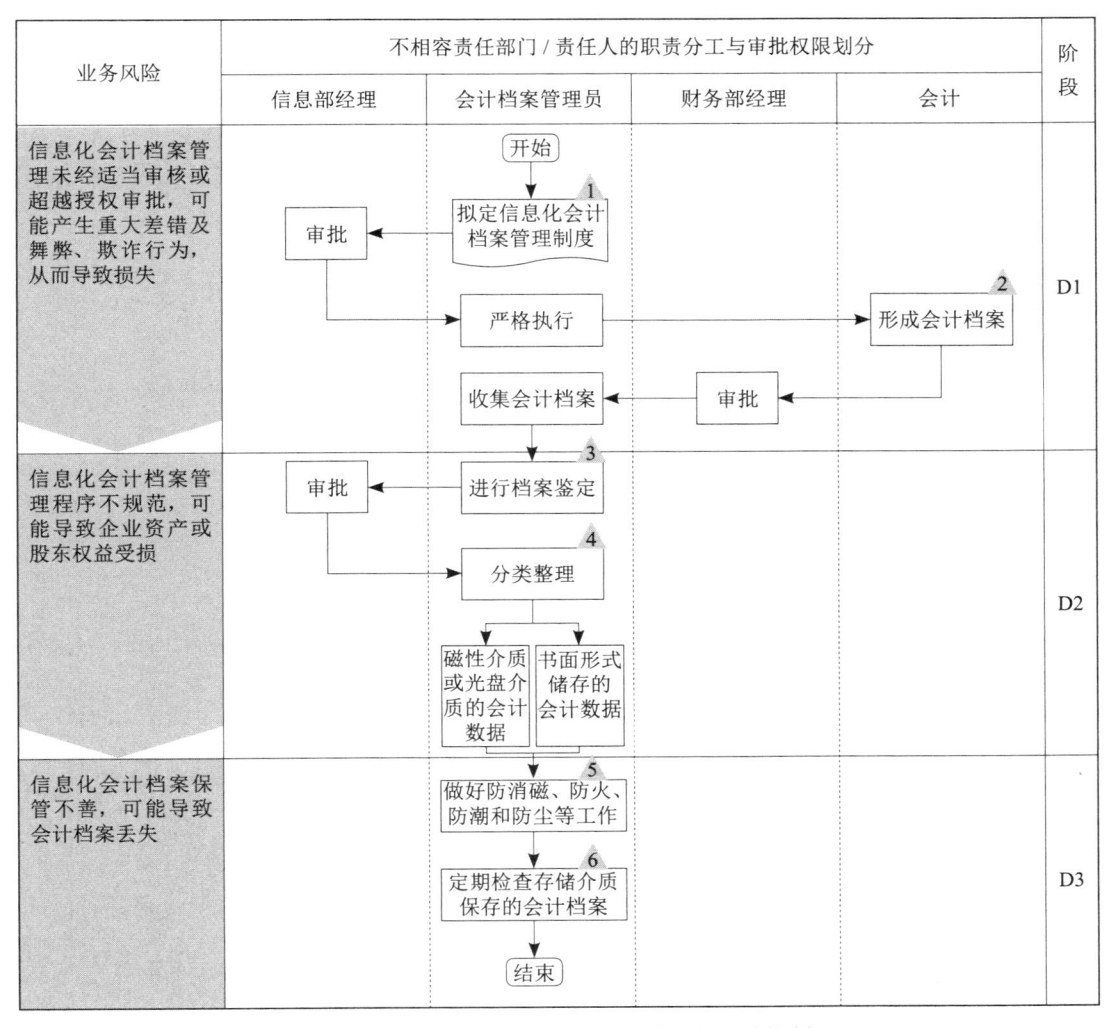

图 22-6 信息化会计档案的管理流程与风险控制

信息化会计档案的管理流程控制见表 22-3。

表 22-3 信息化会计档案的管理流程控制表

控制事项		详细描述及说明
阶段控制	D1	1. 会计档案管理员拟定"信息化会计档案管理制度"，经信息部经理审批后严格执行 2. 会计档案主要指存储在磁性介质或光盘介质的会计数据和计算机打印出来的书面等形式的会计数据，包括记账凭证、会计账簿、会计报表（包括报表格式和计算公式）等数据
	D2	3. 会计档案管理员对收集的会计档案进行鉴定，对会计档案进行去粗取精等工作，确定会计档案的利用价值 4. 把零散的、需要修改的会计档案进行分类、组织和编目，使之成为一个体系；分类主要是根据会计档案的时间、内容或形式的异同，按照一定体系，分门别类、系统化地区分档案和整理档案，使其构成有机整体
	D3	5. 会计档案管理员负责信息化会计档案的管理，做好防消磁、防火、防潮和防尘等工作 6. 对于存储介质保存的会计档案应定期检查，防止由于介质损坏而使会计档案丢失

续上表

控制事项		详细描述及说明
相关规范	应建规范	◆ 信息系统管理制度 ◆ 信息化会计档案管理制度
	参照规范	◆ 企业内部控制应用指引
文件资料		◆ 记账凭证 ◆ 会计账簿 ◆ 会计报表
责任部门及责任人		◆ 信息部、财务部 ◆ 信息部经理、会计档案管理员、财务部经理、会计

会计信息管理人员操作流程与风险控制如图22-7所示。

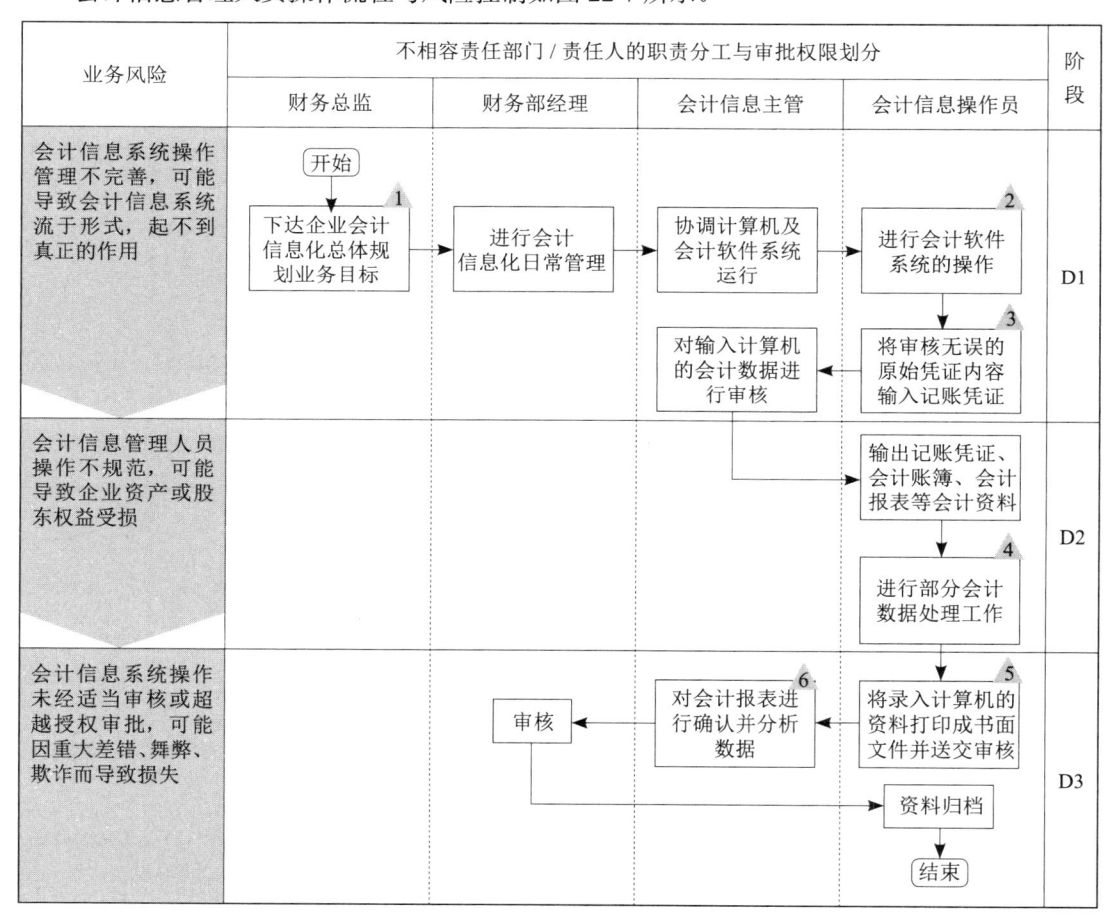

业务风险	不相容责任部门/责任人的职责分工与审批权限划分				阶段
	财务总监	财务部经理	会计信息主管	会计信息操作员	
会计信息系统操作管理不完善，可能导致会计信息系统流于形式，起不到真正的作用	开始→下达企业会计信息化总体规划业务目标 1	进行会计信息化日常管理	协调计算机及会计软件系统运行	进行会计软件系统的操作 2；将审核无误的原始凭证内容输入记账凭证 3	D1
会计信息管理人员操作不规范，可能导致企业资产或股东权益受损			对输入计算机的会计数据进行审核	输出记账凭证、会计账簿、会计报表等会计资料；进行部分会计数据处理工作 4	D2
会计信息系统操作未经适当审核或超越授权审批，可能因重大差错、舞弊、欺诈而导致损失			审核←对会计报表进行确认并分析数据 6	将录入计算机的资料打印成书面文件并送交审核 5；资料归档→结束	D3

图22-7 会计信息管理人员操作流程与风险控制图

会计信息管理人员操作流程控制见表22-4。

表22-4 会计信息管理人员操作流程控制表

控制事项		详细描述及说明
阶段控制	D1	1. 财务总监主要负责财务系统会计信息化的领导工作，按照国家财政部门的有关规定设计企业全面实施会计信息化的总体规划 2. 会计信息化操作岗位任职人员必须持有会计电算化上岗证 3. 会计信息操作员主要负责账务及其他专项核算子系统的操作，如输入记账凭证、输出记账凭证和会计账簿，编制财务报表、工资核算、固定资产核算、往来账核算等
	D2	4. 会计信息操作员审核输出记账凭证、会计账簿、财务报表等会计资料，并对部门会计数据进行简单处理
	D3	5. 打印需要上级领导审核的会计资料 6. 信息化主管需要对打印输出的会计账簿、财务报表进行确认，并对计算机内的会计数据进行分析，为各管理层决策提供有效信息
相关规范	应建规范	◆ 信息系统管理制度 ◆ 会计信息化操作管理制度
	参照规范	◆ 企业内部控制应用指引
文件资料		◆ 会计报表 ◆ 记账凭证
责任部门及责任人		◆ 财务部、信息部 ◆ 财务总监、财务部经理、会计信息主管、会计信息操作员

22.2.1 信息技术一般控制测试

信息系统一般控制是指与多个程序相关且支持应用控制有效运行的政策或程序，主要应用于主机、小型机和终端用户环境。信息系统一般控制是为了保证信息系统的安全，对整个信息系统，以及外部各种环境要素实施的、对所有的应用或控制模块具有普遍影响的控制措施，通常会对实现部分或全部财务报告认定作出间接贡献。在有些情况下，信息技术一般控制也可能对实现财务报告认定作出直接贡献，这是因为有效的信息技术一般控制能够确保应用系统控制和依赖计算机处理的自动会计程序得以持续有效地运行。当手工控制依赖系统生成的信息时，信息技术一般控制同样重要。

如果信息系统一般控制存在缺陷，则会影响系统整体的可信程度。例如：程序变更控制缺陷可能导致未授权人员对检查录入数据字段格式的编程逻辑进行修改，导致系统接受不准确的录入数据；与安全和访问权限相关的控制缺陷可能导致系统数据被未经授权的人员访问甚至修改，造成重要数据泄密，以及数据的准确性无法得到保障。

注册会计师应当清楚记录信息技术一般控制与关键的自动应用控制及接口、关键的自动会计程序、关键手工控制使用的系统生成数据和报告，或生成手工日记账时使用系统生成的数据和报告的关系。

一般而言，信息系统的一般控制特定风险包括如下内容：

①依赖不能正确处理数据或者处理出来的数据不正确的系统或者程序；

②未经授权的数据访问会导致数据损坏或者被不正当修改，包括未经授权记录不存在的交易或者不正确的交易；

③未定期进行逻辑访问控制监督与稽核；

④程序变更或开发未满足业务需求或未满足规范流程；

⑤不恰当的人为干预；

⑥无效的问题申报、处理、跟进等环节。

企业应该结合自身特点，充分考虑信息系统一般控制风险，结合相关控制合理设计并执行信息系统一般控制。

由于程序变更控制、计算机操作控制及程序数据访问控制影响系统驱动组件的持续有效运行，注册会计师需要对这三类控制实施控制测试。

信息技术一般控制包括程序开发、程序变更、程序和数据访问，以及计算机运行等四个方面。

1. 程序开发

程序开发领域的目标是确保系统的开发、配置和实施能够实现管理层的应用控制目标。程序开发控制的一般要素包括：

①对开发和实施活动的管理；

②项目启动、分析和设计；

③对程序开发实施过程的控制软件包的选择；

④测试和质量保证；

⑤数据迁移；

⑥程序实施；

⑦记录和培训；

⑧职责分离。

2. 程序变更

程序变更领域的目标是确保对程序和相关基础组件的变更是经过申请、授权、执行、测试和实施的，以达到管理层的应用控制目标。程序变更一般包括以下要素：

①对维护活动的管理；

②对变更请求的规范、授权与跟踪；

③测试和质量保证；

④程序实施；

⑤记录和培训；

⑥职责分离。

3. 程序和数据访问

程序和数据访问这一领域的目标是确保分配的访问程序和数据的权限是经过用户身份认证并经过授权的。程序和数据访问一般包括安全活动管理、安全管理、数据安全、操作系统安全、网络安全和实物安全。

4. 计算机运行

计算机运行这一领域的目标是确保系统根据管理层的控制目标完整准确地运行，确保运行问题被完整准确地识别并解决，以维护财务数据的完整性。计算机运行的子组件一般包括计算机运行活动的总体管理、批调度和批处理、实时处理、备份和问题管理以及灾难恢复。

其中，系统开发与实施管理的目标是确保系统的开发、配置和实施能够实现管理层的应用控制目标，具体控制领域包括：

①用户需求。对系统开发过程中用户需求调研、分析、编制、复核等关键操作环节进行管理和控制，确保系统需求分析文档及设计方案满足业务需求。

②测试和质量确保。对新的信息系统实施过程中测试、质量控制等环节进行有效管理，确保信息系统功能、质量满足业务部门实际需要。

③数据迁移。在系统实施过程中，对历史数据迁移操作的关键节点进行管理，确保迁移后的数据完整性、准确性、有效性满足系统所有人、数据所有人的要求，为系统开发项目奠定数据基础。

④程序实施。对开发完成的系统、模块、代码上线操作进行管理，确认新的信息系统上线操作经过管理层正式的审核和授权。

⑤记录和培训。对系统开发过程中产生的需求分析、项目管理、测试记录、操作手册等文档进行归档保存；系统实施后，需对相关人员进行有效培训，确保其能够正确使用新的信息系统。

⑥职责分离。在项目开发过程中，禁止同一人员拥有不相容的工作职责，确保系统开发过程控制满足要求，避免潜在安全风险。如禁止同一人员同时担任系统开发、系统测试工作。

程序变更管理的目标是确保对程序和相关基础组件的变更是经过请求、授权、执行、测试和实施的，以达到应用控制目标，具体控制领域包括：

①对变更操作流程的规范与定义。建立正式系统变更申请与审批操作流程，规范程序变更过程中关键操作环节和关键控制节点，确保系统变更全程满足要求。

②对变更请求的规范、授权与跟踪。任何程序变更都需通过书面形式提出，并经过部门负责人、系统所有人或 IT 技术负责人进行正式的评估与审核，确认变更申请内容满足业务需要，这在技术上具有可行性，相关责任人对程序变更全程能有效管理和监控、跟踪。

③对程序变更实施过程的控制。对程序变更操作、代码修订环节操作进行有效管理和监控，确保变更程序设计满足系统安全性、可靠性、有效性要求。

④测试和质量确保。在变更程序部署前，需经过必要的测试环节，确保变更后程序功能、质量满足业务要求。

⑤程序实施。对变更程序实施至生产环境操作过程进行全程管理，确保变更程序实施过程经过正式授权、监督和记录。

⑥记录和培训。对程序变更过程中申请、审批、变更设计与测试、上线操作文档进行归档保存；对重大程序变更事项，组织系统用户进行培训，帮助相关使用人员了解变更后的系统功能和操作步骤。

⑦职责分离。在程序变更过程中，对关键操作岗位人员职责进行有效定义和授权，确保

不相容职责分别由不同人员担任。

系统与数据访问安全，目标是确保分配的访问程序和数据的权限是经过用户身份认证并经过授权的，具体控制领域包括：

①安全活动管理。建立覆盖关键信息系统、数据及IT设备的安全管理制度及流程文档，定义、规范和指导企业范围内信息安全管理实践操作，确保系统、数据及IT基础架构的逻辑、物理及访问安全。

②系统账号安全管理。规范和管理关键信息系统应用层、网络层、数据库层访问账号、权限操作流程，确保系统账号、权限新增、修改、变更、注销、定期复核操作满足系统访问安全管理要求，尤其要加强对系统特权账号（操作系统、数据库、应用层面管理员，以及拥有对数据进行修改或进行程序移植的账号等）的管理，包括账号申请、授权、使用过程中的监控，以及使用完毕后的及时收回或注销等。

③IT基础架构安全管理。涉及数据库安全、操作系统安全、网络安全等IT基础架构层面，对IT基础架构层面密码策略部署、安全配置基准设置与检查、日志管理等操作内容进行明确定义和规范。

④物理安全。对企业内IT机房物理环境安全管理和访问控制操作进行规范，从物理层面确保IT基础设备、系统、数据的安全。

⑤职责分离管理。遵循不相容职责相分离的原则，实现合理的组织分工。通过控制实现对交易授权、交易记录，以及资产保管等职责分离要求，以防范同一员工在履行多项职责时可能发生的舞弊或错误。

IT日常运行管理的目标是确保生产系统有效运行，确保运行问题被完整准确地识别并解决，以维护财务数据的完整性，具体控制领域包括：

①计算机运行活动的总体管理。建立覆盖关键信息系统日常运行各领域的IT管理制度或流程，规范和定义具体的IT管理标准、操作步骤、职责等内容。

②批处理。对关键信息系统中自动作业程序（批处理）的申请、审批、测试及上线、运行监控等环节进行管理，确保批处理程序设置、执行满足业务需求与系统安全双重要求。

③实时处理。对关键信息系统、IT设备的运行情况进行实时监控和管理，使异常情况可以得到及时发现、处理，确保系统运行稳定、高效。

④备份和问题管理。备份管理是指对关键信息系统数据备份操作进行管理，确保备份数据满足企业管理要求。例如，备份部分应包括本地备份及异地备份管理等内容，如备份介质的授权、备份机制的建立、备份频率、备份记录等。问题管理是指对IT问题故障的上报、处理、跟踪、记录、分析等操作环节进行有序管理和监控。

⑤灾难恢复计划。根据企业业务需求和信息系统使用情况，识别和评估关键系统、数据重要性水平，制订IT灾难恢复计划并定期进行演练、更新；当重大异常或灾害发生时，能够及时、有效地重启IT服务，确保业务操作持续性。

⑥重要电子表格。建立关键电子表格管理流程，对存储重要数据的电子表格访问、录入、备份操作及完整性控制等关键操作环节进行有效管理，确保电子表格数据安全、准确、完整、有效。

22.2.2 信息技术应用控制测试

信息系统应用控制，是指在业务经营和管理流程层面为了合理保证业务运行准确、完整、有效并完成业务数据的生成、记录、处理、报告等而设计、执行的内部控制，按照前文的控制类型划分，其中系统依赖手工控制和系统控制均属于应用控制。

应用系统能够支持业务活动，并且允许用户更加有效率地履行他们的职责，有些应用系统可以被用于访问和修改业务及财务信息，因此，保护对于这些应用程序的访问权限至关重要，从而降低任何对于关键业务与财务相关数据拥有不合理的访问权限相关的风险。

以银行业务为例，通过授权与批准及职责分离控制，控制银行员工对于不同业务数据的访问，以确保其访问及修改适当；通过在信息系统中对业务需求及业务规则的设置，对输入信息系统的信息进行格式检查及相关编辑控制等，以确保信息系统中业务数据的有效性；对银行业务系统与其他外围系统的接口进行控制，实现数据传输的一致性及准确性等，并对差异原因予以跟进处理。

针对不同的信息处理目标应用控制的应用如下：

1. 完整性

顺序标号，即要求信息系统中产生或者记录的票据和凭证的编号的连续性，信息系统会自动顺序产生连续编号，此控制可以保证系统每笔日记账都是唯一的，并且系统不会接受相同编号，或者在编号范围外的凭证。此时，需要系统提供一个没有编号凭证的报告，如果存在例外，需要相关人员进行调查跟进。例如财务系统中的每笔日记账凭证、销售系统产生的销售订单或者银行信贷系统贷款发放的编号应该是唯一且连续的。若相关信息系统中存在编号不连续或者编号为空等例外情况，需要相关人员进行跟进。比如为了确保业务流程中数据的完整性，可以通过在信息系统中设置一些编辑检查控制来保证业务数据的完整性。例如在收入循环中，通过在 ERP 系统中设定唯一的批号、批的日期、交易代码（表示交易的类型，如销售订单或者现金收入凭证）、批中的记录个数（记录总数）、批控制总数（财务字段的货币总值）、杂数总计（唯一的非财务字段的总和）等，以保证在每个业务数据处理阶段之后，数据批被检查以保证其完整性。

2. 准确性

（1）编辑检查

编辑检查，包括限制检查，合理性检查，存在性检查，格式检查等。

其目的是为保证信息系统中数据的准确性，信息系统会对某些关键字段建立自动的检查性控制，例如，为了将人工输入数据错误降到最低程度，从而减少数据输入错误的风险，并确保业务数据在被处理之前就能发现其中的转录错误，以免其录入会计记录中影响财务数据的准确性，可以通过在信息系统中设置相关控制以实现错误日志跟踪、错误更正和交易的重新提交等。如某制造型企业在 SAP 系统中新建销售订单时，需要输入客户订购号，系统中对客户订购号进行了一定的格式要求，如该字段中只能输入 8 位的阿拉伯数字，若其长度超过或少于 8 位都是不允许的，这些输入信息将被提示并拒绝录入信息系统。在销售订单处理环节，某公司采用 SAP 系统自动将销售订单上的产品价格与月度执行价格进行比较，若销售订单价格低于月度执行价格，则 SAP（企业管理解决方案）系统会自动锁住订单，以便相应人员对价格进行检查后方能进行后续的销售订单处理过程。此外，SAP 系统还会对每一次交易分配唯一识别的文件及识别号，如发运凭证号和销售发票，以确保收入不发生重复确认的情况等。

（2）与现有数据比较

与现有数据比较，包括客户、供应商、发票和采购订单等信息。

例如为了保证正确并且一贯地运用信用政策，确保公司应收账款的可回收性，企业需要确定存在有效的程序，以建立适当的客户赊销限额；与信用政策决策制定者进行充分的信息交流；定期检查信用政策并在必要时予以修正；同时还须监控现行信用政策的遵循情况。为了实现上述业务目标，企业可以通过在系统中对现有数据的配置及审核来实现授信限制。如某制造企业通过 ERP 系统对销售流程中涉及的客户进行授信限制，即对产品面向的销售客户设定一定的信用度以实现部分赊销业务，在进行销售订单价格与授信度比较流程时，系统会调取已设定的该用户信用额度，并将此数据与销售订单中的价格进行比较，当系统中设定的信用额度大于该销售订单中的销售价格时，可以对用户进行赊销；否则，需检查该客户预存款是否足够支付此笔销售订单，以保证只有在客户合理授信的信用额度内实现对销售订单业务的赊销流程。

3. 授权

（1）授权保障交易数据合法性

交易流程中必须包含恰当的授权，以防止非法的业务数据变更等。

例如，为了确保只有经过合理授权的人员才能接触业务数据，防止未经授权或不合理的数据访问及修改操作，企业可以采用信息系统设置相关用户角色及其权限以实现只有经过合理授权的人才能访问相关数据。如在某银行的资金业务交易中，通过资金业务交易系统控制，前台交易必须经过中台风险控制人员对系统中相关资金业务数据的审阅和放行才能进行，即通过资金业务交易系统中对该流程的固化及配置，实现授权控制机制。

（2）信息系统授权控制测试

为了保证信息系统中数据的真实性及准确性，需要进行相关授权控制测试。例如为了防止舞弊行为，切实保证企业合理的财务及经营利益，可以通过信息系统中的授权控制来保证只有经过合理授权的数据才能被调用。如某大型制造公司采购部门在进行产品采购时，需要从得到授权的供货商处进行采购，且每次采购是基于下月的生产计划和能够识别每单位生产所需要的零部件的材料需求计划而进行的，通过在 SAP 系统中设置经合理授权的供应商数据，并按照企业实际材料需求计划的要求去设置针对某种材料的数量，可以合理保证只有经过合理授权的业务数据用于实际采购业务中。

4. 访问限制

（1）特殊会计记录需授权访问

对于某些特殊的会计记录的访问，必须经过数据所有者的正式授权。

管理层必须定期检查系统的访问权限来确保只有经过授权的用户才能够拥有访问权限，并且符合职责分离原则，如果存在例外，必须进行调查。例如，为合理保证财务数据的准确性及完整性，可以通过在信息系统中按照会计期间结账时间表设置明细账的每个会计期间截止日期，当结账日期结束后，任何当月的交易都不能在系统中进行。如某全球规模的大型制造企业，可以通过在Oracle（甲骨文）ERP系统中对应付/应收账款模块预设会计截止期间，确保其设置与该企业全球会计期间结账时间表一致，在系统账期关闭后，不允许对期间交易及历史交易数据进行修改。当试图在关账日期后对已关账数据进行修改时，该系统会提示"该财务数据在关账日期后不能进行修改，如有需要，请联系财务总监或授权人员进行解锁或修改。"

（2）访问控制必须满足适当的职责分离

为了防止违规的业务操作，信息系统中定义了不兼容岗位，业务人员不能拥有相互冲突的岗位权限，常见的职责分离控制包括：

①负责收回应收账款的人员不应该负责与会计账簿接触的工作。
②负责签发支票的人员不应该负责编制银行存款余额调节表。
③负责验收货物的人员不应该负责货款的支付。
④负责保管资产的人员不应该负责保存这些资产的记录。

（3）对每个系统的访问控制都要单独考虑

例如逻辑访问控制中关于信息系统密码策略的要求，包括密码长度、复杂度、有效期、重用次数、锁定次数要求等；此外，还包括一些检查性控制，例如，为了保证管理层及时发现不合理的账号添加或用户权限设置，需要定期对用户账号及其访问权限进行审阅，即通过从信息系统中导出全部用户账号、权限及其过期时间等信息进行审阅，确保对于财务报告相关的信息系统，以及关键数据的访问设置的适当性。此外，为了确保对业务数据的访问及操作的合理性，需要通过信息系统实现其日志记录功能，即通过日志稽核模块记录监测业务数据的访问/操作人员ID（身份识别号）、访问/操作IP（网际协议地址）、访问/操作时间、数据访问/操作内容等，管理层需要定期对该用户登录及其操作日志进行审阅，以发现潜在的违规行为，并及时采取相关措施。

22.2.3 信息系统应用控制类型

信息系统应用控制包括：配置控制、自动系统接口/对账例行程序、计算机计算、实时校验和编辑检查，以及权限/管理岗位分离五个方面。以下通过案例详细介绍相关控制要求。

1. 配置控制

配置控制主要关注的是系统中维护的重要参数是否准确，这些参数对于系统的运行和业务处理的正确性起着非常重要的作用，此类控制多属于系统依赖手工控制。

例如，为了合理确保相关资产和应付账款记录及时、真实、准确和完整，工程物资入库时，财务部门收到发票后，将发票信息录入ERP系统，与ERP系统中的入库单、采购订单进行三单匹配，由ERP系统进行发票匹配确认。ERP系统匹配成功后，自动形成会计分录，将暂估应付款结转至应付账款。系统在自动形成会计分录的过程中，需要确保系统的以下配置正确：

①系统预先设置的报表项目正确；

②系统间的数据传输正确，比如，业务系统中的发票信息传输到财务系统的准确性与完整性。

为达到上述目的，需要对系统的配置进行必要的控制，可以采用的控制手段包括：

①在业务系统和财务系统端各建立总账报表项目的配置和映射；

②为避免对系统配置的人为操作出现失误或未经授权，对系统中的重要配置建立适当的控制机制，如一人进行配置，一人进行复核，以保证配置的准确性。对于系统中的重要配置变更，可以在系统中建立强制复核功能，复核人在系统中确认该配置后才能生效。

2. 自动系统接口／对账例行程序

自动系统接口／对账例行程序主要关注不同应用系统之间传输数据的准确性和完整性，一般属于系统控制。

例如，银行的业务系统数量众多而且业务数据复杂，不同的系统之间都需要建立接口进行数据传输，为提高数据传输的准确性和完整性，必须要建立自动的系统接口。如某银行采用文件方式进行接口数据传输，该银行采用MD5（信息学中广泛使用的哈希算法）校验技术来检查该文件的准确性和完整性；同时，该行信息技术部建立了接口传输的监控机制，如果传输未成功，系统会报错，并自动向信息技术部监控人员发送错误提醒，由监控人员采取适当的措施保证接口传输成功。

3. 计算机计算

系统根据设定的业务逻辑进行自动计算，此类控制多为系统控制，此类控制一般在程序开发时已经嵌入系统中。

保证系统计算正确性的关键在于信息系统中的计算逻辑是正确的。例如，某工厂采用移动加权平均法计算库存，在财务系统中设定移动加权平均法的计算逻辑，系统中需要计算期初库存、本期物料采购价和物料采购量、期末库存量等。如果要对该应用控制进行测试，可以通过业务人员手工运算某一期库存商品的价值的结果，与该业务数据输入财务系统中运算得到的结果进行一致性对比，来验证系统计算逻辑；同时，业务人员对信息系统中的计算逻辑进行定期的复核，以保证计算逻辑符合实际的业务规则。

4. 实时校验和编辑检查

实时校验和编辑检查也称为系统录入控制，此类控制主要是系统控制，这类控制的主要作用是确保录入系统的数据的准确性。在进行业务录入时系统会对重要字段的合理性、合规性和准确性进行检查，以防止一些非法的或不真实的数据被系统接收，造成系统数据的不真实和大量垃圾数据的产生。

例如，为了防止操作人员录入系统的数据错误，可以由系统自动对录入数据进行格式验证、合理性验证或录入内容限制，比如在系统中设定某项录入数据必须是中文字符表示的公司名称，操作人员只能按照规定的格式录入中文字符；如果系统中的公司代码用6位数字表示，为避免手工录入错误，可以在系统中设定对公司代码的录入进行数位校验，限制过长或过短的代码录入；也可以通过系统设置控制录入系统的内容，比如，为了限制采购人员录入虚构的供应商或产品，可以在采购系统中建立供应商主数据和产品主数据清单，采购人员只能从采购系统中已经配置的供应商主数据选择供应商，也只能够采购产品主数据中包含的产品，而不能够手工录入其他的数据。

5. 权限／管理岗位分离

权限／管理岗位分离是指应用系统中用户的权限设置是否合理，是否按照职责需要进行授权，是否考虑了岗位分离的情况。

例如，为了保证用户权限设置的合理性，防止舞弊行为的发生，可以通过在信息系统中设置符合职责分离要求的用户账号及权限，以满足实际的业务需求，并保证不会将冲突的用户角色或权限授予同一人。如验收货物的人不应该负责货款的支付，可以通过在 SAP 系统中设置用户 A 具有负责验收货物的权限，而设置用户 B 负责在验收货物合格后对该笔应付账款进行支付的权限，这样可以保证只有经过合理验收程序的货物才能被支付对应的货款，切实保证公司的经营利益，减少财务上的损失。

每个应用系统的控制会由于企业的业务性质、企业的组织和人员、企业的管理需求、企业所采用的技术及其他的考虑，如监管要求等而有所区别。应用控制要持续有效，必须至少具有包括政策、制度、人员和检查维护机制相关的配套支持。

22.2.4　信息技术应用控制与信息技术一般控制之间的关系

应用控制是设计在计算机应用系统中的、有助于达到信息处理目标的控制。例如，许多应用系统中包含很多编辑检查来帮助确保录入数据的准确性。编辑检查可能包括格式检查（如日期格式或数字格式）、存在性检查（如客户编码存在于客户主数据文档之中）或合理性检查（如最大支付金额）。如果录入数据的某一要素未通过编辑检查，那么系统可能拒绝录入该数据或系统可能将该录入数据拖入系统生成的例外报告中，留待后续跟进和处理。

如果带有关键的编辑检查功能的应用系统所依赖的计算机环境存在信息技术一般控制的缺陷，注册会计师可能就不能信赖上述编辑检查功能按设计发挥作用。例如，程序变更控制缺陷可能导致未授权人员对检查录入数据字段格式的编程逻辑进行修改，以至于系统接受不准确的录入数据。此外，与安全和访问权限相关的控制缺陷可能导致数据录入不恰当地绕过合理性检查，而该合理性检查的目的是使系统无法处理金额超过最大容差范围的支付操作。

22.3　信息系统方面内部控制案例详解

1. 企业简介

W 公司成立于 1988 年，原是一家以产销皮革服装及制品为主的工贸结合企业，经过企业上下各级员工多年的不懈努力、艰苦奋斗，已逐步壮大为一家涉足多个产业领域，总资产规模超 10 亿元的集团企业。目前集团下属皮革服装、沙发、房地产、国际贸易、物管五个产业，皮革服装业是集团的基础产业。企业 2001 年获得"中国出口商品名牌"，2004 年获得"中国名牌""国家免检产品""中国出口名牌"称号；1996—2006 年六届保持"中国真皮衣王"称号；2007 年通过复评保持"中国名牌""国家免检产品"称号。集团主业近五年发展战略：①稳定发展集团皮革服装产业。公司皮衣产业在抓品牌培育和营销网络建设的同时，稳步发展国际市场，拓展内销市场，将皮衣系列产品扩展为服装、服饰系列，保持行业龙头地位。②稳步发展集团沙发家具产业。公司沙发产业面对严峻的国际贸易形势进行经营策略调整，巩固国际市场，开拓内销市场，通过一至二年的培育期，使其沙发产业年销售额达到 4 亿元。③稳健发展集团房地产开发。公司房地产业将重点对一二线城市市中心地带房地产进行开发，争取在 3 年内，取得房地产开发一级资质，资本积累达 20 亿元。

2. W 公司的会计信息系统内部控制现状及评价

W 公司一直坚持诚信经营，严格履行合同，按客户要求和市场定位把握质量标准，严格执行质量保证和售后服务，这样的经营策略使其拥有了一大批国际著名的企业客户。通过多领域、多渠道、多方式的国际合作，公司已成为重点产业突出、客户资源优势显著、成果转化速度快、竞争力一流的制造业企业。为了在质量、服务和创新上满足顾客需求的同时提升企业的管理水平，防范企业经营风险和确保企业高效、持久、健康的发展，W 公司结合自身的实际情况积极寻求提高途径，通过加强管理信息化和内部控制提高企业的经营效率和效果，全力提升企业的核心竞争力。

近来，由于集团旗下某股份公司准备明年上市，集团公司正积极为上市做好充足准备。为此，集团采取了一系列措施，包括聘请会计师事务所对其股份公司的组织结构、业务处理、机构设置等按照上市的要求进行规范，并且对企业会计信息系统进行改建，对内部控制等问题进行规范和完善等。

W 公司是家族企业，在成立之初，由于规模比较小，财务核算和相关内部控制制度建设基础相对薄弱，直到 2003 年末，公司才投资建立电算化会计信息系统，但是由于基础管理薄弱，电算化会计信息系统的实施以及初始化工作做得都比较粗放，再加上对会计信息系统的重视程度不够，一度延误了相关内部控制制度的建设、运行和推广。近年来，随着国家宏观经济的快速发展，企业规模不断扩大，原来的管理系统已不能满足日益增长的业务处理的需要，再加上 W 公司准备大力促进其旗下某股份公司上市，需要规范企业的经营、财务管理，因此，W 公司决定把原有的会计信息系统更换，使用新购的金蝶财务系统来进行管理。而在变更新的会计信息系统时，W 公司愈渐发现公司原有电算化会计信息系统内部控制存在的风险与隐患。

3. W 公司会计信息系统内部控制的特征

W 公司会计信息系统主要由六大模块组成，包括战略管理、财务会计、资金管理、人力资源、企业建模以及系统平台，这六大模块组成一个整体系统，它们之间是相互联系、相互协作、互相影响的关系，其中，战略管理是由预算管理和合并报表组成。我们知道预算是一个企业进行管理的开端，它是企业预计管理将达到的目标，企业在实际运营的过程中，根据初始预算来不断控制和调整企业的各项开支费用，尽最大能力使企业的目标不偏离正常轨道，所以，战略管理起着统揽全局的作用。财务会计包括总账、出纳管理、固定资产和报表管理，它是企业对其所拥有的资源和所发生的经济业务的一种记录，以便于管理者从整体上了解企业的经营状况、现金流量和资金使用状况等。资金管理和人力资源，顾名思义，是对资金和人员的管理，包括资金的来源、资金的去向、人员的聘用与管理、各阶层企业员工职位和权限的设置，等等。企业建模包括组织架构、主数据、辅助数据、安全管理、业务对象建模、业务规则和业务流程管理，是会计信息系统中非常重要的部分，它直接管理信息的安全性和可靠性，是内部控制应重点关注的地方。而系统平台是整个信息系统的一个运行平台，主要是对系统运行安全性的管理和修复，由管理层授权专业人员来对其进行管理和更新。由于W公司会计信息系统各模块组成的独特性，W公司会计信息系统内部控制有其自身的特征，主要有以下几方面：

（1）三效合一

W公司把企业的战略管理、财务会计、管理会计三者结合起来，通过会计信息系统这个处理平台使三者有效融合，发挥协同效应，以达到企业管理效用最大化。战略管理是管理的开端，它是企业预计管理将达到的目标，并且贯穿企业整个产品生命周期。财务会计是主要通过确认、计量、记录和报告等程序，对企业的资金及其运动进行反映和控制，旨在为企业外部会计信息使用者提供会计信息的对外报告会计，它同旨在为企业获得可持续竞争优势的战略管理和旨在为企业内部管理当局提供经营决策所需信息的管理会计三者相配合，共同服务于W公司，促使企业内部资源有效整合，以提高公司营运和管理效率。

（2）控制主体多元化

W公司在实际工作中，虽然引入了ERP会计信息系统，但还避免不了一些手工会计处理工作，但在ERP系统的辅助下减轻了一定的工作量。会计管理人员的手工处理工作体现在对财务数据的审核、编辑以及形成自动的财务报表等工作内容，体现了人机交互工作的特点。ERP环境下的会计信息系统可自动检测会计科目编码的正确与否、会计凭证编码、凭证日期以及金额等多项信息的检验和企业报表的预算、会计报表的生成，减少了人工误差和人工审核检查的时间，因此，在这种情况下，公司对会计信息系统的内部控制主体由原来的单纯依靠人员来控制，变成了由会计管理人员的初始和实时控制、会计信息系统自身系统的约束控制和公司内部审计部门不定期检查控制的三重控制体系，提高了会计信息处理的多元化、自动化和智能化。

（3）循环式管理控制法

不同企业，循环划分的标准不同，但是任何企业的所有交易都可划分为几个关键的循环。W公司采用的是一种战略式循环，它是以战略管理为开端，在企业经营管理过程中进行财务管理、资金管理和人员的管理；接着企业利用组织架构、业务规则、流程设计来为这些管理进行建模，以保证战略目标不偏离预算或对战略目标进行适当调整以及各项管理活动正常稳定地实施；最后，为这一系列的操作或运行活动建立一个系统平台。这样，W公司将会计信息系统建立成一个循环的过程，在运行过程中某一环节出现问题就会进行循环判断，或者进行授权处理等。例如按照职责设置计算机会计主管、软件操作、审核记账、电算维护、电算审查、数据分析等岗位，保证组织结构设置的精简、合理。如果某一环节出现错误或故障需要相应的岗位及授权对这一错误或故障作处理，并将信息反馈给内部审计部门，再由内部审计部门对这类事件进行审核。

4.W公司会计信息系统内部控制问题分析

（1）会计信息系统内控建设与管理不足

内部控制的建设与管理主要依赖内部控制制度是否完善与管理层对内部控制的认识，

W 公司会计信息系统。其一，内部控制制度存不存在，是一个问题；其二，内部控制制度即使存在，员工参与度也不够高。《企业内部控制规范——基本规范》中，把内部控制做如下定义：内部控制是由企业董事会、监事会、经理层和全体员工实施的、旨在实现控制目标的过程。首先，内部控制定义中一个明显的特点就是：内部控制由企业各层级的人员共同实施，从企业负责人，到各个职能部门、业务分部的负责人，直至企业每一个普通员工，都对建立与实施会计信息系统内部控制负有责任。其次，管理层对内部控制的认识决定了内部控制建设的进度和行动的力度。而 W 公司管理层对内部控制的认识只注意在理论的构建方面。

（2）会计信息系统内部控制执行困难

W 公司内部控制执行困难主要体现在三个方面：①内部控制执行人员动力不足，W 公司没有对内部控制人员明确授权和明确奖惩制度，使内部控制执行人员没有执行依据，其执行力度也只能凭经验，更不敢放手大胆去做。②企业集权化管理使内部控制难以执行，W 公司是家族企业，权利主要掌握在家族企业创始人手中，企业中主要的股东都是与家族有关联的人员，即使有聘用财务总监或部门经理等外部人员来担任要职，但权限也是有限的。③集团企业特有的文化影响了内部控制的有效执行。家族成员凌驾于高级管理人员之上，重人情、拉关系现状较严重，内部风气涣散，使其命令难以执行。

（3）会计信息系统内部控制执行不规范

会计信息系统内部控制执行不规范，主要体现在以下几方面：①新购软件与旧软件的接替问题。②关键人员采用问题和职责划分不合理。③没有按规范进行系统授权，权限设置存在问题，授权方式存在问题。

（4）企业内部审计监督不力

在 W 公司会计信息系统上线前后，没有任何内部审计人员对外购软件对接人员进行监督，也没有人参与会计信息系统的上线、运行监督工作。

（5）公司法人治理结构不合理

W 公司法人治理结构不合理主要体现在：①企业主要经营管理权掌握在家族成员手中，主要由有血缘关系的家族成员控制。②经营者激励约束双重化。经营者受到来自家族利益和亲情的双重激励和约束。③监事会不能发挥应有的职能。

5.W 公司会计信息系统内部控制的完善

内部控制作为一项公司治理机制，董事会应当确保公司有可靠且有效的内部控制，以保护所有者的投资及公司的资产保值。内部控制要实现减少股东与经理层之间的利益冲突，保证公司透明度，向股东授权并保证董事会对股东的受托责任的目标。公司治理结构与内部控制在本质上就存在一种天然的互动关系。公司治理是为保证企业治理效率而在股东、管理者之间设置的制度，以期以最少的代理成本达到最佳的治理效率。内部控制制度是管理层为保证企业运作效率的实现而对业务经营进行管理控制的过程。所以，在公司制企业的风险管理上，公司治理结构的设计和内部控制的设计需要一并考虑。

想要使 W 公司会计信息系统内部控制发挥应有的作用，必须利用建立民营企业内部控制的几大关键点，对 W 公司会计信息系统内部控制体系进行改造，以《企业内部控制应用指引第 18 号——信息系统》为指导，根据集团上下已有的风险管理与企业实际情况，加大适用性的研究，建立真正适应企业长期发展的会计信息系统内部控制，以此来保证企业管理经营目标的实现。图 22-8 是适用 W 公司企业风险管理和控制主体设计的公司治理结构图。

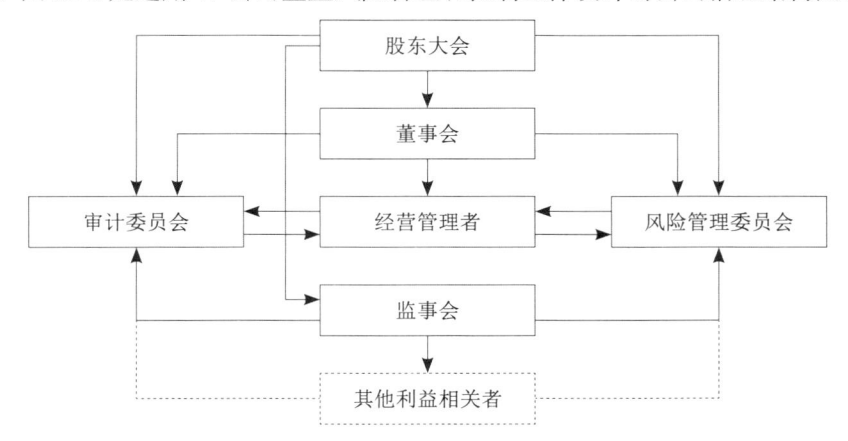

图 22-8　企业风险管理与控制主体结构示意图

该结构示意图的主要优势有：

①明确了公司内部各控制主体的职责。

②涵盖股东大会、董事会、高级管理团队、监事会以及其他利益相关者（如公司员工）之间责权利相互制衡的制度体系。

③把风险管理、内部控制与内部审计分设，有利于内部审计部门的独立性和权威性，同时避免出现自建自评现象。

④审计委员会与经营管理者、风险管理委员会与经营管理者双方都存在汇报与监督的关系。

⑤增加了其他利益相关者，这样公司治理所受的约束更大，可以使企业管理者在做任何决策时都必须考虑广大利益相关者的需求。

W 公司作为省级民营企业，其内部控制发展战略的制定首先不能脱离国家内部控制总部对全国民营企业内部控制的战略定位。2008 年 6 月 28 日，财政部、证监会、审计署、银保监会联合发布的《企业内部控制规范——基本规范》，第三条指出，内部控制，是由企业董事会、监事会、经理层和全体员工实施的、旨在实现控制目标的过程。内部控制的目标是合理保证企业经营管理合法合规、资产安全、财务报告及相关信息真实完整，提高经营效率和效果，促进企业实现发展战略。并且，在该规范第七条中明确规定，企业应当运用信息技术加强内部控制，建立与经营管理相适应的信息系统，促进内部控制流程与信息系统的有机结合，实现对业务和事项的自动控制，减少或消除人为操纵因素。

第 23 章
全面预算管理方面的内部控制

23.1 全面预算管理方面内部控制概述

预算控制是内部控制中使用较为广泛的一种控制措施。通过预算控制，能够使得企业的经营目标转化为各部门、各个岗位以至个人的具体行为目标，这些行为目标作为各责任单位的约束条件，能够从根本上保证企业经营目标的实现。

全面预算，是指企业对一定期间的各项生产经营活动作出的预算安排。企业全面预算一般包括经营预算、资本预算和财务预算等。企业预算业务步骤如图23-1所示。

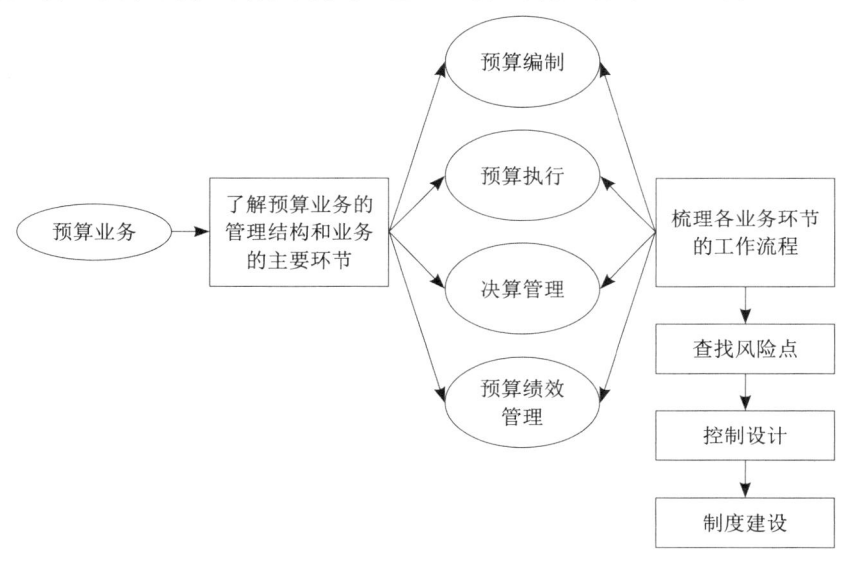

图 23-1 预算业务步骤示意图

1. 企业至少应当关注的全面预算管理风险

①缺乏预算或预算编制不完整，可能导致企业盲目经营；

②预算执行不力，可能导致企业无法实现生产经营目标。

2. 应对措施

企业应当建立全面预算管理制度，强化预算约束，明确预算编制、执行、考核等环节的主要风险点，采取相应措施，实施有效控制。企业在建立与实施预算内部控制中，至少应当强化对下列关键方面或者关键环节的控制：

①职责分工、权限范围和审批程序应当明确规范，机构设置和人员配备应当科学合理；

②全面预算编制、执行、调整、分析与考核、评估与披露等的控制流程应当清晰严密，对预算编制方法、审批程序、预算执行情况检查、预算调整、预算执行结果的分析考核等应当有明确的规定。

3. 预算工作流程

预算编制与批复流程如图 23-2 所示。

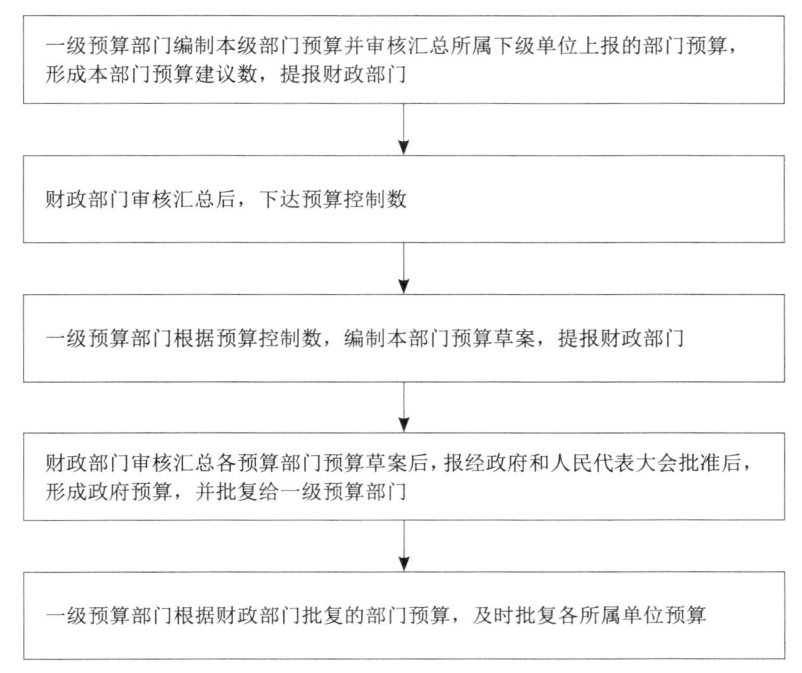

```
┌─────────────────────────────────────────────────┐
│ 一级预算部门编制本级部门预算并审核汇总所属下级单位上报的部门预算， │
│ 形成本部门预算建议数，提报财政部门                  │
└─────────────────────────────────────────────────┘
                        ↓
┌─────────────────────────────────────────────────┐
│ 财政部门审核汇总后，下达预算控制数                  │
└─────────────────────────────────────────────────┘
                        ↓
┌─────────────────────────────────────────────────┐
│ 一级预算部门根据预算控制数，编制本部门预算草案，提报财政部门 │
└─────────────────────────────────────────────────┘
                        ↓
┌─────────────────────────────────────────────────┐
│ 财政部门审核汇总各预算部门预算草案后，报经政府和人民代表大会批准后， │
│ 形成政府预算，并批复给一级预算部门                  │
└─────────────────────────────────────────────────┘
                        ↓
┌─────────────────────────────────────────────────┐
│ 一级预算部门根据财政部门批复的部门预算，及时批复各所属单位预算 │
└─────────────────────────────────────────────────┘
```

图 23-2　预算编制及批复流程图

预算执行与分析流程如图 23-3 所示。

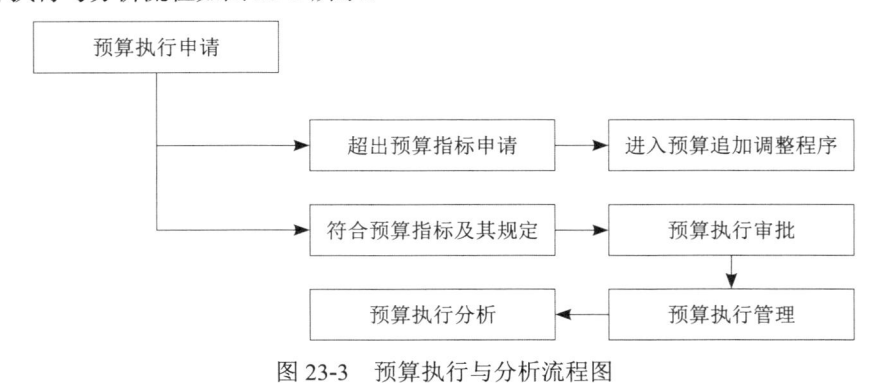

```
┌──────────────┐
│ 预算执行申请  │
└──────┬───────┘
       │
       ├──→ ┌──────────────────┐ → ┌──────────────────┐
       │    │ 超出预算指标申请  │   │ 进入预算追加调整程序 │
       │    └──────────────────┘   └──────────────────┘
       │
       └──→ ┌──────────────────┐ → ┌──────────────┐
            │ 符合预算指标及其规定 │   │ 预算执行审批  │
            └──────────────────┘   └──────┬───────┘
                                          ↓
            ┌──────────────┐ ← ┌──────────────┐
            │ 预算执行分析  │   │ 预算执行管理  │
            └──────────────┘   └──────────────┘
```

图 23-3　预算执行与分析流程图

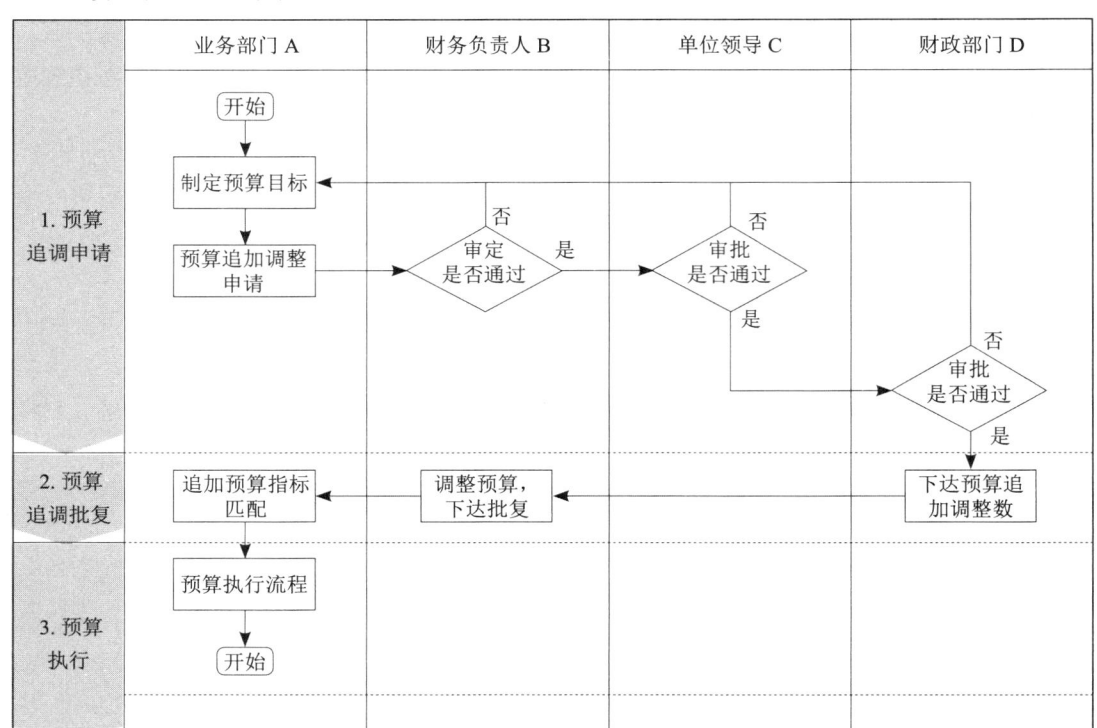

预算追加调整流程如图 23-4 所示。

图 23-4　预算追加调整流程图

预算调整流程简要说明见表 23-1。

表 23-1　预算调整流程节点简要说明

节点	流程简要说明
A1	业务部门在预算执行中遇特殊紧急情况，在预算不足的情况下，应按规定的预算追加调整程序，提出预算追加调整申请
B1	财务部门负责人收到经业务部门分管领导审批的预算追加调整申请后，对预算追加调整申请进行金额审核，出具审核意见，交单位分管领导审批
C1	单位分管领导依据财务部门出具的审核意见，在财政批复范围内，审批预算追加调整申请
C1	预算追加调整申请经单位领导批示或批准后，动用财政部门批复的预算准备金，如需上报财政部门追加，按规定上报财政部门审批
B2	财务部门在收到对业务部门预算追加调整申请的批复后，依据批复办理业务部门相应预算的追加工作，同时将批复下达业务部门
A3	业务部门收到财务部门下达的预算追加调整批复后，依据批复组织实施相应的预算执行工作

4. 决算管理流程图

决算管理流程如图 23-5 所示。

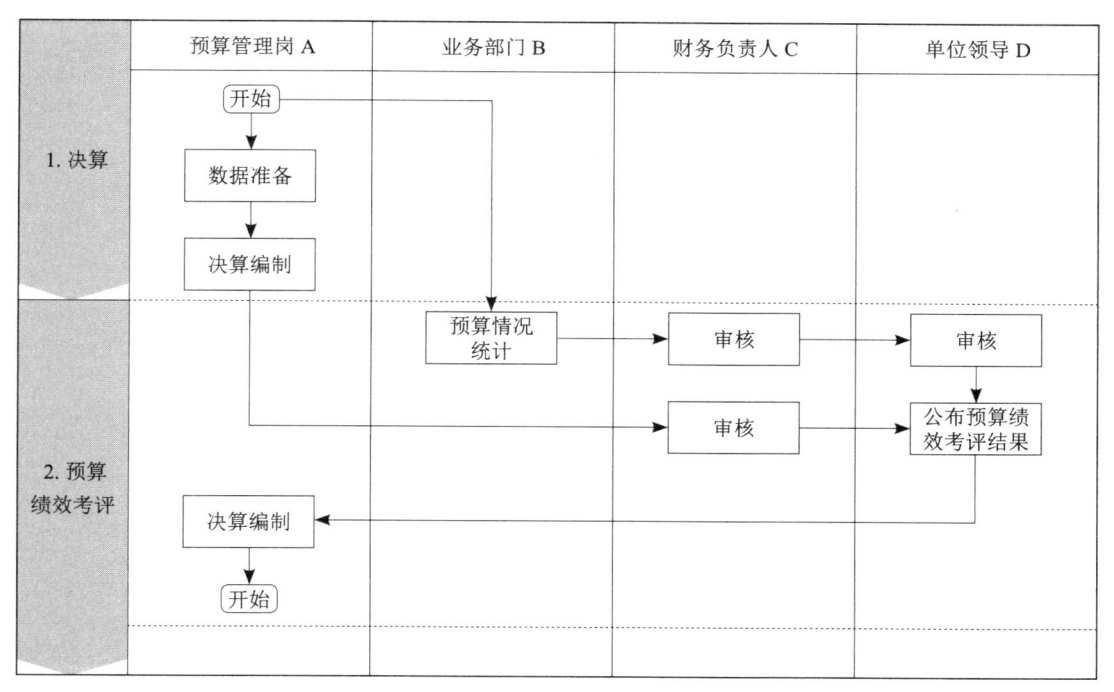

	预算管理岗 A	业务部门 B	财务负责人 C	单位领导 D
1.决算	开始 → 数据准备 → 决算编制			
2.预算绩效考评	决算编制 ← ... 开始	预算情况统计	审核 / 审核	审核 / 公布预算绩效考评结果

图 23-5 决算管理流程图

决算流程节点简要说明见表 23-2。

表 23-2 决算流程节点简要说明

节点	流程简要说明
A1	财务部门对年度会计核算数据和预算批复数据进行准备
A1	财务部门编制预算决算情况，并作为预算绩效考评的基础信息
B2	业务部门对本年度预算执行情况进行统计，形成相关报告
C2	财务部门和业务部门分管领导进行审核
D2	领导班子上会讨论并审核
D2	公布预算绩效考评结果
A2	财务部门根据结果制定下年度预算编制基础

5. 绩效评价流程

绩效评价流程如图 23-6 所示。

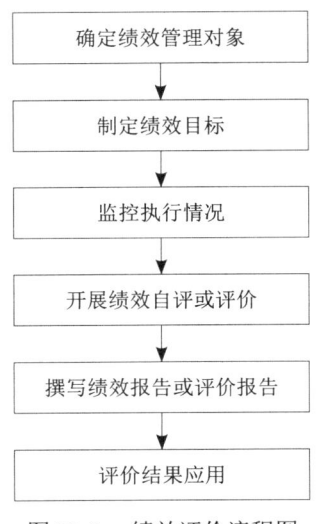

```
确定绩效管理对象
      ↓
    制定绩效目标
      ↓
    监控执行情况
      ↓
  开展绩效自评或评价
      ↓
  撰写绩效报告或评价报告
      ↓
    评价结果应用
```

图 23-6　绩效评价流程图

23.1.1　全面预算管理与内部控制的关系

全面预算（也称为总预算）是一个财务计划，反映公司在一定时期内的所有生产和商业活动，以帮助企业获得最大化的经济利润为宗旨，以销售预测为出发点，合理预测企业的生产、成本和收支情况，从而制定科学有效的预计损益表和预计资产负债表等。1936年，在美国注册会计师协会和联邦储备委员会联合发布的一篇报告中正式提出"内部控制"这一概念，指出了所谓内部控制，就是"企业为了保障资金安全，促进各项业务活动的顺利开展，在企业内部使用的各种手段与方法"。全面控制与内部控制都是为了促进企业的长远发展，两者具有密不可分的关系。

1. 全面预算是内部控制的基础

从一定的角度来看，企业总体预算是内部控制环境的最直接表现。要获得更好地发展，企业应该营造一个积极有效的内部控制环境，使企业能够在良好的环境中进行全面预算的编制和执行。

2. 内部控制要通过全面预算来落实

作为一个系统的过程，企业内部控制主要包含了组织计划控制、文化记录控制、员工质量控制、绩效报告控制、内部审计等方面。如果公司的发展被视为一个管理和控制网络，那么全面预算是这个网络不可或缺的一部分，为了使这个网络发挥应有的作用，它必须加强其整体预算。

3. 全面预算对内部控制具有统领作用

为了获得最大化的经济效益与社会效益，企业应该构建包括财务会计、管理会计、财务管理等多方面内容在内的全面预算体系，以此凸显财务管理的重要作用。从这个角度而言，全面预算对企业的内部控制具有一定的统领作用。

23.1.2 全面预算管理对内部控制的作用

1. 建立和完善现代企业制度的要求

首先,现代化的预算管理水平需要与企业制度相适应。在现代企业制度下,企业的各部门与员工之间的关系变得愈加复杂,所以要用强大的预算约束来调节他们之间的关系。其次,严格有效的预算管理能够确保资产的安全性和完整性。以必要的预算措施,辅助单独的资产管理规章制度,来确保资产的安全和完整。如果将资产管理与预算管理隔离开来,资产管理就将变成"空中楼阁"。最后,适者生存和激励约束机制需要合法有效的预算管理。任何预算管理松懈的企业都不可避免地会找不到减排和效率提升的源泉,注定要效率低下。如果企业严格管理预算,就会明确自己的责任和权益。因此,标准化的预算管理能够确保市场经济下的竞争机制和约束机制,企业的生存和发展还离不开加强预算管理的法律效力。

2. 评价企业内控效果最好的准绳

从内部控制的角度看,企业规划工作的开展和完善离不开全面预算管理,而全面预算管理还能够降低企业的经营风险和财务风险。计划是预算的基础,而预算能够促使公司各级提前制定计划,从而防止因盲目发展而使公司遭受不必要的经营和财务风险。实际上,制定和实施全面预算的过程,就是公司不断运用量化工具来保持运营环境、经济资源和发展目标之间的动态平衡的过程。全面预算管理为企业提供了考核业绩的新概念和新方法。预算作为企业发展的衡量尺度,有利于量化企业内部控制各个单位的绩效考核与奖惩制度。全面的预算管理还量化了公司及其员工的日常活动和活动目标的标准,以便业务活动有目标可追踪,从而使内部控制更加有效。

3. 企业完善法人治理结构的体现

全面预算管理包括许多方面,其中包括制定战略目标、进行预算编制、实施控制、分析调整、奖惩评价。从战略方面来看,预算管理对战略目标进行了计划和实施。从运营的角度来看,预算管理将资源进行了分配和调度,是内部管理和内部权力分配的基础。通过全面的预算管理,公司可以明确每个责任主体的具体投入、产出和相关利益,并对资源进行相应的分配。作为权力分配的基础的全面预算管理,还是控制的标准。预算执行过程本身就是一种权力控制管理。

23.1.3 企业全面预算管理与内部控制策略

1. 重构组织结构,完善规章制度

预算管理工作必须以单位和部门负责人为基础建立责任制。全面预算管理的实施是一项长期任务,它能够加强企业的经营管理,增强企业的竞争力,提高经济效益,因此,我们必须把建设、健全全面预算管理作为首要任务,要加强内部基础管理,并要建立预算管理组织机构,将各单位和部门的首席行政官确定为预算管理的第一负责人,明确责任。企业要实施全面预算管理,就必须结合实施管理体制,提高预算控制约束力。预算管理要求所有的经济活动都必须以实现企业目标为中心。在预算执行中,业务战略和业务管理将得到加强,因此,为了提高预算的控制力和约束力,实行公司预算执行管理制度是必要的。一旦确定了预算后，企业要认真开展预算内经济活动和生产经营相关的活动。企业预算执行机构需要遵循预算的具体要求，实施控制管理，并重点关注资金管理和成本管理两个方面。企业须严格执行预算政策，第一时间对预算执行情况作出反映及监督，并及时分析预算情况的差异。在执行预算的全过程中，企业需要在实施必要的控制或变更管理办法的同时，整合企业管理方法和战略，以形成涵盖全体员工和各方面的全面预算管理体系。

2. 完善公司治理体制，加强企业文化建设

全面预算管理是定义公司治理结构中出资人与经理之间关系的游戏规则之一。企业预算制度的完善与否体现了公司治理结构是否完善。以产权清晰、权责明确、政企分开、科学管理为基础，企业才能够建立良好而有效的预算管理机制，因此预算管理和控制环境必须不断地发展创造，否则，预算管理就是一场空。

3. 建立有效的激励与约束机制

为了使公司的整体行为和结果与公司的目标相一致，必须采取一系列有效的激励与约束方法：首先，需要建立科学的业绩评价体系。科学的业绩评价体系作为激励约束机制的基础，能够对业绩进行全面的评价。其次需要科学的目标管理。公司将目标分解开来，并分给每一个员工，这样所有的员工就能都被组织起来参加公司目标的制定与实施，这有助于激励员工实现公司的目标。

23.2 全面预算管理方面的主要内部控制措施

23.2.1 岗位分工与授权批准

企业应当建立全面预算工作岗位责任制，明确相关部门和岗位的职责、权限，确保全面预算工作中的不相容岗位相互分离、制约和监督。

①全面预算工作不相容岗位一般包括：

a. 预算编制（含预算调整）与预算审批

编制预算的人员与审批人员是不相容的。审批人应当根据预算工作授权批准制度的规定，在授权范围内进行审批，不得超越审批权限。经办人应当在职责范围内，按照审批人的批准意见办理预算工作。对于审批人超越授权范围审批的预算事项，经办人有权拒绝办理，并同时向上级部门报告。

b. 预算审批与预算执行

预算审批与执行工作也是不相容的，执行这两个工作的人员应该各司其职，具有明确的界限，跨过了这个界限，就属于违背了内部控制关于预算控制的基本规范。

c. 预算执行与预算考核

预算执行人员与对预算进行考核的人员不能由一个人同时担任，这两者属于不相容岗位。单位应当配备合格的人员执行预算工作。经办人员应当具备良好的业务素质和职业道德，熟悉国家有关法律法规和本单位的经营业务、管理要求和工作程序。预算考核人员应该由独立的、不参与预算执行的人员担任。

②企业应当建立全面预算工作组织领导与运行体制，明确企业最高权力机构、决策机

构、预算管理部门及各预算执行单位的职责权限、授权批准程序和工作协调机制，具体内容如下：

股东大会（股东会）或企业章程规定的类似最高权力机构（以下统称企业最高权力机构）负责审批企业年度预算方案，即由公司的权力机构和相关的人员负责审批年度预算方案。

董事会或者企业章程规定的经理、厂长办公会等类似决策机构（以下统称企业决策机构）负责制定企业年度预算方案，即由决策机构负责制定企业年度的预算方案。

企业可以设立预算委员会、预算领导小组等专门机构（以下统称企业预算管理部门）具体负责本企业预算管理工作。不具备设立专门机构条件的企业，可以指定财会部门等负责预算管理工作，即企业应该建立专门的预算管理部门或明确规定由专门的部门（比如财会部门）负责预算的管理工作。

总会计师应当协助企业负责人加强对企业预算管理工作的领导与业务指导。企业内部相关业务部门的主要负责人也应当参与企业预算管理工作。

③企业预算管理部门主要负责拟订预算目标和预算政策；制定预算管理的具体措施和办法；组织编制、审议、平衡年度等预算草案；组织下达经批准的年度预算；协调、解决预算编制和执行中的具体问题；考核预算执行情况，督促完成预算目标。

④企业内部生产、投资、筹资、物资管理、人力资源、市场营销等业务部门和所属分支机构在企业预算管理部门的领导下，具体负责本部门、本机构业务预算的编制、执行、控制、分析等工作，并配合预算管理部门做好企业总预算的综合平衡、控制、分析、考核等工作。

⑤企业所属子公司在上级企业预算管理部门指导下，负责本企业预算的编制、执行、控制和分析工作，并接受上级企业的检查和考核。所属基层企业负责人对本企业预算的执行结果负责。

⑥企业应当制定预算工作流程，明确预算编制、执行、调整、分析与考核等各环节的控制要求，并设置相应的记录或凭证，如实记载各环节工作的开展情况，确保预算工作全过程得到有效控制。

23.2.2 预算编制控制

预算编制是企业实施预算管理的起点，也是预算管理的关键环节。企业采用什么方法、什么编制程序编制预算，对预算目标的实现有着至关重要的影响，从而直接影响预算管理的效果。企业应当在企业战略的指导下，以上一期间实际状况为基础，结合本企业业务发展情况，综合考虑预算期内经济政策变动、行业市场状况、产品竞争能力、内部环境变化等因素对生产经营活动可能造成的影响，根据自身业务特点和工作实际编制相应的预算，并在此基础上汇总编制预算方案。企业年度预算方案应当符合本企业发展战略、整体目标和其他有关重大决议，反映本企业预算期内经济活动规模、成本费用水平和绩效目标，满足控制经济活动、考评经营管理业绩的需要。制定预算方案，应当做到内容完整、指标统一、要求明确、权责明晰。

企业应当加强对预算编制环节的控制，对编制依据、编制程序、编制方法等作出明确规定，确保预算编制依据合理、程序适当、方法科学。预算编制及批复流程见表23-3。

表23-3 预算编制及批复

关键环节	风险点	主要防控措施	责任主体
提出新增需求、评审新增项目	提出的新增需求不真实，虚报人员、资产、业务工作内容，新增项目未经过科学论证和评审	1. 建立财政补助人员和资产基础信息数据库，加强需求审核 2. 建立和完善项目评审制，对于建设工程、大型修缮、信息化项目等专业性较强的重大事项，需先进行项目评审	提出新增需求的业务部门
按规定的预算编审程序进行预算编制	预算编制不科学，预算编制粗糙，不符合工作实际	1. 召开预算编制会议，全面把握预算编制政策，细化预算编制 2. 建立预算编制、预算执行、资产管理、人事管理的沟通协调机制 3. 加强预算合理性和合规性审核	预算编制部门
预算批复	预算不进行内部批复，导致预算执行力度不足，预算约束力弱化	单位将批复的预算在单位内部进行指标分解和审批下达	预算管理委员会

1. 预算编制原则

为了使预算内容更准确、更符合实际情况，预算编制应遵循以下原则进行：

①坚持效益优先原则，实行总量平衡，进行全面预算管理；

②坚持积极稳健原则，确保以收定支，加强财务风险控制；

③坚持权责对等原则，确保切实可行，围绕经营战略实施。

2. 预算编制的起点

在编制预算的实际操作之前确定全面预算的编制起点，是任何预算编制机构首先应当解决的问题。

（1）以销售为起点

以销售为起点的预算模式是指以销售预算的结果为起点，分别编制销售预算、生产预算、成本预算、利润预算、现金预算等模式的一种预算方式，该预算以销售收入为主导指标，以利润和现金回收为辅助指标。

由于该模式以销售为起点和导向，重视市场销售，如果应用不当，可能会造成市场的过度开发，而忽视对成本的管理和现金的回收，所以在实施该预算时，除了考虑销售等主导指标因素，成本、利润、现金回收等辅助指标也必须给予足够重视。

（2）以利润为起点

以利润为起点的预算模式就是以目标利润为起点，分别编制企业收入预算、成本预算，并进行反复平衡，直到实现目标利润为止，该模式的指标体系以利润为主导指标，销售收入和成本为辅助指标。

该模式能够提高企业利润、改善企业管理、降低营运成本，比较适合以利润最大化为目标的企业或大型企业集团的利润中心。

但以利润为核心的预算管理行为可能引发短期行为，使企业只顾预算年度利润，忽略企业长远发展；可能引发冒险行为，使企业只顾追求高额利润，增加企业的财务和经营风险。

3. 编制预算方法的选择及对编制预算的监督

企业可以选择或综合运用固定预算、弹性预算、滚动预算、零基预算等方法编制预算。

（1）固定预算

固定预算是按固定业务量编制的预算，一般按预算期的可实现水平来编制，这是一种较为传统的预算编制方法。固定预算的主要优点是编制较为简便；缺点是当实际业务水平与预算业务水平相差较大时，就难以发挥预算应有的作用，难以进行控制、考核、评价等，因此，在市场变化较大或较快的情况下，不宜采用此法。

（2）弹性预算

弹性预算是指按照预算期内可预见的多种业务量水平而编制的、能够适应不同业务量情况的预算。理论上说，所有预算都可采用弹性预算的方法，但在实际工作中，从经济的角度出发，弹性预算多用于成本、费用、利润预算的编制，其主要优点是可以反映一定范围内各业务量水平下的预算，为实际结果与预算的比较提供了一个动态的基础，从而能更好地履行其在控制依据和评价标准两方面的职能。

（3）滚动预算

滚动预算的基本精神就是它的预算期永远保持一个固定期间，其实质是动态的、不断连续更新调整的弹性预算，这种编制方法的优点是保持预算的完整性、持续性，从动态预算中把握企业的未来。由于预算不断修整，使预算与实际情况更相适应，有利于充分发挥预算的指导和控制作用，但在实际中，采用滚动预算，必须有与之相适应的外部条件，如材料供应时间等。当然，采用滚动预算的方法编制预算，也会加大预算编制的工作量。

（4）零基预算

零基预算是以零为基础编制预算的方法，一切从零开始，逐项审议预算期内各项费用的内容及开支标准是否合理，在综合平衡的基础上进行预算的编制，这种方法打破了旧框框的束缚，既能促进人们充分发挥其积极性、创造性，又能迫使人们精打细算，将有限的资源运用到最需要的地方，从而提高企业资源的使用效率，这种编制方法的工作量大，需要各项基础管理工作尤其是基础数据全面精确。

企业确定预算编制方法，应当遵循经济活动规律，并符合自身经济业务特点、生产经营周期和管理需要。

预算编制应当实行全员参与、上下结合、分级编制、逐级汇总、综合平衡。

4. 预算编制程序

预算编制的程序可分为：自上而下式、自下而上式及上下结合式三种方式。《企业内部控制应用指引第15号——全面预算》要求，企业应当根据发展战略和年度生产经营目标，综合考虑预算期内市场环境变化等因素，按照"上下结合、分级编制、逐级汇总"的程序编制年度全面预算。预算编制应当科学合理、符合实际，避免预算指标过高或过低，其基本步骤为：

（1）下达目标

预算的编制首先应由预算委员会根据公司董事会中长期规划和年度经济工作目标，结合企业的发展战略，提出企业下一年度的预算总目标，并将之分解下达至各责任单位。

（2）编制上报

各责任单位根据下达的预算目标和编制政策，结合本单位自身特点以及预算的执行条件，详细编制各项预算草案，并在规定时间内上报。

（3）审议平衡

预算管理工作小组会对各责任单位上报的预算草案进行审查、汇总、提出综合平衡的建议。在审查、平衡的过程中，预算管理委员会进行充分协调，对发现的问题提出初步调整的意见，并反馈给有关责任单位予以修正。

（4）审核批准

预算管理工作小组会将各责任单位调整后的预算进行汇总平衡，编制企业年度预算草案，报董事会或股东大会审议批准。

（5）下达执行

企业应当在预算年度开始前编制完成全面预算，按照规定的权限和程序审核批准后，以文件形式下达执行。企业应当将预算指标层层分解，落实到内部各部门、各环节和各岗位，确保预算刚性，严格预算执行。

23.2.3 预算执行控制

企业预算编制完成后，便开始进入执行阶段，企业各部门在生产经营及相关的各项活动中，需要充分按预算办事，围绕实现预算开展经济活动。同时，在预算的执行过程中，企业应该明确各项业务的授权审批权限及审批流程，强调预算的"硬约束性"，对于无预算或者超预算的项目进行严格控制。预算执行与分析流程见表23-4。

表23-4 预算执行与分析

关键环节	风险点	主要防控措施	责任主体
预算支出管理	没有按照批复的预算安排支出、超预算指标安排预算支出	1. 业务部门申请支出事项必须有预算指标，再履行预算支出审批手续 2. 无预算指标或超预算指标的事项应先履行预算追加调整程序 3. 明确单位内部预算追加调整程序	单位负责人、预算管理委员会，财会部门，预算执行机构
预算收入管理	没有按照规定足额收取收入并相应上缴财政	建立收入监控机制，按照进度组织收入并及时上缴	收入执收部门，财会部门
预算执行效果管理	没有进行预算执行分析，没有建立有效沟通机制，可能导致预算执行进度偏快或偏慢	1. 建立预算执行监控机制，运用信息系统对业务部门的预算执行情况进行监控 2. 建立预算分析机制，召开预算执行分析会议，定期通报预算执行情况，研究存在的问题，提出改进措施	单位负责人，预算管理委员会，财会部门，预算执行机构

1. 对预算执行的要求

企业应当加强对预算执行环节的控制，对预算指标的分解方式、预算执行责任制的建立、重大预算项目的特别关注、预算资金支出的审批要求、预算执行情况的报告与预警机制等作出明确规定，确保预算严格执行。

企业预算一经批准下达，各预算执行单位必须认真组织实施，将预算指标层层分解，从横向和纵向落实到内部各部门、各环节和各岗位。

企业应当建立预算执行责任制度，对照已确定的责任指标，定期或不定期对相关部门及人员责任指标完成情况进行检查，实施考评；在建立预算执行责任制时要充分考虑各责任中心的责权利的关系，主要可以从以下几个方面考虑。

（1）权责明确、权责相当

即授予与其管理职能相适应的经营决策权，权力和责任应该相匹配，如果责任大于权力，或者权力大于责任，就会出现滥用权力或无法控制相应权力，从而使全面预算管理无法实施的情况。权责相当有利于提高管理的效率。

（2）责任可控

即赋予权力和完成任务之间有必然联系，可以控制才能承担责任。只有控制了才能对其负责，才能在实际中让全面预算执行起来有实际效果，通过可控原则的运用将使权责范围更加明确，使责任考核不会流于形式，可控和不可控划分界定是执行预算责任制的基本要求。

（3）有效激励

任何行为产生，都是由动机驱使的。给每个员工权力和责任，让他们有动力去用好权力完成任务，最为重要的一点就是建立激励机制，让每个员工个人利益与其业绩联系起来，使预算能够得到有效执行。

企业应当以年度预算作为预算期内组织、协调各项生产经营活动和管理活动的基本依据，可将年度预算细分为季度、月度等时间进度预算，通过实施分期预算控制，实现年度预算目标。

企业对重大预算项目和内容，应当密切跟踪其实施进度和完成情况，实行严格监控。

企业应当加强对货币资金收支业务的预算控制，及时组织预算资金的收入，严格控制预算资金的支付，调节资金收付平衡，严格控制支付风险。

企业办理采购与付款、工程项目、对外投资、成本费用、固定资产、存货、筹资等业务，应当严格执行预算标准；对超出企业预算的资金支付，实行严格审批制度。

企业应当健全凭证记录，完善预算管理制度，严格执行生产经营月度计划和成本费用的定额、定率标准，并对执行过程进行监控。

2. 预算预警机制

预警是度量某种状态偏离预警线的强弱程度、发出预警信号的过程。"预警管理"的思想起源于20世纪初，在20世纪50年代证明了它的作用。《企业内部控制应用指引第15号——全面预算》要求，企业应当建立预算执行情况的预警机制和报告制度，确定预警和报告指标体系，密切跟踪预算实施进度和完成情况，采取有效方式对预算执行情况进行分析和监控，发现预算执行差异，及时采取改进措施。

建立预算预警机制的模式主要为：对可计量的风险因素可以运用指标预警法；对于不可计量的风险因素则采用因素预警法，与前者相比，使用范围较小；指标预警方法与因素预警方法结合起来，并把诸多因素综合进行考虑。

23.2.4 预算调整控制

企业批准之后正式下达的预算应当保持稳定，不得随意调整。由于市场环境、国家政策或不可抗力等客观因素，导致预算执行发生重大差异确需调整预算的，应当履行严格的审批程序。

预算调整是预算管理中一个必不可少的环节。一方面，在预算执行过程中，主、客观环境的变化，尤其是当外部环境发生重大变化时，如果片面强调预算的刚性，预算就会变得呆板僵化，妨碍企业的有效运作，此时，预算调整就必不可少；另一方面，预算调整又是一个十分规范的过程，必须建立严格规范的调整审批制度和程序，必须按照规定的程序进行调整，在变化中求不变。企业应当加强对预算调整环节的控制，保证预算调整依据充分、方案合理、程序合规。

1. 预算调整的程序

企业在预算执行过程中，可能会由于市场环境、经营条件、国家法规政策等发生重大变化，或出现不可抗力的重大自然灾害、公共紧急事件等致使预算的编制基础不成立，或者将导致预算执行结果产生重大差异，需要调整预算的，应当报经原预算审批机构批准。调整预算由预算执行单位逐级向原预算审批机构提出书面报告，阐述预算执行的具体情况、客观因素变化情况及其对预算执行造成的影响程度，提出预算的调整幅度。企业预算管理部门应当对预算执行单位提交的预算调整报告进行审核分析，集中编制企业年度预算调整方案，提交原预算审批机构审议批准，然后下达执行。

对预算进行调整绝不能随便，应按照严格的程序和规范操作，其程序一般有如下三个：

（1）预算执行情况的分析

预算执行单位在具体执行预算时，如发现预算偏差，必须进行具体的分析，如属于主观原因不得进行调整，如为客观原因则应向预算委员会申请进行预算调整。

（2）预算调整的申请

预算调整应由责任中心向预算管理委员会提出书面申请，申请报告内容应详细说明调整理由、调整的建议方案、调整前后预算指标的比较，以及与原有预算指标的对比、调整后预算指标可能对企业预算总目标的影响等。涉及财务预算调整的，应同时向财务部门申请。

（3）预算调整的审查

预算委员会接到预算单位申请后即进入调整审查程序，预算管理委员会根据预算调整事项性质的不同，根据权限批准预算调整事项，并下发预算单位执行。

2. 企业预算调整方案应遵守的要求

①预算调整事项符合企业发展战略和现实生产经营状况；
②预算调整重点放在预算执行中出现的重要的或非正常的关键性差异方面；
③预算调整方案客观、合理。

对于不符合上述要求的预算调整方案，企业预算审批机构应予以否决。

23.2.5 预算分析与考核控制

企业应当建立严格的预算执行考核奖惩制度，坚持公开、公正、透明的原则，对所有预算执行单位和个人进行考核，切实做到有奖有惩、奖惩分明，促进企业实现全面预算管理目标。

决算和预算绩效管理流程见表23-5。

表23-5 决算和预算绩效管理

关键环节	风险点	主要防控措施	责任主体
决算编制	决算与预算存在脱节、口径不一，难以及时反映预算执行情况，导致预算管理的效率低下	1. 按照财政部门要求，按照规定的时间、格式、要求进行决算编制 2. 决算报表内容完整，数据准确，审核人员进行签字确认 3. 加强决算数据分析，收集数据资料，分析预决算差异原因，撰写预算结果报告 4. 将分析报告反馈各业务部门，查找问题，制定整改措施	财会部门
预算绩效管理	预算绩效管理机制不完善，可能导致绩效目标脱离实际、绩效监控不到位、绩效方法不科学、评价结果流于形式	1. 建立绩效管理制度 2. 预算绩效目标的设定要经过调查研究和科学论证，目标要指向明确，细化量化，符合客观实际 3. 评价标准和评价方法科学合理、客观公正，要形成评价报告 4. 评价结果要及时反馈并进行一定范围的公开，作为改进预算管理和安排以后年度预算的重要依据	绩效考评组织单位和个人

预算分析是预算管理体系的核心环节，它通过对相关数据的对比分析，找出差距，分析原因，为提高企业运营效率，改进和优化流程提供支持，为生产经营及投资决策提供依据，保证预算的有效执行。预算管理委员会及财务管理部门应对预算的执行情况按月度、季度进行分析，对当期实际发生数与预算数之间存在的差异，不论是有利的还是不利的，都要认真分析其成因，而且要写明拟采取的改进措施。预算分析的重点是差异的原因及应采取的措施。

预算管理涉及企业经营管理的各个方面，要较好地发挥预算管理的作用，就必须坚持实施控制与结果考核相结合。如果没有以预算为基础的考核，预算就会流于形式，失去控制力。在预算管理循环中，预算考核是个承上启下的关键环节。一方面，在预算执行过程中，通过预算考核信息的反馈以及相应的调控，可随时发现和纠正实际业绩与预算的偏差，实现过程控制；另一方面，预算编制、执行、考核作为一个完整的系统，相互作用，周而复始地循环，实现对整个企业经营活动的最终控制。

企业应当加强对预算分析与考核环节的控制，通过建立预算执行分析制度、审计制度、考核与奖惩制度等，确保预算分析科学、及时和预算考核严格、有据。

企业应当建立预算执行分析制度。企业预算管理部门应当定期召开预算执行分析会议，通报预算执行情况，研究、解决预算执行中存在的问题，提出改进措施。

企业预算管理部门和各预算执行单位应当充分收集有关财务、业务、市场、技术、政策、法律等方面的信息资料，根据不同情况分别采用比率分析、比较分析、因素分析等方法，从定量与定性两个层面充分反映预算执行单位的现状、发展趋势及其存在的潜力；对于预算执行差异，应当客观分析产生的原因，提出解决措施或建议，提交企业决策机构研究决定。企业应当建立预算执行情况内部审计制度，通过定期或不定期地实施审计监督，及时发现和纠正预算执行中存在的问题。

企业应当建立预算执行情况考核制度：

①企业预算管理部门应当定期组织预算执行情况考核。有条件的企业，也可设立专门机构负责考核工作。

②企业预算执行情况考核，依照预算执行单位上报预算执行报告、预算管理部门审查核实、企业决策机构批准的程序进行。企业内部预算执行单位上报的预算执行报告，应经本单位负责人签章确认。

③企业预算执行情况考核，以企业正式下达的预算方案为标准，或以有关部门审定的预算执行报告为依据。

企业预算执行情况考核，应当坚持公开、公平、公正的原则，考核结果应有完整的记录；应当建立预算执行情况奖惩制度，明确奖惩办法，落实奖惩措施。

23.2.6 评估与披露

企业应当建立全面预算管理的评估制度，对预算编制、执行、考核等过程和结果进行全面评估，针对发现异常的情况，应当及时报告给相关部门和人员。

同时企业也应当披露预算执行情况和全面预算管理中的主要风险等内容，能够使相关部门和人员全面的了解本期预算的执行情况与相应的风险，进而为下一期预算工作的展开提供相应的资料。

23.3 全面预算管理方面内部控制案例详解

1. M化工集团总部简介

M化工集团总部属于工业企业，经营范围主要包括：制造、加工、购销化工试剂、助剂、基本化工原料、石油化工原料及产品、化肥、炼焦化工产品、合成纤维、工程塑料与塑料、橡胶工业品、涂料、染料、新型包装材料、化工建材、日用化工产品、工业气体、化工设备、化工机械；机械设备租赁；信息咨询；物业管理（含写字间出租）；授权经营国有资产。M化工集团总部公司的主导产业分为两部分，一是现代制造业，目前主要集中在精细化工、橡塑制品、工程塑料、化工装备制造及新材料、电子化学品、新能源、循环经济产业等为主的制造业领域；二是房地产开发及置业产业，主要是依托原有企业搬迁后的土地资源综合开发利用，目前已形成15万平方米左右的置业规模，并与制造业形成良好产业支撑。

M化工集团总部公司采取董事会领导下的总经理负责制，截至2011年末，所属二级子公司共 30 家，其中：全资子公司 25 家，控股子公司 5 家。

2. 全面预算内部控制现状

（1）预算组织机构

M 化工集团总部的预算组织机构设置与指引的要求有一些差异，一是预算领导机构的隶属关系，全面预算指引中要求的预算管理委员会现在通行的做法是在董事会设置专业委员会，隶属于董事会；而 M 化工集团总部是根据董事会的授权在经理办公会下设预算工作领导小组。二是预算管理委员会的负责人人选，全面预算指引中要求由企业负责人担任，而 M 化工集团总部预算管理办法中规定由总会计师担任预算工作领导小组组长。

（2）预算编制

M 化工集团总部预算管理办法规定，集团公司的预算采取"上下结合，分级编制，逐级汇总"的方式进行，分为五个阶段进行，分别为：

①布置阶段：

集团公司预算工作领导小组一般于每年 8 月底根据集团公司发展规划，提出年度预算框架目标，集团公司财务部据此制定年度预算工作方案，下达相关预算报表参数，组织各企业编制预算报表。

②编报阶段：

各企业按照集团公司的要求，结合本企业业务发展计划编制年度预算方案，于每年 9 月底报集团公司财务部。

③审核阶段：

集团公司财务部组织各职能部室归口审核各企业预算，并根据经审核无误的预算方案进行分析、汇总、综合平衡后编制集团公司整体预算方案，并报集团公司预算工作领导小组。

④上报审批阶段：

集团公司预算工作领导小组审核该预算方案，审核无误后报集团公司经理办公会，经理办公会审核后报董事会批准。

⑤预算下达阶段：

集团公司财务部将经过董事会批准的预算方案下达给各企业，并由集团公司负责人与各二级企业负责人签订经营目标责任书。

对照内部控制指引可知，M 化工集团总部预算管理办法中规定的预算编制程序与全面预算指引中要求的程序基本相符。管理办法中对于预算编制范围没有提及集团总部的预算编制，重点突出集团对各下属企业预算编制的管理、指导与协调工作。集团公司总部各部室每年也会编制本部门的预算并报给集团财务部统一汇总，但经批准后的预算指标并没有下达到各部室。

（3）预算执行

根据 M 化工集团总部预算管理办法规定，预算在执行控制中有以下几点要求：

①经集团公司董事会批准的预算方案，具有严格的约束力，各企业必须严肃认真执行。各企业要定期对预算执行情况进行分析，找出偏差，及时采取措施，确保预算目标的实现。

②各企业根据本单位预算执行情况，按月编制预算执行情况分析报告，于每月10日前报集团公司财务部。报告以预算责任单位的正常经营状况和结果为对象，按照重要性原则对差异较大的项目进行重点分析，并写出文字说明。

③集团公司预算工作领导小组每季度召开一次预算执行情况分析会议，全面掌握预算执行情况，研究解决预算执行中存在的问题，提出改进措施，纠正预算执行偏差。

④在预算执行过程中，企业无权对预算进行调整。如遇市场环境、经营条件、国家法规政策等发生重大变化或出现不可抗力等客观因素导致预算编制基础不成立，或者导致预算执行结果产生重大差异确需调整预算，应由该企业的经理办公会、董事会（执行董事会议，厂长办公会）研究后提出书面申请，报集团公司预算工作领导小组，经集团公司经理办公会审核并经董事会批准后方能调整。全面预算指引在预算执行方面要求的控制措施主要包括预算分解、预算执行责任体系的建立，预算执行的过程监控与预算执行分析。根据以上内容分析可知，M化工集团总部预算管理办法中没有提及预算分解与预算执行责任体系的具体措施。

（4）预算考核

全面预算指引要求企业应当建立严格的预算执行考核制度，对各预算执行单位和个人进行考核，切实做到有奖有惩、奖惩分明。M化工集团总部的各项管理制度中，均未见对预算考核的相关要求。按照全面预算指引的有关要求，企业对预算管理工作组织、预算编制、预算执行、预算考核应当制订详细、明确、可操作的控制措施，特别是要加强预算执行与预算考核的具体落实，从而使全面预算管控体系形成一个完整的管理闭环，真正为企业目标的实现提供支撑。

3. 预算编制流程设计

根据M化工集团总部的流程图，对其预算编制流程进行分析：①财务部根据集团公司年度预算工作布置会议相关要求，下发年度预算工作方案，下达相关预算报表参数，组织集团总部各部门编制预算报表。②集团总部各预算主责部门按工作方案开展预算编制工作。③各预算主责部门将部门年度预算草案报主管领导审核，审核未通过由各部门重新编制预算，通过后报财务部汇总。④财务部总部核算岗对各预算主责部门年度预算草案进行整理汇总，形成集团总部年度预算草案。⑤财务部部长对集团总部年度预算草案进行初审，通过后报财务总监。⑥财务总监对集团总部年度预算草案进行审核，通过后报总经理。⑦总经理对集团总部年度预算草案进行审批，审批通过后的预算方案报预算管理办公室（财务部），作为集团公司整体预算草案组成部分。⑧财务部将经过最终批准的预算方案平衡、分解，下达给集团总部各预算主责部门。集团总部各预算主责部门将各自预算分解为季度预算和月度预算，并将责任落实到岗。

4. 预算执行流程设计

（1）预算分析

首先，所属各单位及集团总部根据预算执行情况，按月编制预算执行情况分析报表，以预算责任单位的正常经营状况和结果为对象，按照重要性原则对差异较大的项目进行重点分析，并写出文字说明，于每月10日前报预算管理办公室（财务部）。其次，预算管理办公室

（财务部）汇总所属各单位及集团总部预算分析表，编制公司整体预算分析表及说明，上报公司预算工作领导小组审阅。最后，预算工作领导小组每半年召开一次预算执行情况分析会议，全面掌握预算执行情况，研究解决预算执行中存在的问题，提出改进措施，形成"预算执行控制措施"，纠正预算执行偏差。

（2）预算调整

由所属单位或集团总部向预算管理办公室（财务部）提出预算调整的申请，详细说明预算调整理由、调整建议方案、调整前后预算指标的比较、调整后预算指标可能对企业预算总目标的影响等内容。预算是公司年度经营目标实现的手段，为保证其权威性，不宜频繁调整，公司预算每半年度调整一次。预算管理办公室（财务部）审核预算调整申请，将审核后的预算调整申请表汇总整理，形成预算调整汇总方案，预算工作领导小组审核预算调整报告，通过后报经理办公会审核。经理办公会审核预算调整报告，签署审核意见，董事会审批预算调整报告，签署审批意见，预算管理办公室（财务部）根据审批后的预算调整意见及签发预算调整报告，下发给预算调整申请单位，预算调整申请单位执行调整后的预算。

5. 预算考核流程设计

对 M 化工集团公司预算考核流程图分析如下：

①集团公司预算管理办公室（财务部）制定考核指标并下发通知。预算考核的频率为年度考核；预算考核指标则以所属各单位承担的预算指标为主。

②集团公司预算管理办公室（财务部）将所属各单位提交的"年度决算报告"与相应预算指标进行核对。

③集团公司预算管理办公室（财务部）对考核结果进行汇总、整理，编制预算考核报告。

④集团公司预算工作领导小组对预算考核意见进行审批，经批准的预算考核结果提交业绩考核办公室（人力资源部）使用。

第 24 章
内部控制评价

24.1 内部控制评价概述

内部控制评价是指企业董事会或类似权力机构对内部控制的有效性进行全面评价，形成评价结论，出具评价报告的过程。评价主要针对企业在内部控制设计与实施中存在的问题，通过评价—反馈—改进—再评价的动态循环，实现内部控制的持续改进和自我完善。我国《企业内部控制基本规范》明确要求，企业应结合内部监督情况，定期对内部控制的有效性进行自我评价，出具内部控制自我评价报告。内部控制评价是优化内部控制自我监督机制的一项重要安排，对促进内部控制有效性的持续提升、提高企业运营的透明度、实现企业管理与政府监管的协调互动、满足利益相关者对企业关注的需要等具有重要意义。

24.1.1 内部控制评价主体

从内部控制评价的定义可以看出，董事会是内部控制评价的最终责任主体，对内部控制评价报告的真实性负责。董事会可以通过审计委员会来承担对内部控制评价的组织、领导和监督职责。董事会（审计委员会）应听取内部控制评价报告，审定重大缺陷和重要缺陷的整改意见，对于缺陷整改中遇到的困难，应积极协调、排除障碍。监事会应审议内部控制评价报告，对董事会建立与实施内部控制进行监督。

管理层具体负责组织实施内部控制评价工作，在实际操作中，可授权内部控制评价机构组织实施，并积极支持和配合内部控制评价。管理层应结合日常掌握的信息，为内部控制评价方案提出应重点关注的业务或事项、审定评价方案和听取评价报告；对于评价中发现的问题或报告的缺陷，应按董事会或审计委员会的整改意见，积极采取有效措施予以整改。

董事会和管理层可授权内部审计机构或专门机构（以下简称"评价机构"）负责内部控制评价的具体工作，这是由于内部审计机构在企业内部处于相对独立的地位，该机构的工作内容、性质和人员业务专长符合内部控制评价的工作要求。评价机构根据授权承担内部控制评价的具体工作，为了保证评价的独立性，负责内部控制设计和评价的部门应适当分离。评价机构通过复核、汇总、分析内部监督资料，结合管理层的要求，拟订评价工作方案并认真组织实施；对于评价中发现的重大问题，应及时与董事会、审计委员会或管理层沟通，并认定内部控制缺陷，拟订整改方案，编写内部控制评价报告，及时向董事会、审计委员会或经理层报告；沟通外部审计师，督促各业务单位和职能部门对内部控制缺陷进行整改；根据评价和整改情况拟订内部控制考核方案。

各业务单位和职能部门应逐级落实内部控制评价责任，负责组织本单位（部门）的内部控制自查、测试和评价工作，对发现的内部控制设计和运行缺陷提出整改方案及具体整改计划，积极整改并报送内部控制机构复核，配合内部控制评价机构或外部审计师开展评价工作。

企业也可以根据自身的特点，成立内部控制评价的非常设机构，抽调内部审计、内部控制等相关机构的人员组成内部控制评价小组，具体组织实施内部控制评价工作。企业还可以委托会计师事务所等中介机构实施内部控制评价。此时，董事会（审计委员会）应加强对评价工作的监督和指导。从业务性质上讲，中介机构受托为企业实施内部控制评价是一种非保证服务，评价报告的责任仍由董事会承担。为了保证审计的独立性，为企业提供评价服务的会计师事务所，不得同时为企业提供内部控制审计服务。

24.1.2 内部控制评价内容

内部控制评价的内容应全面、完整，结合内部控制五大目标，涵盖内部控制的五大要素，覆盖企业及其所属单位的各种业务和管理活动的全过程。

内部控制评价包括内部控制测试、缺陷评估和评价报告等。

①内部控制测试是按照规定的程序、方法和标准，针对财务报告控制目标，对公司内部控制体系设计有效性和执行有效性进行检查，旨在发现内部控制体系在设计层面和执行层面是否存在缺陷。

②缺陷评估是以规定的程序、方法和标准，对内部控制测试发现的缺陷进行分析，评估缺陷对内部控制的影响程度的过程。

③评价报告是在测试和缺陷评估结果的基础上，根据公司对外披露和内部控制管理的不同需要，对内部控制有效性进行评价及报告的过程。

内部控制评价的主要内容如图24-1所示。

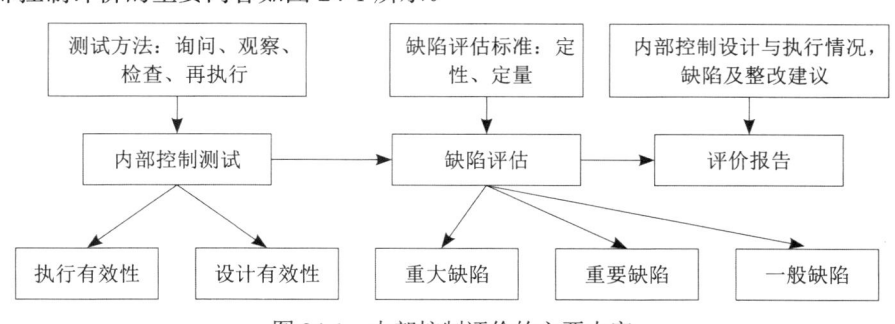

图24-1 内部控制评价的主要内容

24.1.3 内部控制评价原则

内部控制评价原则是开展评价工作应遵循的原则，与内部控制的五项基本原则不完全相同。内部控制评价至少应遵循以下原则：

1. 全面性原则

内部控制评价的范围应全面完整，结合内部控制的五大目标，涵盖内部控制的五大要素，覆盖企业及其所属单位的各种业务和管理活动；在业务流程上应包括决策、执行、监督、反馈等各环节。

2. 重要性原则

内部控制评价应在全面性的基础上，突出重点，在制订和实施评价工作方案、分配评价资源的过程中，着重关注那些重要业务事项、关键控制环节和重要业务单位。

3. 风险导向原则

评价人员应关注影响内部控制目标实现的高风险领域和主要风险，及时获取风险评估形成的风险清单，进行风险排序，将评价重点放在高风险领域和重大风险点控制的效率与效果上。

4. 客观性原则

内部控制评价工作应准确揭示经营管理的风险及其管控状况，如实反映内部控制设计和运行的有效性。只有在制订评价工作方案、实施评价的全过程始终坚持客观性，才能保证评价结果的客观性。

24.1.4 内部控制评价的作用

第一，内部控制评价有助于企业自我完善内控体系。内部控制评价是通过评价、反馈、再评价，报告企业在内部控制建立与实施中存在的问题，并持续进行自我完善的过程。通过内部控制评价查找、分析内部控制缺陷并有针对性地督促落实整改，可以及时堵塞管理漏洞，防范偏离目标的各种风险，并举一反三，从设计和执行等全方位健全优化管控制度，从而促进企业内控体系的不断完善。

第二，内部控制评价有助于提升企业市场形象和公众认可度。企业开展内部控制评价，需形成评价结论，出具评价报告。通过自我评价报告，将企业的风险管理水平、内部控制状况，以及与此相关的发展战略、竞争优势、可持续发展能力等公布于众，树立诚信、透明、负责任的企业形象，有利于增强投资者、债权人以及其他利益相关者的信任度和认可度，为自己创造更为有利的外部环境，促进企业的长远可持续发展。

第三，内部控制评价有助于实现与政府监管的协调互动。政府监管部门有权对企业内部控制建立与实施的有效性进行监督检查。事实上，在有关政府部门，比如审计机关开展的国有企业负责人离任经济责任审计中，已将企业内部控制的有效性，以及企业负责人组织领导内控体系建立与实施情况纳入审计范围，并日益成为十分重要的一部分。尽管政府部门实施企业内控监督检查有其自身的做法和特点，但监督检查的重点部位是基本一致的，比如大多涉及重大经营决策的科学性、合规性以及重要业务事项管控的有效性等。实施企业内部控制自我评价，能够通过自查及早排查风险、发现问题，并积极整改，有利于在配合政府监管中赢得主动，并借助政府监管成果进一步改进企业内控实施和评价工作，促进自我评价与政府监管的协调互动。

24.1.5 内部控制审计与内部控制评价

组织内部控制的有效运行离不开对其的持续监督，内部控制审计与内部控制评价都是对内部控制进行监督的方式，然而两者在实施主体、工作目标、监督内容和方式方法等方面仍然各有不同。

内部控制审计，根据我国内部审计具体准则第 2201 号明确规定，是指"内部审计机构对组织内部控制设计和运行的有效性进行的审查和评价活动"。

内部控制评价又被称为内部控制自我评价，由五部委联合颁布的《企业内部控制评价指引》将内部控制评价界定为：企业董事会，或类似权力机构对内部控制设计与运行的有效性进行综合评估的过程。

内部控制审计与内部控制评价既存在联系又存在区别。

1. 两者的联系

内部控制审计与内部控制评价的联系主要体现在两者的工作目标均是审查和评价组织内部控制的设计和运行的有效性。与此同时，两者都是围绕控制环境、风险评估、控制活动、信息与沟通、监督等内部控制要素来确定具体审查和评价内容的，且两者的工作程序也基本一致。如果组织的董事会或者类似权力机构授权内部审计机构和人员负责内部控制评价的具体组织和实施工作，此时两者的工作主体也是一致的。

2. 两者的区别

（1）责任主体不同

内部控制审计是由组织的内部审计机构和人员实施的一项内部审计活动，是根据组织对内部审计的总体计划实施的，其责任主体无疑是内部审计机构；内部控制评价则是组织在内部实施的一项管理活动，其责任主体是组织的董事会，是组织董事会或者类似权力机构实施的内部控制自我评价，不属于审计行为。当然，在很多情况下，董事会或其下属的审计委员会可能将内部控制自我评价的工作委托给组织的内部审计机构，但是即便在这样的情况下，内部控制评价工作的最终责任主体依然是组织的董事会，而不是组织的内部审计机构，即组织的董事会对内部控制评价报告的真实性承担最终的责任。

（2）实施的强制性不同

外部监管机构对组织内部审计机构实施内部控制审计并无强制性要求，内部控制审计往往是根据组织内部治理层和管理层的要求，结合内部审计机构的工作重点和任务安排实施的。但是，对于公众利益实体，例如上市公司而言，实施内部控制评价则是一项外部监管机构的强制性要求。无论是美国的《萨班斯——奥克斯利法案》，还是我国的《企业内部控制基本规范》及《企业内部控制评价指引》，以及其他配套指引，都对上市公司管理层应当对内部控制有效性进行自我评估提出了明确的要求。

（3）遵循的规则不同

组织实施内部控制评价应当遵循《企业内部控制基本规范》《企业内部控制评价指引》。2008 年，财政部等五部委联合发布的《企业内部控制基本规范》要求组织应当结合内部监督的实际情况，定期对内部控制的有效性进行自我评价，并出具内部控制自我评价报告。2010 年，五部委又联合发布了《企业内部控制评价指引》，对内部控制评价应遵循的原则、评价内容、评价程序、缺陷认定等进行了详细规定，为组织开展内部控制自我评价提供了一个可以共同遵循的标准，也为参与国际竞争的中国企业在内部控制建设方面提供了自律性规范。

内部审计机构和人员实施内部控制审计应当遵循《中国内部审计准则》，五部委《企业内部控制基本规范》及配套指引的出台，对内部控制审计工作提出了明确要求。2013年，中国内部审计协会对内部审计准则进行了修订，在对内部控制审计相关准则的修订中借鉴了《企业内部控制基本规范》《企业内部控制评价指引》的相关规定。同时，考虑目前大多数组织内部对内部控制评价主体较为模糊的实际情况，以及内部控制审计和内部控制评价在实务中无论从实施主体还是报告方式等方面都存在一定差别的事实，为突出内部审计机构在内部控制评价中的特殊性和职能作用，此次修订进一步明确了内部控制审计的定义、定位和主体，突出了内部审计机构在内部控制审计中发挥的作用和优势，进一步丰富了内部控制审计的相关内容。

首先，在内部控制审计的内容方面，此次修订将内部控制审计按照审计范围分为全面内部控制审计和专项内部控制审计，并从组织层面和业务层面对内部控制审计的内容作了较为细致的规定，其中组织层面内部控制审计的内容主要按照内部控制五要素进行规范，同时借鉴、吸收了《企业内部控制评价指引》中有关内部控制评价内容的规定，力求与《企业内部控制基本规范》及配套指引相衔接。

其次，在内部控制审计的程序和方法方面，强调了内部审计人员在实施现场审查前，可以要求被审计单位提交最近一次的内部控制自我评估报告。内部审计人员应当结合内部控制自我评估报告，确定审计内容及重点，实施内部控制审计。

再次，在内部控制缺陷的认定方面，专章规定了内部控制缺陷的认定，对缺陷认定的方法、缺陷的种类和缺陷的报告等内容进行了规定。

最后，在内部控制审计报告方面，专章规定了内部控制审计报告，要求全面内部控制审计报告一般应当报送组织董事会或者最高管理层，包含有重大缺陷认定的专项内部控制审计报告应当报送董事会或者最高管理层；经董事会或者最高管理层批准，内部控制审计报告可以作为《企业内部控制评价指引》中要求的内部控制评价报告对外披露。

（4）工作成果的体现不同

由内部审计机构和人员实施的内部控制审计的工作成果体现在内部控制审计报告之中，该报告属于组织内部文件，通常是由内部审计机构提交给组织的适当治理层或管理层。组织所进行的内部控制评价的工作成果则体现在内部控制评价报告之中，该报告需报经董事会或类似权力机构批准后，对外披露或者报送相关监管部门。《企业内部控制评价指引》就规定企业应当以每年的12月31日作为年度内部控制评价报告的基准日，内部控制评价报告应当在基准日后4个月内报出。

24.1.6 内部控制评价程序

1. 制订评价工作方案

评价机构应根据内部监督情况和管理要求，分析企业经营管理过程中的高风险领域和重要业务事项，确定与检查评价方法，制订科学的评价方案，经董事会批准后实施。评价方案应明确评价范围、工作任务、人员组织、进度安排和费用预算等内容。评价方案既可以全面评价为主，也可根据需要采用重点评价的方式。

2. 组成评价工作组

评价工作组是在内部控制评价机构的领导下，具体承担内部控制的检查评价任务。评价机构根据经批准的评价方案，挑选具备独立性、业务胜任能力和职业道德素养的评价人员实施评价。评价工作组应吸收企业内部相关机构熟悉情况、参与日常监控的负责人或业务骨干参加。评价工作组成员对本部门的评价应实行回避制度。企业应根据自身条件，尽量建立长效的内部控制评价培训机制。

3. 实施现场评价

现场评价首先要了解被评价单位的基本情况，充分沟通企业文化和发展战略、组织机构设置及职责分工、领导层成员构成及分工等基本情况；根据掌握的情况，进一步确定评价范围、检查重点和抽样数量，并结合评价人员的专业背景进行合理分工。检查重点和分工情况可根据需要适时调整。评价人员应对被评价单位进行现场测试，综合运用个别访谈、调查问卷、专题讨论、穿行测试、实地查验、抽样和比较分析等方法，充分搜集被评价单位内部控制设计和运行是否有效的证据，按评价内容如实填写评价工作底稿，研究分析内部控制缺陷。工作底稿应详细记录企业执行评价工作的内容，包括评价要素、主要风险点、采取的控制措施、有关证据资料及认定结果等。工作底稿可以通过一系列评价表格加以实现。

4. 认定控制缺陷，汇总评价结果

评价工作组汇总评价人员的工作底稿，初步认定内部控制缺陷，形成现场评价报告。评价工作底稿应进行交叉复核签字，并由评价工作组负责人审核后签字确认。评价工作组将评价结果及现场评价报告向被评价单位通报，由被评价单位相关责任人签字确认后，提交评价机构。评价机构汇总各评价工作组的评价结果，对评价工作组现场初步认定的内部控制缺陷进行全面复核、分类汇总；对缺陷的成因、表现形式及风险程度进行定量或定性的综合分析，按其对控制目标的影响程度判定缺陷等级。

5. 编报评价报告

评价机构以汇总的评价结果和认定的内部控制缺陷为基础，综合内部控制工作的整体情况，客观、公正、完整地编制内部控制评价报告，并报送企业经理层、董事会和监事会，由董事会最终审定后对外披露。

6. 报告反馈和跟踪

对于认定的内部控制缺陷，评价机构应结合董事会和审计委员会的要求，提出整改建议，要求责任单位及时整改，并跟踪其整改落实情况；已经造成损失或负面影响的，应追究相关人员的责任。

24.2 内部控制测试

24.2.1 内部控制测试概述

1. 概念

内部控制测试是按照规定的程序、方法和标准，对公司内部控制体系设计有效性和执行

有效性进行检查，查找内部控制设计和执行方面的问题，为内部控制体系有效性提供合理保证。测试主要包括以下内容：

①根据设计和执行有效性评价的要求，对公司层面、业务活动层面和IT控制有效性分别进行测试。

②对测试发现的缺陷进行评估并分类。

③根据测试结果，编制测试报告。

内部控制测试的主要内容如图24-2所示。

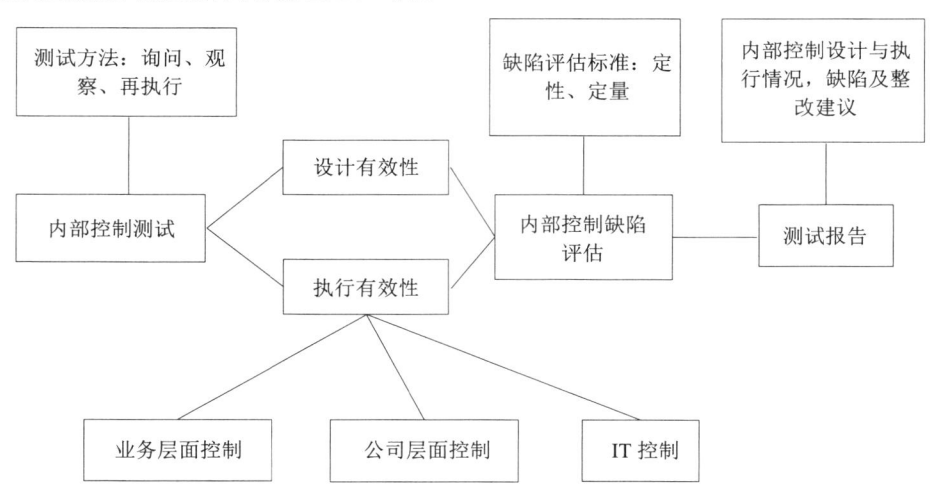

图 24-2 内部控制测试的主要内容

2. 分类

按照不同的标准有不同的分类，根据上述内部控制测试的概念，可以将内部控制测试分为设计有效性测试和执行有效性测试两种。

（1）设计有效性测试

设计有效性测试是通过一定的方法评价内部控制体系的设计是否能够有效地防范风险，为实现内部控制目标提供合理的保证，发现内部控制设计方面存在的问题，提出整改建议。

（2）执行有效性测试

执行有效性测试是通过一定的方法评价内部控制的运行是否按照内部控制设计执行，是否能够有效地控制风险，将风险控制到风险承受度内，发现内部控制运行方面存在的问题，提出整改建议。

3. 方法

（1）测试方法

内部控制测试基本方法包括询问、观察、检查和再执行等。

①询问

询问是通过口头或书面的方式对执行控制的相关人员提出问题，根据被询问人的回答确定控制是否存在并有效运行，以及控制执行人对控制的理解程度。询问广泛应用于测试过程中，并且经常作为对执行其他测试方法的补充。

询问的范围包括正式书面询问和不拘形式的口头询问，内容包括询问具体人员如何执行控制、由何人执行控制、其执行效果有否达到控制点设计的目的。若在询问中发现问题，应判断问题是否会导致与报表相关的错报后果，以及如何解决有关问题。

在测试程序中，单独的"询问"不能为测试人员提供足够的证据来确定控制点执行的有效性，测试人员应结合其他的测试方法。

测试人员评估被询问者的反应是询问过程中的一个组成部分。被询问者的反应能提供测试人员可靠的信息，包括控制点执行人员的技巧和胜任能力，防止或查出错误或舞弊的控制点的敏感性，控制点能防止或查出错误或舞弊的频率等。当被询问者的反应给测试人员带来对控制点执行有效性的怀疑时，测试人员应执行额外的测试程序。

②观察

观察是指测试人员对公司实物资产、有关业务活动的操作过程及其内部控制的执行情况等进行的实地察看，以了解控制的执行情况是否符合有关内部控制规定，是否与书面资料的记载相符。

例如，财务印鉴管理情况的检查，内部控制要求财务专用章和个人章分别由不同的人员进行保管，任何人不得保管1枚以上印鉴。测试人员可以让印鉴保管人员出示其负责保管的印章，观察不同印鉴是否由同一工作人员保管，以保证财务印鉴的管理符合控制要求。

又如，信息系统登录情况的检查，根据用户权限管理的规定，用户权限分配应遵循能够满足用户日常工作对系统资源的需求的最小授权原则进行授权。通过观察未授权人员账户登录是否会被系统拒绝，以保证系统的接触性控制是否存在。

但在采用现场观察法进行测试时，应充分考虑测试人员不在现场时未按制度要求执行的可能性，因此，最好不要以一次观察的结果作结论，同时要结合其他的方法辅证现场观察的结果。

③检查

检查是指测试人员检查与生产经营、财务活动有关的资料和控制点执行的书面证据等。通过检查审阅文件资料，了解控制制度和流程，并证实该控制点已被执行。测试人员审阅的文件资料主要包括：以前各种检查资料；被测试业务流程图；被测试流程说明或流程操作手册；有关会计资料、统计资料或其他核算资料；其他内部规章或管理制度；签字确认等有关的书面证据。

④再执行

再执行是指测试人员根据控制点执行程序，依据风险大小抽取样本重新做一遍，并把重做结果与原有结果进行比较、分析，从而判断内部控制制度是否有效。如果处理后的新结果与原处理结果相同，则说明内部控制制度已发挥了其功能。

例如，在IT一般控制测试中，可以利用独立的数据进行复核测算，或者模拟系统的方式进行运算，输入假设的交易，用得到的结果与预计的结果进行比较来测试系统。

（2）举例

银行余额调节表测试方法见表24-1。

表 24-1　测试方法举例

测试方法	测试内容
询问	询问准备及审阅银行余额调节表的人员是如何发现差异的，差异原因是什么，有什么样的步骤能保相应的财务记录得到及时更正
观察	观察银行余额调节表准备的过程，并记录流程
检查	获取银行余额调节表，了解调节项目性质；追溯相应的单据记录（如银行对账单）；检查调节表是否有相关负责人签字
再执行	比较某月银行对账单、账面余额及银行余额调节表，重新计算及查找差额，并追溯相应的单据记录

（3）测试的可信度

不同的测试方法确信水平不一样，不同测试方法的可信度见表 24-2。

表 24-2　不同测试方法的可信度

可信度	测试方法	特　　点
最不可能 ↓ 最可能	询问	通过口头或书面形式确认控制存在
		最薄弱的测试方法
		应该与其他测试共同执行
		应该询问多人以确定结果一致
		文档记录要求：谁，什么时候，哪里，怎样
	观察	观察员工执行控制步骤
		可能需要其他跟进测试
		文档记录要求：谁，什么时候，观察的结果
	检查	获得资产存在证据的最简单的方法
		审阅文档记录或报告
		提供详细内容，从而可以重复测试步骤并检验结果
	再执行	采用独立的数据重新进行对账
		按系统的计算公式重新计算
		在系统中输入测试数据来查看结果
		测试文档记录的详细程度可以保证重新测试

24.2.2　测试的实施

内部控制测试分为设计有效性测试与执行有效性测试。内部控制设计有效性测试一般通过穿行测试来进行。穿行测试是指通过重新执行或追踪几笔具有代表性的业务交易，在会计系统中再现这些交易的处理过程，从而全面了解该系统的内部控制设计和执行情况。其目的是帮助注册会计师或审计师了解被审计单位的业务流程及其相关控制，评价控制设计的有效性，并确定控制是否得到执行。

确定纳入范围的组织单位，所有关键控制都需要测试，包括公司层面、业务层面和 IT 一般控制。

1. 公司层面的测试

公司层面的测试范围包括内部环境、风险评估、控制活动、信息与沟通、监督（包括反舞弊）五个方面，具体包括诚信与道德价值观、发展目标、管理理念与企业文化、风险管理策略、董事会及审计委员会与监事会、组织结构、权利和责任的分配、人力资源政策与措施、员工胜任能力、反舞弊机制等内容。下面举例介绍其中几个方面内容的测试。

（1）诚信与道德价值观测试

公司制定"业务行为与道德守则"，审阅其内容是否全面，是否符合国内外相关制度要求。

访谈公司员工，了解是否对"业务行为与道德守则"进行了宣传培训，了解员工对其的认知程度；通过检查相关培训记录等资料，确定公司是否对其进行了宣传和培训。

检查员工是否全部签署"业务行为与道德守则"并上报。同时通过访谈并对相关制度文件进行检查，了解并查看公司是否将职业道德标准包含在与客户及供货商的商业交往中，如将职业道德准则写入合同协议中，或者签署单独的协议等。

检查是否将"业务行为与道德守则"列入公司员工的培训内容，如通过员工培训，以及利用网络及其他形式进行"业务行为与道德守则"的学习与宣传。

公司是否对新员工开展关于职业道德规范方面的岗前教育培训，并在劳动合同中纳入遵守公司职业道德规范的内容。

（2）权利和责任分配测试

首先，获取公司相关授权权限方面的制度文件，如授权权限指引表，或者相关制度中规定的权限，如采购审批权限等。其次，选择部分管理人员，审阅公司制度规定的相关权限描述是否与其岗位职责描述一致。再次，与相关部门负责人进行访谈，了解其是否定期对职责和权限进行审核，获得有关职责和授权的审批及变化的记录，审核其是否进行了适当的审批，并对变化进行了记录。最后，观察职责和授权有变化的员工的工作，是否按变化后的职责和授权执行。综合上述测试程序，判断责任和权力分配的适当性。

结合业务层面对权限的测试，确认实际操作是否与制度规定的授权一致。访谈人事部门负责人，并查阅职责和授权的审批及变化的记录，了解是否定期对权限指引表进行修订并记录，从而判断责任和权力分配的适当性。了解公司是否定期对岗位职责描述进行审核，如何审核。审阅相关资料，以确认公司定期对岗位职责描述进行了有效的审核。取得现任高级管理人员和重要部门相关岗位人员名单，选取财务人员、信息管理人员等数人，获得其岗位职责描述，确定描述是否包含以下要素：基本信息、岗位主要责任、工作职责（如清晰明确的监督职责和报告职责）、岗位权限、业绩指标、任职条件要求和工作环境等内容，询问了解其实际工作的职责和权限是否与岗位职责描述相一致。基于对公司组织结构及业务活动的理解，以及该岗位应具备知识技能和任职条件的职业判断，评价岗位职责描述内容的适当性，确保权利分配、职责分离的适当性。

结合 IT 控制测试对财务、IT 人员权限测试的结果，确定其实际工作的职责和权限是否与岗位职责描述相一致，确认信息系统的责任和变化的授权是否适当。

下面是公司层面测试的一个例子，见表 24-3。

表 24-3 公司层面测试举例——组织结构

内部控制关注要点	控制编号	负责人	控制描述	测试步骤	测试证据	缺陷	结论	整改计划
公司的组织结构能支持有效的财务报告内部控制	C100.01.8	管理层投资者关系部	1. 公司整体组织结构图依公司各下属公司间控股情况列置，且各子公司成立充分考虑需求 2. 管理层根据公司经营状况评估公司的组织结构，当经营发生改变时，根据自身业务的发展状况，调整公司组织结构 3. 投资者关系部每月更新公司组织结构图	1. 获取公司最新组织结构图，根据公司经营状况评估公司的组织结构，当经营发生改变时根据需要更新组织结构，以确保各下属公司的功能明确 2. 获取部门调整（新增或者裁撤）的任命、高管调整（任免、分工）的任命，查阅管理层设计合理的公司组织结构，以满足企业正常的运作	1. 公司组织结构图 2. 部门调整（新增或者裁撤）的任命 3. 高管调整（任免、分工）的任命			

2. 业务层面的测试

业务层面的测试，是指采用抽样测试的方法，对业务活动层面关键控制执行的有效性进行的检查，适用于手工控制、应用系统控制及电子表格控制测试。

（1）确定样本总量

样本总量是指测试对象。测试人员通过在样本总量中抽取样本和检查控制实施证据，来验证相关关键控制在样本总量中是否有效执行。

样本总量包括构成某类交易和事项的所有项目，测试人员应当确保样本总量的适当性和完整性。适当性要求测试人员确定的样本总量应适合特定测试目标；完整性要求测试人员应从样本总量项目内容和涉及时间等方面确定样本总量的完整性。

样本总量在大多数情况下并不是关键控制所对应的控制实施证据。

①有关费用报销的关键控制：

关键控制：费用经办部门负责人、主管领导、财务总监、财务部门费用会计、出纳人员按照各自的职责权限分别对费用的原始凭证进行审核（原始凭证包括费用报销审批单）。

该关键控制的控制实施证据是费用报销审批单，但是针对该关键控制的测试样本总量不应该是全部的费用报销审批单，这是因为，如果以全部的费用报销审批单作为样本总量进行抽样，就不能发现已经入账但是没有适当的费用报销审批单的费用项目，所以针对该关键控制的测试样本总量应该是明细账中的全部费用项目，而不是费用报销审批单。

在该例子中，为了保证样本总量的完整性，关键控制测试对应的样本总量是全部的业务，但有的时候为了便于理解和操作，样本总量也可能是控制实施证据，即相关的表单，在这种情况下，测试步骤中就需要有保证样本总量完整性的相关步骤。

②有关计提坏账准备的关键控制：

关键控制：每半年财务部门会同相关部门对应收款项进行全面检查，预计各项应收款项可能发生的坏账，确定坏账准备计提范围、计提方法和计提金额。

针对该关键控制进行测试，理论上说，样本总量应该是被测试单位的全部应收款项，但是这样抽取样本不便于理解和操作，所以可以把测试期间内全部的坏账准备检查测算表（控制实施证据）作为测试的样本总量。如果这样，就应该包括如下的测试步骤：核对抽取的坏账准备检查测算表是否涵盖了全部应收、预付款项。

（2）样本的选取

①样本选取的原则是能够代表样本总体。测试样本抽取原则应考虑的要素如下（但不限于）：

a. 保证抽取样本时应包括各主要交易类型。

b. 抽取价值大的交易类型比抽取价值小的频次较多。

c. 若控制点在业务流程中采用系统自动控制，且存在良好的 IT 一般控制，最合适的测试方法是测试一个样本；若不存在良好的 IT 一般控制，则需按照人工控制的抽样方式选取样本量。

②抽样方法：

a. 任意抽样。不存在如何选择的抽样，可以在所有数据比较一致的情况下选用。例如，在 IT 系统中，电脑对数据的处理是一致的。（非统计学抽样）

b. 随机抽样。随机抽样一般被认为最具有代表性的取样方式。随机选取通常是采用电脑来完成的。（统计学抽样）

c. 连续抽样。如果所有数据的总数是可知的，一个系统的抽样可能更合理，如抽取第 n 个数据为样本。（非统计学抽样）

例如，总数为 200，抽样数量为 9，则需要从每 22 个中（200÷9）抽取一个样本。假定是从第 8 个开始，样本即 8、30、52、74、96、118、140、162、184。

d. 采用的抽样方法主要是依据所选取样本总量的形式而决定的，如样本总量为 1 000 张连续编号的发票，最佳的抽样方法为连续抽样。同时，在制作测试计划时，我们也需要对选取抽样方法的原因进行描述。

③确认样本量：

自动应用控制的样本量不考虑控制频率，固定为 1 个。

手工控制中定期发生的控制的样本量是通过控制发生的频率来确定的。

手工控制中不定期发生的控制或者执行对象比较多的定期发生的关键控制，需确定该控制在一个会计年度内大约发生的次数，折合成控制发生的频率后再确定样本量，样本数量的具体确定参照表 24-4。

表 24-4 样本量数量参考表

	发生次数	控制频率/折合频率	样本数量
自动应用控制		不适用	1
手工控制	1	每年	1
	2	每半年	2
	4	每季	2
	12	每月	4
	52	每周	10
	250	每日	30
	大于250	每日多次	45

样本数量，要参考企业规模、业务复杂程度、具体控制点的风险水平等来确定。

不定期发生业务活动样本量和执行对象比较多的定期发生的控制样本量的确定举例。

a. 不定期发生的控制样本。IT 系统用户变动的控制频率是随时的，测试人员需要询问被测试单位该控制负责人测试期间内用户变动数量，并与从人力资源取得的员工变动记录进行核对，然后推算全年员工变动数量，再参照表 24-4 确定应抽取的样本量。假如被测试单位 2010 年 1～3 月某 IT 系统共变动了 12 个用户，如果通过访谈得知用户变动在全年的分布是比较均衡的，则推算全年用户变动约为 48 个（12×4），折合频率为每周一次，相应确定的样本量应该是 10 个。

b. 执行对象比较多的定期发生的控制样本。编制银行存款余额调节表的控制是每月定期进行的，但是由于银行存款余额调节表是针对每个银行账户编制的，所以该控制就不能简单地视为月度控制。针对该控制，需要确定被测试单位银行账户的数量，推算一个会计年度内编制银行存款余额调节表的次数，确定测试需要的样本量。假如某被测试单位共有 30 个银行账户，推算全年编制银行存款余额调节表的数量为 360 个，则折合频率为每日，相应确定的样本量应该是 45 个。

（3）检查样本

根据选定的样本，对样本进行检查。重点关注控制结果是否正确、控制过程是否有效、控制实施证据是否完整有效；确定描述的控制在实际工作中是否得到执行，执行中的控制在风险控制文档中是否得到描述，是否留下实施证据。

（4）记录抽样测试情况

测试完成后，根据测试结果在测试表中详细记录访谈结果，包括测试步骤及发现、测试结论、缺陷及原因等内容；对于发现的缺陷，应该取得测试证据的复印件，并与测试记录进行索引。

除抽样检查外，还可结合观察、再执行等方法进行测试。

表 24-5 是业务层面（适用于手工控制、应用系统控制及电子表格控制）的一个例子。

表 24-5 流程层面测试举例——客户信息管理（ERP）

关键控制		控制方法	控制频率	适用情况		测试步骤	样本总体	样本数量	测试证据	缺陷	结论	整改计划
关键控制编号	控制描述			总部	下属公司							
K106.01.01	在 ERP 系统中对默认客户信用额度进行合理配置，确保在系统内增加了新客户，信用额度的风险级别为预付款，信用额度默认值为0	自动	随时	不适用	适用	访谈关键用户，了解系统中关于默认客户信用额度的配置情况 根据配置清单中"客户信用管理"流程的 K106.01.01 点，在系统中查看相应配置情况，确认是否与配置清单一致	配置清单					
K106.01.02	在 ERP 系统中进行合理配置，确保超过信用额度的销售订单或外向交货单被冻结，不能进行后续操作	自动	随时	不适用	适用	访谈关键用户，了解系统中关于超过信用额度订单状态设置的配置情况 根据配置清单中"客户信用管理"流程的 K106.01.02 点，在系统中查看相应配置情况，确认是否与配置清单一致	配置清单					

3.IT 一般控制的测试

IT 一般控制是信息处理控制中的一种，是控制活动的内部控制组成要素的一部分，其中流程和程序用于对公司的信息技术活动和计算机环境进行管理和控制，通常分为信息技术控制环境、程序开发、程序变更、程序和数据存取（安全性）、计算机运行等多个领域。

通过 IT 一般控制测试，检查是否根据公司 IT 一般控制管理文件的要求，执行了信息系统管理的各项控制活动，从而提高应用系统控制的有效性，确保信息系统支持的应用控制是可靠的、生成的数据和报告是可信的。

（1）访谈

访谈执行控制的岗位人员，了解该业务人员是否真正理解所执行的控制，并对该业务人员的胜任能力作出判断，将访谈结果记录在测试表中。

IT 一般控制包括控制环境、信息安全、项目建设管理、系统变更管理、系统运行维护、最终用户操作等。

①控制环境，包括 IT 一般控制环境、信息与沟通、风险评估、监控等。

②信息安全，包括信息安全管理组织、逻辑安全、物理安全、网络安全、计算机病毒防护、第三方安全管理、信息安全事件响应等。

③项目建设管理，包括项目建设方法论、项目立项审批、商业软件与硬件的外购、项目启动、项目需求分析、项目设计、系统开发实施、系统测试、数据移植、系统上线、项目验收、用户培训和上线后评估等。

④系统变更管理，包括变更管理、日常变更流程、紧急变更流程等。

⑤系统运行维护，包括机房环境控制、系统日常运作监控、批处理作业调度管理、备份与恢复、问题管理等。

⑥最终用户操作，包括最终用户计算机操作安全制度、电子表格管理等。

（2）选取样本

结合访谈结果，确定样本总体和控制频率等问题，并选取样本。如果从测试起始时间到截止时间，由于业务发生量的限制，无法取得要求的样本量，则应该选取已有的全部样本，同时记录样本的选取情况，在备注中进行说明（样本量不足，要求××个，仅抽取了××个）。

在 IT 一般控制测试中，除了项目建设管理流程与信息安全领域采取全样本测试外，其他控制点测试需要的样本量其确定原则与关键控制抽样测试确定的原则相同。

在采用抽样检查的方法时，测试人员采用随意的方式选取样本，但是同时考虑以下两个因素：一是样本数量选取原则是测试业务发生期间随意选取，抽取样本时间分布均匀，随意选取是非统计抽样，不能集中抽取某一期间的样本，样本应分布在测试期间的不同时间段或时点，如每日的表格可抽取不同月份各一个，如 1 月、3 月、5 月、7 月、9 月各一个样本；二是常规业务样本与非常规业务样本的均匀分布，在测试时，样本对应的业务不能集中在一种类型，应尽量覆盖所涉及的业务类型。

（3）检查样本

对样本进行检查，重点关注 IT 一般控制措施在实际工作中是否得到有效执行，是否符合

IT 一般控制措施的描述。

（4）记录抽样情况

记录测试过程，包括测试步骤及发现、测试结论、缺陷及原因等内容；对于发现的缺陷，应该取得测试证据的复印件，并与测试记录进行索引。

表 24-6 是 IT 一般控制测试的一个例子。

表 24-6　IT 一般控制测试举例——访问控制

关键控制		控制方法	控制频率	测试步骤	样本总体	样本数量	测试证据	缺陷	结论	整改计划
控制编号	控制描述								
K120.02.02	禁止操作系统管理员通过 Su 命令获取 Oracle 用户权限，从而能够进入数据库对业务数据进行直接访问；SAP 系统信息安全管理负责人每月检查 SAP 服务器操作系统 Logon（登录）日志和 Su 日志，对操作系统管理员通过 Su 命令转换为数据库管理员的操作进行监控，调查发生这种情况的原因，确保数据库中的业务数据没有因为这种情况而受到不恰当的修改	手工	每月	访谈 SAP 系统信息全年的安全管理负责人关于检查 SAP 服务器操作系统 Logon 日志和 Su 日志的管理情况 抽取 3 个月的 Logon 日志和 Su 日志检查 记录"SAP 系统安全审计日志检查表"，检查是否填写了对日志所有检查记录的检查结果，是否记录了对异常情况的跟踪处理结果，是否有 SAP 系统信息安全管理负责人对检查结果的签字确认	全年的 Logon 日志和 Su 日志检查记录					

4. 综合测试方法介绍

前文介绍了目前流行的一般测试方法，这些方法通常被称为传统的测试方法，主要是采用内部控制标准测试模板，根据业务发生的种类，按照一定的样本量随机抽取样本，通过样本使用的有效性来验证体系设计和执行的有效性，这种方法测试内容繁杂，但是很多时候，并不能发现问题，暴露出效率与效果不甚理想的问题。

选择适当的测试方法，对于发现问题、解决问题，以及提高企业管控能力非常重要。按照业务链条发展过程展开测试，更多是借助审计的方法和技巧，甚至借助职业判断来发现更深层次的执行层面的各种问题，我们称之为综合测试方法。以下是根据多年实务经验总结出来的几种方法，很多人都应该使用过，这里仅供参考。

（1）穿插法

穿插法是指在测试过程中，将相关的业务流程结合在一起测试，还可以将公司层面与手工测试相结合，通过综合分析，发现在单一流程或单方面测试中不能发现的问题。

①相关业务流程结合测试

相关业务流程结合在一起测试，可以发现相关业务链条的内在联系，规避单一流程测试时链条信息中断的情况发生。

例如，针对事后合同的问题，如果单纯在合同签订流程中进行检查，可能无法查出，因为事后合同在合同管理样本总体中是不存在的，总体中没有的样本是不会在测试中发现问题的。针对此情况，公司可以通过审阅采购流程，在取得全部的施工项目进度表的基础上抽取已实施或正在实施的项目，通过访谈了解项目执行情况后，再检查合同签订情况。凡是正在施工或已完成的项目，均应该签订施工合同。测试人员在合同主管部门取得项目主管部门签订的所有合同作为样本总体，将已抽取实施的项目与合同总体一一对照，即可查出是否为事后合同。

②与公司层面测试相结合

与公司层面测试相结合，可以发现业务管理与授权管理及偏离职业道德导致风险失控等方面的问题。测试人员在公司层面测试中，应着重关注投诉举报和违规处理、反舞弊等主题的测试结果。

例如，在查阅投诉举报信息及违规处理事项涉及的相关文件资料时，要考虑相关的业务流程执行是否准确。如果发现投诉举报记录中存在采购人员收受回扣的举报信息，在业务流程测试时应重点关注"采购流程"的设计与执行的有效性，以及反舞弊措施是否有效等。

又如，在测试高层基调、风险评估等主题时，通过与高管人员访谈，获得投资等方面信息，要重点关注预算的落实情况。通过访谈获得投资哪些项目，产生了哪些效益等，但测试人员在公司预算里面未找到该投资项目，针对此问题再进一步对投资支出等资料深查细究，就能发现预算外投资的问题。通过多个相关流程和多个主题穿插测试获得信息的相互借鉴，来发现单一流程或单个主题测试中较难发现的问题，多角度审视内部控制体系运行的有效性。

（2）倒查法

倒查法是根据业务链条发生的环节，分析并寻找业务链的特点，发现其内在联系，从业务链末端或下游业务入手，发现问题后进行反查的一种方法，该方法适用于采用正查法无法查出问题或无法获取所需样本的情况。

例如，在测试材料采购流程时，重点关注采购计划和采购合同的有效性。如果用正查法测试，先从系统中查阅某批物资的采购计划、采购合同、入库验收单、出库单，最后到财务入账等手续，可能无法直接查出问题，这时要考虑采用倒查法，如图24-3所示。

（3）IT与手工结合法

内部控制体系有效运行离不开信息系统的支持，为确保企业所使用的应用系统的安全完整，防范欺诈和舞弊行为，就要对应用系统应用管理进行定期检查，其中对权限的检查尤为重要，同时信息与手工测试要有关联性。

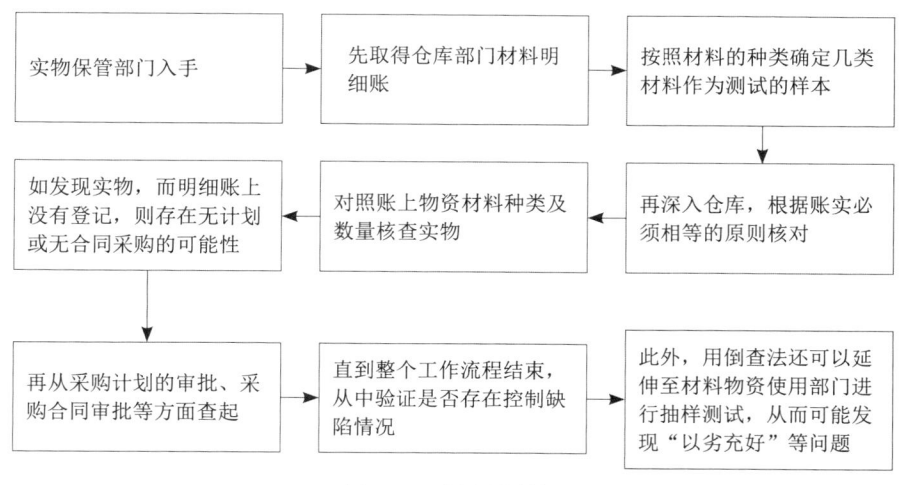

图 24-3　倒查法举例

例如，在手工测试查阅记账凭证时，有审批的痕迹，但这个审批是否有效，可通过权限测试来确定。通过权限测试，一方面，可发现多余权限，另一方面，可发现审批人所分配的权限是否符合不相容岗位原则和权限最小原则，这样可规避由于不应有的权限人进行审批导致舞弊风险的产生。

另外，通过电子表格测试可发现因手工测试不能发现的公式变更而导致的数据不准确等风险的产生。所以，信息系统测试与手工测试的有机结合可规避许多手工测试不易发现的问题。

24.2.3　测试报告

1. 测试总结

①汇总整理相关测试记录，测试人员汇总全部控制缺陷，并归档相关实施证据。

②测试人员汇总发现的问题，对测试结果进行分析，包括分析被测试单位实际执行过程中的差异，包括缺陷主要发生在哪些业务流程、哪些部门、哪些岗位，以及发生频率、形成的原因等。

③对测试结果进行沟通确认。对测试发现的控制缺陷与被测试部门（人员）进行充分沟通，最终达成一致意见；对确认存在的问题，提出整改建议。

④对问题进行分类，属企业层面的问题，由企业负责整改，属公司层面的问题，上报项目组，由项目组汇总后上报管理层，由管理层负责整改。

2. 报告内容

测试报告主要包括以下几个方面的内容：

①内部控制体系运行情况。测试单位内部控制设计与执行有效性总体评价，简要叙述内部控制机构设置情况、公司流程和控制的重大变化情况及缺陷整改情况等。

②测试发现与缺陷说明。首先说明控制缺陷总体情况，然后按照公司层面、业务活动层面和信息系统层面分别对重要控制缺陷进行说明。

③整改意见及建议。针对测试发现的控制缺陷，提出建议和措施。

24.3 内部控制评价方法

内部控制评价工作组应当对被评价单位进行现场测试，综合运用个别访谈、调查问卷、专题讨论、穿行测试、抽样、实地查验和比较分析等方法，充分搜集被评价单位内部控制设计和运行是否有效的证据，按照评价的具体内容，如实填写评价工作底稿，研究分析内部控制缺陷。

1. 个别访谈法

个别访谈法主要用于了解公司内部控制的现状，在企业层面评价及业务层面评价的了解阶段经常被使用。访谈前应根据内部控制评价需求形成访谈提纲，撰写访谈纪要，记录访谈内容。

2. 调查问卷法

调查问卷法主要用于企业层面评价。调查问卷应尽量扩大对象范围，包括企业各个层级的员工，应注意事先保密，题目尽量简单易答（如答案只需为"是""否""有""没有"等）。

3. 专题讨论法

专题讨论法是指集合有关专业人员就内部控制的执行情况或控制问题进行分析，它既是控制评价的手段，也是形成缺陷整改方案的途径。

4. 穿行测试法

穿行测试法是指在内部控制流程中任意选取一笔交易作为样本，追踪该交易从最初起源直到最终在财务报表或其他经营管理报告中反映出来的过程，即该流程从起点到终点的全过程，以此了解控制措施设计的有效性，并识别关键控制点。例如，在保险公司的内部控制评价中，选取一笔保险新单，追踪其从投保申请到财务入账的全过程。

5. 抽样法

抽样法分为随机抽样和其他抽样。随机抽样是按随机原则从样本库中抽取一定数量的样本；其他抽样是人工任意选取或按某一特定标准从样本库中抽取一定数量的样本。

6. 实地查验法

实地查验法主要针对业务层面的控制，通过使用统一的测试工作表，与实际的业务、财务单证进行核对的方法进行控制测试，如实地盘点某种存货。

7. 比较分析法

比较分析法是指通过数据分析，识别评价关注点的方法。数据分析可以是与历史数据、行业（公司）标准数据或行业最优数据等进行比较。

此外，还可使用观察、重新执行、利用信息系统开发检查方法，或者利用实际工作和检查测试经验等方法。对于企业采用系统进行自动控制、预防性控制的，应在方法上注意与人工控制、发现性控制的区别。

24.4 内部控制缺陷

24.4.1 内部控制缺陷认定标准

内部控制缺陷是描述内部控制有效性的一个负向维度。开展内部控制评价，主要工作之一就是查找内部控制缺陷并有针对性地整改。

内部控制缺陷认定具有一定的难度，需要运用职业判断。将内部控制缺陷划分为重大缺陷、重要缺陷和一般缺陷，需要借助一套可系统地遵循的认定标准。由于企业所处行业、经营规模、发展阶段、风险偏好等存在差异，我国《企业内部控制基本规范》及其配套指引没有对内部控制缺陷认定的具体标准作出统一规定。企业可结合经营规模、行业特征、风险水平等因素，研究确定适合本企业的内部控制重大缺陷、重要缺陷和一般缺陷的具体认定标准，认定标准应从定性和定量的角度综合考虑，并保持相对稳定。

在确定内部控制缺陷的认定标准时，企业应充分考虑内部控制缺陷的重要性及其影响程度，重要性和影响程度是相对内部控制目标而言的。按缺陷对财务报告目标和其他内部控制目标实现的影响，可以分为财务报告内部控制缺陷和非财务报告内部控制缺陷。

1. 财务报告内部控制缺陷的认定标准

财务报告内部控制是针对财务报告目标设计和实施的控制，主要的政策和程序包括：保存充分、适当的记录，准确、公允地反映企业的交易和事项；合理保证按会计准则的规定编制财务报表；合理保证收入和支出的发生以及资产的取得、使用或处置经过适当授权；合理保证及时防止或发现并纠正未经授权的、对财务报表有重大影响的交易和事项；等等。

由于财务报告内部控制的目标集中体现为财务报告的可靠性，因而财务报告内部控制缺陷主要是指不能合理保证财务报告可靠性的内部控制设计和运行缺陷，也就是，财务报告内部控制缺陷是不能及时防止或发现并纠正财务报告错报的内部控制缺陷。

将财务报告内部控制缺陷划分为重大缺陷、重要缺陷和一般缺陷，所采用的认定标准直接取决于该缺陷存在可能导致财务报告错报的重要程度，这种重要程度主要取决于两方面：一是该缺陷是否具备合理可能性，导致企业内部控制不能及时防止或发现并纠正财务报告错报。合理可能性是指大于微小可能性（几乎不可能发生）的可能性，确定是否具备合理可能性涉及评价人员的职业判断。二是该缺陷单独或连同其他缺陷可能导致的潜在错报金额的大小。

如果一项内部控制缺陷单独或连同其他缺陷具备合理可能性，导致不能及时防止或发现并纠正财务报告中的重大错报（管理层确定的财务报告重要性水平），就应将该缺陷认定为重大缺陷。一般可采用绝对金额法（例如，规定金额超过100 000元的错报被认定为重大错报）或相对比例法（例如，规定超过资产总额1%的错报被认定为重大错报）来确定重要性水平。

如果一项内部控制缺陷单独或连同其他缺陷具备合理可能性，导致不能及时防止或发现并纠正财务报告中虽然未达到和超过重要性水平，但仍应引起董事会和管理层重视的错报，就应将该缺陷认定为重要缺陷。不构成重大缺陷和重要缺陷的内部控制缺陷，应认定为一般缺陷。

另外，从性质上说，企业存在以下情形之一的，通常表明财务报告内部控制可能存在重大缺陷：

①董事、监事和高级管理人员舞弊；

②企业更正已公布的财务报告；

③注册会计师审计发现当期财务报告存在重大错报，而内部控制在运行过程中未能发现该错报；

④审计委员会和内部审计机构对内部控制的监督无效。

如果财务报告内部控制存在一项或多项重大缺陷，就不能得出该企业财务报告内部控制有效的结论。

2. 非财务报告内部控制缺陷的认定标准

非财务报告内部控制是针对除财务报告目标之外的其他目标设计和实施的内部控制，这些目标一般包括战略目标、资产安全、运营目标、合规目标等。非财务报告内部控制缺陷认定具有涉及面广、认定难度大的特点。

企业可参照财务报告内部控制缺陷的认定标准，合理确定定性和定量的认定标准，根据其对内部控制目标实现的影响程度认定为重大缺陷、重要缺陷和一般缺陷，其中，定量标准既可以涉及金额大小（例如，造成直接经济损失的金额），也可以根据其直接损失占资产、销售收入及利润等的比率确定；定性标准指涉及业务性质的严重程度，可以根据其直接或潜在负面影响的性质、影响的范围等因素确定。

为了确保内部控制评价报告的一致性和可比性，非财务报告内部控制缺陷认定标准一经确定，必须在不同的评价期间保持一致，不得随意变更。

需要强调的是，在内部控制的非财务报告目标中，战略目标和运营目标的实现往往受到企业不可控的诸多外部因素的影响，企业的内部控制只能合理保证董事会和管理层了解这些目标的实现程度，因此，在认定针对这些控制目标的内部控制缺陷时，不能只考虑最终结果，而应考虑企业制定战略、开展经营活动的机制和程序是否符合内部控制的要求，以及不适当的机制和程序对企业战略及运营目标实现可能造成的影响等。

企业存在以下情形之一的，通常表明非财务报告内部控制可能存在重大缺陷：

①国有企业缺乏民主决策程序，如缺乏"三重一大"决策程序；

②企业决策程序不科学、决策失误，导致并购不成功；

③违反国家法律法规，如环境污染；

④管理人员或技术人员纷纷流失；

⑤媒体负面新闻频现；

⑥内部控制评价的结果，特别是重大或重要缺陷未得到整改；

⑦重要业务缺乏制度控制或制度系统性失效。

如果非财务报告内部控制存在一项或多项重大缺陷，就不能得出该企业非财务报告内部控制有效的结论。

企业对内部控制缺陷的认定，应以企业在日常监督和专项监督中获取的资料为基础，结合年度内部控制评价，由评价机构进行综合分析后提出认定意见，按规定权限和程序进行审核，由董事会予以最终确定。

24.4.2 内部控制缺陷报告与整改

内部控制评价机构应编制内部控制缺陷认定汇总表，结合日常监督和专项监督发现的内部控制缺陷及其持续改进情况，对内部控制缺陷及其成因、表现形式和影响程度进行综合分析与全面复核，提出认定意见，并以适当的形式向董事会、监事会或经理层报告。针对财务报告内部控制的缺陷，一般还应当反映缺陷对财务报告的具体影响。重大缺陷应由董事会予以最终认定。对于认定的重大缺陷，企业应及时采取应对策略，切实将风险控制在可承受度之内，并追究有关部门或人员的责任。

内部控制缺陷报告应采取书面形式，可以单独报告，也可以作为内部控制评价报告的一部分合并报告。一般而言，内部控制的一般缺陷、重要缺陷应定期（至少每年）报告，重大缺陷应立即报告。对于重大缺陷和重要缺陷及整改方案，应向董事会（审计委员会）、监事会或经理层报告并审定。如果出现不适合向经理层报告的情形（例如，存在与管理层舞弊相关的内部控制缺陷，或者存在管理层凌驾于内部控制之上的情形），应直接向董事会（审计委员会）、监事会报告。对于一般缺陷，可以向经理层报告，并视情况考虑是否需要向董事会（审计委员会）、监事会报告。

对于认定的内部控制缺陷，企业应及时采取整改措施，切实将风险控制在可承受度之内，并追究有关机构或相关人员的责任。评价机构应就发现的内部控制缺陷提出整改建议，并报经理层、董事会（审计委员会）、监事会批准。获批后，应制订切实可行的整改方案，包括整改目标、内容、步骤、措施、方法和期限。整改期限超过一年的，整改目标应明确近期目标和远期目标，以及相应的整改工作内容。对于设计缺陷，应从管理制度入手查找原因，需要更新、调整、废止的制度要及时处理，并同时改进内部控制体系的设计，弥补设计缺陷。对于运行缺陷，则应分析出现的原因，查清责任人，并有针对性地进行整改。

24.5 内部控制评价报告

内部控制评价报告是内部控制评价的最终体现，按编制主体、报送对象和时间，分为对内报告和对外报告。对外报告的内容、格式等强调符合披露要求，时间具有强制性；对内报告则主要以符合董事会（审计委员会）、经理层需要为主，编制主体层级更多，内容更加详尽，格式更加多样，时间可以定期，也可以不定期。

企业应根据《企业内部控制基本规范》及其配套指引，设计内部控制评价报告的种类、格式和内容，明确内部控制评价报告的编制程序和要求。内部控制评价报告应报经董事会或类似权力机构批准后对外披露或报送相关部门。

内部控制评价报告应当分别针对内部环境、风险评估、控制活动、信息与沟通、内部监督等要素进行设计，对内部控制评价过程、内部控制缺陷认定及整改情况、内部控制有效性结论等相关内容作出披露。通常，内部控制评价报告至少应披露以下内容：

①董事会声明。声明董事会及全体董事对报告内容的真实性、准确性、完整性承担个别及连带责任，保证报告内容不存在任何虚假记载、误导性陈述或重大遗漏。

②内部控制评价的总体情况。明确企业内部控制评价工作的组织、领导体制、进度安排，是否聘请会计师事务所对内部控制有效性进行独立审计。

③内部控制评价的依据。说明企业开展内部控制评价工作所依据的法律法规和规章制度。

④内部控制评价的范围。描述内部控制评价所涵盖的被评价单位、纳入评价范围的业务事项，以及重点关注的高风险领域。评价范围如有所遗漏，则应说明原因及其对内部控制评价报告真实性、完整性产生的重大影响等。

⑤内部控制评价的程序和方法。描述内部控制评价工作遵循的基本流程，以及评价过程采用的主要方法。

⑥内部控制缺陷及其认定。描述适用本企业的内部控制缺陷的具体认定标准，并声明与以前年度保持一致或作出调整及相应的原因；根据内部控制缺陷认定标准，确定评价期末存在的重大缺陷、重要缺陷和一般缺陷。

⑦内部控制缺陷的整改情况。针对评价期间发现、期末已完成整改的重大缺陷，说明企业有足够的测试样本显示与该重大缺陷相关的内部控制已设计且运行有效；针对评价期末存在的内部控制缺陷，公司拟采取的整改措施及预期效果。

⑧内部控制有效性的结论。对于不存在重大缺陷的情形，出具评价期末内部控制有效的结论；对于存在重大缺陷的情形，不得作出内部控制有效的结论，并必须描述该重大缺陷的性质及其对实现相关控制目标的影响程度，可能给公司未来生产经营带来的相关风险。自内部控制评价报告基准日至内部控制评价报告发出日之间发生重大缺陷的，内部控制评价机构应予以核实，并根据核查结果对评价结论进行相应调整，说明董事会拟采取的措施。

年度内部控制评价报告应以 12 月 31 日作为基准日。

内部控制评价是董事会对本企业内部控制有效性的自我评价，有一定的主观性。即使同时满足设计有效性和运行有效性标准的内部控制，受内部控制固有局限的影响，也只能为目标实现提供合理保证而不能提供绝对保证，不应不切实际地期望内部控制能绝对保证内部控制目标的实现，也不应以内部控制目标的最终实现情况与程度作为唯一依据直接判断内部控制设计和运行的有效性。

24.6 内部控制评价方面案例详解

1. ABC 销售公司介绍

ABC 销售公司是 ABC 集团控股的销售企业，主要经销 ABC 的家电产品，是一个典型的跨区分销企业，其组织结构图如图 24-4 所示。

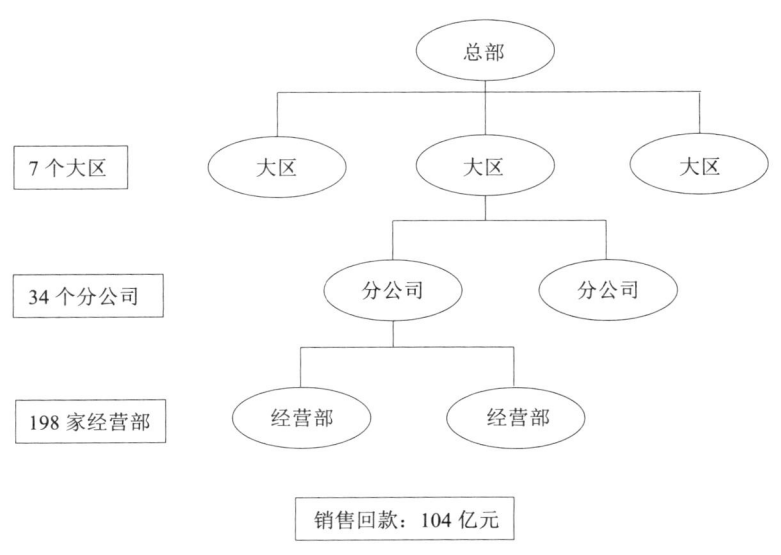

```
                          总部
                           │
        ┌──────────────────┼──────────────────┐
7个大区   大区               大区               大区
                           │
                    ┌──────┴──────┐
34个分公司        分公司           分公司
                    │
              ┌─────┴─────┐
198家经营部   经营部       经营部

              销售回款：104亿元
```

图 24-4　ABC 销售公司组织结构图

在 ABC 销售公司建立跨区销售网络的初期（1999 年以前），企业当时的战略目标是销量和回款最大化，对利润并没有太强调，为了实现此目标，需要充分放权给下属的分公司和经营部，以发挥其积极性。在此战略的指导下，作为销售公司经营实体的经营部拥有较大的财务管理决策权，而总部对经营部的管理主要以间接管理为主，作为总部延伸管理机构的区域管理中心和分公司对经营部的管理则主要以业务监督和指导为主。上述分权型财务管理模式的主要特点是：在财权上，各经营部在日常财务收支费用开支、财务人员选聘和解聘、职工工资福利及奖金等方面有相当大的决策权，并可根据市场环境和自身情况作出相应调整；在业务管理上，总部不直接干预子公司的生产经营活动，而是以间接管理为主；在具体业务上，总部鼓励经营部积极参与竞争，抢占市场份额；在利益上，总部往往把利益倾斜给下属经营单位，以使它们更好地完成企业的经营目标，增大企业的市场份额；在预算管理上，总部和分公司对经营部的预算缺乏强有力的指导和控制手段，销售公司的预算管理主要是形式上的，而没有成为财务管理的核心和龙头，也未能成为保证经营部实现其经营目标的重要管理手段；在内部控制上，总部由于担心过于强调内部控制的规范性而削弱了各经营部的管理自主权，因此没有制定统一的内部控制规范，也没有对各经营部的会计基础工作和内部控制进行检查和监督，处于一种放任自流的状态。

1999 年以后，由于家电市场的竞争日益激烈，家电产品的销售毛利率逐年降低。过去以销售量最大化为中心的战略以及与之相适应的分权式财务管理体制的负面作用日益凸显，这主要表现在：①在分权式财务管理体制下，总部对部分经营部不计成本来追求销量和回款最大化的行为不能进行有效的遏制和管理，致使销售网络的销售费用率大于毛利率，从而出现大面积亏损，同时呆账、滞销存货等不良资产持续增加，其可能造成的损失远大于所计提的准备金，企业的风险日益加大。②现有模式还造成管理资源的浪费与分销能力的削弱，一方面，中上层管理部门的管理能力和直接责任没有得到充分发挥；另一方面，最基层的分销能力，因管理面过宽和应付中上层的监督指导而削弱。

鉴于此，销售公司在2000年将战略调整为：在保证资产资金安全和完成目标利润的前提下，实现销量最大化。调整后的战略必须借助一定的组织结构和适当的管理手段，特别是预算管理手段，加以落实。

为了使销售公司调整后的战略能够得到有效的执行，ABC集团决定对ABC销售公司的高层进行人事调整，选派了一位既懂财务管理又懂组织和业务管理的资深复合型经理人担任ABC销售公司的财务副总。新上任的财务副总深知如此大的销售网络型企业进行战略的调整和转移绝非易事，必须要统一思想，并且借助预算管理手段来确保目标的实现，而要想成功地运用预算管理手段，就必须夯实基础工作，特别是经营部的内部控制工作。为此，在财务副总与公司财务顾问的大力推动下，ABC销售公司决定在2000年开展针对经营部的内部控制检查与评价工作。

此次检查的重点是销售网络内各经营部的会计基础工作规范和内部控制建设情况。目的是检查各经营部的会计核算基础工作的规范程度、内部控制制度的完善程度及执行情况，并对所检查的经营部进行评分，进行ABC分类，对好的经营部总结其经验，对差的经营部指出其差距，在销售网络内部的财务审计基础工作方面形成一种良性竞争的态势，使销售网络的内部控制水平再上一个新台阶。

2. 内部控制检查与评价的特点

为了保证此次检查能顺利达到目的，从项目伊始，检查与评价工作就注意保持以下特点：

①组织严密。本次检查是根据公司2000年财务审计工作计划安排来进行的。在公司领导的直接领导下，由总部审计部制订详细、可行的工作计划，并具体协调和实施，各大区财务审计部通力配合，充分体现了团队精神。

②客观、公正。为了保证此次检查能够真实地反映各经营部的会计核算工作水平和内部控制建设情况，使ABC分类更具有科学性，本次检查特别注意保持客观公正性。具体来说，客观公正性主要是通过以下措施来保证的：a.此次检查的项目内容是在专家顾问的具体指导下，结合网络实际并通过对几个分公司及经营部进行试点后设计完成的。b.检查文档采取检查表、检查方法和判断标准及工作底稿相结合的组织形式。统一的检查方法和判断标准保证了检查结果的公正可比性，而工作底稿的填列则保证了检查结果的真实客观性。c.检查工作由各大区财务审计人员交叉进行，保证了检查与评价的独立性。d.实行电算化评分。总部审计人员用计算机按照统一的评分模板对各经营部进行评分。评分标准内化在评分模板中，分数被细化至每个项目，并根据总部管理重点加权确定各个项目的分值。评分过程中，为了消除检查结果中的人为因素，评分人员还根据工作底稿中反映的客观情况，对检查表中有些项目的结论进行了调整，以保证检查和评比工作更加客观、公正。e.科学的统计分析。总部审计部组织审计人员对所取得的10 000余项检查数据进行了统计分析，在分析过程中采用了均值和方差、众数以及差异率等专业统计方法，以保证统计分析结果的科学性。

③以计算机为主要的技术工具。为了提高检查的效用，本次检查工作以计算机为主要的技术工具，充分发挥现代信息技术给工作带来的便利。

3. 检查实施方案

（1）检查方式

采取实地检查和 E-mail 报送的方式实施检查，具体由总部审计部牵头，从各大区财务审计部抽调审计人员，外聘部分学生，组成 21 个检查小组，交叉分赴各经营部实施检查。

检查时，每小组带两张软盘（软盘中拷有检查所需的文档资料），按照检查表和工作底稿的格式要求，依据检查方法及判断标准说明，实施实地检查。每检查完一个经营部，就要将检查结果按照格式要求，输入计算机，以 E-mail 的方式，传送至总部审计部。

（2）组织安排

为了保证检查的顺利进行，公司特成立财审基础工作规范检查领导小组。

（3）人员安排

本次组成 21 个检查小组，每小组 2 人，1 人任组长，由七大区财务审计人员与××大学学生组成。总部审计部 4 位审计员组成 2 组作为机动组。

每组在 31 天时间内平均检查 7～10 个经营部，每个经营部检查时间（包括路程）平均按 3 天计算，最长不能超过 4 天，没有休息日。

检查工作完成后 10 日内，需完成总结和资料的汇总整理。

（4）工作要求和工作纪律

①检查人员要深刻理解此次检查的意义和目的，对检查工作要十分重视。

②认真接受培训。培训过程中要认真学习有关的培训资料，特别是检查表各项目"是""弱""否"的判断，检查要求以及工作底稿的填写。

③检查过程中，要严格按照检查表中的项目，依据检查方法及判断标准，认真进行检查，并根据实际检查的结果，结合自己的专业经验，对检查表各项目的执行情况作出科学的判断，并认真填写工作底稿以及检查表中的备注栏。

④检查过程中，要始终保持审计人员的独立性和强烈的敬业精神，按时、保质、保量地完成工作。

⑤各检查小组的工作由组长全面负责，组长要切实统筹安排工作，提高工作效率，组员要配合好组长的工作。

⑥检查过程中，要按照总部的标准安排食宿，不得安排或参加与检查无关的活动。

⑦检查小组成员一旦确定，就不得自行随便调换，如确实需要，则需经过各大区财务审计部部长和总部审计部部长的同意。

⑧在检查期间，不得探亲访友。

⑨检查过程中，在到达一个经营部和离开一个经营部时，都要及时向所属大区财务审计部和总部审计部汇报。

⑩检查过程中，要切实注意安全，小组长要切实负起责任。

⑪要将检查结果及时地以 E-mail 的方式，传送到总部审计部，待总部确认收到后，再到下一个经营部。

⑫检查过程中，要接受组织监督和安排，服从所在大区财务审计部部长的指挥。检查中发现经营部有违纪、违规的现象，要通过一定的渠道反映，要注意保密。

（5）评比事宜

为了调动检查人员的积极性，增强检查人员的主观能动性，在检查小组之间形成一种良性竞争的态势，以保证检查工作保质保量地按时完成，更好地达到总部实施此项检查的目的，特对各检查小组的检查工作进行评比，对检查工作做得好的小组进行奖励，对做得差的小组进行惩罚。

（6）检查项目及分值

本次检查内容围绕经营部的内部控制特点，根据检查目的的要求，主要分为会计基础工作，货币资金管理，债权、债务管理，存货管理，收入和费用等部分，具体检查项目及分值设定见表24-7至表24-11。

表24-7　会计基础工作检查表

编号：A　　　　　　　　　　被检查单位：　　　　　　　　日期：

调查问题	结论 是	结论 弱	结论 否	备注
1. 是否根据有关法律法规和会计制度的规定，结合企业自身特点，设置总账、明细账、日记账和其他辅助性账簿	2	1	0	
*2. 原始凭证的格式、内容、填制方法、审核程序等是否符合国家有关会计制度和规范的规定	4	2	0	
*3. 记账凭证的内容、填制方法、所附原始凭证、审核签章等是否符合国家有关会计制度和规范的规定，摘要是否清楚，装订是否整齐	4	2	0	
*4. 会计科目的运用和主要的账务处理是否符合国家有关会计制度和总部的规定	4	2	0	
5. 总账、明细账、日记账和其他辅助性账簿的启用、登记、结账、更正错误方法等是否符合国家有关会计制度和规范的规定	2	1	0	
*6. 所报送的财务报表及附表是否符合总部的要求	2	1	0	
7. 会计档案是否按照《会计档案管理办法》的规定，定期整理归档，妥善保管	1	0.5	0	
8. 是否实行会计电算化	1	0.5		

测试人：　　　　　　　　　复核人：

表24-8　货币资金管理检查表

编号：B　　　　　　　　　　被检查单位：　　　　　　　　日期：

调查问题	结论 是	结论 弱	结论 否	备注
1. 出纳人员是否不负责稽核凭证，不兼管收入、费用、债权、债务账簿的登记工作	1.5	0.75	0	
2. 出纳人员是否不负责会计档案的保管工作	0.6	0.3	0	
3. 出纳人员是否有担保	1.5	0.75	0	
4. 银行开户情况是否符合总部的规定	0.6	0.3	0	
5. 出纳人员是否及时登记现金和银行存款日记账，并做到日清月结	1.5	0.75	0	

续上表

调查问题	结论 是	结论 弱	结论 否	备注
*6. 现金总账和明细账是否一致	0.6	0.3	0	
*7. 库存现金是否账实相符	1.5	0.75	0	
*8. 是否没有白条抵库	2.4	1.2	0	
*9. 当日收入现金是否及时送存银行	1.5	0.75	0	
*10. 全部的收入是否及时、准确入账	2.4	1.2	0	
*11. 费用中是否没有货款收入	1.5	0.75	0	
12. 银行印鉴是否分开管理	1.5	0.75	0	
13. 是否按月编制银行存款余额调节表	1.5	0.75	0	
14. 银行存款是否没有长期未达账项	1.5	0.75	0	
15. 银行存款余额调节表是否由非出纳人员编制	0.6	0.3	0	
*16. 超过规定限额的现金支付是否通过银行转账	1.5	0.75	0	
*17. 付款是否有正常的手续，合规、有效的原始单据	2.4	1.2	0	
18. 是否设有成文的支票申领制度	1.5	0.75	0	
19. 是否执行健全、有效的支票备查登记制度	1.5	0.75	0	
20. 是否实行备用金制度	0.6	0.3	0	
21. 对专卖店和办事处的存折是否实行严格的管理	1.8	0.9	0	

测试人： 复核人：

表 24-9 债权、债务管理检查表

编号：C　　　　　　　　被检查单位：　　　　　　　　日期：

调查问题	结论 是	结论 弱	结论 否	备注
1. 与涉及铺底、调价补差等业务往来的客户是否都订有合同，在签订合同前是否对客户的信用进行核准	2	1	0	
2. 是否实行现款现货政策	1	0.5	0	
*3. 所有应收账款是否及时、准确入账	1	0.5	0	
*4. 是否定期编制对账单	2	1	0	
*5. 是否取得有法律效力的对账单据	1	0.5	0	
*6. 坏账的确认及坏账损失的处理是否经授权批准	0.5	0.25	0	
*7. 已核销的坏账是否在设置的备查登记簿上登记，加以控制	0.5	0.25	0	
8. 是否每月与总部对账，确定债务	1	0.5	0	

续上表

调查问题	结论 是	结论 弱	结论 否	备注
9. 对所属的办事处和专卖店是否实行严格的财务管理与控制	1	0.5	0	

测试人：　　　　　　　复核人：

表 24-10　存货管理检查表

编号：D　　　　　　　被检查单位：　　　　　　　日期：

调查问题	结论 是	结论 弱	结论 否	备注
1. 出入库单据是否按顺序编号，是否严格按顺序填写签发	1.5	0.75	0	
2. 保管员是否有责任担保	1.5	0.75	0	
3. 存货管理部门或人员是否不兼任货款的收付和会计工作	1.5	0.75	0	
*4. 入库是否有验收手续	3	1.5	0	
*5. 入库单与发票及其所附的销售清单（若有）核对是否一致	1.5	0.75	0	
*6. 存货的发出手续是否规范	3	1.5	0	
7. 调价补差时对经销商存货的查点和补差存货的确认是否有相应的管理措施	1.5	0.75	0	
8. 存货是否设有永续盘存记录	1.5	0.75	0	
9. 对低值易耗品、修理用材料和促销品是否建立必要的存货辅助账簿	1.5	0.75	0	
10. 是否对库存商品定期进行库龄分析	1.5	0.75	0	
11. 存货是否定期盘点	3	1.5	0	
12. 存货盘点结果是否与账面记录核对一致	3	1.5	0	
13. 仓库是否没有白条抵库的现象	1.5	0.75	0	
14. 存货盘点是否由业务部门、财务部门、仓管部门三方人员共同参与	1.5	0.75	0	
15. 对委托代销商品是否有有效的盘点措施	1.5	0.75	0	
16. 对盘点中发现的盘盈、盘亏、毁损、报废的处理是否及时、规范	1.5	0.75	0	

测试人：　　　　　　　复核人：

表 24-11　收入和费用检查表

编号：E　　　　　　　被检查单位：　　　　　　　日期：

调查问题	结论 是	结论 弱	结论 否	备注
1. 增值税发票是否由专人保管	2	1	0	
*2. 费用的处理是否规范	2	1	0	

续上表

调查问题	结论 是	结论 弱	结论 否	备注
3. 对广告费支出是否有成文的，健全、有效的管理制度	1	0.5	0	
4. 是否有工资、奖金发放制度	1	0.5	0	
5. 工资、奖金是否通过银行代发	1	0.5	0	
6. 每月是否编制目标费用预算，实行目标费用预算管理	2	1	0	
7. 是否定期对目标费用预算的执行情况进行分析	1.5	0.75	0	

测试人：　　　　　　复核人：

说明：①关于检查方法和"是""弱""否"的判断标准参见检查方法及判断标准说明。

②对检查过程和检查结论的有关必要说明在备注栏目中填写。

③对带＊的检查项目，一定要按统一格式填写相应的工作底稿，并将事先规定好的工作底稿索引号填在索引号栏目内。对未带＊的检查项目，如有必要，也可填写相应的通用工作底稿，并将索引号填在索引号栏目内。

检查方法与判断标准和工作底稿略。

4. 检查与评价数据分析框架

（1）ABC分类评比工作

主要工作为统计各经营部的分数，依顺序排列，作相关的统计分析，并提供包括关键指标值在内的相关资料，为领导确定A、B、C类经营部提供信息。为了实现上述目的，评比工作拟完成以下任务：

①编辑经营部的分数和其他相关资料，并以表格的形式将其打印出来，格式见表24-12。

表24-12　经营部的分数及相关资料格式表

大区：

序号	分公司	经营部	分数	存货是否定期盘点	是否定期对账	出纳是否不兼任有关的会计工作	是否实行统一的会计核算	银行印鉴是否分开管理	是否实行目标费用管理	资金周转天数	经营业绩情况	初步分类	备注

要求：

a. 本统计表按大区进行编制。

b. "存货是否定期盘点""是否定期对账""出纳是否不兼任有关的会计工作""是否实行统一的会计核算""银行印鉴是否分开管理""是否实行目标费用管理"等栏目根据检查表填列。

c."资金周转天数""经营业绩情况"等栏目根据有关财务资料填列。

d.进行排序，按 15%（A）、70%（B）、15%（C）的比例初步区分 A、B、C 类经营部，在初步分类栏内做标记。

②对上述数据作简要的分析，并将分析结果以合适的形式打印出来。

分析主要包括以下几个方面：

a.列表表示各大区 A、B、C 类经营部的个数。

b.分析结果采取图形的方式输出，更加直观。图形可采取饼形图（多圆结构图）以表示各个大区中 A、B、C 类经营部所占的结构比例。

（2）经营部总评分数分析

主要工作是对整个网络的经营部的分数进行分析，分析其分布情况，以及整个网络中经营部的平均分值情况，从而对网络会计基础工作和内部控制的执行水平以分数为依据作一个简要的评述。为了实现上述目的，拟做以下工作：

①分数分布分析：

a.分组列表。各经营部分数分析表格式见表 24-13。

表 24-13　各经营部分数分析表

分　　组	个　　数
90～100（含 90）	
80～90（含 80）	
70～80（含 70）	
60～70（含 60）	
60 以下	

b.曲线分析。利用上述分组资料，绘制曲线图，Y 轴是分值，X 轴是经营部的个数。从分数的分布来看，该曲线应接近正态分布曲线，呈"两头小、中间大"的分布趋势。

②均值和方差分析：

a.根据各经营部的分数，计算整个网络经营部的平均值以及其标准差，用误差比率（标准差/平均值）说明前面计算的平均值的代表性，并对平均值所代表的意义进行说明。

b.根据各经营部的评分文件，分别就五个要素计算整个网络经营部的平均值以及其标准差，用误差比率说明前面计算的平均值的代表性，并对平均值所代表的意义进行说明。

③简要总结：根据以上的统计数据对整个网络的情况作一个简要的分析。

（3）检查要素分析

针对整个销售网络，分析企业内部控制工作五个方面（即检查项目中的五个要素）的执行情况，从而对网络内部控制工作中的薄弱环节做一个简单的描述。为了实现上述目的，拟做以下工作：

①分五个要素计算差异比率。

②按差异比率从大到小进行排序，并列表输出。

检查要素分析表格式见表 24-14。

表 24-14　检查要素分析表

要　　素	差异比率

③简要评述。根据上述的统计数据，对网络基础工作的执行情况及薄弱环节作简要的分析。

（4）具体检查项目分析

就整个网络，对企业内部控制的五个方面各自所包含的项目的执行情况进行分析，从而对网络各经营部内部控制工作中的薄弱环节及存在的问题作一个深入的分析和描述。为了实现上述目的，拟做以下工作：

①分项计算项目差异比率。按照已计算的要素差异比率从大到小的顺序，按要素分项目计算项目差异比率。

②分要素按项目差异比率将项目从大到小进行排序，并列表输出。

具体检查项目分析表格式见表 24-15。

表 24-15　具体检查项目分析表

项　　目	差异比率

③分析。根据上述统计数据，按顺序选重点进行项目分析（可以运用众数分析法），对网络基础工作的执行情况及薄弱环节，以及存在的问题，做深入的分析和评述。

（5）类别差距分析

重点分析 C 类经营部所共同存在的突出问题，与 B 类和 A 类经营部相对比，分析其差距所在，为 C 类经营部会诊把脉。

为了实现上述目的，拟做以下的工作：

①针对 C 类经营部，就其检查项目，进行众数分析。

针对 C 类经营部，就其检查项目，计算其"弱"和"否"出现的次数，获取出现最多的项目，列表输出。

类别差距分析表格式见表 24-16。

表 24-16　类别差别分析表

项目	C 类经营部			B 类经营部			A 类经营部		
	弱	否	小计	弱	否	小计	弱	否	小计

②根据以上统计数据，重点分析 C 类经营部共同存在的突出问题。

（6）相关性分析

分析会计基础工作，货币资金管理，债权、债务管理，存货管理，收入和费用管理之间的相关性，重点说明会计基础工作与其他几个方面的相关性，说明会计基础工作与内部控制之间是相辅相成的。为完成以上任务，拟做以下工作：

①计算相关性，并列表输出：

相关性分析表格式见表 24-17。

表 24-17　相关性分析表

	会计基础工作	货币资金管理	债权、债务管理	存货管理	收入和费用管理
会计基础工作					
货币资金管理					
债权、债务管理					
存货管理					
收入和费用管理					

②根据以上统计数据，作相关分析。

具体分析结果和以此为基础出具的内部控制检查与评价报告略。